Library of Marxism Studies, Volume 1

马克思主义研究论库
第一辑

思想的传承与决裂
以"犹太人问题"为中心的考察

Inheritance and Rupture between Great Minds
A Study Focus on "the Jewish Question"

李彬彬 著

中国人民大学出版社
·北京·

马克思主义研究论库
编委会名单

主编

庄福龄　罗国杰　靳　诺

委员（以姓氏拼音排序）

艾四林　陈先达　程恩富

顾海良　顾钰民　郭建宁

韩　震　郝立新　贺耀敏

侯惠勤　鲁克俭　梅荣政

秦　宣　石仲泉　吴易风

张雷声　郑杭生

出版说明

马克思主义是我们立党立国的根本指导思想，是我们认识世界、改造世界的强大理论武器，加强和推进马克思主义理论研究和建设，具有十分重要的意义。当前，随着中国特色社会主义伟大实践深入推进，新情况、新问题层出不穷，迫切需要我们紧密结合我国国情和时代特征大力推进理论创新，在实践中检验真理、发展真理，研究新情况，分析新矛盾，解决新问题，用发展着的马克思主义指导新的实践。时代变迁呼唤理论创新，实践发展推动理论创新。当代中国的学者，特别是马克思主义学者，要想适应时代要求乃至引领思想潮流，就必须始终以高度的理论自觉与理论自信，不断推进马克思主义中国化、时代化、大众化，不断赋予马克思主义新的生机和活力，使马克思主义焕发出强大的生命力、创造力、感召力，放射出更加灿烂的真理光芒。

为深入推进马克思主义理论研究、马克思主义中国化研究，中国人民大学出版社组织策划了"马克思主义研究论库"丛书。作为一个开放性的论库，该套丛书计划在若干年内集中推出一批国内外有影响的马克思主义研究高端学术著作，通过大批马克思主义研究性著作的出版，回应时代变化提出的新挑战，抓住实践发展提出的新课题，推进国内马克思主义研究，促进国内哲学社会科学的繁荣发展。

我们希望"马克思主义研究论库"的出版，能够受到广大读者的欢迎，为推动国内马克思主义研究和教学作出更大贡献。

中国人民大学出版社

文本学研究与对马克思思想的新理解

聂锦芳

认真清理100多年来的马克思主义研究史，我们可以看到，那些随着时代问题的凸显和转换而生发出来的对马克思思想形形色色的解释，大都已经成为"过眼云烟"，反而是那些基于扎实的文本基础和严谨理性的研究态度而做出的理解，仍然具有恒久的价值。国内马克思主义的专业研究，曾经受到过苏联的巨大影响，但实事求是地说，我们并没有超越苏联的水准，特别是没有形成一支马克思文本、文献研究专家队伍，没有出现有世界影响的文本研究论著，反而文本、文献研究成为我国马克思主义研究中最薄弱的环节。可能正是出于这样一种反思，在近年国内马克思主义哲学研究中，人们意识到文本问题的重要性，一些中青年学者也自觉地把研究重点转向这一领域。但从总体上看，或许是过去研究方式和路数的惯性使然，文本研究目前在国内马克思主义研究的整体格局中仍然处于边缘化的状态，论者言说其重要性的多，真正实际介入这方面研究的少。很多人并没有把文本研究看作整个马克思主义研究的基础，是理解马克思思想最重要的途径，因而应该是每个马克思主义研究者的分内之事，反而把它看作少数学者的特殊兴趣和研究路向。甚至，当这一方面的研究才刚刚取得一定进展、涌现出一些成果，就已经引发出了不少负面议论，有的还颇为尖刻。我本人作为这一研究领域的一员，经常对照大家的评论，反省自己的研究工作。同时，为了保持文本研究的良好态势和应有生机，我也想在这里澄清一些误解。

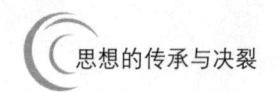

误解之一：文本研究只是做版本考证而不研究思想

或许是受到一时表面现象的影响，新近国内发表的马克思文本研究成果中，考察和清理马克思著述的总体状况及其流传情形，介绍和评论国外"马克思学"界的研究成果以及MEGA2编辑的最新动态，梳理和甄别某些文本个案（如《德意志意识形态》）的写作过程和版本源流等方面的著述占了比较大的比重，引起论者的关注。同时，也给人们造成一种印象，即文本研究只是做版本考证而不研究思想。这种看法甚至引发了早几年前率先在国内开始系统地研究马克思文本的学者的"反叛"，指责我和同道们只做缺乏"思想"的"伪文献学考据"。

究其实，上述看法的形成可能是由于不了解我们对马克思文本研究工作的通盘考虑、阶段设计和完整构思所致。正是痛切地感受到马克思主义研究中迄今为止依然十分盛行的寻章摘句、断章取义的方式的恶劣后果和影响，受过严格学术训练的新一代研究者特别期望通过扎实的文本研究体现或建构起马克思主义研究的学术规范和通行规则。按照我自己的理解，完整的文本研究应该包括前后相续、层层累积而又相互支持和融通的三个步骤，也即三个阶段：版本考证、文本解读和思想研究（每一个阶段又包含很多环节）。从中可以看出，版本研究只是文本研究工作的一个部分，并不是文本研究的全部内容，毋宁说，它只是更为重要的文本解读和思想阐释的前提性、基础性的条件，文本研究的意旨和归宿仍然是思想研究。与过去的研究路数不同的是，对于马克思原始思想的理解和把握绝不能再靠思辨和想象，不能离开对具体文本写作过程、刊布情形和版本源流等方面的考察和梳理，不能离开对构成文本的各个具体章节所进行的翔实的剖析和解读，不能单纯依据作品中的片言只语便对马克思的观点进行无限的概括和提炼，不能对其思想进行随意的阐释和评论，更不能天马行空地"制造"出一个"没有马克思的马克思主义"。我认为，不论研究者的个性多么独特，在介入某一项具体研究时，你必须遵循这样一种严格的步骤或程序。

版本考证的成果将为客观地理解和把握马克思的思想提供扎实的文献基础，解构长期以来这一方面存在的"过度诠释"现象。以在我国影响巨大、被约定俗成地命名为《1844年经济学哲学手稿》的研究为例，迄今为止我们基本上都是根据《马克思恩格斯全集》中文1版第42卷、中文2版第3卷（与2000年单行本一致）来阐释其思想的。这样的结果是，将只在其中第1部分手稿中阐发的"异化劳动"的观点抬升到这一文本核心思想的地位，进而认为这是马克思思想发展的"巴黎时期"（即1843年10月—1845年1月）的主旨思想。然而，通过版本考证的新成果就会发现，这种概括所依据的文献学信息是不全面的，因而在此基础上做出的结论也靠不住。

其一，流行的研究并没有还原马克思当时实际的写作情境。作为我们研究基础的文本，只是一部被后人将并不是连续写作的3部分手稿撺掇在一起的所谓"著述"。其实这一时期，除了这些手稿，马克思还穿插着写有9册经济学笔记。不仅如此，马克思当时还有一个编纂"一套社会主义史的资料汇编，或者毋宁说是一部用史料编成的社会主义史"的计划，因此，他当时直接阅读了与其思考主题有关的法国文献，并且通过德译本或法译本了解了英国社会主义者的著作，并且都做了摘要。因此，研究巴黎时期马克思的思想，单独把《1844年经济学哲学手稿》从众多材料中撷取出来，没有完整地呈现马克思当时的理论视域，由此所进行的概括必然是片面的。实际上马克思所思考的议题很多来自他自己阅读和摘录的书籍和文献，"异化劳动"的思想不过是其中之一，只有把这些书籍和文献中所涉及的思想通盘考察，才能厘清马克思思想的实际状况，从而避免做出"过度诠释"。

其二，《1844年经济学哲学手稿》名称中所谓"经济学""哲学"的提法割裂了马克思当时理论活动的整体状况。实际上，在马克思的研究活动中，没有我们后来习惯了的、作为现代学科分类的什么"经济学"或"哲学"的分野。第1部分手稿中所论述的"工资""资本的利润"和"地租"，是经济学议题吗？其实，马克思把它们看作当时的工人、资本家和土地所有者三个阶层不同的三种收入形式，由此体现出他们差距悬殊的社会境遇，以透视当时森严的社会阶层结构、相互关系及其未来命运，这分明是属于哲学和社会学研究的题中应有之义。尤其是固守于马克思巴黎时期研究的所谓"经济学"领域，而把它们与他当时正在为甄别和了断与青年黑格尔派思想渊源关系而写作的《神圣家族》和随后的《关于费尔巴哈的提纲》《德意志意识形态》分开，这样怎么

— 3

能完整地勾勒出当时马克思思想的原貌呢？

　　强调文本研究中版本考证的意义，极容易被指责为"唯文本至上"，搞"本本主义"。然而，从以上的叙述中不难看出，研究者之所以下如此大的功夫梳理和甄别作者的写作情形、作品的版本源流，正是认识到，虽然我们把文本看成是作者思想的表达，但同时又必须保持警觉，即文本与原始思想之间其实不可能是完全对应的关系。也就是说，作者的思想未必已经完全通过文本本身表达净尽了。文本本身只是作者表述其思想的一个载体，它的表述有可能不恰当、不完备。按照文学理论中的"冰山原理"，作者的思想只有六分之一露出水面（是其自觉意识到的），六分之五则是处于形成过程中的或混沌状态的水下部分（自己也不明所以）。如此说来，文本只能是对其六分之一部分的描摹和表达，那么它与这些确定性的思想之间是否达到了自洽？作者的思想状态、写作心理与文本的表述方式之间是否存在差异？如此等等，就要求研究者借助文本之外的佐证、作者同时代的文献研究以及同一文本的不同版本做出分析、判断、推理和构想。这是文本思想研究中极其重要的前提步骤。

　　甄别思想与文本之间复杂关系的工作，对于作为我们研究对象的马克思本人的情况来说，显得尤其必要。尽管他从少年时代便开始写作，毕生最善于用文字表述其对世界的理解和看法，但回到他的文本世界就会发现，其生前发表过的论著不到其全部著述的三分之一。在他的著述中，已经完成的定稿也很少，大部分是成型稿之外的准备材料、先行稿、最初草稿、过程稿、修改稿、誊清稿、刊印稿、遗失稿以及其他相关材料。因此，要理解马克思、把握他的思想，单纯从那些现成的著述中概括是最方便的，但也是最不可靠的。因为马克思很多重要的思想就保留在那些杂乱的材料中，需要我们悉心梳理。还有一部分思想甚至没有形诸文字，需要我们借助他阅读过的书籍、与人的交往情况、当时人的回忆等材料做出推断。

　　特别需要指出是，由于中国马克思研究的特殊性，他著述的原始手稿的复制件我们基本上没有收藏，于最新文献的掌握上很容易出现纰漏甚至差错。在具体研究中我们不占有优势，长期以来又不重视文本、文献材料的收集和研究，这些方面欠账很多。但这绝不意味着我们中国的马克思主义研究者必须放弃这一基础性的研究环节，可以凭空抽象马思的思想。科学的态度要求我们必须深入了解国外"马克思学"界在马克思具体文本、问题的探讨中所做过的工作及其最新进展，结合我们自己的分析和判断，做出梳理和评价。我们喜欢强调马克思主义研究的中国特色，但我认为这种中国特色应当是建立在具备国际视野、把握学术前沿动态的基础之上的，而不是另辟蹊径，与国际马克思研究界互不了解、互不往来。

误解之二：文本研究只是复述原著的思想而没有理论建树

很多马克思主义哲学的研究者不愿意介入文本研究，还有一个观点作支持，就是较之于原理研究和现实问题探讨，文本研究只是复述原著的思想，谈不上研究者个人的见解和创造，因而属于"次一层次"乃至"低一档次"的研究。

其实，通过对经典文本的解读来建构了新的思想体系，在中外思想史上都不乏其例。在中国古代思想发展史上，"注经""解经"可以说是思想家、哲学家们表述和阐发其思想最普遍的方式之一。大多数思想形态的建构是通过注释经典来完成的，比如，王弼通过为《道德经》和《易经》撰注而成魏晋一代玄学大家，朱熹更是通过《四书章句集注》而成宋代理学的集大成者。在西方，柏拉图以苏格拉底的名义进行对话以阐述其思想观点而开辟了希腊哲学的新阶段，中世纪一大批《圣经》解读者建立起经院哲学的宏伟大厦，康德、黑格尔的后继者更是通过对先贤著述的解说、对其思想实质的揭示以及与时代关系的思考而提出"回到康德""回到黑格尔"等口号，实际上发展出新康德主义、新黑格尔主义等流派。不仅如此，在现代西方哲学的发展中这种情况也相当盛行。

就马克思文本的解读而言，我这里特别想提醒国内的研究者不要低估了文本解读的难度。以《德意志意识形态》研究为例，过去我们一般都以《马克思恩格斯全集》中文1版第3卷为蓝本，而在具体概括其思想时又仅仅以其中"正面阐述的自己的见解"的《费尔巴哈》章为依据。按照这样的选择所进行的解读，读出了什么？充其量是对传统哲学教科书体系及其原理的一种领会和证明！现在可以说，这种理解远没有达到《德意志意识形态》中马克思本人的思想高度，而是处于"前马克思"的思想水准。理由是，《马克思恩格斯全集》中文1版第3卷是根据俄文2版翻译的，而这一版本由苏联的维列尔准备、阿多拉茨基编辑，他们根据当时苏联流行的对马克思主义哲学的理解，把马克思原始手稿中的编码打乱后重新进行了编排，"建立"起《费尔巴哈》章的结构；不仅如此，他们还把一部"事先并没有经过十分严密的通盘考虑和筹划，而是由多个事端引发，写作计划和框架结构几经变动、更改，由若干写法不同、篇幅长短不均的章节所组合而成的相当松散的，并且最终也没有全部完成并出版的著述"编辑成一部俨然是"完整"的著述！根据这样的版本所进行的解读怎么能不造成误读和歧解呢？

根据我自己的研究，《德意志意识形态》的思想结构并不能仅仅靠《费尔巴哈》一章来支撑，其中全书最难解读的是占了其中十分之七篇幅的《圣麦克斯》一章。如果不算《德意志意识形态》的"先行稿"和第2卷中遗失的两章，按照《马克思恩格斯全集》中文1版的版式，它有620多页，而《圣麦克斯》一章就要占424页！不仅是篇幅巨大，就其思想容量和深度来说，这一章阐述的很多观点也是《费尔巴哈》一章替代不了的。

《圣麦克斯》章是马克思、恩格斯对作为青年黑格尔派重要成员、其实在这一群体中显得非常另类的圣麦克斯·施蒂纳当时引起轰动的一部书《唯一者及其所有物》所进行的极其详尽的考察和分析。他们基本上是按照施蒂纳原书的结构来进行论述的。这一部分的思考路向看似逻辑清晰，实则散乱，叙述方式经常转换，条分缕析的解剖和淋漓酣畅的揭露杂糅在一起。迄今为止，包括苏联和西方马克思研究界，都没有详细解读和研究《圣麦克斯》一章的著述发表，由此可见解读的难度。总括地看，《唯一者及其所有物》所阐述的见解与马克思、恩格斯对它的解读和批判，可以说是观照和把握世界的两种方式的交锋和驳难，常常因为思考的起点、过程、倾向、意旨等诸多方面的不同，很容易将对方的观点看作充斥荒诞的谬见。现在可以这样说，如果我们承认世界不是一种存在、一种理解、一种诠释，那么就需要站在比论争双方更高的层次来分析他们之间的驳难逻辑与观点得失。可以说，这样一种不适宜于简单做出肯定或者否定的判断的解读，正是考验新一代文本研究者耐心、见识的地方。

篇幅所限，我这里只举贯穿这一章始终的一个重要问题：究竟该如何把握精神世界？

施蒂纳声称他的书意在"书写人生的历史"。那么，对人而言，什么最重要呢？他认为是精神。他特别注意到，对精神的追求和理解是一个非常复杂、艰难的过程。同样是精神，其中有层次、境界等方面的区分，诸如贫乏的精神还是丰富的精神，不完善的精神还是完善的精神，某个个体的精神还是"真正的和真实的"精神、"理想的、彼岸的"精神等，都是有差别的。精神探索史、追求史不可避免地就成为前者向后者嬗变、转换的历史。由此他认识到，任何世俗存在都没有力量驾驭精神，寻找这万能的精神的引导者、征服者——"唯一者"就成为人生的最高目标和归宿。对施蒂纳关于人的发展及其精神历程的煞费苦心的追求，马克思、恩格斯以极端挖苦的口吻称之为"思维的绝技"和种种"花招"，认为他探讨精神但根本没有触及精神本质，研究思想但"根本还没有触及这些思想，因为这些思想是表达现实关系的"。

那么，能不能据此就说施蒂纳的探索完全没有必要和价值了呢？恐怕不能下如此决然的断语。我们知道，精神、观念、思想诚然有现实的根基或依据，但同时它们的奥妙、奇异、诡谲确实又是超现实的、非逻辑的和非常规的。正因为如此，它们才值得人们去苦苦追索和反复深究。如果用一种外在于精神、观念、思想的规则、尺度、标准来衡量和探究精神、观念、思想，确实可以看到这一世界的荒诞和离奇，但据此而舍弃了对纯粹精神、观念、思想的研究，也将是极大的错失和遗漏。我们必须说，施蒂纳对精神世界探索的价值不是体现在本体论意义上的（这方面他的观点和推论确实有荒谬之处），但他以自己特有的方式和思路推进了人对精神世界无穷奥妙的理解，这是不能一笔抹杀的。施蒂纳痛切地感到，"现在我们才知道，我们迄今根本没有用精神来观察世界，而只是对它呆望而已"。于是他做了非常曲折的思考和探索，他的错误在于走到了另一个极端，对世界的探索陷入纯精神的领域而离开了与现实的关联。恰如马克思、恩格斯所说，他"没有经过考虑和清点"，他不知道，精神离不开它之外的现实，不仅是根源上离不开，过程和归宿上都离不开，它们是一体两翼，共存于一个世界系统，相互规定、相互表证、相互否定、相互提升。

以上这样一种解读，能说只是在复述思想吗？

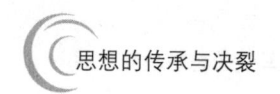

误解之三：文本研究有意回避现实问题因而体现不出马克思主义的当代性

这里首先需要对什么是"现实问题"做些分析。其一，社会上存在的所有形形色色的现象和事件，彼此之间差异很大，重要程度各不相同，有的表征着时代的特征及其发展趋向，有的则与此关系不大甚至没有关系。因此，"现存的并非都是现实的"。其二，每一个时代都有属于该时代自己的"现实问题"，并不是说只有当代的甚至目前的问题才是"现实问题"。其三，不仅社会物质活动和实践领域的事件是"现实问题"，重要的思想潮流和理论动向也属于"现实问题"。

循此，我们看文本研究。由于我们选择的研究对象是马克思在19世纪写作的文本，特别是在具体研究中为了尽可能客观地再现和把握马克思思想的原初状况及整体面貌，我们力戒从当代（目前）发生的那些具体问题甚至事件出发，去马克思的文本中寻找解释、说明和答案。因此，在文本研究的第一阶段即版本考证中，的确没有触及这些当代的问题和事件。但马克思的文本本身不是抽象的空论，甚至也不完全是他本人生命历程和人生体味的记录，而是他对自己所属的那个时代重大的社会问题、实践问题和理论问题的反映和剖析，更是他对人类社会发展规律的思考和探究。因此，在文本研究中，特别是第二、第三阶段的文本解读和思想研究中，我们从来没有也不可能回避那个时代的"现实问题"。我们不得不一再回溯当时的社会现实和发展状况，厘清什么是那个时代处于重要地位的社会问题，再将我们所解读的文本所论述的问题与此相对照，以判别作者是否准确地把握住自己时代的脉搏，是否客观地反映出问题的视域，是否到位地考虑到问题的症结，有没有独特的解决思路，等等。

此外，文本研究需要对马克思思想做出评价，而评价需要有参照系，因此研究者还要面对当时斑斓的思想图景和一系列复杂的理论"事件"。一方面要梳理与马克思发生过直接关系的思想家及其派别，诸如恩格斯、布鲁诺·鲍威尔、费尔巴哈、施蒂纳、海涅、魏特林、威廉·沃尔弗、赫斯、卢格、格律恩、蒲鲁东、拉萨尔、福格特、巴枯宁等人，以及空想社会主义、古典政治经济学、青年黑格尔派、哲学共产主义、真正的社会主义、共产主义者同盟、德国社会民主党等思潮或党派与马克思复杂的纠葛及思想差异。另一方面更要甄别虽然没有与其直接接触过，但对其思想发展和理论创作产生了深刻影响的思想先驱与他的思想关系。终马克思一生，黑格尔哲学可以说是其观照、把握世界，理解和诠释时代最为重要的参照系。迄今为止，就二者的关系而言，无论是对他们思想关联的具体细节和演变轨迹的探寻，还是从整体上对黑格尔的实际影响做出程度上或实质性的判定，都有很大的研究空间。这也直接关乎马克思思想与旨在全面颠覆黑格尔哲学的现代西方哲学的关系。此外，还有一个比较的层次是为人们所忽略的，那就是与马克思处于同一时代、同一思想传统和社会环境，但思想意旨却迥然不同的思想家。比如，被奉为"存在主义之父"和鼻祖的克尔凯郭尔只比马克思小三岁，19世纪40年代开始流行的叔本华的唯意志论也是与马克思主义同时诞生的思想体系。相同的时代、相同的文化氛围和社会现实为什么会"塑造"出、怎样"塑造"出这些思想"另类"？这些比较和分析，可以凸显出人类哲学和思维探索的多元进路，以及在这杂色斑斓的图景中马克思的思想处于一种怎样的地位。

这样的比较方式还可以进一步延伸下去，即梳理马克思文本中提出的思想或问题在后来哲学史、思想史演进中的传承与变迁，辨析这些思想或问题在当代社会实践中的表征或地位。不理解这些传承与变迁，很容易把在马克思那里还处于19世纪特定时代诠释的思想，无界域地与后来所获得的新的内涵混同起来。而把马克思的原始思想提升为当代的思想，实际上无助于确立其客观的历史地位。当然，这不意味着否定马克思的时代与当代社会的本质关联。尽管二者已经有了一个多世纪的时间距离，世界确实发生了巨大的变迁，但如果从资本所开辟的"世界历史"的运演看，除社会结构要素增多、社会现象空前复杂等程度和层次差异以外，二者尚有诸多本质上的相似性、同构性。因此，马克思当年的言说至少仍能诠释当代的部分现实，马克思的文本及其思想不是已走进博物馆的陈列物，不只是记录一段思想史的文献。尽管解决纷繁复杂的时代课题未必会从那里找到现成的答案，但迄今它仍然指导并且参与着对当代现实的"塑造"，发挥着不可忽视的影响。寻找当代社会与马克思当年的思考的内在关联，将会理性而客观地使马克思主义的当代价

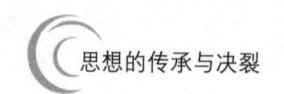

值"呈现"出来。而文本研究的目的、主旨和当代性不也正在于此吗？

正是基于上述考虑，在中国人民大学出版社的鼎力支持下，我和我的同道们决定奉献我们多年来的研究成果，力图从文本、文献个案出发对马克思思想重新进行梳理、阐释和评论，尽可能地把版本考证、文本解读、思想阐释与现实意义重估紧密结合起来，以矫正长期以来形成的误读和曲解。

当然，由于马克思一生撰写的文本、文献是卷帙浩繁的，要对其著述一一进行解读并不可能；这样，我们就只能从中选取出那些最能表征马克思思想特质、内涵以及发展历程的重要篇章，作为我们重点研究的对象。选取的原则是：一，马克思写作这些著述或手稿是经过精心考虑的，同时花费了他比较大的精力和比较多的时间；二，这些作品的篇幅一般比较大；三，有些著述虽然不完整、不系统，但它们提出或触及的问题涉及马克思主义基本理论的主题，在马克思漫长的思想创构过程中，对这些问题具体内涵的理解和解释可能有反思、变化甚至修正，但这些主题被揭示或提了出来，这昭示了这些作品永久的思想史价值；四，对有些著作过去虽然有所研究，但现在看来要么存在资料不完整、不权威甚至错误的问题，要么解读方式、观点概括有偏差，等等。

根据上述原则，我们计划从以下12个方面对马克思的文本、文献及其思想展开深入研究：

一，通过对"中学文献""大学习作"与"博士论文"及其笔记的研究，探讨马克思思想起源中的启蒙背景、浪漫情怀与自我意识；

二，通过对"《莱茵报》—《德法年鉴》时期"重要文本的研究，探讨马克思思想转变中所产生的"苦恼的疑问"以及他对现实解放之路的寻求；

三，以"犹太人问题"为中心，重新考察马克思与青年黑格尔派思想传承、决裂的过程；

四，通过对"巴黎手稿"的再研究，分析马克思的异化理论及其扬弃异化的思路；

五，以《神圣家族》为中心，重新考察马克思对青年黑格尔派的批判和思想的建构过程；

六，通过对《德意志意识形态》的研究，分析马克思在批判中所重构的"新哲学"的构架、体系及其特征；

七，通过对《哲学的贫困》与《贫困的哲学》的比较研究，探究马克思"政治经济学的形而上学"基础；

八，通过对1848—1852年一批"政治文献"的研究，重新审视马克思的阶级理论、政党学说和革命方略；

九，通过对"1857—1858年手稿"的研究，厘清劳动、货币与资本理论的复杂内涵及其论证逻辑；

十，通过对"1861—1863年手稿"的研究，甄别马克思经济学对古典政治经济学的批判与超越；

十一，通过对《资本论》第一卷不同版本的比较研究，阐释马克思的资本理论及对资本的逻辑的批判；

十二，通过对"人类学笔记"与"历史学笔记"的研究，概括和分析马克思晚年对东方、古代社会发展道路的探索。

以上研究计划拟在2018年马克思诞辰200年之前全部完成。

为保证研究的高质量和思路的完整性，它们将由我和受我研究方式和思想观点影响的同道们一起完成。我们多年专注于马克思主义文本、文献的学习和研究，每个人既对自己所研究的文本有精深的理解和掌握，也有宽广的比较视野和深刻的分析力度。其中两卷由我本人撰写，其他各项虽然由其他人署名，但其中的思想观点、论述思路、章节安排乃至文字表述也由我提出或者把关。多年来，我们已经形成一个严格的"学术共同体"传统，除非特殊情况，每周五下午都会在我的办公室进行探讨，教学相长，共同提升。我是这种研究方式的倡导者和实践者，也是相关观点和质量的第一责任人，诚恳接受学界内外的监督和批评。

谨以我们的努力推进中国马克思主义专业研究的繁荣和发展！

2012年9月17日
于北京大学马克思主义文献研究中心

目 录

导言 …………………………………………………………… 1
第一章 "犹太人问题"：历史之经纬和德国的僵局 ………… 16
  第一节 犹太人在"解放"前的处境 ……………………… 17
    一、"隔都"里的生活 ………………………………… 18
    二、权利上的限制 ……………………………………… 20
    三、宫廷犹太人的特权 ………………………………… 21
  第二节 犹太人"解放"的历史进程 ……………………… 23
    一、启蒙运动为犹太人带来的解放 …………………… 23
    二、从法国大革命到复辟时期犹太人的解放 ………… 28
    三、德国犹太人的解放进程 …………………………… 31
  第三节 1842年德国"犹太人问题"论战概览 …………… 38
    一、《科隆日报》编辑海尔梅斯的保守立场 …………… 39
    二、《犹太教总汇报》的犹太人自我辩护 ……………… 40
    三、《莱茵报》支持犹太人的声音 ……………………… 45

第二章 分歧的酝酿：两条渐行渐远的思想演变路线 ……… 50
  第一节 鲍威尔的自我意识哲学和宗教批判 …………… 51
    一、鲍威尔的"自我意识"概念 ………………………… 53
    二、鲍威尔以自我意识为原则的宗教批判 …………… 60
  第二节 马克思对黑格尔主义的反思和批判 …………… 73
    一、马克思对当时哲学发展脉络的把握 ……………… 74

二、"国家法"批判与现代社会结构的厘定 …………………… 80
第三章　矛盾的公开：宗教批判与市民社会批判的分野 　91
　第一节　消灭宗教是解决"犹太人问题"的前提 …………………… 92
　　一、"犹太人问题"源于宗教对人性的压制 …………………… 93
　　二、犹太人和基督徒获得自由的能力 …………………… 114
　　三、如何评价鲍威尔对"犹太人问题"的判断 …………………… 124
　第二节　消灭私有财产才能铲除宗教存在的根源 …………………… 128
　　一、《论犹太人问题》的写作背景 …………………… 129
　　二、对鲍威尔神学批判的批判 …………………… 134
　　三、从"政治解放"到"人的解放" …………………… 140
　　四、人的自我异化及其扬弃 …………………… 147
　　五、小结：如何评价《论犹太人问题》…………………… 157
第四章　冲突的激化：纯粹批判和现实人道主义的对决 …………………… 180
　第一节　"纯粹批判"："自我意识哲学"的激进演变 …………………… 182
　　一、鲍威尔的"纯粹批判"哲学 …………………… 184
　　二、重新审视"犹太人问题" …………………… 194
　第二节　"现实人道主义"：马克思哲学变革的理论前夜 …………………… 203
　　一、马克思再论"犹太人问题" …………………… 205
　　二、对唯物主义和唯心主义哲学的反思 …………………… 216
　　三、"现实人道主义"的基本要点 …………………… 229
第五章　最后的论辩：思辨哲学和历史唯物主义的决裂 …………………… 236
　第一节　思辨哲学的功业及其反对者的失策 …………………… 237
　　一、批判和批判家工作的意义 …………………… 238
　　二、重申《文学总汇报》的主旨 …………………… 239
　　三、马克思恩格斯的自相矛盾和教条主义 …………………… 240
　第二节　基于历史唯物主义揭露思辨的矛盾 …………………… 242
　　一、揭露鲍威尔抄袭《威斯特伐里亚汽船》 …………………… 243
　　二、揭露批判家故伎重演 …………………… 244
　　三、在"历史唯物主义"的地基上 …………………… 246
综论　"犹太人问题"和马克思思想的变革 …………………… 249
　　一、"犹太人问题"：从"政治批判"到"市民社会批判"
　　　　的转折点 …………………… 250

二、"市民社会批判"开启了马克思思想发展的新方向 …… 255
三、重新定位马克思和鲍威尔的思想关系 …………… 263
四、如何科学地评价犹太民族并解决其问题 ………… 270
五、"犹太人问题"：当代价值与现实意义 …………… 275

参考文献 ……………………………………………… 278
外国人名索引 ………………………………………… 290
书目、期刊索引 ……………………………………… 292
主题索引 ……………………………………………… 294
后记 …………………………………………………… 301

Contents

Introduction ·· 1

**Chapter One "The Jewish Question": Its Historical Background
and the Dilemma in Germany** ·· 16
  1. The Condition of the Jews before "Emancipation" ············ 17
    (1) The Life in "Ghetto" ·· 18
    (2) Constraints of Rights ··· 20
    (3) Privileges of "Hofjuden" ·· 21
  2. The Historical Process of Jewish Emancipation ················ 23
    (1) Emancipation after Enlightenment ······························ 23
    (2) Emancipation from French Revolution to
        Restoration ·· 28
    (3) Emancipation of the German Jews ······························ 31
  3. General Situation of the Debate on "the Jewish Question"
    in 1842 Germany ··· 38
    (1) The Conservative: Editor of *Kölnische Zeitung*
        Hermes ··· 39
    (2) The Self-Defense of the Jews in *Allgemeine
        Zeitung des Judentums* ·· 40
    (3) Approvers of the Jews in *Rheinische Zeitung* ············ 45

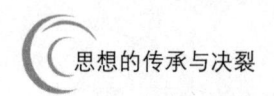

Chapter Two Preliminary to Divergence: Two Routes of Thought Development ··· 50
 1. Bauer's Philosophy of Self-Consciousness and His Critique of Religion ·· 51
   (1) Bauer's Conception of Self-Consciousness ············· 53
   (2) Self-Consciousness as the Criteria of Bauer's Critique of Religion ·· 60
 2. Marx's Reflection and Critique of Hegelianism ············· 73
   (1) Marx's Grasp of Contemporary Philosophy ············ 74
   (2) Critique of "State-Right" and Marx's Comprehension of the Structure of Modern Society ····················· 80

Chapter Three Disclosure of Collisions: Division between "the Critique of Religion" and "the Critique of Civil Society" ············ 91
 1. Sublation of Religion is the Prerequisite to Solve "the Jewish Question" ·· 92
   (1) The Root of "the Jewish Question" is the Religious Suppression of Humanity ································· 93
   (2) The Capacity of Modern Jews and Christian to Become Free ··· 114
   (3) Bauer's Attitude to "the Jewish Emancipation" ······ 124
 2. Only through the Sublation of Private Property could Religion be Eliminated ·· 128
   (1) The Background of the Composition of *Zur Judenfrage* ·· 129
   (2) Critique of Bauer's Theological Critique ··············· 134
   (3) From "Political Emancipation" to "Human Emancipation" ·· 140
   (4) Self-Alienation of Human and its Sublation ············ 147
   (5) Commentary to *Zur Judenfrage* ························ 157

Contents

Chapter Four   Intensification of Conflicts: The Clash between "Pure Critique" and "Real Humanism" 180
  1. "Pure Critique": The Radical Outcome of the Philosophy of Self-Consciousness 182
    (1) Bauer's Philosophy of "Pure Critique" 184
    (2) New Examinations of "the Jewish Question" 194
  2. "Real Humanism": The Eve of Marx's Philosophical Revolution 203
    (1) New Discussions on "the Jewish Question" 205
    (2) Reflections on the Materialism and Idealism 216
    (3) Key Points of "Real Humanism" 229

Chapter Five   The Last Debate: The Departure of Historical Materialism from Speculative Philosophy 236
  1. The Contribution of Speculative Philosophy and the Blunder of its Opponent 237
    (1) The Value of the Work of Critique and Critic 238
    (2) The Purport of *Allgemeine Literatur-Zeitung* 239
    (3) The Contradictory and Dogmatism in Marx and Engels' Work 240
  2. Disclose the Problems of Speculative Philosophy on the Basement of Historical Materialism 242
    (1) Bauer Plagiarized *Das Westphälische Dampfboot* 243
    (2) The Tricks of the Critic 244
    (3) On the Basement of Historical Materialism 246

Comprehensive Discussion   "The Jewish Question" and the Development of Marx's Thought 249
    (1) "The Jewish Question" : Turning Point From "Political Critique" to "the Critique of Civil Society" 250

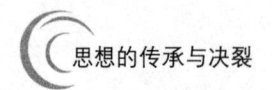

(2) "The Critique of Civil Society" Opened New Perspectives for Marx ……… 255
(3) A New Understanding of the Relationship between Marx and Bauer's Thought ……… 263
(4) How to Scientifically Evaluate the Jews and to Solve its Question ……… 270
(5) Modern Value and Practical Meaning of "the Jewish Question" ……… 275

Bibliography ……… 278
Index of Foreign Names ……… 290
Index of Books and Journals ……… 292
Subject Index ……… 294
Postscript ……… 301

导　言

　　本书研究的对象是卡尔·马克思和布鲁诺·鲍威尔在"犹太人问题"上的论战，目的在于以这场论战为切入点重新思考马克思和鲍威尔的思想关系，进而说明马克思思想变革的动因、历程以及哲学意义。在马克思早期思想的演变过程中，青年黑格尔派具有非常重要的意义。布鲁诺·鲍威尔作为青年黑格尔派的领军人物，指导过马克思的博士论文，一度和马克思有着密切的交往与合作。他们不仅有亦师亦友的密切关系，而且有许多共同的理论志趣和现实关怀，例如：他们都反对黑格尔哲学中的保守因素，都反对黑格尔主义阵营中保守的右派力量，而且都反对改良主义和自由主义的社会变革方式。可以说，如果我们不甄别清楚马克思和鲍威尔发生决裂的动因和过程，不理清马克思和鲍威尔的思想差异以及这两位激进的理论家在面对具体的社会问题时为什么出现了分歧，就无法理解马克思哲学变革的意义。而"犹太人问题"为我们理解马克思和鲍威尔的思想差异和决裂过程提供了一个很好的切入点，因为这是他们二人进行过一系列激烈论战的议题。

　　随着马克思撰文反驳鲍威尔的观点，他们之间的分歧公开了。正如广松涉所评价的那样，或许马克思和鲍威尔都未曾真正觉察到这场对立的意义，但是它像任何冲突一样，使得马克思和鲍威尔都陷入了无路可退的境地。[①] 正是在这种无路可退的对立中，马克思从黑格尔主义的阵营中独立出来，创立了"唯物史观"。但是由于原始资料的缺乏，一直

[①] 参见广松涉：《早期马克思像的批判的再构成》，见赫斯：《赫斯精粹》，邓习议编译，方向红校译，214 页，南京，南京大学出版社，2010。

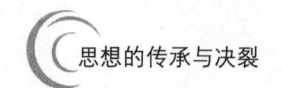

以来，我们评价马克思和鲍威尔之间论战所依据的材料都是马克思的"一家之言"，借由马克思的"口"来揣度鲍威尔的"心"。但是，理论家之间的交锋往往是这样的：尽管每一方在阐述观点时都会竭尽所能地做到全面甚至深刻，但是受制于教育背景和生活经历，每个人的视野都是有限的，难免给对方留下可乘之机，而为了在论战中占据有利位置，参与论战的人往往会抓住对方的理论缺陷，有时为了突出和另一方的对立甚至不惜把对方的观点极端化、片面化。这表明，单纯依靠马克思所转述的内容并不能全面了解鲍威尔的观点，进而无法了解马克思和鲍威尔论战的真实状况。这也为新的、更进一步的探索留下了空间。

一、"犹太人问题"的重要性

本书之所以重提马克思和鲍威尔在"犹太人问题"上的论战，是基于对这一问题的重要性的考量。这种重要性首先表现在它的社会影响上。1840年弗里德里希·威尔海姆四世继任德国国王，他不仅没有像人们预计的那样推行宽容的宗教政策，反而在1841年底颁布《内阁敕令》(Kabinettsorder)，提议设立犹太人同业公会，把犹太人与基督教社会隔离开。这种复辟政策引爆了社会有关"犹太人问题"的争论。鲍威尔和马克思的文章就是在这种社会背景下出版的，鲍威尔和马克思有关"犹太人问题"的交锋是整个社会上对这一问题的讨论的一部分。尽管鲍威尔有关犹太人获得政治解放需要以消灭宗教为前提的观点引发了社会上的一片责难，但是鲍威尔和马克思以及论战的其他参与者对"基督教国家"的讨伐最终使得《内阁敕令》拟定的立法程序被束之高阁。这场论战不仅为德国犹太人争取到了更大的政治权利，而且促进了德国政治制度的现代化。

马克思和鲍威尔之间论战的重要性还体现在：它是我们了解青年马克思思想演变的重要线索。马克思曾深受黑格尔哲学的影响，并曾是青年黑格尔派的成员，但他最后和这个思想团体分道扬镳。在这个过程中，《论犹太人问题》占据着重要的位置，它是一道"分水岭"，标志着马克思开始形成独立于青年黑格尔派的思想观念。与我们通常的理解不同，马克思和鲍威尔在"犹太人问题"上的论战并不是只有一次交锋，宽泛地说，这场论战从1842年冬鲍威尔发表《犹太人问题》一直延续到1846年夏马克思写作《德意志意识形态》"圣布鲁诺"章。这四年时间正是马克思思想快速演变的四年。如果在分析研究鲍威尔和马克思的论战著述的基础上重新考察他们之间的论战，我们将能更好地掌握马克思本人的思想发展过程。

马克思和鲍威尔有关"犹太人问题"的论战也是促使鲍威尔的思想发生转变的重要原因。在《犹太人问题》出版之前，鲍威尔一直以宗教批判的激进理论著称，这些激进的理论成果在《犹太人问题》中同样有反映。但是，当《犹太人问题》遭遇广泛的批评之后，鲍威尔为了辩护其中的观点把批评他的人都归类为对问题缺乏认识的群众，并把群众归类为精神和历史发展的敌人。鲍威尔从激进的一个极端转向保守的另一个极端。研究马克思和鲍威尔有关"犹太人问题"的论战有助于我们理解鲍威尔的思想为什么会发生转变，从而更加深刻地理解1831年黑格尔去世后德国哲学的演变历程。

二、研究现状分析

不论是围绕鲍威尔的《犹太人问题》，还是围绕马克思的《论犹太人问题》，都有很多研究成果。当然，近些年把这两份著作放在一起研究的文献也开始出现。大体而言，国外的研究者大多分开研究鲍威尔和马克思的这两份著作，这些研究者关注的问题主要集中在鲍威尔和马克思对待犹太人的立场上。例如：鲍威尔在《犹太人问题》中是支持还是反对犹太人的解放，他在该文中的立场算不算"反犹主义"？如何看待马克思在《论犹太人问题》中提到犹太人和犹太教时使用的不敬词汇，马克思是一个"反犹主义者"吗？围绕这两个问题的争论由来已久。1842年，鲍威尔的文章在《德意志科学和艺术年鉴》上一经发表就引起轩然大波。鲍威尔在文中提出犹太教是一种排他性的、肯定性的、缺乏历史甚至违背历史的宗教，犹太人是一个局限于物质享受、脱离社会、缺乏精神和自由的虚假民族。不仅如此，鲍威尔还对社会上流行的同情犹太人的观点逐一作了批判，并对历史上曾经出现过的或者其他国家正在采纳的解放犹太人的策略挨个提出批评。这些观点不仅遭到犹太人知识分子的一致反对，而且对犹太人充满同情的进步人士对于鲍威尔也是口诛笔伐。[①]如果鲍威尔的观点仅限于此，那么有关他支持还是反对犹太人的解放、

---

① 反驳鲍威尔的犹太人知识分子有盖格（Abraham Geiger）、赫斯（Mendel Hess）、希尔施（Samuel Hirsch）、路德维希·菲利普逊（Ludwig Phillipson）、古斯塔夫·菲利普逊（Gustav Phillippson）、里瑟尔（Gabriel Riesser）和萨洛蒙（Gotthold Salomon）等。

是不是"反犹主义者"的问题也就不存在什么争论了。但是鲍威尔还提出：犹太人应该获得政治上的解放，不过其前提条件是，基督教国家不再以基督教为国教，犹太人和基督徒也不再以自己的宗教为信仰；只有这些条件全部满足，犹太人才能获得没有矛盾的解放。正是鲍威尔模糊的态度导致直至今日有关鲍威尔的相关观点算不算"反犹主义"依旧争论不断，例如：道格拉斯·莫佳琪（Douglas Moggach）认为鲍威尔支持犹太人解放，并非反犹主义者；纳坦·洛腾斯特莱琦（Nathan Rotenstreich）的看法则完全相反；大卫·雷奥普德（David Leopold）则有些中间派的味道，他认为：鲍威尔属于"反犹主义"的阵营，他敌视犹太人，不过同时也是一个以人（包括犹太人在内）的自由解放为追求的进步人士。[①]

马克思的《论犹太人问题》同样是西方学者乐于探讨的对象，而最常被讨论的问题无非两个：《论犹太人问题》创作的思想语境以及它和"反犹主义"的关系问题。在第一个问题上，阿尔都塞（Louis Pierre Althusser）曾提出，"《论犹太人问题》和《黑格尔法哲学批判》这些文章只是在费尔巴哈总问题的背景下，才能够被理解"。不仅在这两篇文章中，甚至连写作《神圣家族》时的马克思都"只是一个用伦理总问题去理解人类历史的费尔巴哈派先进分子"[②]。对于阿尔都塞来说，《论犹太人问题》的突出特征是：它是一部"意识形态"时期的作品，而不是"马克思主义"的作品。与阿尔都塞提请读者注意马克思受费尔巴哈的影响不同，埃德蒙德·西尔伯纳（Edmund Silberner）和戴维·麦克莱伦（David McLellan）则提出《论犹太人问题》深受莫泽斯·赫斯

---

① 参见（1）Douglas Moggach, *The Philosophy and Politics of Bruno Bauer*, Cambridge: Cambridge University Press, 2003, p. 145；（2）Nathan Rotenstreich, "For and against Emancipation: The Bruno Bauer Controversy", in *Leo Baeck Institute Yearbook*, Vol. 4, 1959, pp. 3-36；（3）David Leopold, "The Hegelian Antisemitism of Bruno Bauer", in *History of European Ideas*, 25 (1999), pp. 179-206；以及 David Leopold, *The Young Karl Marx: German Philosophy, Modern Politics, and Human Flourishing*, Cambridge: Cambridge University Press, 2007, Chapter 3. 尽管在鲍威尔对待"犹太人问题"的态度上众说不一，近些年有越来越多的研究者承认鲍威尔这一时期拥护人的自由解放。如：（4）Warren Breckman, *Marx, The Young Hegelians, and the Origins of Radical Social Theory*, Cambridge: Cambridge University Press, 1999, p. 293；（5）Daniel Brudney, *Marx's Attempt to Leave Philosophy*, Cambridge, Mass.: Harvard University, 1998, p. 135。

② 路易·阿尔都塞：《保卫马克思》，顾良译，杜章智校，25～26页，北京，商务印书馆，1984。

(Moses Hess)的影响,赫斯的《论货币的本质》的思想内容和语言风格都影响了马克思的《论犹太人问题》,尤其是影响了该文的第二部分。①

就第二个问题而言,从1899年托马斯·马萨里克(Thomas Masaryk)提出"马克思的反犹主义立场"以来②,对马克思的"反犹主义"诟病从来就没有间断过。按照尤里乌斯·卡勒巴赫(Julius Carlebach)所搜集到的材料,在20世纪20年代到70年代就有90来份文献讨论《论犹太人问题》和"反犹主义"的关系。③近年来,有关这一问题的讨论同样热度不减,在抨击马克思的学者中间,最有影响力的莫过于埃德蒙德·西尔伯纳和尤里乌斯·卡勒巴赫了。④埃德蒙德·西尔伯纳曾经先后在《社会主义者论犹太人问题》、《共产主义者论犹太人问题》中讨论了马克思对待犹太教和犹太人的态度,他提出:"马克思在现代社会主义的反犹主义传统中占据着毋庸置疑的核心地位。"⑤不仅如此,他还动用了丰富的文献资料撰写文章,试图证明:"马克思不仅可以而且必须被

---

① Edmund Silberner, *Moses Hess: Geschichte seines Lebens*, Leiden: Brill, 1966, S. 191-192;戴维·麦克莱伦:《青年黑格尔派与马克思》,夏威仪等译,162~164页,北京,商务印书馆,1982。瓦泽尔则认为赫斯的影响被高估了,参见 Ruedi Waser, *Autonomie des Selbstbewusstseins: eine Untersuchung zum Verhältnis von Bruno Bauer und Karl Marx（1835—1843）*, Tübingen: Francke, 1994, S. 190-194。侯才和瓦泽尔对这一问题都有细致的讨论,参见侯才:《青年黑格尔派和马克思早期思想的发展》,148~159页,北京,中国社会科学出版社,1994;Ruedi Waser, *Autonomie des Selbstbewusstseins: eine Untersuchung zum Verhältnis von Bruno Bauer und Karl Marx（1835—1843）*, Tübingen: Francke, 1994, S. 190-194。

② 参见 Edmund Silberner, *Kommunisten zur Judenfrage: zur Geschichte von Theorie und Praxis des Kommunismus*, Opladen: Westdeutscher Verlag, 1983, S. 41。

③ 参见 Julius Carlebach, *Karl Marx and the Radical Critique of Judaism*, London, Henley and Boston: Routledge & Kegan Paul, 1978, pp. 438-449。

④ 除了西尔伯纳和卡勒巴赫之外,在反犹主义问题上谴责马克思的论者还有:Bernard Lewis, *Semites and Anti-Semites: An Inquiry into Conflict and Prejudice*, New York: W. W. Norton & Company, 1999, p. 112. 伯纳德·莱维斯把《论犹太人问题》视为"鼓吹反犹主义的檄文";Hyam Maccoby, *Antisemitism and Modernity: Innovation and Continuity*, London: Routledge, 2006, pp. 64-66。他把《论犹太人问题》视为青年马克思反犹主义立场的样板;鲁纳斯(Dagobert D. Runes)1959年以"一个没有犹太人的世界"(A World Without Jews)节译出版《论犹太人问题》和《神圣家族》更是为这一论断推波助澜。

⑤ Edmund Silberner, *Kommunisten zur Judenfrage: zur Geschichte von Theorie und Praxis des Kommunismus*, Opladen: Westdeutscher Verlag, 1983, S. 42. 注:《社会主义者论犹太人问题》和《共产主义者论犹太人问题》两书中讨论马克思、恩格斯的内容是相同的。

看作反犹太主义的代言人之一,他对犹太人的厌恶扎根于他内心的深处并延续到他生命的最后。他对在他的基督徒同伴中激发或强化反犹偏见起到了很大的作用。"① 卡勒巴赫的观点甚至更为极端,他提出:

> 马克思的第二篇文章[指《论犹太人问题》的第二部分。本书所有方括号内的文字皆为引者补充注释说明,后同。]与路德和希特勒对犹太人的看法有相同的品性。和他们一样,马克思对犹太教知之甚少,而且很少关心经验现实。路德想要改变犹太人的信仰;马克思想要消除犹太人;希特勒想要驱逐以致剪灭他们。马克思是路德和希特勒之间不可或缺的逻辑链环。他传递出的很多观点都可以在希特勒的观念体系中找到。②

当然,反对这种观点的人也不在少数。③ 与以赛亚·柏林（Isaiah Berlin）的看法——"马克思敌视与宗教,尤其是犹太教有关的一切事物",他的文章中的"强烈的反犹主义声音影响了共产主义者对犹太人的态度"④——不同,汉娜·阿伦特（Hannah Arendt）在分析"反犹主义的起源"时提到:

---

① Edmund Silberner, "Was Marx an Anti-Semite?", in *Historia Judaica*, Vol. 11, 1949, pp. 3-52. 与西尔伯纳的观点针锋相对的是: Helmut Hirsch, "The Ugly Marx: An Analysis of an 'Outspoken Anti-Semite'", in *The Philosophical Forum*, Nos. 2-4, Vol. 8, 1976—1977, pp. 150-162; Helmut Hirsch, *Marx und Moses: Karl Marx zur "Judenfrage" und zu Juden*, Frankfurt am Main: Lang, 1980。

② Julius Carlebach, *Karl Marx and the Radical Critique of Judaism*, London: Routledge & Kegan Paul, 1978, p. 352. 卡勒巴赫的极端观点遭到两篇书评的一致驳斥,参见 Gary S. Orgel, "Julius Carlebach, Karl Marx and the Radical Critique of Judaism, London: Routledge and Kegan Paul, 1978", in *Studies in Soviet Thought*, Vol. 21, 1980, pp. 239-251; Ken Menzies, "Karl Marx and the Radical Critique of Judaism by Julius Carlebach", in *Sociological Analysis*, No. 2, Vol. 46, 1985, pp. 186-187。

③ 例如: William H. Blanchard, "Karl Marx and the Jewish Question", in *Political Psychology*, No. 3, Vol. 5, 1984, pp. 365-374; David B. Ingram, "Rights and Privileges: Marx and the Jewish Question", in *Studies in Soviet Thought*, Vol. 35, 1988, pp. 125-145; Dennis Fischman, "The Jewish Question about Marx", in *Polity*, No. 4, Vol. 21, 1989, pp. 755-775; Shlomo Avineri, "Marx and Jewish Emancipation", in *Journal of the History Ideas*, No. 3, Vol. 25, 1964, pp. 445-450. 概言之,这些文章都试图在资本主义批判的语境中辩护马克思对犹太人、犹太教的批判。

④ Isaiah Berlin, *Karl Marx: His Life and Environment*, London, Third Edition, p. 99; Isaiah Berlin, *The Life and Opinions of Moses Hess*, Cambridge, 1959, p. 17.

导 言

马克思常常被不公正地指责为反犹主义。卡尔·马克思这位犹太人可能和那些反犹的激进分子一样写作,但这只是证明了这种反犹太的论证和成熟后的反犹主义很少有相同之处。……马克思主义对德国劳工运动的强烈影响是德国革命运动极少显示反犹情绪迹象的主要原因之一。①

埃里希·弗洛姆(Erich Fromm)甚至认为"说马克思是一个反犹主义者只是冷战的宣传",如果真诚地面对马克思的早期著作,完全得不出这样的论断。② 麦克莱伦同样认为反犹主义的指责是不公平的,因为"犹太教(Judaism)的德语写法是 Judentum,其派生的含义是'商业',这个含义才是贯穿整篇文章最重要的意思"。由于犹太人的宗教是商业,马克思对"犹太教"的批判其实是在批判资本主义。③

当然,把鲍威尔的《犹太人问题》和马克思的《论犹太人问题》放在一起研究的文献在西方也陆续出现。在这些研究文献中,坚持认为马克思是反犹主义者的声音一下子就少了很多。例如,在比较马克思和鲍威尔的著作之后,赫尔穆特·希尔施(Helmut Hirsch)、鲁迪·瓦泽尔(Ruedi Waser)、大卫·雷奥普德(David Leopold)、尤乌·派莱德(Yoav Peled)都认为马克思支持犹太人的解放事业,并非反犹主义者;只有尤里乌斯·卡勒巴赫还固执地坚持马克思是一个极端的反犹主义者。④ 不难发现,与仅仅依靠马克思的文章来分析马克思是不是

---

① 汉娜·阿伦特:《极权主义的起源》,林骧华译,73~74 页,北京,三联书店,2008。
② Karl Marx, *Early Writings*, Translated and edited by T. B. Bottomore, Forword by Erich Fromm, New York: Mcgraw-Hill, 1963, P. V.
③ 戴维·麦克莱伦:《马克思主义以前的马克思》,李兴国等译,148 页,北京,社会科学文献出版社,1992。译文有改动,原文参见 David McLellan, *Marx before Marxism*, Edinburgh: Macmillan, 1970, pp. 141-142。另可参见戴维·麦克莱伦:《马克思传》,3 版,79 页,王珍译,北京,中国人民大学出版社,2005。
④ Helmut Hirsch, *Marx und Moses: Karl Marx zur "Judenfrage" und zu Juden*, Frankfurt am Main: Lang, 1980; Ruedi Waser, *Autonomie des Selbstbewusstseins: eine Untersuchung zum Verhältnis von Bruno Bauer und Karl Marx (1835—1843)*, Tübingen: Francke, 1994; David Leopold, *The Young Karl Marx: German Philosophy, Modern Politics, and Human Flourishing*, Cambridge: Cambridge University Press, 2007; Yoav Peled, "From Theology to Sociology: Bruno Bauer and Karl Marx on the Question of Jewish Emancipation", in *History of Political Thought*, No. 3, Vol. 13, 1992, pp. 463-485; Julius Carlebach, *Karl Marx and the Radical Critique of Judaism*, London: Routledge & Kegan Paul, 1978.

思想的传承与决裂

反犹主义者时出现争论不休的情形不同，参照鲍威尔的著作考察马克思时，研究者做出的判断更具有统一性。事实上，如果要客观地评价马克思对犹太教、犹太人的态度，我们是离不开鲍威尔的《犹太人问题》的。只有在这种参照中，我们才能发现马克思拒绝了鲍威尔的哪些看法，提出了什么样的新主张，从而客观地评估马克思的观点。更为重要的是，把鲍威尔纳入马克思研究的视野中之后，以兹维·罗森（Zvi Rosen）为代表的研究者对于鲍威尔在马克思思想发展中的地位也有了更清晰的认识。但是由于过于注重马克思的行文和思想，鲍威尔的论证逻辑——尤其是后续论战中的作品——在这些研究者的著述中往往成了陪衬而没有得到应有的关注，这种缺憾甚至在兹维·罗森的著作中也同样存在。[①]

马克思与鲍威尔以及青年黑格尔派思想关系的研究一直是国内的薄弱环节。在这一点上，侯才先生的工作具有开创性的贡献，聂锦芳先生和吴晓明先生的著作更加充实了这一研究。[②] 但是由于时代和语言的障碍，国内的大多数学者在研究马克思的《论犹太人问题》以及马克思和鲍威尔论战的其他著述时大多没有把鲍威尔纳入考查范围（就算把两者放在一起研究，对鲍威尔的认知也没有超出马克思的引文范围），而是集中关注《论犹太人问题》、《神圣家族》本身的论证，要么对其中的观点做具有时代意义的阐发，要么辨析它们在马克思思想发展中的地位。就前一个研究方向而言，国内学者大多从中阐发马克思主义的政治哲学思想：马克思主义的国家理论、市民社会理论、自由观等[③]；就后一个研究方向而言，国内的研究文献大致可以视为列宁的"两个转变说"和阿尔都塞的"费尔巴哈总问题说"的回声和

[①] 参见兹维·罗森：《布鲁诺·鲍威尔和卡尔·马克思：鲍威尔对马克思思想的影响》，王谨等译，北京，中国人民大学出版社，1984。

[②] 参见侯才：《青年黑格尔派和马克思早期思想的发展》，北京，中国社会科学出版社，1994；聂锦芳：《批判与建构：〈德意志意识形态〉的文本学研究》，北京，人民出版社，2012；吴晓明：《形而上学的没落：马克思和费尔巴哈关系的当代解读》，北京，人民出版社，2006。

[③] 参见李淑梅：《人类解放：消除对政治国家、宗教和金钱的崇拜——读马克思的〈论犹太人问题〉》，载《学习与探索》，2010（04）；郁建兴：《从政治解放到人的解放——马克思政治思想初论》，载《中国社会科学》，2000（02）；郁建兴：《论全球化时代的马克思主义国家理论》，载《中国社会科学》，2007（02）。

反应。① 无论对于理解马克思思想发展的轨迹，还是对于发掘马克思思想的当代意义而言，这些研究都有其价值，为中国的马克思主义研究做出了贡献。但是，在这些研究中也有一个不小的缺憾，即由于对鲍威尔的著作的缺乏认知，同时对马克思的著作过于倚重，国内的学者在判断马克思和鲍威尔的思想关系时往往忽略了1842年以后鲍威尔对马克思思想发展的影响，迫不及待地给鲍威尔的观点贴上思辨哲学、唯心主义的标签，然后像躲避瘟疫一样对他绝口不提。这种状况不仅出现在国内，在国外研究者中间同样如此，例如大卫·雷奥普德就提出："充分理解《论犹太人问题》有一个直接障碍，即它所批判的目标在今天是我们所不熟悉，甚至无法接触到的。像马克思的其他同时代人一样，鲍威尔的命运也很委屈，他之所以为后人所知，在很大程度上只是因为他是马克思批判的一个靶子。"他指出：缺少了对鲍威尔的著作的必要理解，要想理解马克思的很多讨论是不可能的，因为：

    在《论犹太人问题》中，马克思对权利的批判检验受到很多人的追捧，但要想理解其特征和目的，必须先理解鲍威尔为什么要把犹太人排除在那些权利的保护之外。此外，离开对鲍威尔的某些观点的必要理解，评论马克思对鲍威尔的批判的有效性以及对这两个作者进行有效的比较都是不可能的。例如，我坚持认为：如果我们更充分地理解了鲍威尔有关犹太人和犹太教的作品的本性的话，忽略鲍威尔和马克思的差别——有一股思潮认为《论犹太人问题》是反犹的——就很难站住脚。②

可见，不论国内研究者还是国外研究者，在面对马克思和鲍威尔有关"犹太人问题"的论战时都有一个共同的难题，即鲍威尔到底说了什么。正是对这一问题的追问打开了本书的空间。

---

    ① 参见王东、林峰：《马克思哲学存在一个"费尔巴哈阶段"吗——"两次转变论"质疑》，载《学术月刊》，2007（04）；姚顺良、汤建龙：《"两次转变论"的文本依据及其方法论意义——兼答王东教授等》，载《学术月刊》，2007（04）；段忠桥：《马克思对历史唯物主义的最初表述是在〈黑格尔法哲学批判〉还是在〈德法年鉴〉》，载《社会科学研究》，2008（03）；俞吾金：《重新理解马克思哲学和费尔巴哈哲学的关系》，载《马克思主义与现实》，1996（01）。

    ② David Leopold, *The Young Karl Marx: German Philosophy, Modern Politics, and Human Flourishing*, Cambridge: Cambridge University Press, 2007, p. 101.

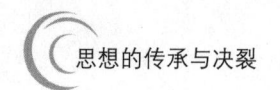

三、本书的基本思路

本书意欲把马克思和鲍威尔的争论放在 19 世纪 40 年代的德意志思想语境中加以讨论。其实，就算只是截取这段思想史，对于本书还是太大了。正如马克思恩格斯所记载的：

> 从施特劳斯开始的黑格尔体系的解体过程发展为一种席卷一切"过去的力量"的世界性骚动。在普遍的混乱中，一些强大的王国产生了，又匆匆消逝了，瞬息之间出现了许多英雄，但是马上又因为出现了更勇敢更强悍的对手而销声匿迹。这是一次革命，法国革命同它相比只不过是儿戏；这是一次世界斗争，狄亚多希的斗争在它面前简直微不足道。一些原则为另一些原则所代替，一些思想勇士为另一些思想勇士所歼灭，其速度之快是前所未闻的。①

在这场席卷一切的"世界斗争"里，本书仅仅关注其中的一条"战线"。1842 年 11 月 17—26 日，布鲁诺·鲍威尔在《德意志科学和艺术年鉴》② 第 274～282 号（第 1093～1126 页）上发表《犹太人问题》。1843 年 3 月，他把该文扩展成为小册子在布伦瑞克出版。③ 同年 7 月，他在《来自瑞士的二十一印张》④ 第 56～71 页发表《现代犹太人和基督徒获得自由的能力》。

1844 年 2 月，马克思在《德法年鉴》上发表《论犹太人问题》，分两部分批评鲍威尔上面的两篇著述。

1844 年 7 月，鲍威尔在《文学总汇报》（月刊）⑤ 第 8 期发表《目

---

① 《马克思恩格斯选集》，2 版，第 1 卷，62 页，北京，人民出版社，1995。
② 《德意志科学和艺术年鉴》（1841—1843）由阿诺德·卢格和恩斯特·希罗多·爱西特迈耶尔（Echtermyer Ernst Theodor）主编，在莱比锡由奥拓·维干德出版，其前身是《哈勒德意志科学和艺术年鉴》（1838—1841）。
③ 关于《犹太人问题》的出版时间，可参见 MEGA², I/2, *Karl Marx Werke Artikel Entwürfe März 1843 bis August 1844*, *Apparat*, Berlin: Dietz Verlag, 1982, S. 648.
④ 《来自瑞士的二十一印张》是格奥尔格·海尔维格（George Herwegh）1843 年 7 月在苏黎世和温特图尔出版的文集，题名直指对 20 印张以内的所有印刷品实行严格把控的书报检查制度。
⑤ 《文学总汇报》是布鲁诺·鲍威尔创办，1843 年 12 月到 1844 年 10 月在夏洛腾堡由埃格伯特·鲍威尔分 12 期出版，其中第 11 期和第 12 期为合订本。这是一份以评论新近出版物为主要内容的报纸，当然，其中也有被评论者的辩护、原创小说、诗歌和读者来信。

前什么是批判的对象？》，反驳马克思的批评。

1845年2月，马克思恩格斯在美因河畔法兰克福出版《神圣家族》，其中批判鲍威尔的部分直指鲍威尔辩护《犹太人问题》的文章。

1845年10月，鲍威尔在《维干德季刊》①第86～146页匿名发表《路德维希·费尔巴哈的特征》，其中第138～143页对《神圣家族》做了反驳。

1846年，马克思在《社会明镜》（双月刊）②第七期第6～8页"报道与评论：11月20日于布鲁塞尔"匿名回应了鲍威尔的反驳，这篇短评写于1845年11月20日之前。马克思将这部分内容修改、扩展成为《德意志意识形态》第一卷第二章"圣布鲁诺"③。

不过，这一条战线并不只是马克思、恩格斯和鲍威尔及其伙伴之间的斗争，鲍威尔为《犹太人问题》辩护时点名驳斥的著述就有十一篇，除此之外，还有其他参与者。

1845年5月，《威斯特伐里亚汽船》（月刊）第206～214页，匿名发表了一篇《神圣家族》的书评。马克思曾指责这是一篇"平庸而混乱"同时又"浮皮潦草"的评论，而鲍威尔反驳《神圣家族》时恰恰依据的是这篇书评中的概述。④

1845年，古·尤利乌斯（Gustav Julius）在《维干德季刊》（季刊）第2期第326～333页发表《看得见的教派与看不见的教派之争或批判对批判的批判所做的批判》，这也是《神圣家族》的书评。

---

① 《维干德季刊》由奥拓·维干德1844—1845年在莱比锡出版，1845年第三期除了鲍威尔的《路德维希·费尔巴哈的特征》（86～146页），还有《基督教与反基督教》（3～51页），《布鲁诺·鲍威尔或当代神学人道主义的发展。批判和特征》（52～85页），《施蒂纳的评论者》（147～194页）以及J. H. 克洛莱恩的《华伦斯坦及其最近的历史批判者和拥护者》（195～326页）。由于内容主要为青年黑格尔派成员之间的论战，马克思形象地把它称作"莱比锡宗教会议"。关于《维干德季刊》第三期出版的时间，参见聂锦芳：《批判与建构——〈德意志意识形态〉文本学研究》，72页，北京，人民出版社，2012。

② 《社会明镜》由M. 赫斯任编辑，1845—1846年分12期在艾伯菲尔德由尤里乌斯·贝德克（Julius Bädeker）出版。其中第一卷1～6期于1845年出版，第二卷7～12期于1846年出版。该杂志内容分为"正文"和"报道与评论"，这两个部分各自独立计算页码。以第七期为例，它是1846年的第一期，正文页码为1～36，"报道与评论"页码为1～12。第八期作为1846年的第二期，其正文页码为37～72，"报道与评论"页码为13～24。

③ 事实上，《德意志意识形态》的"圣布鲁诺"章正是因鲍威尔的《路德维希·费尔巴哈的特征》而起意创作，是对该文从头到尾的批判。

④ 参见《马克思恩格斯全集》，中文1版，第42卷，364、365页，北京，人民出版社，1979。

1846年4月，约瑟夫·韦德麦尔（Josef Weydemeyer）在《威斯特伐里亚汽船》（月刊）第178~181页发表《布鲁诺·鲍威尔和他的卫道士》，评判这场斗争。

1846年，西罗多·奥皮茨（Theodor Opitz）出版《布鲁诺·鲍威尔和他的敌人》，批评马克思、恩格斯和施蒂纳。

同是1846年，《社会明镜》（双月刊）第12期第85~86页"报道和评论"栏目发表了弗里德里希·施纳克（Friedrich Schnake）的《一个新的批判传教士》，这是对奥皮茨的回击。

"犹太人问题"本身是一场具有时代特色的论战。这个语境首先能够向我们展示：鲍威尔、马克思面对时代分别是如何表达理论和实践诉求的，他们如何看待对方，在对手和同行那里又获得了何种待遇。其次，这个语境能够向我们清楚地展示马克思和鲍威尔在论战中的思想变化轨迹，正是在这场"无路可退"的论战之中，马克思走向唯物主义的历史观，鲍威尔转向"纯粹批判"哲学。在国内关于费尔巴哈对马克思思想发展影响的研究日益丰富之际，本书把马克思和鲍威尔1842—1846年间的论战作为研究课题，为我们审视马克思思想转变历程提供了新的视角。这个语境还能够防止我们片面地理解马克思和鲍威尔的论战。马克思和鲍威尔之所以能够在青年黑格尔派赢得尊重，很重要的原因就是因为他们都是辩才无碍之士。面对这两个人之间的直接交锋，如果没有第一手的材料，我们很难理清论战的真实情境。例如，马克思曾经这样总结他批判鲍威尔的原因：鲍威尔在理论上是"以漫画形式"表现出来的黑格尔的思辨，在实践上是"现实人道主义"最危险的敌人。正如兹维·罗森所言，"漫画"形式的胡话和"最危险的敌人"只能居其一。① 就算我们姑且不谈这种表述上的文学修辞可能带来的误解，如果我们教条地接受马克思的判断，恰恰错失了鲍威尔对世俗的"人道主义"理论发展的贡献。

当然，本书也注意到：这个语境并没能涵盖欧洲"犹太人问题"的起源和演变，为了更清楚地交代"犹太人问题"的由来，本书第一章首先在更大的时空背景上对欧洲犹太人解放前的处境以及获得解放的历史进程做了梳理，并详细介绍了1842年德国"犹太人问题"大论战中的社会舆情。

---

① 参见兹维·罗森：《布鲁诺·鲍威尔和卡尔·马克思：鲍威尔对马克思思想的影响》，王谨等译，2页，北京，中国人民大学出版社，1984。

导　言

　　为了更好地理解马克思和鲍威尔发生意见分歧的原因，本书第二章交代了马克思和鲍威尔各自的思想发展历程。在写作《犹太人问题》之前，鲍威尔已经以激进的宗教批判理论家蜚声德国学界，他以"自我意识哲学"为基础，得出旧约宗教（犹太教）和新约宗教（基督教）是对立的，圣经故事都是文学作品，宗教信仰都表现为自我意识自由的桎梏等基本结论。在被书报检查机构查禁的《被揭穿了的基督教》中，他更是把排他性视为宗教的本性，认为基督教作为最完善的宗教是人的最大的不幸，在批判哲学证明上帝这个最高的实体也是自我意识的创造物之后，自我意识就获得了自由。这些基本结论构成了鲍威尔写作《犹太人问题》和《现代犹太人和基督徒获得自由的能力》的思想前提。而马克思先是在鲍威尔的指导下完成博士学位论文，还曾和鲍威尔合作《对黑格尔的末日审判的宣言》，马克思学生时代的思想发展受到了鲍威尔的深刻影响。但是，从博士论文开始，马克思就在反省黑格尔主义哲学的发展前景，这体现在他对"自由派"和"实践派"、"实践政治派"和"理论政治派"的反思中，从他对这些派别的评价中不难发现马克思一直在思考一条新的使"哲学现实化"的道路。当马克思在《莱茵报》的工作中遭遇物质利益难题之际，他再次退回书房，在克罗茨纳赫写作完成了《黑格尔法哲学批判》和《克罗茨纳赫笔记》，这些工作帮助马克思认识到了现代社会的基本结构：市民社会和政治国家的二元对立，正是这种结构规定了人的基本生存境遇，构成了人的自由的桎梏。这些观点为《论犹太人问题》的写作做了思想准备。

　　在第三章，本书交代了马克思和鲍威尔在犹太人问题上的第一次交锋。鲍威尔的《犹太人问题》和《现代犹太人和基督徒获得自由的能力》被重构为思考自由和解放的关系的文本，鲍威尔认为犹太人可以和基督徒获得平等的市民地位（即得到解放），其前提条件是：基督教国家不再以基督教为国教，犹太人和基督徒都不再以自己的宗教为信仰，而是打破排他性的枷锁，以普遍的人性为信仰（即获得自由）。鲍威尔还提出，犹太人在获得自由的能力上更小，距离自由也更远，犹太人获得自由更加艰难，但是他们同样有机会获得自由，因为"在人面前，一切皆有可能"[①]。马克思对鲍

[①] Bruno Baner, "Die Fähigket der heutigen Juden und Christen, frei zu werden", in *einundzwanzig Bogen aus der Schweiz*, hrsg. von Georg Herwegh, Zurich und Winterthur, 1843, S. 71.

威尔的批评体现在：第一，鲍威尔的批判是神学的批判，这种批判的意义非常有限，只有在德国这个基督教国家才具有一些作用，而且这种作用仅仅局限在神学领域；第二，鲍威尔混淆了政治解放和人的解放，犹太人所追求的只是和其他市民享有平等的市民权利，这属于政治解放的范畴，而政治解放只需要基督教国家宣布不再以基督教为国教，所有的市民即可享有平等的权利；犹太人和基督徒都不再以自己的宗教为信仰那是人的解放的任务。而宗教信仰之所以存在，其根由可归结为政治国家和市民社会的二元对立。消灭这种二元对立，使人在个体生活中直接作为"类存在物"而存在，只有这样才能实现"人的解放"，消灭宗教。而这又需要消灭市民社会中异化的总根源——私有财产和货币。

本书第四章关注的是马克思和鲍威尔的第二次交锋。这里首先交代的是鲍威尔为《犹太人问题》所做的辩护，《犹太人问题》发表之后遭到了很多学者的批判，鲍威尔以《文学总汇报》为阵地给自己辩护。他先后在第一期、第四期、第八期发表三篇文章，其中第三篇《目前什么是批判的对象？》是对马克思的回应。在这些文章中，鲍威尔认为那些不理解"犹太人问题"的实质反而批判自己的学者同样属于群众，这些人缺乏精神、没有教养，是历史发展的阻碍。批判家当前要以群众为批判的对象，而不是对群众说一些漂亮话，鼓动群众，试图把群众组织起来建立一个新社会。鲍威尔在这些文章中将自己的宗教批判进一步发展成为"纯粹批判"的哲学。当然，在这些辩护文章中，鲍威尔也提到"犹太人问题"并不只是宗教问题，而且还是政治问题、社会问题，但是他把犹太人受到排挤的政治与社会原因再次归结为犹太人的宗教信仰。与鲍威尔对群众大加挞伐不同，马克思认为"历史上的活动和思想都是'群众'的思想和活动"，"历史活动是群众的事业"[①]。马克思在反驳鲍威尔的第三篇文章时，"重写"了《论犹太人问题》中的第二篇文章，他更加鲜明地从市民社会的经济活动而非从思想观念出发来思考人的自由解放。"历史唯物主义"的基本思想在与鲍威尔的论战中逐渐形成并被表述出来。

第五章关注的是马克思和鲍威尔的第三次交锋。在这里，马克思和鲍威尔的思想分歧已经大到他们双方难以认真讨论问题的程度，鲍威尔

---

① 《马克思恩格斯全集》，中文1版，第2卷，103、104页，北京，人民出版社，1957。

甚至连马克思恩格斯的书都不翻一下，单纯依靠第三者的书评就对马克思恩格斯的观点做出评判，指责马克思恩格斯"不能也不配"理解批判家。马克思虽然指出鲍威尔这种做法的不妥当，并试着细致地评论鲍威尔的长篇文章，但是在整个行文当中对鲍威尔极尽贬低、嘲讽之词。马克思和鲍威尔之间的这场争论到此画上了休止符。

在做出以上所有的考证、梳理、辨析之后，还有一个问题需要回答，即"犹太人问题"在什么意义上启发了马克思的哲学变革，这是综论将要回答的问题。在《黑格尔法哲学批判》中，马克思已经认识到：市民社会与政治国家的二元对立规定了现代人生存的基本境遇，而"犹太人问题"提供了一个契机，它让马克思得以思考这种生存境遇下的人的自由解放的问题。正是"犹太人问题"引发的论战让马克思坚定了市民社会批判的道路，进而推动马克思走向政治经济学研究。然而"犹太人问题"的复杂性就在于单纯依靠某一种视角并不能全面地认知、把握从而解决这一问题，"犹太人问题"这面棱镜所折射出的"七彩光谱"又为我们思考马克思哲学变革的意义和限度提供了切入点。

第一章 "犹太人问题"：历史之经纬和德国的僵局

"犹太人问题"由来已久，它本身就可以成为一部鸿篇巨制的研究课题。我们在这里无意于对"犹太人问题"做事无巨细的考究，这项工作早已由历史研究者完成。我们关注的是犹太人问题在德国为什么会成为焦点问题，而为了搞清楚这个问题，我们首先要对近代以来犹太人在欧洲的遭遇和解放历程有所了解。"犹太人问题"作为一个术语最早出现于18世纪中期的英国。1753年7月英王御批"犹太人归化法案"，决定简化犹太人入籍程序。然而，面对基督教徒的强烈抗议，该法案于当年年底又被撤销。① 这一事件引发了英国社会对犹太人社会地位的讨论，当年出版的小册子中第一次用到了"犹太人问题"来讨论犹太人的入籍和购置土地的问题。② 在接下来一个时期，由于社会上讨论的多是犹太人某一个具体的权利要求，因此"犹太人问题"这个相对宽泛的术语也被摒弃了，诸如"市民地位的改善"、"国民权利"之类的术语倒是反复出现。即使到了维也纳会议期间，经历过启蒙运动和法国大革命，犹太人要求的已经是普遍的市民权利，社会上依然没有把犹太人争取普

---

① Cecil Roth, *A History of the Jews in England*, Oxford: Oxford University Press, 1978, pp. 216–221.

② *Magna Bibliotheca Anglo-Judaica*, *A Bibliographical Guide to Anglo-Jewish History*, revised and enlarged by Cecil Roth, No. B1, 114, London, 1937, pp. 224–225. 亦可参见 Jacob Touty, "'The Jewish Question': A Semantic Approach", in *Leo Baeck Institute Yearbook*, 1966, pp. 85–106。

第一章 "犹太人问题"：历史之经纬和德国的僵局

遍权利的要求作为一个"问题"来讨论。1828年，英国发生了天主教徒能否进入议会的争论，这一消息很快传到德国；鉴于天主教徒的要求被称作"天主教徒的解放"，德国犹太人相应地也把自己追求平等权利的要求叫做"犹太人的解放"。① 从此以后，直到1871年俾斯麦统一德国并授予犹太人全面的市民权利，"解放"概念一直都是表达德国犹太人政治诉求的首要概念。② 在这个过程的最初20年间（1828—1848年），德国社会主要还是在回答解放犹太人的先决问题：犹太人是市民社会的一个要素还是一个外来共同体，应不应该把他们视为平等的市民个体。③ 1841年底，弗里德里希·威尔海姆四世颁布法律草案，提议恢复中世纪的犹太人同业公会，以把犹太人和基督教社会彻底隔离开。这一保守举措引发举国震动，海尔梅斯、莫泽斯·赫斯、布鲁诺·鲍威尔等纷纷卷入上述"犹太人问题"的讨论，马克思也于1844年参加进来。相对于最初有关具体权利的讨论，1840年代德国的"犹太人问题"讨论不仅参与者众，而且问题的范围、层次和深刻性都有了很大的拓展，在德国犹太人的解放过程中留下了浓墨重彩的一笔。④

第一节　犹太人在"解放"前的处境

"解放"总是相对于"禁锢"而言的。在"解放"之前，犹太人受到"禁锢"了吗？答案是肯定的。这种"禁锢"首先表现在犹太人的生活环境上，他们被禁锢在每个城市的特定区域，这个犹太人聚居区叫做"隔都"（Ghetto）或"犹太胡同"（Judengasse）。除此之外，犹太人受

---

① 参见 Jacob Katz, "The Term 'Jewish Emancipation': Its Origin and Historical Impact", in *Studies in Nineteenth-Century Jewish Intellectual History*, ed. Alexander Altmann, Cambridge and Mass.: Harvard University Press, 1964, pp. 1-25。

② 参见 David Sorkin, "Emancipation and Assimilation: Two Concepts and Their Application to German-Jewish History", in *Leo Baeck Institute Yearbook*, 1990, pp. 17-33。

③ 参见 Jacob Touty, "'The Jewish Question': A Semantic Approach", in *Leo Baeck Institute Yearbook*, 1966, pp. 85-106。

④ 这一时期讨论的"犹太人问题"大致可分为三个层次：犹太人的历史的意义，犹太教的戒律的意义以及犹太人和国家的关系。参见 Yoav Peled, "From Theology to Sociology: Bruno Bauer and Karl Marx on the Question of Jewish Emancipation", in *History of Political Thought*, No. 3, Vol. 13, 1992, pp. 463-485。

到的禁锢还表现在法权上,他们甚至享受不到最基本的人权。当然,即使在面临最严密的控制的时候,还是有一些犹太人由于经济上的成功而能够在上流社会站稳脚跟,这些犹太人是不受禁锢的特权阶层。他们虽说脱离了贫困的生活,但大多还不遗余力地推动底层犹太人的解放,尽管这样做要冒着再次被打入底层的风险。

一、"隔都"里的生活

在古典古代,就有犹太人在欧洲定居,那时他们大多生活在地中海沿岸的国家。到了古典古代晚期,他们开始向欧洲其他地方迁徙,越来越多的犹太人开始生活在今天的德国境内。在那个时候,他们能够从事所有的行业,而且他们享有充分的贸易自由,可以拥有自己的不动产。到了中世纪的时候,某些社会阶层和职业群体在一个城市往往会生活在固定的区域里,犹太人也不例外,他们也有自己固定的生活区域。但是,由于犹太人要守安息日戒律,他们的生活在这一天面临诸多的困难。慢慢地,在犹太人聚居区的周边就形成了一个叫"埃鲁服"(Eruv)的区域,这里生活着其他信仰的人,他们为守安息日的犹太人提供服务和帮助。事实上,在中世纪早期,犹太人和非犹太人的生活界限并不是十分明显。

以1267年布列斯劳省议会为发端,基督教教会开始主动要求在地域上把基督徒和犹太人隔离开来。到了17世纪初,欧洲的主要城市里都有了专供犹太人生活的"隔都"。"隔都"的选址往往在城市里环境不好的地方,四周高墙环绕,夜晚大门上锁。这些城市往往还会出台规定,"隔都"里的犹太人在大白天出门之际要佩戴显眼的标识,以使其他人能分辨出他们是犹太人。[1]"任何人胆敢从隔都内外出活动而不佩戴他们那种与众不同的标识,那么他们将受到最严重的惩罚;有时,甚至在阴暗的管区内也必须佩戴。"[2] 这样一来,犹太人的"隔都"就成了名副其实的"隔"都。

在德国,最出名的犹太人"隔都"是"法兰克福隔都"。它始建于

---

[1] 相关信息载于维基百科"Ghetto"条目。网址为:http://de.wikipedia.org/wiki/Ghetto。

[2] 塞西尔·罗斯:《简明犹太民族史》,黄福武、王丽丽等译,353页,济南,山东大学出版社,1997。

第一章 "犹太人问题": 历史之经纬和德国的僵局

1462年,到1796年被拆除,在1550年扩建过一次之后,它的规模就再没被增加:不到3米宽、大约330米长,呈弧形。这个"隔都"被高墙围绕,只有三个门供人出入。事实上,三个门在"隔都"中已经属于特例,它们大多情况下只留两个门。"法兰克福隔都"最初是为15个家庭大约100位住户设计的;到晚期,已经有近3 000人在这里生活。这些人挤在200栋大大小小的建筑里,其生活环境和安全性可想而知。仅仅18世纪这里就发生过三次记录在案的大火灾:前两次分别发生在1711年和1721年,1796年的大火最终将其夷为平地,这个"隔都"才走到尽头。① 另外,由于禁止在水平方向上扩展"隔都",犹太人不得不在本已东倒西歪的建筑上贸然堆积高层建筑,"隔都"里坍塌时有发生,喜庆的节日往往因此成了丧葬的祭日。② 在这里出生、长大的记者路德维希·保尔讷(Ludwig Börne)曾这样描述它:

> 面前是一条一眼望不到尽头的小巷子,左右两侧的空隙只够转身回头之用。抬头看不到天,只有一丝丝阳光从房屋间的缝隙里勉强挤进来。这里到处都是恶臭,人们用来蔽体的衣物任谁看了都不免要流下同情的眼泪。当我奋力在泥泞中蹚水的时候,我只能迈着缓慢的步子,因为有不少小孩子在泥泞里扑腾戏水,你必须小心,否则,一不留神就会踩着他们。不过也就是这时,我才能闲下来想一想人生的意义。③

不难想象,"隔都"里的生活给犹太人的生理、心理带来了多么大的创伤和压力。由于"隔都"的隔离,犹太人一直被排斥在社会的边缘地带,由于他们自己及其子女都得不到教育,融入社会更是几乎不可能的。为了使自己狭小的生活空间不致过度拥挤,他们甚至不敢多生养子女;就算他们生养几个子女,这些后代也得不到在"隔都"里居住的许

---

① Friz Backhaus: "Die Bevölkerungs-explosion in der Frankfurter Judengasse des 16. Jahrhunderts", in *Die Frankfurter Judengasse*, Frankfurt am main: societäts-verlag, 2006, S. 103-118.
② 参见塞西尔·罗斯:《简明犹太民族史》,黄福武、王丽丽等译,351页。
③ Ludwig Börne, "Über die Stättigkeit (1808)", in *Sämmtlichen Schriften*, hrsg. von Peter und Inge Rippmann, 5 Bände, Dreieich, 1977, S. 47. 转引自 Ritchie Robertson: The "Jewish Question" in German Literature, 1749—1939: *Emancipation and its Discontents*, Oxford: Oxford University Press, 1999, p. 10.

可。正是由于"隔都"以及配套的歧视性措施的存在，犹太人尽管和其他一些民族一样是欧洲大陆上最早的拓荒者，但是他们始终被视为异类。

当然，"隔都"也有其两面性：尽管"隔都"给犹太人的生活带来了极大的限制，但是也不自觉地保护了犹太人。由于与外界有高墙相隔，宗教极端分子无法经常骚扰这里，"隔都"里的犹太人能够享受到一些太平时日。同时，"隔都"并未完全斩断犹太人和外部世界的联系。例如，犹太人和非犹太人可以在类似小酒馆之类的地方碰头交换日常用品；而且大多数情况下，犹太人在特定的节日还是可以雇佣非犹太人为自己服务的；此外，"隔都"在星期天还可以感受到一些游客带来的新鲜气息，比如歌德和海涅都曾游历过"法兰克福隔都"。[①]

二、权利上的限制

在欧洲各地，随着"隔都"陆续设立，犹太人的日常生活被圈定在一个狭小的空间里。与这一进程同步的是，他们的权利受到越来越多的剥夺。首先，犹太人的人格权利受到了侮辱。在欧洲大部分区域，犹太人得到的待遇和基督徒豢养的牲畜是一样的。当时的欧洲有大小无数的公侯王国，每当犹太人要越过这些边境或者出入一座城池，他们都要缴纳一项叫做"人头税"（Leibzoll）的通行费。这项费用是参照基督徒为牛羊家禽缴纳的过境费而制定的。这种侮辱在犹太人法庭作证时表现得尤其明显。如果犹太人要想出庭，他们必须完成一系列具有歧视色彩的程序，就连宣誓都不能像普通人一样，而必须以犹太人最敬重的东西来宣誓，只有这种更具犹太色彩的誓词才是有效的。

为了限制犹太人繁衍生息，欧洲政府普遍严禁他们拥有土地、房屋等不动产，就连"隔都"里的房屋也是他们租赁来的。在罗马统治时期，他们必须向教廷缴纳赋税以示忠诚。在德国的某些区域，经济萧条时犹太人要承担沉重的苛捐杂税，他们没能力繁衍生息；经济繁荣时犹太人又被视为社会的毒瘤，他们的人口受到严格限制。为了限制犹太人的数量，欧洲曾出现过很多种措施，例如："官方的居住特许证通常发给严格限定数量的家庭，决不允许超出定额。"受这种定额的限制，能够安定地在一个地区生活的只有少数在商业上发展成功的大家庭，经济

---

① 参见 Ritchie Robertson，*The "Jewish Question" in German Literature*，1749—1939：*Emancipation and its Discontents*，Oxford：Oxford University Press，1999，pp. 10-11。

状况不好的家庭往往受到驱逐。又如,官方为了限制犹太人口增长出台了严格的婚姻和生育政策。"在一个家庭中,只允许其中年龄最大的孩子为自己娶一位妻子,建立起自己的家庭;否则,婚姻许可证将严格按照死亡人数的比率发放。"① 没有官方允许的婚姻是被严令禁止的。这种灭绝人性的限制婚育的政策在"隔都"被废除很久之后仍然持续存在。

为了限制犹太人僭越权利,他们被严禁乘坐马车,甚至不能雇佣基督徒做仆人。在某些地方当犹太人守安息日的时候,如果邻居胆敢为他们点燃灯火,都要受严惩。如果犹太人和基督徒传出绯闻,鞭刑算是最轻的处罚了。在罗马教皇的居住地,教皇出门所到之处,犹太人必须回避以表达自己的虔敬。为了维持基督徒的优越性,犹太人被排斥在自由科学之外。他们的经典受到基督徒的排斥,"它们或是被没收、审查,或是毫不在乎地予以焚毁"②。更有甚者,在意大利的大部分地区,拥有一本《塔木德》会被视为严重的刑事犯罪。

经济活动方面,犹太人受到的限制一点也不比其他方面少。在商业贸易中,犹太人不能从事新货交易,只能在二手市场上买卖旧货。为了逃避纠察,犹太人有时甚至会把新货做旧,比如在新衣服上挖个无关紧要的破洞,从而进行交易以维持生计。就连做裁缝,他们都不能把自己做成的成品直接贩售给顾客。众多的同业公会和生产部门出于自己的利益考量,都禁止犹太人参与,如果犹太人胆敢染指,随之而来的往往是政府的镇压。同时,犹太人被禁止开店铺,他们被迫沿街叫卖。"在18世纪,那些四方游弋的犹太小贩,肩上扛着,背上驮着,走遍了整个欧洲,从而构成了边远乡村的一道独特的风景线。"③ 当然,由于犹太人在国际范围的游历,他们建立了广泛的商业联系,这最终让他们在珠宝和玉器行业中站稳了脚跟。同时,在放贷和典当这些基督徒鄙夷的行业,犹太人最终建立了自己的统治地位。

三、宫廷犹太人的特权

和绝大多数在贫困线上挣扎的犹太人处处受到限制的情况不同,在

---

① 塞西尔·罗斯:《简明犹太民族史》,黄福武、王丽丽等译,356 页。
② 同上书,355 页。
③ 同上书,357 页。

思想的传承与决裂

欧洲还有一个特殊的犹太人群体。他们不仅不用忍受"隔都"里的生活，而且享有与上流基督徒同等的特权，他们就是"宫廷犹太人"。欧洲犹太人进入上流社会可以追溯到 10 世纪的穆斯林对外扩张时代。在穆斯林征服西班牙以后，犹太人依靠自己的技艺和才能赢得了穆斯林统治者的好感。当穆斯林统治下的西班牙发生分裂时，他们得以进入各个小邦国任职，甚至一度有犹太人出任宰相之位。但是，随着伊斯兰统治者推行正统的伊斯兰统治，他们的优厚待遇逐渐被剥夺。[1] 在之后漫长的基督教统治时代，犹太人同样被排斥在主流社会之外。

随着世俗的王权逐渐摆脱教会神权的控制，决定统治者地位的已经不再是教会的支持，而是国王口袋里的财富。"到 17、18 世纪商业目标已经成为欧洲统治者的首要问题，宗教问题则降到次要地位。"[2] 这为犹太人接触并进入上流社会创造了机会。犹太人之所以能够跻身上流社会，首先是由于基督教信徒普遍坚持商业活动是罪恶的，由于基督徒不愿意从事他们所谓的低贱行业，犹太人在这个行业里倒是得以施展手脚，并且逐步积累起了财富。犹太人尤其控制了当时的珠宝交易行业，宫廷贵族需要贵重物品装点门面，往往要求助于犹太人。凭借在商业活动中养成的灵活与融通，成功的犹太商人不失时机地向诸侯王公赠送贵重物品，渐渐地和上流社会建立起了联系，成为他们宴请聚会的座上宾客。

犹太人在上流社会站稳脚跟，最重要的还是因为他们的才能满足了封建君主的需要。因此，犹太人跻身上流社会的机会在各个国家并不是均等的，法国和德国就鲜明地体现了这种差别。在法国，国王控制着整个国家，庞大的国家机器维持着国家正常的行政、财税、安全和外交事务，因此，犹太商人在法国始终没有什么重要的政治地位。德国的情况就大相径庭，1618—1648 年三十年战争之后，德国千疮百孔，人口骤减、城市荒废、封建割据加深。当普鲁士谋求统一德国的时候，割据一方的诸侯则不断巩固自己的地盘。犹太人在战争时期可以辅助战备，在和平时期可以繁荣经济，在这种历史背景下，"几乎每一个德国的诸侯政府，不管它是否能够容忍犹太人，一般都录用一两位宫廷犹太人作为

---

[1] 参见塞西尔·罗斯：《简明犹太民族史》，黄福武、王丽丽等译，185～194 页。
[2] 大卫·鲁达夫司基：《近现代犹太宗教运动》，傅有德、李伟等译，34 页，济南，山东大学出版社，1996。

最高统治者及其阁僚的私人侍从"①，犹太人跻身上流社会的机会大大增加。

宫廷犹太人遵从基督教上流社会的社交礼仪，穿着得体、举止优雅。这些时常出入在王公贵族庭院里的犹太人不需要遵从社会对底层犹太人的种种限制，当然他们也不需要佩戴歧视性的标识。由于他们在经济领域有着骄人的成绩，"隔都"里的狭小空间压根容纳不下他们，他们在大城市里有自己的宅邸。尽管享受着信奉基督教的领主赐给的种种特权，他们大多依旧严守犹太教戒律，维持对犹太人身份的忠诚。而且当他们所在区域的底层犹太人遇到麻烦，他们往往乐于出面调解。在某些情况下，由于触犯了基督教社会的敏感神经，这种慷慨甚至会给他们带来不幸的遭遇。

第二节 犹太人"解放"的历史进程

尽管在美国随着1776年《权利法案》的通过犹太人享有了和基督徒平等的市民权利，但是在基督教文明源远流长的欧洲，犹太人的解放事业却更加艰难。作为无家可归的游民，犹太人在获取平等的市民权利之前首先需要获得国家的市民身份。直到1781年约瑟夫二世颁布《宽容法案》，犹太人才在奥地利获得居留权。1791年法国的国民议会终于承认犹太人和其他法国人是平等的。随着拿破仑的铁骑横扫欧洲，"隔都"的壁垒开始纷纷倒塌。从1807年的巴黎犹太大公会到1815年维也纳会议，犹太人享受到的权利在逐步增加。在这些历史事件的推动下，德国的犹太人解放事业也在稳步推进。但是由于缺少统一的主权国家，德国犹太人的解放尤其曲折，整个过程一直持续到1871年俾斯麦统一德意志，犹太人最终才在新成立的联邦内获得了平等的市民权利。

一、启蒙运动为犹太人带来的解放

1. 君主专制国家的出现

中世纪的教会极力推广天主教，它们把信仰的同质性作为自己追求

---

① 塞西尔·罗斯：《简明犹太民族史》，黄福武、王丽丽等译，389页。

的目标。尽管马丁·路德发起的宗教改革运动在开始时的口号只是改革天主教会，但是随着宗教改革日益扩展，马丁·路德的追随者出现了摆脱天主教会的倾向，并日益形成为一个新的宗教团体。双方最终在1555年达成协议，签署了《奥格斯堡和约》(The Peace of Augsburg)。"和约"提出的首要原则是："谁的领地，信谁的宗教"(cuius regio, eius religio)。也就是说，国王信仰什么，臣民也要保持相同的信仰。但是，宗教信仰并不是一件朝令夕改的事情，这种让国王决断民众信仰的做法带来了深重的灾难，此后欧洲经历了大规模的民族迁徙和长达一个多世纪的宗教战争。最终《奥格斯堡和约》的精神没有得到贯彻，"宗教宽容"的理念倒是越来越深入人心。

"宗教宽容"政策的推行和启蒙运动的推进有关。起于法国笛卡尔的理性主义者和起于英国洛克的经验主义者共同推动了启蒙运动。在启蒙运动的影响下，社会上出现了一系列响亮的口号，如：反对专制追求自由，反对等级追求平等，反对偏见追求知识，反对迫害追求宽容。但是，只要基督教国家还臣服于基督教会和基督教的价值观，它就不可能赋予犹太人市民身份。在欧洲世俗政权建立之前，许多国家虽然允许犹太人定居，但是这些国家并不认为犹太人是它的居民。而恰恰是在启蒙运动中，"世俗国家"的理念开始出现。斯宾诺莎1663年出版的《神学政治论》和洛克于1689年出版的《论宽容的第一信札》(The First Letter Concerning Toleration)都属于这一思想的先行者，前者开启了现代的圣经批判，后者则第一次提出世俗国家应该接纳犹太人，但是他们的理想还需要现实的历史发展提供条件才能得以实现。[①]

随着宗教战争和启蒙运动的双重作用，教会的统治力量式微，欧洲发展出了一种新型的国家形式：启蒙的专制主义国家。和诸侯国把罗马帝国的权力几乎已经架空的状况不同，这种国家"高度的集权化"，君主被尊为国家最高的统治者，他下辖庞大复杂的组织机构，尽管教会在社会中依旧有重大影响，君权对神权已经不再那么谦卑。[②] 玛利亚·特雷西亚(Maria Theresia)与其子约瑟夫二世(Josef II)统治下的奥地利哈布斯堡王朝以及弗里德里希二世(Friedrich II)统治下的普鲁士就

---

① 参见Jacob Katz, "Emancipation and Jewish Studies", in Commentary, No. 4, Vol. 57, 1974, pp. 60–65。

② 参见塞西尔·罗斯：《简明犹太民族史》，黄福武、王丽丽等译，389页。

第一章 "犹太人问题"：历史之经纬和德国的僵局

是这种国家的典型。由于犹太人在战争时期能够为军队提供不可或缺的供应，在和平时期管理经济的才干又能为国家提供财富，不再对教会言听计从的新型国家找不到理由拒绝犹太人，它们甚至开始雇佣犹太人在宫廷中任职。也就是在这样的国家里，犹太人最早看到了解放的曙光。

2. 改善犹太人市民处境的吁求

1781年，约瑟夫二世签署了《宽容法案》(The Patent of Toleration)，1782年又签署了《宽容法令》(The Edict of Tolerance)。这标志着欧洲犹太人解放的法律进程正式开启。约瑟夫皇帝之所以能够走在时代前列，做出解放犹太人的决定，在很大程度上是受了他的朋友克里斯蒂安·威尔海姆·多姆（Christian Wilhelm Dohm）的影响。①

多姆因对莫泽斯·门德尔松（Moses Mendelssohn）的才华惺惺相惜，不仅与其结成好友，而且"爱屋及乌"，萌生了对犹太人这个族群在欧洲处境的深深同情。② 他最终在1781年出版了《论犹太人公民地位的改善》(Über die bürgerliche Verbesserung der Juden)。在这部著述中，多姆指出，国家的福祉在于人口的繁衍，然而不幸的是，西欧国家提出种种苛刻措施限制犹太人的人口增长，他以重商主义者的口吻写道：

> 几乎欧洲各国的宪法和法律都尽力阻止……犹太人的增加……在各地得不到为国家效力的荣誉，甚至连最初的职业——务农——也遭到禁止。……在大多数情况下，他们只许经营小本生意……如果一个犹太父亲有几个儿子，一般地说，他只能将其出生地的生活上的便利让给一个儿子，其余的只得移居他乡。③

多姆认为，这样的措施是可笑的，因为勤劳的犹太人对国家的发展是有利的。他说："不论怎么说，犹太人都首先是个人，然后才是犹太人，如果犹太人在一个国家能够拥有财产并能自由地支配财产，不用交

---

① 参见塞西尔·罗斯：《简明犹太民族史》，黄福武、王丽丽等译，406页。

② 在很多时候，一个民族的形象往往会因一个人而改善。莫泽斯·门德尔松就是改变基督教徒对犹太人刻板印象的关键人物。他凭借才华赢得了个人的声誉，著书立说努力消除犹太人和基督徒的界限，在他的影响下，莱辛和多姆也开始为犹太人的解放鼓与呼。

③ Christian Wilhelm Dohm, Über die bürgerliche Verbesserung der Juden. 转引自阿巴·埃班：《犹太史》，235页，北京，中国社会科学出版社，1986。

高昂的赋税，可以获得荣誉和尊重，他们怎么可能不爱这个国家？"①多姆承认，犹太人在道德上是可疑的，但是他们见利忘义、唯利是图恰恰是因为多个世纪以来基督教国家设置重重限制使他们一直在贫困中挣扎导致的。面对基督徒指责犹太人故步自封，坚持自己的宗教戒律，多姆说这并不代表他们顽固，而是表明他们忠诚，"他们忠诚于祖辈的古老信仰表明犹太人具有坚韧的品性"②。

多姆主张赋予犹太人平等的市民权利，鼓励犹太人从事手工业和农业，但是作为条件，犹太人要放弃希伯来语，转而用德语记录、传播自己的文化。他认为，国家不应该干预犹太人的宗教教育，需要鼓励犹太人学习各种科目的知识，但是犹太人也要听从国家在学校教育上的安排。国家需要给予犹太人充分的宗教自由，同时赋予犹太人法律上的自治，国家应该鼓励犹太人建立自己的司法机构以裁决内部的纷争。总体来看，多姆所主张的还是一种有条件的解放，即犹太人必须改变自身，证明自己接纳了德语文化，服从国家的管理，国家才能赋予犹太人平等的权利。③

3.《宽容法令》和犹太人的解放

多姆的著述一方面契合了社会经济发展的需要，另一方面又能服务于君主的王权统治，还能代表进步的基督教徒以及广大犹太人的要求，他的主张通过其朋友约瑟夫二世的法案打开了犹太人解放的大门。1781年甫一上任，约瑟夫二世就签署了针对路德教信徒、加尔文教信徒和希腊正教的《宽容法案》(The Patent of Toleration)，1782年又签署了专门针对犹太人的《宽容法令》(The Edict of Tolerance)。《宽容法令》签署于1月2日，共分25条，从市民地位、子女教育、婚姻、职业选择等方方面面规定了犹太人在奥地利的权利和义务。

《宽容法令》的第一条规定，犹太人在法令实施以后不应该再组建自己的社区，管理自己的事务，因为每一个家庭都将享受国家法律的保

---

① Christian Wilhelm Dohm, *Über die bürgerliche Verbesserung der Juden*. 转引自 Ritchie Robertson, *The "Jewish Question" in German Literature, 1749—1939: Emancipation and its Discontents*, Oxford: Oxford University Press, 1999. p. 48。

② Ibid., p. 49. 鲍威尔写作《犹太人问题》时可能读到过多姆的著作，因为他的书中有些地方简直就是在不点名地指责多姆。

③ Ritchie Robertson, *The "Jewish Question" in German Literature, 1749—1939: Emancipation and its Discontents*, Oxford: Oxford University Press, 1999. pp. 49-50。

第一章 "犹太人问题"：历史之经纬和德国的僵局

护，不过犹太人也不能公开祭祀，不能开设公开的犹太会堂，不能用希伯来语出版著述。第二条规定了法令适用的范围包括维也纳在内的下奥地利地区，同时也规定了犹太人不能在他们未曾定居过的地区定居。由于犹太人过去不能离开自己世袭的居住地前往维也纳，因此法案第3～7条规定了犹太人需要申请、缴纳一定费用才能在这里定居、谋职，并且规定他们的子女嫁娶去留都需申请、缴费。

《宽容法令》自白道：其目的在于"使犹太人变得对国家更加有用，更能服务于国家"，实现这一目的的途径在于为犹太人的子女提供更好的教导和启蒙，让犹太人在科学、艺术和手工业领域任职。为了实现这一目的，法令第8～15条规定了一些细则，例如：在没有自己开办的德语学校时，犹太人的子女可以在基督徒开办的小学、中学就读；犹太人可以向基督徒学习所有的手艺，可以从事贸易、开办工厂，甚至可以实物抵押借贷；但是犹太人必须放弃希伯来语和意第绪语，学习当地的语言。

《宽容法令》还规定，犹太人可以雇佣基督徒和犹太人，而这一点曾经被西欧各国明令禁止。受雇佣的犹太人不再是受歧视的，他们的家人可以从事自己的行业。犹太人的住房不再受条条框框的束缚，他们能按照自己的喜好租赁房屋。外地犹太人过境维也纳不再收人头税，不必在犹太人家和旅馆食宿。但是为了防止犹太人口的增加，过境的犹太人需要提前申请，他们不能染指注册过的商业和犹太人的行业，可以在一年一度的集会上交易。按照"法令"的规定，犹太人在交易时不用再向官方和法院缴纳佣金，在外出活动时也不用佩戴任何歧视性的标识。

毫无疑问，《宽容法令》向犹太人市民地位的改善迈出了重要的一步。与阿巴·埃班（Abba Eban）对其完全负面的评价不同[1]，塞西尔·罗斯（Cecil Roth）指出：这部法案的价值并不在于它本身在多大程度上解放了犹太人——因为它并没有切实改变犹太人的生活状况，而它之所以没有取得"非凡的成功"，是因为"犹太人顽固地拒绝被同化到人们所期望的那种程度"——而在于它在基督教统治的欧洲打开了犹太人进入市民社会的一扇门，更重要的是，它的榜样效应"在其他地方得到了仿效"[2]。

---

[1] 阿巴·埃班：《犹太史》，236页。
[2] 塞西尔·罗斯：《简明犹太民族史》，黄福武、王丽丽等译，407页。

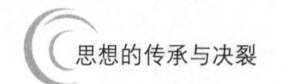

二、从法国大革命到复辟时期犹太人的解放

1. 法国大革命期间的犹太人解放

在启蒙运动时期，法国思想界可谓群星璀璨，先后出现了伏尔泰、孟德斯鸠、狄德罗、卢梭、孔狄亚克等一系列的思想家。在他们的思想的影响下，自由、平等的人权思想在法国社会逐渐传播开来。1798年5月，当路易十六由于财政危机召集三级会议试图新增税收之际，第三等级针锋相对地提出了限制王权的要求。这场冲突引发了法国大革命。由于启蒙思想在法国社会的影响广泛，革命的发展势头异常迅猛。同年8月，法国制宪会议就通过了《人权和公民权宣言》。

《人权和公民权宣言》明确提出人生而自由平等，自由、财产、安全和反抗压迫是人的自然而不可剥夺的权利，政治制度的目的就在于保障人的这些自然权利。出于对人权的保障，《人权和公民权宣言》还提出了人民主权的政治原则：任何团体和个人不得行使超出国民授权之外的权力；法律面前人人平等，未经宣判任何人都是无罪的。《人权和公民权宣言》作为第一部将人权写入国家基本法律的文件有深远的影响和巨大的意义。但是，就是在这样一份进步的法律文件中，犹太人的地位也还是不明确的。关于是应该允许犹太人入籍成为法国公民，还是应该把犹太人驱逐出境，在制宪会议上甚至还发生过激烈的争论。

到了1791年制宪会议推出《1791年宪法》的时候，犹太人的地位就得到了肯定答复。《1791年宪法》决定赋予犹太人与法国其他公民同等的公民地位。"宪法"第二部分有关公民身份的规定提出：所有出生在法国、生活在法国而且拥有固定的居住地的人都是法国公民。"在现代欧洲历史上，犹太人第一次正式地被承认是他们出生国的平等公民。"[①] 《1791年宪法》的影响并没有局限在法国境内：在它的影响下，1796年荷兰在宪法中赋予犹太人平等的市民地位；德国的某些州也开始效仿法国的做法；随着拿破仑对外战争的节节胜利，犹太人的解放范围也越推越广。

2. 拿破仑影响下的犹太人解放

一开始，拿破仑对犹太人解放的影响是通过军事行动实现的。在他远征意大利期间，军队所到之处，"隔都"的壁垒纷纷坍塌。1797年威

---

① 塞西尔·罗斯：《简明犹太民族史》，黄福武、王丽丽等译，409页。

第一章 "犹太人问题"：历史之经纬和德国的僵局

尼斯的"隔都"被拆毁，1798 年在罗马爆发了解放运动，犹太人开始在政府部门和军队中服务。与意大利的情形相类似，随着拿破仑的部队开进莱茵省和威斯特伐里亚王国，那里的犹太人先后于 1806 年和 1807 年开始享受到平等的市民权利。

拿破仑对于犹太人解放事业的影响还表现在，他以过人的谋略组织了"犹太大公会"（Sanhedrin），为国家有关犹太人的立法提供参考。"犹太大公会"起于古代以色列，是由 71 位长老组成的最高法庭，法庭通过的决议即被视为犹太人的律法。1806 年，上议院立法时提出了有关犹太人的 12 组问题①，拿破仑决定召开"犹太大公会"回答这些疑问。这样既能让立法机构了解犹太人的状况制定符合犹太人要求的法令，又能借助大公会这种权威形式更好地规范犹太人。在拿破仑决定复兴"犹太大公会"的时候，它已经是 1 500 年前的记忆了。经过一次获得拿破仑认可的筹备会议，"犹太大公会"于 1807 年 2 月顺利召开。这次会议尽可能全面地模仿了古代会议的模式，71 位会议成员中有三分之二是拉比，三分之一是普通人。为了向外宣传拿破仑对待犹太人的态度，会议成员中还请到了意大利、荷兰以及德国部分地区的犹太人参会。"犹太大公会"召开了七次日常会议，最后针对议院的疑问，做出了九章答复。② 在这些答复中，尤为讨拿破仑欢心的是：犹太人声明自

---

① 这 12 组问题是：一，犹太人允许有多个妻子吗？二，犹太教允许离婚吗？假如按照法国民法离婚是合法的话，那么这个离婚在犹太教面前是否有效？三，犹太人能够与基督徒通婚吗？还是犹太教只允许犹太人内部通婚？四，在犹太人眼里不信犹太教的法国人是兄弟还是外人？五，按照犹太教不信犹太教的法国人是什么地位？六，在法国出生的犹太人按照法国法律是法国公民，他们是否认为法国是他们的国家？他们是否有义务保卫法国？七，他们是否有义务遵守法律和民法？八，谁选举拉比？九，拉比对犹太人有哪些权利（尤其是警察、法庭类型的权利）？十，拉比的权利以及他们的选举是按照犹太法律规定进行的还是属于习惯法？十一，按照犹太法律有犹太人不允许从事的职务吗？十二，按照犹太法律犹太人可以向他们的兄弟借高利贷吗？按照犹太法律犹太人允许或者被禁止向外人借高利贷吗？参见 http://zh.wikipedia.org/wiki%E7%8C%B6%E5%A4%E5%85%AC%E6%9C%83。

② 这九章回复的内容可以概括如下：犹太教禁止一夫多妻制；按照犹太法律离婚是合法的；在进行宗教婚礼仪式前必须有民间婚礼仪式；犹太人与基督徒之间的婚姻是合法的，但不能进行犹太教仪式；按照教义每个犹太教徒将其他非犹太公民看作他的兄弟，他有义务帮助、保护和热爱他们，这与对待他们的犹太教兄弟无异；犹太人视他们出生的国家为他们的祖国，他们热爱并保护自己的祖国；犹太教不禁止服役；犹太人可以从事各种他们的祖先在巴勒斯坦已经从事过的职业如农业、手工业、艺术等等；犹太人不准向其他犹太人或基督徒放高利贷。出处同上。亦可参见塞西尔·罗斯：《简明犹太民族史》，黄福武、王丽丽等译，412 页。

— 29

己视出生地为祖国，乐意承担保卫她的义务。犹太人的这一自白消除了拿破仑一直以来的担心：犹太人追求组织一个不受国家管理的"国中之国"。在1807年"犹太大公会"召开之后，拿破仑把犹太教、天主教、路德教和加尔文教一起作为官方承认的宗教。

为"犹太大公会"的成就所鼓舞，拿破仑1808年3月在马德里宣布一项新的命令，要求2 000名以上的犹太人居住的行政区域都要设立"宗教法庭"，这些法庭受设在巴黎由三名宗教人士和两名世俗人员构成的中央委员会领导。法兰西帝国版图内的犹太人从此被严密地组织起来。但是这项法令还有一些退步的附加条款，例如：规定犹太人除非得到特殊许可，十年内都不能从事商业，不能在部队服役等等。尽管这些附加条款很少被执行，但却反映出了当时根深蒂固的偏见，所以这项法令又被称为"卑鄙的法令"。①

尽管有一些不太有声誉的立法，拿破仑组织的"犹太大公会"还是获得了广泛的赞誉，这为拿破仑在犹太人中间赢得了众多支持者。当他进攻波兰时，犹太人为他的部队提供了力所能及的每一项支持。据传，他曾经夸赞自己组织的"犹太大公会"非常有帮助。不过随着拿破仑军事上的失败，犹太人的解放事业也进入另一种局面。

3. 维也纳会议之后犹太人的处境

1812年10月，拿破仑远征莫斯科失败之后，法兰西第一帝国的力量迅速下滑。到了1814年5月俄罗斯和普鲁士军队攻陷巴黎，拿破仑统治下的法国和第六次反法同盟签订《巴黎和约》。拿破仑被迫退位，波旁王朝复辟。为了重新安排法国大革命以来欧洲的政治版图，恢复遭到拿破仑战争破坏的封建秩序，欧洲列强于1814年9月到1815年6月期间在维也纳召开了一次和会。尽管会议曾因拿破仑返回巴黎而一度中断，最后会议还是在滑铁卢战役前夕达成协议，签署了最后的法案。

考虑欧洲新政治版图可能对犹太人的生活产生影响，而犹太人在拿破仑统治的地方已经普遍地获得了公民权利，在维也纳会议期间，犹太人作为独立观察员也参与到了会议当中。这在外交史上还是第一次。维也纳会议不仅把犹太人作为观察员，而且还通过决议巩固犹太人在法兰西第一帝国统治期间获得的各项权利。但是，犹太人的好运并没能维持

---

① 参见塞西尔·罗斯：《简明犹太民族史》，黄福武、王丽丽等译，413页。

第一章 "犹太人问题"：历史之经纬和德国的僵局

多久，随着封建王朝逐渐复辟，犹太人在欧洲各国再次遭到全面的排挤：

> 在意大利，反动的情形甚至表现得更为显著，因为在这里，多少有点完全回归到18世纪的那种蒙昧体制的意味。在奥地利的统治之下，伦巴第和威尼斯已经恢复了从哈布斯堡王朝的残余中继承下来的那种半镇压式的体制。在一些教会当政的公国里……竟然将"隔都体制"无一遗漏地重新搬了回来，就差没给犹太人戴上一枚识别身份的牌子了。……在整个欧洲，只有荷兰还在保持着不久以前赢得的那种法律和宪法上的完全的平等。①

尽管复辟势力在欧洲大部分地区恢复了对犹太人的种种限制，但是在普通民众中间，经过法国大革命和拿破仑的战争机器的宣传，犹太人已不再被视为一种劣等的民族。他们在社会上能够找到的从业机会相比于几十年前有了极大的拓展。更重要的是，已经享受到自由平等带来便利的犹太民族再也不会像从前那样把自己遭受的苦难视为上帝的惩罚，他们开始积极争取和其他民族平等共处的机会。

三、德国犹太人的解放进程

和欧洲其他地方相比，德国犹太人的解放历程更是充满坎坷。这首先是因为德国诸侯割据严重，缺少统一的王权国家。在"三十年战争"之后的一段时期里，德国这块并不太大的土地上一度出现过大大小小300多个诸侯王公的领地。在不同的地区，犹太人的境遇也不尽相同。例如：在靠近法国的地方，由于法国大革命的影响，犹太人受到的待遇就会好一些，甚至得到了"解放"；在普鲁士这个最大的邦国里，犹太人的地位则要悲惨得多。从弗里德里希大帝以来，犹太人一直遭受歧视性的不平等待遇。到了1812年，在法国大革命的精神随着拿破仑的扩张已经遍布几乎整个欧洲的时候，犹太人的地位终于开始有所改善。但是，普鲁士的封建君主排挤犹太人的做法一直存在，新任国王1841年倒退到中世纪的法律草案最终引爆了社会有关犹太人地位的讨论。

1. 弗里德里希大帝的政治遗产

由于长期以来奉行驱逐犹太人的政策，到了17世纪犹太教在普鲁士境内几乎已经完全消失了。1671年，勃兰登堡选帝侯弗里德里希·

---

① 塞西尔·罗斯：《简明犹太民族史》，黄福武、王丽丽等译，418~419页。

威尔海姆（Friedrich Wilhelm，1640—1688年在侯位）出于经济利益考虑，接纳了被奥地利从维也纳驱逐出来的50户犹太人。尽管犹太人获得了20年的居留权，但是他们要交一笔保护费，同时犹太人的信仰受到严格限制，他们不得修建犹太会堂来从事宗教活动。1701年，弗里德里希三世（1688—1701年在侯位）因支持神圣罗马帝国的哈布斯堡王朝对法国波旁王朝的战争，在格尼斯堡加冕成为"普鲁士中的国王"（König in Preußen），称弗里德里希一世（1701—1713年在王位），这标志着普鲁士王国的出现。弗里德里希一世为了利用犹太人的经济能力为新生的王国服务，放松了对犹太教的控制。正是由于他取消了建设犹太会堂的禁令，1712年柏林才有了第一座犹太会堂。但是，随着弗里德里希·威尔海姆一世（1713—1740年在王位）即位，犹太人受到的限制再次加强。例如，为了限制犹太人的人口数量，一个犹太人的"安全通行证"（Schutzbrief）只能遗传给他的第一个儿子，第二个儿子要缴纳大笔金钱才能获得这个通行证，而且一个家庭最多只能有两个儿子获得此种通行证，没有这种通行证的男子禁止结婚，也不能成家。1730年，他还制定了《犹太人总规范》（General-Reglement von 1730），对犹太人的市民权利做出了严格限制。例如，其中规定柏林犹太人口的上限是100户。但是由于小商贩和手艺人是基督徒鄙视的职业，弗里德里希·威尔海姆一世也认识到普鲁士离不开犹太人，于是他对居住在普鲁士境内的非法犹太人并没有严格执行驱逐令。弗里德里希·威尔海姆一世这样做主要是为了从犹太人那里获得更多的经济利益：犹太人过境各个城市需要交纳人头税，这可是一笔不小的收入；除了这项歧视性的税收，普鲁士境内的犹太人每年还要募集15 000塔勒以补偿本民族的"集体罪责"。

1740年，弗里德里希二世（1740—1786年在王位）即位。他在位期间力主改革，推行"普鲁士启蒙运动"，实行开明的君主专制，对内废除严刑峻法，对外合纵连横、扩张领土，他被称为"普鲁士的国王"（König von Preußen）。因其在普鲁士王国中卓著的功勋，他又被称为"弗里德里希大帝"。值得注意的是，尽管弗里德里希大帝在位期间推行宗教宽容政策，保护受到迫害的胡果诺教教徒和天主教教徒，但是他的宽容政策并没有惠及犹太教。面对犹太人已经远远超出《犹太人总规范》里的要求这一事实，他推出了《1750年修订版总特权》（*Revidier-*

第一章 "犹太人问题"：历史之经纬和德国的僵局

tes General-Privileg 1750）。新颁布的规定将普鲁士境内的犹太人分为 6 个等级，这些等级有不同的居住权限：

  第一等级是最富有的犹太人，他们有人身特权，和基督徒几乎有同等权利，这少许犹太人的婚生子女有居住权，这些人的家佣同样有居住权；

  第二等级是受保护的犹太人，他们只能在指定的地方居住，居住权只能遗传给一个孩子，第二个孩子要缴纳 1 000 塔勒才能得到居住权；

  第三个等级是"特别"受保护的犹太人，他们的居住权不能遗传，但是缴纳 1 000 塔勒可以给一个孩子购买到居住权，不过他们只能帮一个孩子买到居住权，这个等级的犹太人是医生、律师、艺术家以及像眼镜制造商之类的特殊手工业者；

  第四个等级是拉比和社区的职员，他们的居住权是和职位联系在一起的；

  第五个等级是"被宽容的"犹太人，他们往往是第二、三、四等级的犹太人的子女，他们的父辈和他们自己都没有能力为他们获得居住权，这个等级的犹太人是没有权利的，如果他们不能和第一、第二等级的犹太人结婚，他们的婚姻就是受到禁止的；

  第六个等级是受保护的犹太人的家仆或者雇佣的商业助手，他们的婚姻同样是被禁止的。①

  按照这份规定，一般受保护的犹太人有 203 户，特殊受保护的有 63 户。这个数目不得变更。最高的三个等级要负责完成本省犹太社区的税收。只有少数富有的犹太人可以居住在大城市，其他的犹太人都要居住在乡下和小城市。但是，出于经济利益的考虑，弗里德里希大帝也没能完全严格地执行这一限制犹太人口的规定。尤其是 1772 年普鲁士伙同奥地利、俄罗斯瓜分波兰之后，更多的犹太人涌入普鲁士，限制犹太人口更不具有可操作性。到了 18 世纪末，普鲁士的犹太人数量已达到 22 万。②

---

  ① Mordechai Breuer und Michael Graetz, *Tradition und Aufklärung: 1600—1780*, München: C. H. Beck, 1996, S. 141-147.

  ② 参见 Arno Herzig, *Jüdische Geschichte in Deutschland: Von den Anfängen bis zur Gegenwart*, München: C. H. Beck, 1997, S. 118-121。

思想的传承与决裂

弗里德里希大帝对普鲁士王国的犹太人政策的影响是显而易见的。1786年，新国王弗里德里希·威海姆二世（1786—1797年在王位）即位。翌年，他发布一项敕令，鼓励受保护的犹太人表达自己的利益诉求。犹太人似乎看到了一丝希望，他们联名向国王进言，希望"废除以1750年规章为代表的歧视性政策，把高昂的佣金降到合理的水平，制定新的尊重人的规章"①。当两年之后新的规章出台之际，犹太人发现自己的状况并没有什么改变："按照这份规划，我们只是被宽容的外邦人、受保护的犹太人，我们依旧是异类，是受鄙夷的。"②

2. 1812年《犹太人法令》与犹太人的解放

到了弗里德里希·威尔海姆三世（1797—1840年在王位）当政时期③，犹太人的解放才露出一丝曙光。而普鲁士国王之所以愿意改祖制，对待犹太人奉行更加宽松的政策，这一方面是因为，随着启蒙运动和法国大革命的狂飙突进，自由、平等等人权思想在德语区迅速传播开了；另一方面是因为，1806年普鲁士在与拿破仑交战中溃败。一度称雄欧洲的普鲁士王国被迫在1807年和拿破仑签订《提尔西特和约》(Frieden von Tilsit)，普鲁士丧权辱国，割地赔款。这次失败把普鲁士王国逼到生死边缘，改革势在必行。在当时的情况下，为了推行全面的改革，就必须打破等级结构，赋予各个等级更加自由的市民权利，只有这样城市才有活力、工农业才能发展。这为犹太人获得平等的市民权利提供了契机。

1808年，普鲁士推行新的《城市章程》(Städteordnung)，赋予地方更加充分的自治权。按照新的章程，受保护的犹太人有了选举权和被选举权，拥有地产的犹太人还可以在城市这一级的政府部门担任市议员之类的名誉职务。这是犹太人第一次被允许进入地方行政部门任职。

为了制定一份符合德国需要的犹太人法律，政府、立法机构和学者

---

① David Friedländer, *Akten-Stücke: die Reform der Jüdischen Kolonieen in den preußischen Staaten betreffend*, Berlin: Voss, 1793; Berlin: Dokumenten-Verlag, 1953, S. 56.

② Ibid., S. 168-169.

③ 弗里德里希·威尔海姆三世于1797年即位，1806年神圣罗马帝国被拿破仑所灭，普鲁士也被拿破仑降服，在割地赔款后得以保留王位。1812年，他率军随拿破仑攻打俄罗斯，1813年倒戈攻击拿破仑，1815年维也纳会议上夺回普鲁士王国的地盘。他位居普鲁士国王直至1840年。

第一章 "犹太人问题":历史之经纬和德国的僵局

做出了很多尝试。在卡尔·冯·施泰因(Heinrich Friedrich Karl vom Stein)的保守法案和威尔海姆·冯·洪堡(Wilhelm von Humboldt)的激进提案先后失败之后,1810年开始出任总理的哈登贝格(Karl August von Hardenberg)继续推进犹太人法案的制定工作。一份改革派和保守势力都能接受的法案最终在1811年底出炉,1812年3月弗里德里希·威尔海姆三世签署了一份名为《犹太人在普鲁士的市民地位》的法案。该法案又被称为《1812年犹太人法案》(das Judenedikt von 1812)。①

这项法案宣布废止之前针对犹太人的立法,犹太人的权利以新法案的规定为准。它取消了犹太人受保护的名号,因为他们现在是国家的市民,而不再是一群外邦人。(第1条)作为本国人,犹太人必须承担起获取普鲁士市民资格的义务,他们要到警察机构注册户籍,并在6个月之内确定一个永久的姓氏。在经济领域,他们必须使用德语或其他公民正在使用的语言,在口语中不能使用意第绪语,在书面语中不能用希伯来语。否则,他们会被重新贬为外乡人。(第2~6条)

作为本国人,他们拥有和基督徒一样的权利,可以从事学术性的教学工作,也可以在乡镇一级担任公务员,但是从事其他公务职业,需要等待新的法律出台。犹太人开始享有居住和从业自由,可以按照自己的意愿聚居或者散居,可以按照个人的意愿选择自己从事的行业,可以购买地产。针对犹太人的特种税收也取消了,当然犹太人也要承担与基督徒相同的捐税,要服兵役。(第7~16条)

由于这项法令,犹太人有了婚姻自主权,并且可以自由地和异乡犹太人通婚。当然,犹太人的自治权也取消了,拉比和长老不再具有审判权,犹太人在法庭上需要尊重普遍的法庭规章宣誓。外乡的犹太人不能按照自己的意愿入住普鲁士,而是必须向当地的政府部门提出申请。

不可否认的是,得益于这项法令,犹太人受到的很多限制都被破除了,普鲁士的犹太人解放迈出了坚实的一步。但是,这项法令也有一些

---

① 法案内容参见 Ismar Freund, *Die Emanzipation der Juden in Preußen, unter besonderer Berücklichtigung des Gesetzes vom 11. März 1812. Ein Beitrag zur Rechtsgeschichte der Juden in Preußen*, Zweiter Band: Urkunden; Berlin: Verlag von M. Pappelauer, 1912, S. 455-459.

思想的传承与决裂

局限性，例如：它规定犹太人只能担任低级公职，不能在国家公职中任职；因战争致残的犹太人不能享受在政府部门任职的福利，基督徒则享有这一福利。不过，就算是这项法令施行之后，普鲁士还是一个没有彻底解放犹太人的国家，而拿破仑统治时期曾经加入法兰西第一帝国的莱茵省以及附属于第一帝国的威斯特伐里亚王国、贝尔格大公国、法兰克福大公国得益于法国的犹太人政策早已实现了与基督徒的市民权利平等。

随着拿破仑战败，普鲁士王国在维也纳会议上不仅要回了被割让的领土，而且获得了不少新的领土，但是该法令在那些地方并不适用。原因在于，尽管普鲁士政府原则上承认犹太人已经获得的市民权利，但是在制定《联邦法令》时，政府对犹太人的承诺变成了：在颁布使他们的地位合法化的立法之前，犹太人应当继续享有被各公国赋予他们的全部特权。这个承诺使得《1812年犹太人法案》对犹太人解放毫无价值可言，原因在于："每一个缔约国都可以辩解说，在外国影响下所实现的解放并未'被'本国所认可。"① 由于这一规定，在普鲁士统治下的领土上，竟然出现了20多个不同的犹太人政策。有些地方已经实现完全的平等，有些地方则坚决拒绝犹太人永久居留。例如，法兰克福在1824年和犹太人社区达成了相对公平的协议，与此形成对照的是：吕贝克和不莱梅则试图驱逐犹太人。

3. 1841年《内阁敕令》和犹太人问题大讨论

当保守的弗里德里希·威尔海姆三世1840年寿终正寝，普鲁士上下对继承王位的弗里德里希·威尔海姆四世（1840—1861年在王位）充满期待。整个社会对变革的期待是如此强烈，以至于当弗里德里希·威尔海姆四世稍一放松书报检查制度，整个社会都欢欣鼓舞。但是，作为普鲁士复辟时代的产儿，新任国王是"普鲁士原则的最后产物"，从他身上可以看到，"这个原则在作最后挣扎"。"在1807—1812年这一时期内，中世纪的残余遭到了致命的打击并且大部分都被消灭了。不管后来怎样整复，那个时期的立法和在启蒙运动影响下制定的普鲁士邦法依旧是普鲁士立法的基础。"在一心追求复辟旧制度的弗里德里希·威尔海姆四世看来，这当然是不能容忍的。他尤其热衷社会上的"中世纪残

---

① 塞西尔·罗斯：《简明犹太民族史》，黄福武、王丽丽等译，418页。

第一章 "犹太人问题"：历史之经纬和德国的僵局

余"，维护长子继承制、保护世袭贵族、压制个体工商户、鼓励行会制度，"国王的全部言行一贯表明他特别偏爱同业公会制度，这便是他的中世纪观点的最好说明"①。

不过，由于弗里德里希·威尔海姆四世发起了针对天主教教会的通婚政策的讨论，犹太人深受鼓舞，他们派出代表向新登基的国王致意并请求他赐予平等的权利。国王不仅接待了他们，而且回复他们：

> 国王陛下还不能把已经赐给老省份犹太人的权利扩展到所有犹太人；如果这样做，国王很难不失职，因为——请允许我这样说——以波森为例，那里犹太人的地位还非常低下；同时，我很高兴地了解到，那里有越来越多的犹太人已经取得了足够的进步，能够被授予其他省份的犹太人所享有的市民权利。国王会力所能及地让犹太人变得越来越尊贵。②

不难想象，犹太人受到如此礼遇多么兴奋。他们行动起来，不停地向国王发请愿书，讲述自己遭受的苦难，寄希望于新国王能够尽快解放他们。但是，他们的期望很快就化为泡影。因为1841年12月13日，国王发布了一份《内阁敕令》，其中有关犹太人的部分写道：

> 政府承认犹太人在漫长的历史发展中形成了一种神秘的本质，不过这种本质形成的原因尚不清楚。立法必须要允许这种特殊的本质能够由内而外地展现出来，而又不能让这种本质渗透到基督教国家的生活当中；基督教国家所能做的是要提供一些帮助犹太人找到充分活动空间而又不能影响基督教国家的产品和设施。为了实现这一目的，有一种最合适的方法可以推荐各省采纳：以波森为样板引入犹太人同业公会，同时排斥犹太人服兵役，显而易见，也永远排斥犹太人参与公职和名誉职务，这样做的目的在于把犹太人和犹太

---

① 恩格斯：《普鲁士国王弗里德里希-威廉四世》，见《马克思恩格斯全集》，中文2版，第2卷，535、539页，北京，人民出版社，2005。关于弗里德里希·威尔海姆四世的描述，亦可参见Julius Carlebach, *Karl Marx and the Radical Critique of Judaism*, London: Routledge & Kegan Paul, 1978, pp. 65—66。

② J. M. Jost, *Neuere Geschichte der Israeliten von 1815 bis 1845*, Erste Abteilung: Deutsche Staaten; Berlin: Schlesinger'sche Buch-und Musikhandlung, 1846, S. 294, Fußnote. 转引自Julius Carlebach, *Karl Marx and the Radical Critique of Judaism*, London: Routledge & Kegan Paul, 1978, p. 67。

37

思想的传承与决裂

教完全排斥在国家之外。①

这项退回到中世纪的立法提案在普鲁士掀起轩然大波。科隆、特里尔、杜塞尔多夫、汉堡、格尼斯堡、莱比锡的报纸对法令所主张的"同业公会"做了详细的探讨，纷纷表达对倒退的担忧。莱茵省议会干脆直接在投票中通过法令赋予犹太人平等的市民权利。在当时有关这一法案的讨论中，不仅包括路德维希·菲利普逊（Ludwig Philippson）、门德尔·赫斯（Mendel Hess）、加布里尔·里瑟尔（Gabriel Riesser）在内的犹太人对这一法案表现出强烈的抗议，进步的知识阶层和市民等级也认为这是新国王推行复辟政策的信号而对《内阁敕令》口诛笔伐。尽管敕令拟定的立法程序最后被束之高阁，它却引发了一场有关犹太人在基督教国家中的地位的大讨论，鲍威尔和马克思有关犹太人问题的论战就是其中的一部分。

第三节　1842年德国"犹太人问题"论战概览

在赋予犹太人以平等的市民地位已经成为一个日益深入人心的观念时，普鲁士国王1841年冬发布的《内阁敕令》在社会上引起了广泛的讨论，尽管社会上压倒性的讨伐声音是这项敕令没能得以贯彻执行的主要原因，但这并不意味着它没有拥趸，海尔梅斯就是这项法案的忠实拥护者，他当时执掌着《科隆日报》（Kölnische Zeitung），连续发文为《内阁敕令》叫好。德国"犹太人问题"论战最初就是由海尔梅斯的文章引起的，他的文章引来了犹太人团体和进步知识分子的一致反驳，这

---

① J. M. Jost, *Neuere Geschichte der Israeliten von 1815 bis 1845*, Erste Abteilung: Deutsche Staaten; Berlin: Schlesinger'sche Buch-und Musikhandlung, 1846, pp. 295-296. 转引自 Julius Carlebach, *Karl Marx and the Radical Critique of Judaism*, London: Routledge & Kegan Paul, 1978, p. 68. 有关这份敕令的思想准备和颁布过程，参见 Horst Fischer, *Judentum, Staat und Heer in Preußen im frühen 19. Jahrhundert, zur Geschichte der staatlichen Judenpolitik*, Tübingen: J. C. B. Mohr, 1968, S. 155。1840年代一份举足轻重的犹太人杂志刊出了这份敕令中有关犹太人的部分，参见 *Der Orient : Berichte, Studien und Kritiken für jüdische Geschichte und Literatur*, Heft 24, 11. Juni, 1842, S. 187。"*Der Orient*, 1840—1851"已被法兰克福大学图书馆分期扫描公布于网络，网址为：http://sammlungen.ub.uni-frankfurt.de/cm/periodical/titleinfo/2360092。

第一章 "犹太人问题"：历史之经纬和德国的僵局

场由海尔梅斯挑起的论战是鲍威尔发表文章的主要原因。在这一节，我们将要呈现的就是鲍威尔参与"犹太人问题"讨论之前的论战状况。为了清晰地展示论战的激烈程度和核心问题，我们选取了《科隆日报》主编海尔梅斯、《犹太教总汇报》主编菲利普逊和《莱茵报》的主要撰稿人的文章。

一、《科隆日报》编辑海尔梅斯的保守立场

1841年底普鲁士政府颁布《内阁敕令》之后，在社会上引起了强烈的反响。在整个社会对这份立法提案一片口诛笔伐的声讨中，《科隆日报》的保守立场显得格外引人瞩目。1842年7月6日，《科隆日报》的主编卡尔·海因利希·海尔梅斯（Karl Heinrich Hermes）在该报第187号发表社论，这篇社论直言不讳地支持政府针对犹太人的立法提案。海尔梅斯的文章立即引来了犹太人路德维希·菲利普逊的反击，后者在其主编的《犹太教总汇报》（Allgemeine Zeitung des Judentums）第31期上发表社论反驳海尔梅斯，题为《马克德伯格（Magdeburg），7月18日，致〈科隆日报〉编辑海尔梅斯先生的公开信》。海尔梅斯不甘示弱，7月30日在《科隆日报》第211号再次发表社论与菲利普逊论争。菲利普逊8月20日在《犹太教总汇报》第34期发表社论《对海尔梅斯辩驳的答复》，海尔梅斯在8月23日第235号的副刊针对菲利普逊做了最后一次抗辩，题为《致马克德伯格的菲利普逊先生的最后一席话》。菲利普逊11月12日在第46期再次发表《致科隆的海尔梅斯先生的最后一席话》，海尔梅斯没有继续与菲利普逊论战。这场交锋到此终止。①

在这场争论中，海尔梅斯旗帜鲜明地支持政府的法律草案。"对于海尔梅斯来说，这项法律草案完全合理，因为普鲁士的各个省存在各种各样的犹太人法案，如果能够建立统一的法令，那将是令人欣慰的。"②尽管社会上的大多数人都认为按照宗教信仰区别对待自己的人民是野蛮

---

① 转引自 Julius Carlebach, *Karl Marx and the Radical Critique of Judaism*, London: Routledge & Kegan Paul, 1978, p. 82。海尔梅斯的文章发表时间亦可参见《马克思恩格斯全集》，中文2版，第47卷，34页。海尔梅斯的原文见下节。

② 转引自 Julius Carlebach, *Karl Marx and the Radical Critique of Judaism*, London: Routledge & Kegan Paul, 1978, p. 83。海尔梅斯的原文见下节。

的行为，海尔梅斯却有不同的看法，他认为实现所有人的权利平等只是一个美好的理想，而达到这一目标的前提是建立一个"理性的国家"，不幸的是，现在世界上还没有这种国家。在这种情况下，宗教是引导人向善的最有效力量，普鲁士以基督教为基础就是希望自己的人民能过上有德性的生活。在这样一个以宗教为基础的国家，不能赋予犹太人平等的权利，否则的话，基督教国家就会陷入内在矛盾，影响人民的生活。海尔梅斯认为法国、荷兰等地在法律上承认犹太人的平等地位，但是这些地方制定的解放政策能否产生实际效果并不清楚；他还提出，一个犹太人如果是虔诚的信徒，他就不会期待和其他人获得平等的权利，期待获得解放的犹太人都不是真正的犹太人，如果犹太人觉得国家对他构成了歧视，出问题的只能是犹太人自己。海尔梅斯提出：

> 就算犹太人不再受鄙视，这也并不意味着应该授予他们基督徒所享有的全部市民权利，犹太人之所以不能享有这些市民权利，有一部分原因是因为他们不肯放弃自己的信仰，有一部分原因是因为道德的堕落，而道德的堕落尽管是由数世纪不公平的迫害造成的，却由于影响了这个族群的绝大多数而成了一个无法迅速解决的问题。[1]

海尔梅斯巧言善辩的观点引起了菲利普逊的反驳。在这场论战中，海尔梅斯最终暴露了对犹太人的敌意。他不仅攻击犹太人的经典《塔木德》，甚至说出"只有当犹太人不再是犹太人的时候，他们才不会激怒我们"[2]。

二、《犹太教总汇报》的犹太人自我辩护

《犹太教总汇报》作为犹太人的理论阵地，为了犹太人的解放事业一直在不懈努力。弗里德里希·威尔海姆四世的敕令一经颁布，就引发

---

[1] 转引自 Julius Carlebach, *Karl Marx and the Radical Critique of Judaism*, London: Routledge & Kegan Paul, 1978, p. 84.

[2] 同上。尽管海尔梅斯 1842 年发表在《科隆日报》上的文章并没能留存下来，但所幸的是，《犹太教总汇报》在与《科隆日报》辩论时，把海尔梅斯的很多观点都摘录了下来，而《犹太教总汇报》完整地保存了下来。透过《犹太教总汇报》，我们能够大体把握海尔梅斯的观点。就我们目前的阅读范围来看，卡勒巴赫对海尔梅斯观点的概述也是以《犹太教总汇报》为依据，我们在下一节对菲利普逊和海尔梅斯的辩论有更详细的介绍。

第一章 "犹太人问题"：历史之经纬和德国的僵局

了犹太人的警觉。犹太人认识到这项敕令的目标就是要实现基督教在普鲁士的统治地位，把犹太人更进一步边缘化。当时 100 多个犹太人社团邀请《犹太教总汇报》的主编菲利普逊向国王请愿。1842 年 2 月，菲利普逊向国王发出请愿书，提请国王不要取消犹太人参军的义务。他在请愿书中写道：

> 为我们所属的国家奉献全部力量，这是我们的宗教即最古老的《塔木德》学说为我们规定的最崇高的义务。它明确要求我们为了国家和国王的幸福祈祷——这祈祷是人的精神的最高行为、人的精神最内在的真实存在的最大行动——它明确消灭了与国家法律相对立的所有礼仪规则。因此在我们心中还把胸怀整个人类的宗教意识和爱国主义统一在了一起。①

这份请愿书得到 84 个犹太人社团的署名支持。由于国王并不希望禁止犹太人参军这一规定引发太多的政治抱怨，他 3 月份回复菲利普逊所在的犹太人社团说，自己并不想禁止犹太人参军。随后，国王还委派内务部长交给菲利普逊一份签名的答复，重申这一立场。菲利普逊 1842 年 5 月在《犹太教总汇报》第 22 期上刊登了这份答复。

面对海尔梅斯在《科隆日报》上发表的保守言论，菲利普逊作为报刊主编坚持与之斗争。得益于菲利普逊的刊物，我们大体上能够还原菲利普逊和海尔梅斯的观点。海尔梅斯和菲利普逊争论的第一个焦点问题是：如何看待"理性国家"。在海尔梅斯看来，"理性国家"只是一个哲学理想，在现实的世界中没有任何一个国家是符合理性的，因此犹太人也不应该枉自要求普鲁士成为一个理性的国家。

> 那个不关心现实条件、只按照普遍原理建构国家的现代国家法学派会发现自己派不上什么用场。这个学派声称，只要一个国家按照市民的信仰区别对待他们，它就是中世纪暴行的残余，这个学派要求人们在一切领域都要把犹太人与基督徒置于完全平等的地位。不幸的是，在世界的任何一个地方直到现在都没有形成一个纯粹理性的国家。我们身为人是软弱的存在，充满了偏执和偏见，这些东

---

① *Allgemeine Zeitung des Judentums*, hrsg. von Ludwig Philippson, Nr. 14, 1842, S. 200. "*Allgemeine Zeitung des Judentums*, 1837—1922" 已被法兰克福大学图书馆分期扫描公布于网络，网址为：http://sammlungen.ub.uni-frankfurt.de/cm/periodical/titleinfo/3224737。

西不会随着废除一个法令而消灭，因此，如果我们的市民社会的组织要达到自己的目标，就必须考虑这些因素。①

面对海尔梅斯保守的立场，菲利普逊指责他以偏执和偏见为基础，而不是以理性为基础来思考国家法的原则。"手里有了这个原则，为不公正开脱、为压迫辩护、为专制辩白都变得易如反掌。我只需要说，这些限制人、压迫人、束缚人的法律才是偏执、偏见，理性和它沾不上半点关系。"② 菲利普逊在第二次反驳海尔梅斯的文章中对这种观点做出了正面的批判，他说：

> 海尔梅斯排斥犹太人的理由是：理性国家是无法实现的，法律必然以人的偏执和偏见为基础，因此他一方面承认犹太人的平等是理性的要求，一方面又说有局限的法律是以偏执和偏见为基础的。和他相反，我认为，法律必须以贯彻、实现被承认为理性的东西为目的，只有这样，它才能克服偏见和偏执。人在精神的发展中越进步，党派的和睦与自由就越不是由外在的物质条件引起的，而是由理解和爱造成的。③

在海尔梅斯看来，因为理性国家是不存在的，人同样是有缺陷的，因此为了组织美好的生活，我们就需要其他的支撑，普鲁士把基督教定为国教就是为了提升、完善人的生活。只有普鲁士坚持自身的基督教原则，人的生活才会有美好的前景。在这个国家里，犹太人不可能获得平等地位，因为如果基督教国家赋予犹太人平等地位，就会和自身的基督教原则冲突，从而影响人的正常生活秩序：

> 我们基督徒和犹太人不一样，我们并不是纯粹理性的存在；我们认识到我们是软弱的，而且有缺陷；而且我们坚信，只有宗教才能把我们从我们目前所处的有缺陷的状态中提高到更高、更好、更纯粹的状态。我们深信将产生这种效果的宗教是基督教，因此，我们国家的所有社区就其本质而言都是建立在基督教之上的；我们市民社会的所有组织都充满着基督教的精神。我们在这个基础上感到安全，同时这个基础保证了我们会有一个更加美好、幸运的未来，

---

①② *Allgemeine Zeitung des Judentums*, hrsg. von Ludwig Philippson, Nr. 31, 1842, S. 454.

③ Ibid., S. 504—505.

第一章 "犹太人问题":历史之经纬和德国的僵局

就因为要满足理性国家的要求,我们就应该放弃这个基础?这样做的话,难道我们不是最不理性的吗?因为我们会发现:并不是所有自在自为的理性东西都可以应用到我们现存的境遇中来。我们不相信这一点。我们相信的是,只要我们承认宗教是我们的市民社会组织的基础,我们就不可能赋予犹太人与基督徒完全平等的权利而不陷入与自身相矛盾的境地,这种矛盾的不利后果我们不久就会觉察到。因此,按照我们的看法,在一个基督教国家通过立法确定犹太人的地位的时候,问题只在于犹太人受到的束缚是大是小,而绝对不是完全消灭束缚。①

菲利普逊在第一次和海尔梅斯辩论时,并没有对这种观点作出正面批驳,只是说,这段话让他满腔怒火,而他发怒的原因是海尔梅斯把宗教"变成了伪善的托词,变成了压迫人、压迫良知的借口。这是令人恶心的!"② 在第二次辩论时,菲利普逊开始正面回击海尔梅斯的观点,他说:

> 海尔梅斯排斥犹太人的理由是:欧洲国家是基督教国家,因此犹太人不可能获得和基督徒平等的权利——因此,他把理性的要求和基督教的要求对立起来。和他相反,我认为,基督教作为"普遍的爱和宽容的宗教"不会要求在市民权利上限制其他信仰的兄弟,作为"彼岸王国"的宗教,不会要求在尘世压迫宗教的信徒,因为基督教的根基也扎在尘世。还有,基督教本身也分为很多特殊的、相互对立、否定的团体,如果信仰决定了市民地位,信仰在基督教内部也变成了危险。最后,如果国家给予犹太人市民自由,它也没有脱离基督教,因为国家制度和社会运动的存在并非都是基督教的结果。③

海尔梅斯和菲利普逊争论的第二个问题是欧洲犹太人的生存境遇。德国的犹太人之所以对自身的处境怨声载道,是因为他们看到其他邻邦国家的犹太人已经获得了和基督徒平等的权利。海尔梅斯却罔顾事实,说道:"人们经常提到英国,说那里的犹太人已经获得了完全平等的权利,然而在议会里一再被提出的犹太人解放提案从未通过。"菲利普逊针锋相对地提出事实作为证据,质问海尔梅斯说:

---

① *Allgemeine Zeitung des Judentums*, hrsg. von Ludwig Philippson, Nr. 31, 1842, S. 454.
② Ibid., S. 454-555.
③ Ibid., S. 505.

> 您是不知道还是不想知道，下议院已经三次［通过法案］解放犹太人，而且是以 100～150 票的绝对多数通过的？……尽管您说荷兰犹太人不能获得解放，因为他们是守旧的虔诚犹太人，您说法国犹太人不可能解放，因为他们不遵守拉比法典，但您对普鲁士犹太人却采取了另一套花招。您把这里的犹太人分为两个完全分裂的队伍，守旧信仰的犹太人和新犹太人。您对前一部分犹太人说他们压根不想获得解放，对解放只有畏惧，因为您说："和基督徒太紧密的联系、融合对你们的信仰的纯粹构成了威胁。"您从哪儿知道这些的？……我不想喋喋不休地控诉；但是只要我不能从马克德伯格迁徙到四小时行程之外的布尔格，只要我的儿子只能成为手艺人和小商贩，只要我无法不受限制地培训我的技能，我就看不到最美的前途。您满口谎言。①

在第二次的争论中，海尔梅斯和菲利普逊辩论的焦点集中在了犹太人和基督徒的道德水准上，而他们判断犹太人和基督徒道德水准的标尺是犯罪数量。海尔梅斯提到，最近在一份半官方的刊物中引用了一个来源可靠的事实：在定居着普鲁士大部分犹太人的东普鲁士地区，1839 年每十万人当中有 381 个基督徒、539 个犹太人接受过犯罪调查。就违法犯罪的数量来说，犹太人和基督徒的比例平均维持在 2∶1 的水平。菲利普逊质疑这些数据的合法性，他提出：这些数据 7 月 15、16 日才出现在《普鲁士国家报》上，而海尔梅斯说他获知这些数据的时间是 7 月 6 日，"您需要有多么大的感知力才能在 7 月 6 日提前觉察到 7 月 16 日的数据！"菲利普逊还提到，海尔梅斯发表这些数据的时间是 7 月 30 日，然而就在同一天，《柏林日报》已经发出声明，说《普鲁士国家报》上的数据是错误的；同时，德国巴登州和荷兰的犯罪记录也证明海尔梅斯的观点是站不住脚的。② 菲利普逊认为，犹太人早已成为社会上遵纪守法的群体，他们比基督徒有着更高的道德水准。

在第三次的辩论中，海尔梅斯和菲利普逊重点关注的是犹太人和欧

---

① *Allgemeine Zeitung des Judentums*, hrsg. von Ludwig Philippson, Nr. 31, 1842, S. 456.
② Ibid., S. 502-503. 鲍威尔显然注意到了海尔梅斯和菲利普逊有关犹太人和基督徒犯罪数量的争论，他在《犹太人问题》对此提出了评论。他说，考察犯罪时重要的不是看数量而是看性质，不是看法律鉴定而是看道德评判。基督徒的犯罪数量较大证明了他们面临着新老秩序的激烈冲突，因而他们代表了新的道德秩序。

第一章 "犹太人问题"：历史之经纬和德国的僵局

洲国家的关系。海尔梅斯提出，犹太人在流离失所的生存中以一个谎言为基础，只要犹太人没有正式宣布脱离犹太教，他们就不会放弃形成一个被隔绝的民族。他的证据是，虽然有教养的犹太人此刻要求我们承认他们是平等的德国人，因为他们以德语为母语，出生在德国的土地上，而且和我们德国人处于一个国家纽带之中。如果我们问他们觉得自己先是德国人还是犹太人，他们中间只有很少的人会毫无保留地承认后者。海尔梅斯以此表明犹太人不敢真诚地面对自己的犹太人身份，他们只得撒谎。菲利普逊提出："我们生在德国，德国是我们的故乡；我们把德语作为母语；我们和德国人处在一个国家纽带之中；我们要求平等，放弃民族特权。我们还不算德国人？先生，如果不是语言、故乡、国家以及要求无差别地归属于祖国，那么是什么使得一个人成为德国人？"①

归纳起来看，海尔梅斯和菲利普逊的讨论引出了以下几个问题：第一，什么是基督教国家，它的本性是什么？第二，什么是犹太人，他们的律法对他们现实生活的影响有哪些，他们的信仰和基督教国家冲突吗？第三，如何判定犹太人和基督徒的道德水准，如何看待他们犯罪数目的差异？这些问题在同一时期其他报刊杂志有关犹太人问题的争论中被反复提及。如果参照鲍威尔的《犹太人问题》，我们甚至可以发现鲍威尔的很多论述都是在试图回应这些争论。当然，概述、剖析鲍威尔的观点是我们后面的任务。

三、《莱茵报》支持犹太人的声音

《莱茵报》1842年1月1日创刊，1843年3月31日在政府的压力下停刊。在马克思担任主编之前，这份报刊有过两任主编：古斯塔夫·薛福肯（Gustav Höfken）和阿道尔夫·鲁滕贝格（Adolf Rutenberg）。② 总体而言，这是一份主张改革反对复辟、主张民主反对专制的刊物，这种立场从《莱茵报》上针对布鲁诺·鲍威尔被革职发表的拥护教学自由的论文以及反对离婚法法案和书报检查制度的论文中可见一斑。弗里德里希·威尔海姆四世准备推行的有关犹太人的立法同样没能

---

① *Allgemeine Zeitung des Judentums*, hrsg. von Ludwig Philippson, Nr. 46, 1842, S. 674.
② Wilhelm Klutentreter, *Die Rheinische Zeitung von 1842/43, in der politischen und geistigen Bewegung des Vormärz*, 1. Teil, Dortmund: Druck und Verlag Fr. Wilh. Ruhfs, 1967, S. 57-70.

45

逃脱为《莱茵报》供稿的知识分子的关注，尤其在海尔梅斯的文章发表之后，"从 1842 年 7 月 22 日到 9 月 10 日在《莱茵报》上出现了不少文章批判海尔梅斯"①。《莱茵报》上参与"犹太人问题"讨论的作者和文章有：

(1) 莫泽斯·赫斯 3 月 15 日在第 74 期发表《德国和法国公众对我国政府据说打算施行的犹太人法律的看法》；5 月 21 日在第 141 期发表《与新犹太人法律相关的政府公文》；5 月 29 日在第 149 期发表《复辟的趋势》；5 月 31 日在第 151 期发表《〈普鲁士国家报〉和犹太人问题》；6 月 4 日在第 155 期发表《〈论犹太人问题〉评法兰克尔·艾伯菲尔德 1842 年的一个小册子》；6 月 29 日、7 月 11 日、8 月 10 日分别在 180、192、222 期发表《与〈科隆日报〉论战》的文章，内容直指《科隆日报》在犹太人问题上的守旧立场。

(2) 卡尔·瑙威尔克（Karl Nauwerck）8 月 9 日在第 221 期发表《评 E. Waller 的〈出于什么动机才会制定新的犹太人法律〉，柏林 1842 年版》，8 月 14 日在第 226 期发表《犹太人的事业》(Die Sache der Juden)。

(3) G. F. 柯尼斯（G. F. König）8 月 8 日在第 220 期发表《探讨对犹太人的攻击》；8 月 19 日在第 231 期发表《反驳海尔梅斯博士》。

(4) 弗里德里希·威尔海姆·伽罗威（Friedrich Wilhelm Carové）1842 年 5 月 22、24、26 日在第 142、144、146 期上连载发表《有关普鲁士犹太人的立法问题》。②

尽管马克思 10 月 15 日才升任该报主编，但他 5 月份就在该报发表文章。因此，我们可以断定：正是《莱茵报》有关犹太人问题的讨论让马克思注意到海尔梅斯的保守立场，促使他向达哥贝尔特·奥本海姆索

---

① MEGA², I/2, *Karl Marx Werke Artikel Entwürfe März 1843 bis August 1844*, Apparat, Berlin: Dietz Verlag, 1982, S. 649.

② 《莱茵报》主要撰稿人的为该报撰写的篇目，可参见 Wilhelm Klutentreter, *Die Rheinische Zeitung von 1842/43, in der politischen und geistigen Bewegung des Vormärz*, 2, Teil: Dokumente, Dortmund: Druck und Verlag Fr. Wilh. Ruhfs, 1967, S. 187–224. 亦可参见 *Rheinische Zeitung für Politik, Handel und Gewerbe*, Unveränderter Nachdruck mit einer Einleitung und einer Bibliographie der Publikationen von Karl Marx in der Rheinische Zeitung, Dr. Inge Taubert unter Mitwirkung von Jörg Armer, Zentralantiquariat der deutschen demokratischen Republik, Leipzig, 1974.

第一章 "犹太人问题"：历史之经纬和德国的僵局

要海尔梅斯的文章；同时，马克思不仅对海尔梅斯不满，对反驳海尔梅斯的人也有些微词，因此他有意把这些讨论"纳入另一条轨道"①。只要稍微留意一下《莱茵报》上有关犹太人问题的讨论，我们就不难发现马克思为什么会感到不满。

先来看看《莱茵报》最勤劳的撰稿人莫泽斯·赫斯是怎么说的。②赫斯在《莱茵报》上最直接讨论犹太人问题的是 8 月 10 日第 222 期上的《与〈科隆日报〉论战》。赫斯写道："《莱茵报》第 220 期上出现了一篇《发自奥克》的书信，文中把基督教钉死在十字架上的死刑视为犹太人的国家法律的必然后果，把火刑视为不公正的，认为基督教的辩护人在对待火刑上犯了前后矛盾的错误。这种看法被基督教哲学家海尔梅斯在《科隆日报》第 221 期上视为非基督教的。如果我们的基督教哲学考虑的是来自奥克的通信作者的洗礼证书，他就必须再耐心几天，以从'清晰的'（unzweideutig，有下流之意）根据中证明他是'真正的'即生就的基督徒。"

这位来自奥克的通信作者在《莱茵报》第 231 期上对海尔梅斯说道："怀疑！怀疑！对您而言，这变成了另一个样子，你要找出清晰的证据才能一开始就说出你的判决，你这一次打击的不是一个人，而是整个教派；这个作者必定是一个犹太人，为什么？——因为这个判断公正！不！我不是犹太人，而是一个基督徒！我就是《莱茵报》8 月 8 日《发自奥克》一文的作者。早在 11 年前，当我还在牢狱之中的时候，您就对我，柯尼斯博士，做过评判。直到今天，我还对您，博士先生，指责我——一个自知无罪的囚徒、一个妇女和儿童为之垂泪、故土为之悲哀、举国为之请愿的人（有 56 份请愿书，这超出了等级差异）——不正义感到害怕，我把自己和所有的派别联系在一起，我不被允许发声，人们为我拿起笔墨，你却攻击我，不顾事实，不给抗辩的机会。"

不难发现，这些报章短文在犹太人问题的讨论中并没有提供什么实质的洞见，撇开其中的意气之争不谈，就连它们的内容也没有超出宗教

---

① 《马克思恩格斯全集》，中文 2 版，第 47 卷，34 页。
② 在《莱茵报》上，赫斯共发表了 141 份稿件，布鲁诺·鲍威尔发表 22 份，埃德加尔·鲍威尔发表 44 份，麦克斯·施蒂纳发表 29 份，恩格斯发表 15 份，马克思发表 21 份外加一份退出编辑部的宣言。相关数据可参见 Wilhelm Klutentreter, *Die Rheinische Zeitung von 1842/43, in der politischen und geistigen Bewegung des Vormärz*, 2, Teil: Dokumente, Dortmund: Druck und Verlag Fr. Wilh. Ruhfs, 1967, S. 187-224。

常识的讨论。当然，这两位作者在《莱茵报》讨论犹太人问题的文章并不是最有价值的。最值得注意的还是卡尔·瑙威尔克1842年8月14日在第226期上发表的《犹太人的事业》。瑙威尔克在文中一开篇就写道：

> 出版物之于公众意见正如指针之于时钟。在重新提出的犹太人问题上，出版物总体上表现出了高贵的立场，它们没有被那些能让墨汁羞红双颊的观点玷污。它们几乎异口同声（也有几个例外，《科隆日报》是最无耻的）支持把国家的公正也赋予犹太人，支持所有市民（排除例外）的整体自由。……对于报刊而言，最崇高的事情是反对已经被科学批驳的体无完肤的实践。它们争取的对象是，例如书报自由和犹太人的解放。

为了证明基督教国家压迫犹太人的做法是错误的，瑙威尔克从宗教和道德的关系、基督教和国家的关系、犹太教和基督教的关系等角度对压迫犹太人的做法进行抗议：“如果有人根据人的信仰和敬拜上帝的形式来衡量人的价值，他们就必然会陷入最大的错误和令人愤慨的不公。日常经验以普通易懂的语言教导我们，宗教和教会的领地与道德的领地在很大程度上是不搭界的。好与坏、罪犯与好人在宗教教派上一般而言并没有什么差别。一个容纳基督教罪犯的国家怎么能够仅仅因为宗教的不同就不完全承认一个正直的犹太人呢？"他还说：“宗教信徒，如洗礼和割礼并没有任何价值；人是因为道德立场才接受它们。因此，如果一个国家否认自己的法律本性而给一部分居民超出另一部分居民的特权，那么必然的结果就是：它会变成一个宗教裁判所。"“国家并不是教会的陪衬，它高于任何宗教团体。'基督教国家'是一个完全颠倒的看法。这样的国家必然变成教会；我们在很多国家已经看到清晰的样品。"“教会的成员有不属于纯粹人性的特殊品性；国家的成员是市民或国民。超越党派的不是基督教国家，而是人性的、公正的国家。"“歧视、压迫犹太人不是起源于阴暗的气量狭小，而是起源于未开蒙的仇恨，这仇恨也让基督徒追杀基督徒。如果有人为压迫犹太人辩白，他就也会称赞天主教徒仇视新教徒的做法。"“'基督教国家'敌视犹太人还有一个无法言明的特殊理由。犹太教是基督教之父；按照基督教的正统教义，摩西宗教是基督宗教的必然准备。中世纪像对待狗一样对待犹太人是多么没有底线的忘恩负义和黑心肠的罪恶啊！如果19世纪这个'基督教'的世纪依旧以不体面的局限驱逐它的救世主、'上帝之子'出生的民族，人们会怎么评价这一切呢?"

从我们简单列举的赫斯、柯尼斯和瑙威尔克在《莱茵报》上所撰写的文字以及菲利普逊和海尔梅斯之间的争论不难看出,他们对犹太人遭到基督教国家的不公平压迫表达了同情,在理论上对基督教国家提出反思,反对弗里德里希·威尔海姆四世倒退的做法,甚至批判基督教国家本身,但是这些讨论都毫无例外地局限在宗教讨论的范围内。而同一时期马克思在《莱茵报》上发表的文章已经进入以政治为主题的讨论模式,马克思对国家立法行为——书报检查法、林木盗窃法、离婚法——的批判一方面从法律条文与理性国家理念之间的距离入手批判立法行为,另一方面从法律条文对人的现实生活的影响揭示立法行为的反动本性。马克思同一时期在致卢格的信中写道,不要"在宗教当中来批判政治状况",而要"在批判政治状况当中来批判宗教"[①]。至此,马克思为什么对《莱茵报》上围绕宗教、道德问题的讨论感到不满,有把它"纳入另一条轨道"的想法,也就不难理解了。

---

① 《马克思恩格斯全集》,中文 2 版,第 47 卷,42~43 页。

第二章　分歧的酝酿：两条渐行渐远的思想演变路线

马克思和鲍威尔有着师生兼朋友的良好关系，而且同属于青年黑格尔派，他们之所以最终在"犹太人问题"上公开交锋，根源在于他们二人有着不同的思想演变轨迹。早在1837年的时候，黑格尔主义阵营中的激进力量和保守力量已经表现出明显的差异和对立，以至于斯特劳斯开始用左派和右派称呼这两股势力。同样是在1837年，从波恩转学到柏林的马克思开始参加"博士俱乐部"的活动①，在这个俱乐部里，柏林大学的讲师鲍威尔已经成了领军人物。鲍威尔对马克思思想发展的影响是显而易见的：正是受鲍威尔的影响，马克思1841年完成以希腊晚期哲学发展为主题的博士论文；马克思还一度配合鲍威尔写作《对黑格尔的末日审判的宣言》。在1844年发表《论犹太人问题》之前，马克思除了在1843年3月13日向卢格抱怨鲍威尔的《犹太人问题》"太抽象"，并没有其他显而易见的迹象表明他和鲍威尔发生过分歧。那么，马克思不惜决裂而和鲍威尔公开论战，这是偶然的吗？如果我们细心考察这两个人公开论战之前的思考主题和思想轨迹，就会发现他们的分歧一直在不断扩大：当鲍威尔从思辨神学转向"福音书"批判的时候，马克思从报刊行业退回书斋开始了"法哲学"批判；当鲍威尔提出自我意识获得自由需要消灭以排他性为本质的宗教信仰的时候，马克思提出个

---

① 参见《马克思恩格斯全集》，中文2版，第47卷，15页。

第二章　分歧的酝酿：两条渐行渐远的思想演变路线

体实现自由的障碍是政治国家和市民社会、个体生活和社会力量的分裂。正是这些具体观点上的差异导致了鲍威尔和马克思在面对"犹太人问题"时出现了分歧。本章将要展示的就是这二人在公开论战之前的思想发展轨迹，借以说明鲍威尔和马克思发生分歧的思想背景。

第一节　鲍威尔的自我意识哲学和宗教批判

在理解鲍威尔时，有两个值得注意的解释路径。① 其中一条可以追溯到鲍威尔的同时代人，以施蒂纳和马克思为代表。施蒂纳曾经提出："鲍威尔作为一个神学批判家的生涯在1843年终止了。现在他转向了对社会状况的批判。"② 在这之后，鲍威尔的一系列创作——包括《犹太人问题》《现代犹太人和基督徒获得自由的能力》以及《文学总汇报》——表明他开始从一个激进的斗士向一个保守人士蜕变。这种看法暗含着这样一种倾向，即鲍威尔在1843年开始处理"犹太人问题"的时候，因为接触到政治问题，他的思想出现了某种程度的断裂，从激进转向保守。正因如此，鲍威尔1843年以后的著作因为其保守的立场开始变得没有进步意义。这种看法直至今天还在发挥影响：英格丽·贝贝尔勒（Ingrid Pepperle）就是这种观点的继承人，她认为鲍威尔在1843—1849年的著作乏善可陈，原因就在于鲍威尔放弃了自己宗教批判时期的激进武器。③

另一种观点认为鲍威尔用自我意识取代了黑格尔的绝对精神，亦即用主观的精神取代了黑格尔的客观精神。又因为主观的精神执著于与对象的抽象对立，而客观的精神实现了思维和存在的辩证统一，就有人认为：鲍威尔实际上是用二元对立取代了黑格尔的辩证统一。支持这种观点的人也不在少数。例如汉斯-马丁·萨斯（Hans-Martin Sass）就提出：鲍威尔放弃了黑格尔思想中的辩证的转变，而固执地

---

① 参见 Douglas Moggach, *The Philosophy and Politics of Bruno Bauer*, Cambridge: Cambridge University Press, 2003, pp. 4-5。

② Max Stirner, "Bruno Bauer", in *Wigands Conversations-Lexikon*, Leipzig: Otto Wigand, 1846, S. 79.

③ 参见 Ingrid Pepperle, *Junghegelianische Geschichtsphilosophie und Kunsttheorie*, Berlin: Akademie Verlag, 1978, S. 68-70。

思想的传承与决裂

坚持对立的断裂。① 丹尼尔·布鲁德尼（Daniel Brudney）甚至提出鲍威尔的思想缺少历史感，他对待过去的态度往往是一笔抹杀，而不是像他的老师那样辩证地保存历史的成果。他认为，历史这个要素在鲍威尔的思想中是可有可无的，因为普遍的自我意识的形成和保持都不需要历史作支撑。②

这两种看法都有其合理性，但是它们的不足同样不可小觑。首先，就算我们承认鲍威尔的思想中出现了赫斯所说的断裂，但是这种断裂发生的原因何在？是像赫斯所暗示的那样，因为鲍威尔开始处理社会政治问题而造成他不得不放弃宗教批判的方法和结论所造成的吗？本书将会证明这种看法并不妥当，我的看法是，鲍威尔之所以"转向"保守，正是因为他执著地坚持批判的方法，并把批判的范围无限地扩大，最终导致他把自己放在了"群众"的对立面。尽管在涉猎社会政治意义更加浓厚的"犹太人问题"时，鲍威尔的研究方法、叙述方式不可避免地要发生变化，但这并不意味着他放弃了在旧约批判和新约批判中的理论成果。事实上，宗教批判的很多结论恰恰构成了鲍威尔写作《犹太人问题》的思想基础。过多地强调鲍威尔思想发展过程的断裂无疑会遮蔽这种连续性，事实上，鲍威尔的思想历程统一于他对"自我意识哲学"的坚持。不论是《旧约》、基督教的《新约》福音书，还是犹太教的《塔木德》，在鲍威尔眼中，它们都是自我意识获得自由的桎梏。因为它们都宣称自身具有排他的真理性，坚持自身凌驾于他者之上的特权。而鲍威尔消灭宗教和政治异化所指向的恰恰是要不遗余力地消灭非理性的特权、重新塑造社会关系。

第二种观点忽略了一个重要的事实，即"自我意识"作为鲍威尔哲学的核心概念并不是直接从黑格尔体系中照抄过来的。在黑格尔的体系中，"自然意识"通过"教养"转变为"普遍的自我意识"是需要条件的，即他者的"承认"。值得注意的是，在"普遍的自我意识"这个环节，他者对自我的"承认"是纯粹形式上的承认，也就是说，这种承认并不是在具体的制度语境中获得的。按照黑格尔的看法，制度属于客观

---

① 参见 Hans-Martin Sass, "Bruno Bauer's Critical Theory", in *The Philosophical Forum*, Nos. 2-4, Vol. 8, 1976—1977, pp. 93-103。

② 参见 Daniel Brudney, *Marx's Attempt to Leave Philosophy*, Cambridge：Harvard University Press, 1998, pp. 129-130。

第二章　分歧的酝酿：两条渐行渐远的思想演变路线

精神的范畴。"自然意识"只有达到"绝对精神"这个形态，才能获得真正的自我意识。但是，"绝对精神"的超越性又是鲍威尔担心的，他之所以使用"自我意识"，就是要力图避免"绝对精神"高于经验个体之上的能动性。鲍威尔用"自我意识"表达的既不是黑格尔体系中的"普遍的自我意识"，也不是他的"绝对精神"，而是一种以经验个体为载体，通过反思能够成为理性实现自身的中介的力量。

我们将首先考察鲍威尔的自我意识概念，然后基于对"自我意识哲学"的基本界定，我们将考察鲍威尔是如何在这个概念的引领下逐步深化宗教批判的。我们将要看到：鲍威尔的批判并没有止于宗教的异化，专制政治的异化同样是鲍威尔批判的对象。在这种批判中，一以贯之的是鲍威尔消灭特权、实现市民社会权利平等的共和主义追求。下面我们将在论证中进一步阐述这些问题。

一、鲍威尔的"自我意识"概念

鲍威尔1828年春进入柏林大学神学系跟随黑格尔主义者马海内科学习，1832年获得博士学位，1834年成为柏林大学的讲师。在1835—1845年间，鲍威尔的学术生涯大致可以分为三个阶段：1835—1839年的"思辨神学"阶段，1839—1843年的"宗教批判"阶段以及1843—1845年的"纯粹批判"阶段。[1] 尽管我们可以说，以1839年出版《亨斯滕贝格博士先生》为标志，鲍威尔从黑格尔主义右派变成了黑格尔主义左派，从思辨神学家变成了宗教批判家。但是鲍威尔这三个阶段的著述之间并不存在"断裂式的"跳跃，一个重要的标志是："自我意识"概念不仅是"宗教批判"的重要工具，而且在"思辨神学"和"纯粹批判"阶段同样扮演着重要的作用。

在1835—1839年，"自我意识"概念不仅是鲍威尔反对斯特劳斯福音批判的武器，而且也是鲍威尔本人理解宗教信仰的工具。鲍威尔指出，斯特劳斯对圣经做了两方面的攻击：其一，他试图以科学的理性主义原则解释圣经故事的历史真相；其二，他想要从经验主义的观点分析圣经故事和自然历史之间的关系。通过这两种方法，斯特劳斯证明圣经故事不仅不合乎理性，而且有悖于日常经验。因此包括基督教在内的所

---

[1] Werner Goldschmidt, "Bruno Bauer als Gegenstand der Marx-Forschung", in *Jahrbuch des Institute für Marxist*, *Studien und Forschung*, 12 (1987), S. 68-81.

有宗教都是欺骗，是需要彻底抛弃的。① 与斯特劳斯的看法不同，他反对理性主义的独断主义和经验主义的实证主义，前一种方法先天地断定宗教故事和理性是根本对立的，后一种方法诉诸经验证明宗教故事是不可能存在的。在鲍威尔看来，这两种方法都是要从根本上否定宗教，它们并不是科学的方法。鲍威尔研究宗教的方法是"思辨的方法"。这种方法以黑格尔的宗教哲学为基础，把上帝视为理念的定在，辩护神学和哲学的统一性。

尽管鲍威尔的思辨神学是要为神学辩护，但是我们很难把鲍威尔归类为正统的神学家。因为即使在《天启故事批判》这部思辨神学阶段最为重要的著作中，鲍威尔要研究的也是宗教意识在什么意义上实现了主体和对象之间的统一，鲍威尔始终没有忽视自我意识和宗教启示之间的异质性。借助于批判斯特劳斯，鲍威尔得出一个结论，"每一个历史事件都是从个人的活动而且是在他的自我意识范围内开始的"②。鲍威尔提出，宗教经验并不像虔信派人士所说的那样是对上帝这位超越的绝对者的美妙感受，相反，宗教经验的起源倒是在于主体，是人的自我意识的表达，表征着人获得自我意识所经历的不同阶段。在《旧约》最初的章节里，人按照戒律的要求服从神的命令表明人和上帝还处于相互外在的关系中。《旧约》接下来出现了"弥赛亚"意识，这种意识代表着一个更高的发展阶段，它表明"具有普遍性的东西已经内在于具体的共同体之中"，不过在这个阶段上"意识只能提出戒律是不充分的，还没有找出有效地克服它的方法"③。到了《新约》福音书中，爱成了信仰的基本原则，人和上帝之间的相互外在的关系被克服了。

由于鲍威尔此时的目的在于证明自我意识和宗教信仰之间的一致性，他还没有把自我意识和宗教启示置于极端对立的关系之中，因此，思辨神学阶段的鲍威尔并不是一个宗教批判家。但是，以宗教信仰和自我意识之间的关系来判断宗教意识的发展层次，这种做法又预示着他批判宗教时将要采纳的方法。例如，他在《天启故事批判》中就已经明确

---

① 参见兹维·罗森：《布罗诺·鲍威尔和卡尔·马克思：鲍威尔对马克思思想的影响》，王谨等译，43~44页。
② 同上书，45页。
③ Douglas Moggach, *The Philosophy and Politics of Bruno Bauer*, Cambridge: Cambridge University Press, 2003, pp. 59-60.

第二章 分歧的酝酿：两条渐行渐远的思想演变路线

说明自己是在自我意识的发展历史中对待宗教故事的，而这种做法构成了他在 1840 年代批判宗教的首要特征。他说：

> 绝对精神的自我意识在自己自由的、以历史为中介的生成中展现了绝对精神的发展，我们的科学概念是由上述发展规定的。它的内容是历史的运动，在这种运动中，启示的概念形成为有生命的理念。我们的科学方法是要在回忆中再生产概念在历史现象中的这种运动，同时也再生产它和理念形态的联系。①

与当时流行的观点把宗教故事视为人的自我欺骗不同，鲍威尔在这里把它们视为还没有发展完善的自我意识，他试图以这种方法为神学辩护。在鲍威尔看来，启示作为一种历史现象，它的出现并不是偶然的，它是"绝对精神的自我意识"在生成过程中必然会出现的。天启故事本身也有它的概念，而且在历史的发展过程中，这个概念会充实、完善自己，形成理念。鲍威尔的"思辨神学"的核心命意是要说明圣经的天启故事和理念是统一的。但是，由于自我意识的教养是不断进步的，在古典古代出现的圣经故事所代表的自我意识的等级在历史的发展中早已失去了合理性，宗教的启示故事必然会在人的自我意识发展的历史中被抛弃。因此，圣经的天启故事和哲学的理念之间压根无法建立起真正的统一性。这种自相矛盾的处境导致鲍威尔最终走出了"思辨神学"的领地。

但是相比于"思辨神学"阶段，"自我意识"概念在"宗教批判"阶段的运用更进一步拓展了：它已经不再被单纯地应用在神学领域，而且也被应用在历史哲学领域。鲍威尔提出，"世界历史的意义仅仅在于自我意识的生成和发展"②。在他看来：

> 历史可以分为两个阶段：一个阶段是异化和自我二重化的阶段，在这个阶段，人的意识无法在世界中再次认出自身，它把自己的产品视为陌生的力量和自己创造力的桎梏。第二个阶段是异

---

① Bruno Bauer, *Kritik der Geschichte der Offenbarung. Die Religion des Alten Testamentes in der geschichtlichen Entwicklung ihrer Prinzipien dargestellt*, Berlin: Ferdinand Dümmler, 1838, S. XCIII-XCIV.

② Bruno Bauer, *Die Posaune des jüngsten Gerichts über Hegel den Atheisten und Antichristen. Ein Ultimatum*, Leipzig: Otto Wigand, 1841, S. 70.

化的消灭：人把陌生的力量和历史客观给定的东西（国家、制度、道德、宗教等）视为自己的产物，从而从所有的限制中解放出来，达到自由的自决。在鲍威尔看来，新时期出现的拐点就在当下。①

鲍威尔之所以把"思辨神学"推向"宗教批判"，这源于他强烈的时代责任感。埃德加·鲍威尔（Edgar Bauer）曾经这样描述他的兄长布鲁诺·鲍威尔："要想理解鲍威尔，必须理解我们的时代。……我们的时代是革命的时代。"② 此时，鲍威尔开始接受黑格尔的如下看法：在世界历史的范围内，宗教是绝对精神的自我意识形成的最后障碍。新时代的孕育必须有新的思想观念作支撑，这种新的思想观念的形成必须以打破宗教意识的束缚为前提。"宗教表象的内容虽是绝对精神"③，但是以宗教的形式表现出来的精神还不是真正的精神。只有消除宗教形式的束缚，新时代的形成才有教养的基础。这构成了鲍威尔发展自我意识哲学和宗教批判的时代语境。

尽管"自我意识"是鲍威尔"宗教批判"的核心概念，但是他却很少直接界定这个概念。因此，《符类福音作者的福音故事批判》中对这一概念的说明就尤为显眼：

> 当我们使用自我意识这个范畴时，我们说的并不是"经验的我"（das empirische Ich），好像这种经验上的我可以从自己单纯的"想法"（Einfällen）和任意的组合中形成自我意识似的。……相对于"直接的我"（das unmittelbare Ich），有教养的自我意识在现实性上是一种完全不同的意识，它是批判的意识。直接的自我、有教养的自我意识、类比和反思都与我们的主题无关。我们在这里处理的只是处于自己创造性的自我发展阶段的宗教自我意识。自在地说，它是自我意识，因为普遍的东西作为一个要素已经隐藏在这种意识中。但是作为精神，更确切地说是宗教精神，它又是把自身和普遍东西区分开的运动或动力，它必须把自身和它们区分开，只有

---

① Ingrid Pepperle, *Junghegelianische Geschichtsphilosophie und Kunsttheorie*, Berlin: Akademie-Verlag, 1978, S. 70.

② Edgar Bauer, *Bruno Bauer und seine Gegner*, Berlin: Jonas Verlagsbuchhandlung, 1842, S. 4-5.

③ 黑格尔：《精神现象学》（下卷），贺麟、王玖兴译，258页，北京，商务印书馆，1979。

第二章 分歧的酝酿：两条渐行渐远的思想演变路线

这样它才能把自己视为真实的意识。①

与"经验的我"只有一些主观的想法不同，"自我意识"是在教养（Bildung）中形成起来的。这个教养的过程首先需要认识、承认自然的法则："自我意识是自然的死亡，但是这里的死亡说的是，自我意识在承认自然及其法则时引起了自然的死亡。"② 鲍威尔并不否认自然有其本身的法则，而且这种法则最初是意识所不熟悉的。如果自我意识无法认识自然的法则，自然对于意识而言就成了异己的东西，成了自我意识活动的边界，自我意识就无法成为普遍的东西。所谓"自然的死亡"并不是说自我意识消灭了自然的物理存在，而是说自我意识通过承认自然的法则，把自然的法则变成自我意识的一个环节。"自然的死亡"意味着自然相对于自我意识的异己性被消灭了。其次，自我意识的教养过程还包括建立对法权、道德、伦理关系认识，最终消灭宗教的表象，恢复自我意识为真正普遍的东西。在"宗教的自我意识"中，信仰的对象是一个具有普遍性的东西，它是自我创造出来的对象，这表明自我也是一个普遍的东西，就此而言，宗教意识是自我意识。但是由于自我依旧在信仰的束缚下，它不会把信仰的对象视为自己的产物，而是把自己和信仰的对象分离开来，因此它还只是"宗教的自我意识"。从鲍威尔对"宗教的自我意识"的论述中不难发现，"自我意识"是认识到自我是普遍东西的意识。

尽管"宗教的自我意识"为了维持自身的存在必然会把自己和普遍的东西区分开，但是由有限的个体所创造出来的普遍的上帝形象又表明：有限的意识是至高无上的绝对精神的创造者，有限的个体的意识才是真正无限的精神。这是鲍威尔在《对黑格尔的末日审判的宣言》中提出的观点：

> 实体、普遍的东西或理念是"历史精神在自己的世界中完成、创作、赢得的一切东西的本质"；这里的历史精神说的就是有限的、人的精神："因此如果有限的精神把绝对的东西当作自己的对象，那么有限的精神也就把绝对的东西视为自己的本质，有限的精神是

---

① Bruno Bauer, *Kritik der evangelischen Geschichte der Synoptiker*, Bd. 1, Leipzig: Otto Wigand, 1841, S. 81—82.

② Ibid., S. 160.

对实体的意识，必然也是自我意识。"①

人的宗教意识表明，人的有限的精神能够以普遍的东西为对象，如果消灭信仰所造成的人的精神和普遍东西的异化，人的精神就能获得真正的普遍性。与黑格尔认为精神只有在经历过整个教养过程成为绝对的东西、成为实体的时候才能获得真正的"自我意识"不同，鲍威尔的"自我意识"是以人的有限的精神为载体的，它在根本上反对任何超越性的实体和无限者。与黑格尔的"自我意识"是某种对象性的认识（我把自身作为对象而获得的自我认识）不同，鲍威尔的"自我意识"表达的是一种纯粹自我相关的关系，实体、绝对者不过是自我意识本身的产物。当然，这种观点又可以追溯到黑格尔对"绝对知识"的自我意识的规定："绝对知识"经历过教养的历史，认识到自我构成了对象的本质，把握到自我和对象的同一性。② 可见，鲍威尔的"自我意识"概念并不等同于黑格尔的作为主观精神的"自我意识"，而是被具体化到有限个体意识中的"绝对精神"。

鲍威尔的"自我意识"是一种能够确立起自我的普遍性的意识，这也就意味着"自我意识"不会听任与自我相疏远、异化的对象或者超越于自我之上的理念、实体存在，自我意识最终会证明这些都是它的创造物，而不是某种异己的、与它相对立的东西。而"自我意识"确立自身普遍性的方法就是"批判"："批判作为自我意识的不可战胜同时又能战胜一切的力量，它想要认识对象性的东西，它希望自己面前没有任何不可渗透的对象，甚至希望否定对象身上的坚硬的对象性的东西，同时在对象中认出自己。"③ "自我意识"借助于批判一方面要在对象中认出自己，另一方面，"批判必须自己反对自己，必须消除自己和自己的事业

---

① Andreas Arndt, "Jenseits der Philosophie: Die Kritik an Bruno Bruno und Hegel (S. 78-100)", in *Karl Marx/Friedrich Engels: Die Deutsche Ideologie*, hrsg. von Harald Bluhm, Berlin: Akademie Verlag, 2010, S. 160. 引文参见 Bruno Bauer, *Die Posaune des jüngsten Gerichts über Hegel den Atheisten und Antichristen. Ein Ultimatum*, Leipzig: Otto Wigand, 1841, S. 59-60。

② 参见 Andreas Arndt, "Jenseits der Philosophie: Die Kritik an Bruno Bruno und Hegel (S. 78-100)", in *Karl Marx/Friedrich Engels: Die Deutsche Ideologie*, hrsg. von Harald Bluhm, Berlin: Akademie Verlag, 2010, S. 159-160。

③ Bruno Bauer, "Das Leben Jesu, kritisch bearbeitet von David Friedrich Strauss. Erst Band", in *Jahrbücher für wissenschaftliche Kritik*, No. 111, December 1835, S. 891-892。

第二章 分歧的酝酿：两条渐行渐远的思想演变路线

中所含有的神秘的实体性，只有这样，实体本身才会发展——成为观念的普遍性和规定性，成为观念的真实存在——即成为无限的自我意识①。实体之所以能发展成为无限的自我意识，其原因在于：实体也是由自我意识设定的，自我意识"赋予了实体以形式、形态，从而使实体获得规定性"②。在这一点上，鲍威尔的"自我意识"概念与费希特的"自我"非常接近："正如费希特的自我必须不停地消灭自己设定的非我，自我意识要不停地批判实体性，即证明它是自己的产物，从而否定它，而鲍威尔和费希特的对立则表现在，自我没有被思考为绝对的东西，而是被思考为有限的东西。"③ 鲍威尔用有限精神的自我意识取代了实体的普遍性。由于只有当有限的精神摆脱了所有的肯定的规定性，摆脱了所有的束缚，无限的自由才能成为现实，因此批判作为纯粹的自我意识实现自己的方式在本质上就是对规定性和当下情景的否定，即"哲学是对现存东西的批判"④。鲍威尔的自我意识哲学必然会成为一种对阻碍自由实现的一切限制进行批判的"纯粹批判"哲学。这种哲学在"三月革命前夕"（Vormärz）汹涌澎湃的思想激荡中具有鲜明的政治含义：它不仅反对宗教的枷锁，反对以宗教为基础的国家，同时也反对特权、王权的压迫。但是它的政治方向与"个人主义"（individualism）和"利己主义"（egoism）又是不同的，因为"个人主义"和"利己主义"坚持的是单子化的个人自由。在政治取向上，"个人主义"是政治自由主义的理论基础，"利己主义"是施蒂纳式的无政府主义的逻辑起点，而鲍威尔的"自我意识"概念则蕴含着共和主义的追求。⑤

---

① Bruno Bauer, *Kritik der evangelischen Geschichte der Synoptiker*, Bd.1, Leipzig: Otto Wigand, 1841, S. VIII.

② Ibid., S. 69.

③ Andreas Arndt, "Jenseits der Philosophie: Die Kritik an Bruno Bruno und Hegel (S. 78-100)", in *Karl Marx/Friedrich Engels: Die Deutsche Ideologie*, hrsg. von Harald Bluhm, Berlin: Akademie Verlag, 2010, S. 160.

④ Bruno Bauer, *Die Posaune des jüngsten Gerichts über Hegel den Atheisten und Antichristen. Ein Ultimatum*, Leipzig: Otto Wigand, 1841, S. 82.

⑤ 鲍威尔的"自我意识哲学"蕴含着共和主义的追求，这是道格拉斯·莫佳琪最近阐发出来的。参见 Douglas Moggach, *The Philosophy and Politics of Bruno Bauer*, Cambridge: Cambridge University Press, 2003, pp.1-2.

二、鲍威尔以自我意识为原则的宗教批判

鲍威尔的思想史地位主要是靠宗教批判确立起来的。当然，宗教批判也是鲍威尔最富有成果的理论领域。仅在1843年出版《犹太人问题》之前，鲍威尔以宗教批判为主题的著作就有九本。① 稍微留意一下这些著作，就会发现它们的主题思想并不完全一致，就连这些著作的标题都透露出了它们之间的差异。举例来说：《天启故事批判》和《亨斯滕贝格博士先生》的副标题明显地把《旧约》的戒律和《新约》的福音对立起来了；《约翰福音批判》和《符类福音作者的福音故事批判》则表明，尽管鲍威尔开始以批判的态度考察四部福音书，但是泾渭分明的标题又透露出鲍威尔认为它们是有差异的。这种差异的图景在《符类福音作者和约翰的福音故事批判》中被抹平了。在《被揭穿了的基督教》中——又译为《基督教的真相》——针对基督教的批判似乎更加锋芒毕露。事实上，随着这些著作的写作、出版，鲍威尔对圣经故事的批判越来越彻底，这最终促使他写出一部揭露"基督教真相"的书籍。尽管《被揭穿了的基督教》由于书报检查制度未能出版，但是这本书曾经在马克思、恩格斯、施蒂纳之间流传②，并且由于其创作时间和《犹太人问题》接

---

① 鲍威尔1843年之前的主要著述：1838年出版了《天启故事批判。按照旧约宗教原则的历史发展描述旧约宗教》（两卷本）；1839年出版了批判虔信派人士亨斯滕贝格的《亨斯滕贝格博士先生。宗教意识批判。论戒律和福音对立的批判书信》；1840年出版了《约翰福音批判》和《普鲁士福音派国家教会和科学》；1841年出版了《符类福音作者的福音故事批判》（两卷本），《对黑格尔这位无神论者和反基督人士的末日审判的号角。一个最后通牒》（马克思在前期曾部分参与）；1842年出版了《从信仰的立场评判黑格尔的宗教和艺术学说》，《符类福音作者和约翰的福音故事批判》（第三卷），《自由的美好事情和我自己的事业》。1843—1844年，鲍威尔在宗教哲学领域的著作有：1843年出版了《被揭穿了的基督教。对18世纪的回忆兼论19世纪的危机》，《犹太人问题》，《18世纪的政治、文化和启蒙历史》（第一卷），《法国大革命以来的新时代历史回忆录》。1844年出版了和埃德加尔的通信集以及另外两本题为《18世纪的政治、文化和启蒙历史》的书。鲍威尔在1835—1844年还发表了近60篇论文。

② 参见 Ernst Barnikol, *Das entdeckte Christentum im Vormärz*, Jena: Eugen Diegerichs, 1927, S. 28. 由于未能公开出版，鲍威尔的《被揭穿了的基督教》曾一度被认为是失传了，后被巴尼克尔发现。巴尼克尔在《三月前夕被揭穿了的基督教。鲍威尔反对宗教和基督教的斗争以及他的著作的首次出版》中不仅首次出版了这本书，而且交代了有关这一著作的很多思想史材料。例如：巴尼克尔指出，没有迹象表明马克思在《德法年鉴》出版之前阅读过这本书，但是《神圣家族》表明马克思在1844年秋读到了这本书。尽管巴尼克尔先生当时并不知晓《1844年经济学哲学手稿》，因而也不知道马克思在《1844年经济学哲学手稿》中引用过这本书，他的判断却出人意料地准确。

第二章 分歧的酝酿：两条渐行渐远的思想演变路线

近、理论主题和《犹太人问题》互补，这本著作对于我们理解《犹太人问题》乃至鲍威尔和马克思的争论都是很重要的。鲍威尔在《犹太人问题》中对基督教相对于犹太教的优越性的描写必须和《被揭穿了的基督教》对照阅读，如此才能全面了解鲍威尔对宗教尤其是基督教的态度。正是因为在《被揭穿了的基督教》中，鲍威尔已经非常充分地评估了基督教对自我意识自由的双重意义，并且突出强调的是基督教的消极意义，他在《犹太人问题》中突出的基督教相对于犹太教的积极意义才能得到合理的评估。为了全面理解鲍威尔对包括犹太教和基督教在内的所有宗教的态度，从而全面地理解鲍威尔在《犹太人问题》中的立场，我们接下来将要考察的是鲍威尔在1843之前的宗教批判。

1. 鲍威尔宗教批判的任务

关于如何利用"批判"研究圣经故事，鲍威尔说道："批判的任务……即要同时研究[圣经故事的]内容和形式，看它是否在同等程度上既出自于作家的创作，也是自我意识的创造。"[1] 鲍威尔如此规定批判的任务，这和他的"自我意识"哲学不无关系。按照"无限的自我意识"的规定性，宗教并不满足自我意识的自由所需要的主体和对象的统一，这是因为：在宗教中，对象是由信仰直接给定的。直接给定的意思是，信仰为自我意识规定的对象是自我意识必须接受而不能加以怀疑的，这个对象不是自我意识通过"批判"的中介创造出来的，甚至不是自我意识可以认识的。而且正是因为这个对象不是自我意识本身的作品，自我意识在其中体验到的不是与对象相统一的"家园感"，而是异化的"锁链"。同时，宗教也是"自然意识"通过教养获得"无限的自我意识"过程中的一个环节，它虽是异化的自我意识，却也是自我意识生成过程中的一个必要环节。按照鲍威尔的看法，如果自我意识能够从这些强加于它的肯定性的内容中解放出来，它就可以成为真正普遍的自我意识。正如鲍威尔所言：

> 一方面，批判是必须把自己从限制了它的真正普遍性的肯定规定性中解放出来的那种哲学的最后行动，另一方面又是这种哲学的前提，因为如果离开这个前提，这种哲学就不能把自己提升到自我

---

[1] Bruno Bauer, *Kritik der evangelischen Geschichte der Synoptiker*, Bd. 1, Leipzig: Otto Wigand, 1841, S. XV.

意识的最后的普遍性。①

所谓的"肯定性"也就是没有经过"批判"的中介作用而强加到自我意识面前的内容。这些内容是批判的对象即宗教中固有的，它们对自我意识的普遍性构成了制约。对这些内容进行批判，就是要辨别出这些凌驾于自我意识之上的信仰对象也是自我意识的创造物，从而把自我意识提升到最高的普遍性。"肯定的规定性"限制了"真正的普遍性"还有另一层含义，即特殊性是批判对象的规定性。事实上，鲍威尔的批判并不是无的放矢，宗教中确实有不少特殊性的内容，例如：大多数宗教都规定了"只可敬拜一位真神"，把其他信仰的人视为"外邦人"。鲍威尔的宗教批判就是要消除信仰所带来的民族与民族、个人与个人之间的隔阂，让每一个个体都成为真正的"类"存在物。在这里需要额外交代的是：在黑格尔主义的阵营中，"类"并不是费尔巴哈的专属概念，鲍威尔同样是"类"概念的使用者，毋宁说，"类"是青年黑格尔派的成员广泛使用的概念。②鲍威尔和费尔巴哈的"类"概念之间的差别在于：对于费尔巴哈而言，"类"之所以是完美的，乃是因为它是个人的集合，单个的人具有各不相同的品质和能力，他们加在一起形成了一个完善的"类"；对于鲍威尔而言，"类"的完美在于它是具有无限自我意识的个体所达到的教养水平，它意味着超越了排他性的局限，获得了普遍的自由。在费尔巴哈那里，"类"被视为人天然的一种属性，它是把人联系在一起的爱和感情，"只是由于人还没有认识到自身的完满性才产生了上帝观念"；在鲍威尔那里，"类"表达的是人的普遍性，它并非人自然就有的属性，而是人必须在教养中通过斗争才能获得的，人类的出现必须打破宗教信仰造成的排他性特权。

2. 鲍威尔宗教批判的基本结论

（1）戒律和福音是对立的

与把圣经故事看作人的自欺从而否定其价值的做法不同，鲍威尔更愿意把它看作自我意识的表达。他说："写下来的启示是以主观精神的运动为出发点的，但是这种主观精神还只是绝对精神的生成中的

---

① Bruno Bauer, *Kritik der evangelischen Geschichte der Synoptiker*, Bd. 1, Leipzig: Otto Wigand, 1841, S. XXI.

② 施特劳斯在《耶稣传》中也曾用"类"概念来说明信仰。参见戴维·麦克莱伦：《青年黑格尔派与马克思》，95页，北京，商务印书馆，1982。

第二章　分歧的酝酿：两条渐行渐远的思想演变路线

自我意识。"① 正是因为宗教是主观精神的运动，鲍威尔才能在绝对精神的自我意识的生成过程中区别地看待不同宗教所代表的精神发展层次：

> 《旧约》和自己本身是对立的，同时这种对立又构成了它自己的本质，它的这种特点使得我们最终能够完全理解它和希腊宗教、罗马宗教以及基督教的关系。《旧约》由于外在的对立限制了无限的主体性，就此而言，《旧约》和古典世界的两个宗教是同等层次上的。又因为，《旧约》和自己是对立的，而且这种对立在预言中已经被意识到了，因此它又是绝对精神的自我意识的运动，基督教是这个运动的必然结果。它高于希腊宗教和罗马宗教，同时由于它形成了最深刻的对立，它又是一个基础，只有基督教才能在这个基础上解决那个对立。②

在这里，鲍威尔把希腊宗教、罗马宗教、旧约宗教和基督教理解为绝对精神的自我意识运动的环节，从而把它们的历史顺序转换为绝对精神自我实现的历程。值得注意的是，《旧约》和《新约》虽同为《圣经》的组成部分，鲍威尔在其中看到的却是不同的精神形态。他的这种区分一方面可以理解为只是针对基督教本身的典籍的，当然也可以理解为针对犹太教和基督教的。例如，他说道：

> 首先，基督教作为绝对的宗教相对于希伯来主义、希腊宗教和罗马宗教而言是积极的，而且它所有的历史前提就在这些宗教之中。它的起源不仅靠犹太教的发展，而且也靠古代的古典精神所产生的内容中的力量。它在自身之内统一起了把旧约宗教、希腊宗教和罗马宗教的规定性分离开来的要素。③

鲍威尔承认基督教起源于犹太教，当然正是因为它起源于犹太教，它同时也克服了犹太教的特殊性局限，这种特殊性曾经把犹太教和希腊宗教、罗马宗教区别开来。基督教以其爱的普遍性把它们统一起来了，

---

① Bruno Bauer, *Kritik der Geschichte der Offenbarung. Die Religion des Alten Testamentes in der geschichtlichen Entwicklung ihrer Prinzipien dargestellt*, Berlin: Ferdinand Dümmler, 1838, S. XCII-XCIII.
② Ibid., S. LXXX-LXXXI.
③ Ibid., S. LXXVII.

思想的传承与决裂

这种普遍性也使它具备了更大的现实力量。随着基督教成为罗马帝国的国教，它证明了自己爱的原则的普遍性。

按照鲍威尔的看法，《新约》的福音书在精神的发展等级上高于《旧约》的戒律，他给出的解释是，"福音真正有意识地把爱当作有生命的普遍的东西"。与此相反，《旧约》还没有把爱视为"自己的内在普遍性"。之所以如此，是因为在旧约中"爱不是通过自己本身、不是通过自己内在的无限的感动、不是通过自己自由的外化证明自己是爱，而是只有在服从［圣经的］条文时才会启示出来，这些条文明确地表明，它们的源头不是爱"①。按照鲍威尔的看法，在《旧约》中，上帝对人的爱是有条件的，他的爱只对服从圣经的人开放。这种有条件的爱表明，自我意识的发展层次依旧是狭隘的，它没有把人普遍地作为自我意识的定在。与此相反：

> 在基督教中的情况至少是，上帝在启示中证明他的本质是爱，上帝的本质在于：他接受与他不同且对立的人和他是统一的；因此，很明显的是：人的本质在于人要在人和上帝的统一中超越人和上帝的对立。基督的爱是人能够自由地（mit Freiheit）追随上帝的真正的内在原因，因为，人在追随上帝概念中的必然的东西时，他就是在有意识地追随自己的真实概念。②

不难发现，鲍威尔在这个阶段上甚至认为遵循福音的教导和人的自由并不矛盾，"人能够自由地追随上帝"。事实上，鲍威尔的观点甚至可以解读为，人信仰上帝就是在追随自由，因为人是在"有意识地追随自己的真实概念"。鲍威尔把包括犹太教在内的旧约宗教和基督教的新约分开来看待，认为后者是在前者的基础上发展起来的，他在《犹太人问题》中依旧坚持这种观点，他甚至形象地把犹太教和基督教的关系比作"母女关系"，"女儿"作为新生事物比"母亲"享有更高的合法性。但是随着鲍威尔开始批判《约翰福音》，福音教导的爱具有普遍性的观点被他放弃了，他那时开始认识到基督的爱同样是一种排他的爱，因为他爱的只是自己的信徒。

---

① Bruno Bauer, *Herr Dr. Hengstenberg. Kritische Briefe über den Gegensatz des Gesetzes und des Evangelium*, Berlin: Ferdinand Dümmler, 1839, S. 96.
② Ibid., S. 47-48.

第二章　分歧的酝酿：两条渐行渐远的思想演变路线

（2）福音故事是文学作品

施维泽（Albert Schweitze）在分析鲍威尔的福音故事批判时指出，当时摆在鲍威尔面前的有两条路：其中一条路是历史研究，即从犹太教的弥赛亚观念入手，研究这个观念是如何从一个先知预言变成固定的反思概念的；还有一条是文学研究的路，这条路和前一条路相反，它从已经形成的反思概念入手，也就是从最后一个福音故事入手追溯其起源。① 鲍威尔之所以选择第二条道路，其原因并不难理解：和理性主义者以及经验主义者彻底解构宗教的追求不同，鲍威尔的宗教批判是要在"无限的自我意识"生成的过程中定位宗教意识所处的阶段。鲍威尔认为符类福音的记载为《约翰福音》提供了一个基础，"正是在符类福音的坚实基础上，《约翰福音》才发展出了异想天开的结构"②。而吸引鲍威尔的正是《约翰福音》纯粹的文学性质，因为这种文学创作让他有可能从中辨别出《约翰福音》中的"自我意识"的教养达到了什么层次。

在批判第四福音《约翰福音》的过程中，鲍威尔越来越认识到前三部福音书也有可能是纯粹的文学创作，而这种立场是他之前不肯接受的。因为"符类福音"以其相互呼应的内容曾被鲍威尔认为是历史事实的记载。值得注意的是，尽管鲍威尔后来接受了"符类福音"也是圣经作家的文学创作，但是他依然认为"符类福音"的人为的，或者说有意识创作的痕迹比《约翰福音》要轻得多。③

经历了对四部福音书的逐一研究，鲍威尔在1842年出版《黑格尔的宗教和艺术学说》时说出了自己福音批判的结论：

> 福音的原始记录是自由的文学作品，其灵魂是简单的宗教范畴。可是，这些范畴的特点是：它们颠倒了现实的、理性的世界诸法则，使自己和自我意识的普遍性相异化了，粗暴地把自我意识的普遍性分离出去，进而把自己固有的东西变成了表象，亦即把它仅仅变成了异化的、天国的故事或者变成了异化的、有局限的、神圣

---

①　参见 Albert Schweitze, *The Quest of the Historical Jesus. A Critical Study of its Progress from Reimarus to Wrede*, translated by W. Montgomery, A. & C. Black Ltd., 1910, p. 138.

②　Ibid., p. 140.

③　参见 Bruno Bauer, *Kritik der evangelischen Geschichte der Synoptiker*, Bd. 1, Leipzig: Otto Wigand, 1841, S. 388.

的故事。这些颠倒的、荒诞的、局限于感性的故事，只不过是宗教范畴以及受这些范畴制约的作家的空想的产物——一个靠幻觉传播开来的故事，自在地说，是极其受局限的故事，即在普遍理性、历史和自然的废墟上上演的故事。①

经过《约翰福音》和"符类福音"批判，鲍威尔承认它们都是作家创作的文学故事。鲍威尔在批判福音故事时表明，基督教的宗教意识是异化的自我意识，它把属于理性世界的法则提升为凌驾于理性之上的天国里的法则。对于人的自由而言，首要的不再是"自我意识的普遍性"，不再是人本身的理性，而是上帝的赐福。这也表明，基督教的意识依然是受到感性局限的、不自由的意识。

（3）宗教是自我意识的桎梏

由于鲍威尔认为基督教是最完善的宗教，他对基督教的批判自然也会延伸出对所有宗教意识的批判。事实上，鲍威尔在批判基督教的过程中时常穿插着对宗教意识的一般批判。例如：

> 宗教精神是分裂的自我意识，在这种分裂中，宗教精神的本质规定性作为一种与自我意识不同的力量和自我意识相对。在这种力量面前，自我意识自然会丧失自身——因为自我意识已经在它里面注入了自己的内容，由于自我意识作为自我依旧能自为地维持自己，它在那种力量面前就是无，因为它必须相应地把那种力量视为自身的否定。②

鲍威尔在这里讲出了他对宗教意识的基本判断。宗教意识是一种自我意识，不过这种自我意识是不完善的自我意识。在宗教意识的形成过程中，自我意识把自己的内容注入宗教信仰之中，同时崇拜自己创造出来的这个信仰对象。鲍威尔在这里的观点和费尔巴哈《基督教的本质》中关于宗教意识的判断有着明显的相似性，只不过费尔巴哈谈论的是人的类本质的异化，鲍威尔谈论的则是自我意识的异化。

宗教意识虽然是异化的自我意识，但却是自我意识达到普遍性的必

---

① Bruno Bauer, *Hegel's Lehre von der Religion und Kunst von dem Standpuncte des Glaubens aus beurtheilt*, Leipzig: Otto Wigand, 1842, S. 61.

② Bruno Bauer, *Kritik der evangelischen Geschichte der Synoptiker*, Bd. 1, Leipzig: Otto Wigand, 1841, S. 25.

第二章 分歧的酝酿：两条渐行渐远的思想演变路线

经形态，因为按照辩证逻辑的基本思路，"自我异化的扬弃同自我异化走的是同一条道路"①。这也是鲍威尔对待宗教意识这种异化的自我意识的基本立场：

> 在自我异化的精神的范围之内——如果解放要成为根本性的、一切人的解放——必须消灭普遍生活过去受到的限制，即异化必须变成全面的异化，变成所有人的异化。根本利益把异化的深重和恐怖隐藏在古代的宗教中；自然观被赋魅了，家庭纽带拥有甜蜜的吸引力，民族利益和宗教精神的崇拜力量发生了激烈的冲突：为宗教服务的人的精神是受锁链束缚的，这是用花瓣装饰起来的锁链，人把自己像一头散发出崇高、欢快气味的祭祀牲畜一样献祭给自己的宗教力量，他的锁链本身欺骗了他，使他看不清他的信仰有多艰辛。当花瓣在历史中凋零、锁链被罗马的力量打碎时，精神抽象的蝙蝠完成了这个作品。②

值得一提的是，在这段话中，鲍威尔和马克思思想上的"相似性"表现得尤为明显。马克思在一年以后的《黑格尔法哲学批判》中同样使用了"花瓣"和"锁链"的隐喻，同样表达了全面的异化是彻底的解放的前提。但是，这种相似性完全无法掩盖他们两个人致思取向上的迥然差异：一个诉诸批判消除宗教的肯定性要素实现自我意识的自由；另一个诉诸无产阶级的革命变革孕育了宗教意识形态的市民社会。当鲍威尔期盼思辨的"蝙蝠"在夜空里翩然飞舞，马克思则希望"高卢雄鸡"为德国的复活日报晓。

3. 被揭穿了的"基督教真相"

（1）宗教的排他性本质

在《被揭穿了的基督教》中，鲍威尔开宗明义地界定了宗教。他是

---

① 《马克思恩格斯文集》，第1卷，182页，北京，人民出版社，2009。
② Bruno Bauer, *Kritik der evangelischen Geschichte der Synoptiker und des Johannes*, Bd. 3, Braunschweig: Friedrich Otto, 1842, S. 309-310. 马克思对宗教的认识受到鲍威尔的影响，其表现并不止这一处。马克思更为著名的"宗教是人民的鸦片"的隐喻也曾出现于鲍威尔的《自由的美好事情和我自己的事业》(Bruno Bauer, *Die gute sache der Freiheit und meine eigene Angele genheit*, zürich und winterthur: vevlag des literarischen comptoirs, 1842, S. 213) 和《基督教国家和我们的时代》(Hallische *Jahrbücher für deutsche Wissenschaft und Kunst*, hrsg. von Echtermyer and Ruge, Leipzig: Otto Wigand, 1841, S. 538)。

通过人和动物的区别说明宗教的本质的，他说：人类的战争和动物的厮杀是不同的，后者源于愤怒，前者追求和平，同时人在战争中依然会承认对方和自己同属于一个类。但是有一个生活领域，人在其中不可能享受和平，战争是其永恒的主题，它彻底消灭了人的"类意识"，这个领域就是宗教。鲍威尔之所以如此界定宗教，是因为在他看来：

> 宗教的差异——即纯粹的、真正的宗教差异，纯粹的天启宗教信仰中的差异——是永恒的、无法调和的。每一个宗教派别都相信自己是人的本质的真正表达，因此每一个派别必定会否认另一个派别，说对方是不人道的，它们之间的差异是如此深重，就好像是动物物种之间的差异一样。每一个派别都相信只有自己是永恒的，因此每一个派别都否认另一派别具有永恒性，或者甚至诅咒对方，以此让自己具有唯一的、排他的合法性。①

在鲍威尔看来，宗教的本质就是排他性。排他性给宗教信徒带来了深重的苦难。首先，由于每一个派别都坚持自己是唯一合法的，它们互相之间一直在不停地斗争甚至不惜战斗，这种斗争和战斗泯灭了人的普遍的类意识，把人再次降到了动物的水平。其次，由于排他性是宗教的本质属性，宗教派别之间的仇恨是无法消除的，宗教信徒为了表示对自己信仰的忠诚就会对其他派别一直心怀仇恨，他们无法感到欢乐，得不到欢愉。第三，宗教的排他性规定了一种宗教只有在与其他宗教相互排斥的时候才能找到自身的存在感，如果一个宗教不再排斥其他宗教或者不再被其他宗教排斥，那只能证明它的信徒不再虔诚，也就是说每个宗教的规定都不在自身之中，它们不是自我规定的，如果其他教派都不存在了，它的存在感也会降低，这导致了宗教意识的不安。

排他性造成的结果是，宗教的信徒一直生活在恐惧和不自由之中。一个宗教越是发展完善，它对信徒的意识的控制就越大，信徒所面对的不幸也就越多。因此，鲍威尔提出"充分发展的宗教就是这个世界充分发展的不幸"②。在鲍威尔眼中，基督教作为最为发展完善的宗教，当然也是这个世界最大的不幸。

---

① Bruno Bauer: "Das endeckte Christentum", in Ernst Barnikol, *Das entdeckte Christentum im Vormärz*, Jena: Eugen Diegerichs, 1927, S. 89.

② Ibid., S. 95.

第二章　分歧的酝酿：两条渐行渐远的思想演变路线

(2)"基督教的真相"

在《被揭穿了的基督教》中，尽管鲍威尔很少提及基督教的历史进步性，但是他并没有全盘否定基督教。例如，他提到："在基督教中，人类最终摆脱了在希腊和罗马的贵族统治中还具有强大力量的自然精神。"① 正如鲍威尔在《天启故事批判》中所提出的，基督教作为在希腊宗教和罗马宗教的基础上形成起来的宗教，古典精神是孕育它的母体。鲍威尔在这里之所以提出古典时期贵族统治还没有摆脱自然精神，是因为人不是按照自我意识的普遍性被视为一个类，而是按照出身、血统等自然条件分为不同的等级。在基督教中，人在上帝面前是平等的，至少这在形式上满足了自我意识的普遍性原则，这是基督教在历史发展中的进步意义。

基督教摆脱了自然精神，它的宗教观点甚至在形式上满足了自我意识的普遍性原则。但是，鲍威尔紧接着指出，基督教所代表的普遍自我意识并没有真正的内容。尽管基督教宣扬自由、平等，但是由于这种自由和平等都是以宗教意识为前提的，它们又都转变为自己的对立面。以自由为例，"上帝子民的自由是一种高于人之上的自由"，它消灭了"真正的人的自由"，因为后者"只有通过精神力量的发展和练习才能获得，才能得到保障"。基督教的平等同样是虚假的平等，鲍威尔以陶工和陶土的隐喻说明这种平等的伪善。在上帝面前，人是一堆陶土，上帝按照自己的意志把人做成截然对立的贱民和婆罗门。"陶土的平等是绝对的不平等。"② 人在上帝面前都是陶土，表面上看起来是平等的；但是对于人自身而言，由于同样的陶土被做成不同的陶器，人身为不同的陶器却是不平等的。

基督教所达到的自我意识的普遍性原则不仅没有实质内容，而且它还斩断了人的类意识，构建了一个虚幻的共同体，最终造成了人的不自由。这是因为，基督教虽然教导人人平等，但是平等的含义是：每个人都可以基于信仰同等地得到上帝的救赎；同时人只有融入基督教的大家庭，作为一个信徒才和另一个基督教信徒一样，在上帝面前获得平等的地位。"在基督教体系中，人只是孤立的单个主体，同时人又变成了民

---

① ②　Bruno Bauer, "Das endeckte Christentum", in Ernst Barnikol, *Das entdeckte Christentum im Vormärz*, Jena: Eugen Diegerichs, 1927, S. 109.

族精神，所有自由的规定性都被夺走了。"① 在上帝面前，人一方面成了孤立的个体，另一方面又融入了一个整体之中。这看起来是矛盾的，但是这种矛盾的处境恰恰是基督教信仰造成的：一方面，基督教斩断了人与人之间的一切自然联系，把人还原为只能通过个人的信仰得救的罪人，信仰成了每一个人自我救赎的唯一途径；另一方面，信仰又把单个的人关联起来，使之成为一个种群，信仰的纽带把他们联系在一起形成一个大家庭。以弥赛亚观念为例，每一个信仰上帝的人在弥赛亚降临时都将得到拯救，他们将一同升入天堂，同时不信的人将被罚进地狱，这种观念支撑、强化了信仰共同体的身份。在信仰中，人被异己的力量控制着，他服务的是上帝，而非自己的目的。这造成了人的不自由。

鲍威尔在《被揭穿了的基督教》中还颠覆了自己对上帝概念的认知。他在1839年曾经提出："人在追随上帝概念中的必然的东西时，他就是在有意识地追随自己的真实概念。"② 他那时认为上帝的概念就是人的真实概念，是人发展完善的理想追求，因此人可以自由地追随上帝。与这种看法相反，他在《被揭穿了的基督教》中提出：

> 上帝是一切现实存在的非存在，一切现实思维的非思维，是思想的局限或者说是思想的局限性，是思想的已经被提升为独立存在的客观局限性。人为了统治着彼岸世界的异化统治者的天堂和戒律，心甘情愿地成为被动、贫穷、困苦和不幸的。③

基督教的上帝具有"全知"、"全能"、"全善"的属性，他是一切现实存在的根据和起源。尽管上帝的形象源自于人的思维创造，但是当这个思维成果获得独立存在的时候，他又表现为思维的边界和界限，凌驾于人的思维之上。在鲍威尔看来，人创造了上帝，创造了自己至高无上的父，创造了带他寻找清泉芳草的牧者，他甘愿俯身做他的婴儿和羔羊。

(3) 宗教批判与人的自由

按照鲍威尔自我意识哲学的基本原则，"人作为人并不是自然的产

---

① Bruno Bauer "Das entdeckte Christenthum", in Ernst Barnikol, *Das entdeckte Christentum im Vormärz*, Jena: Eugen Diegerichs, 1927, S. 162.

② Bruno Bauer, *Herr Dr. Hengstenberg. Kritische Briefe über den Gegensatz des Gesetzes und des Evangelium*, Berlin: Ferdinand Dümmler, 1839, S. 47-48.

③ Bruno Bauer, "Das entdeckte Christenthum", in Ernst Barnikol, *Das entdeckte Christentum im Vormärz*, Jena: Eugen Diegerichs, 1927, S. 95.

第二章 分歧的酝酿：两条渐行渐远的思想演变路线

物，而是自己本身的自由的作品。人不能被生出来，只能被教养出来"①。在这个教养过程中，基督教构成了重要的一环。尽管基督教并没有形成真正普遍的自我意识，但是它所形成的异化却是到达那一步必不可少的一个环节。正如他所说：

> 基督教中上帝和人、精神和肉体、恩赐和自由之间的非自然对立……在多大程度上和人的本质相对立，就在多大程度上是人的本质的必然结果。它们和人本身相对立，但是，人的本性和规定性就在于：人在自己的历史发展中与自己相对立，同时只有这种对立达到极致，人和自己本身才会达到和谐。②

基督教作为最发达的宗教，它带来了最深重的异化，同时也为消灭异化准备了最充分的条件。这是因为，基督教的上帝乃是以一个宗教表象表现出来的人的形象，基督教以人本身统治人，它构成了最深的异化；但是基督教又认识到了人性的普遍性，只不过局限于宗教信仰的束缚，它还不敢承认这种普遍性。在鲍威尔看来，把基督教造成的异化揭示出来，表明基督教为自我意识构筑了虚假的普遍性，自我意识就能摆脱这种束缚，达到真正的普遍性。

> 新批判终于让人见到了自己，教会他认识自己，把他从他的幻觉中解放出来，教会他把自我意识视为普遍东西中的单个创造性力量——视为普遍者本身。……它已经证明了，正是在宗教中人把自己神圣化了，即丧失了自己，还崇拜自己的丧失。③

鲍威尔对基督教的宗教信条和上帝概念的批判证明，上帝这个普遍的实体不过是人的自我意识的产物，只不过在信仰的掩盖下，人不敢承认自己创造了上帝，反而把自身视为上帝的创造物。在批判揭穿了这个宗教的幻觉之后，人的自我意识恢复了自身的地位，成为具有普遍性的存在，从而实现了自我意识的自由。

4. 对鲍威尔宗教批判的简短评价

鲍威尔宗教批判的价值首先体现在理论领域。关于鲍威尔的宗教批判所具有的理论价值，施维泽有过这样的评价：

---

①② Bruno Bauer, "Das entdeckte Christenthum", in Ernst Barnikol, *Das entdeckte Christentum im Vormärz*, Jena: Eugen Diegerichs, 1927, S. 138.

③ Ibid., S. 156.

思想的传承与决裂

　　鲍威尔对福音书历史的批判价值十几部优秀的《耶稣传》，因为它如同我们现在、在半个世纪之后才能够认识的那样，是解决耶稣传记的困难所存在的最天才、最完备的参考书。遗憾的是，由于他展开问题的那种独断的、过于独断的方式，他自己使他的思想对于同时代的神学没有发挥作用。他填埋了他自己登山所走的路径，以至于一代人致力于重新开掘他已经遇到的路脉。①

　　确实，鲍威尔在笔耕不辍的宗教批判中留下了深刻的思想成果，他对福音书提出的很多判断，例如他对四部福音书写作顺序的判断，都为后来的神学家的工作所印证。但是由于他的骄傲、由于他自视高人一等，他的宗教批判著作中充满了不容置疑的结论，却没能充分展示其中达到结论的论证环节，这使得他的工作没能在当时的神学研究中发挥应有的作用，这不能不说是一件遗憾的事。

　　尽管鲍威尔的宗教批判没能充分发挥出它所应有的社会影响，不过其中蕴含的他对政治的激进立场却引起了不小的社会效应。这是因为鲍威尔的宗教批判在基督教日耳曼国家本身就具有政治意义，例如，马克思就曾说过："对宗教的批判是其他一切批判的前提。"② 伴随着宗教批判著作的持续出版，鲍威尔的政治影响力越发扩展开来，他也开始利用宗教批判表达自己的政治意图，评论《马太福音》的葡萄园寓言就是他借机表达政治意图的一个表现。他提出："这个寓言并不想教导天国里的平等，并不想教导不允许做等级划分，相反它教导的是绝对的对立，即天国的主按照无凭无据的爱好提出的对立。"③

　　　　人们并不会说，基督教的原理产生了自由。在宗教的手中，自在地说来，最真实的原理——这里说的是普遍平等的原理——也一再被颠倒，而且被转变为它的对立面——平等的思想被转变成任意偏爱的思想，精神平等的思想被转变成受自然限制的特权思想……只要基督教处于统治地位，有效的就只会有封建主义；当各个民族开始塑造自己的伦理时——和中世纪的目的相反——基督教才受到

---

① Albert Schweitzer, *The Quest of the Historical Jesus*, pp. 159-160. 转引自卡尔·洛维特:《从黑格尔到尼采》，李秋零译，459页，北京，三联书店，2006。
② 《马克思恩格斯文集》，第1卷，3页。
③ Bruno Bauer, *Kritik der evangelischen Geschichte der Synoptiker und des Johannes*, Bd. 3, Braunschweig: Friedrich Otto, 1842, S. 98.

第二章 分歧的酝酿：两条渐行渐远的思想演变路线

了第一个有威胁的打击，当宗教原理在法国大革命中得到正确的评判时，才有可能出现自由的民族、真实的自由和平等以及封建特权的衰落。①

真正普遍的自我意识概念蕴含着人的自由和平等的理念。按照这种理念来衡量基督教和封建主义，它们同样表现为桎梏，原因在于它们都造成了对立，只不过一个是信徒和上帝之间的对立，一个是民众和君主之间的对立。它们都是实现自由、平等需要清除的障碍，对封建王权和等级特权的批判是鲍威尔的宗教批判的必然延伸。

第二节 马克思对黑格尔主义的反思和批判

在黑格尔去世后，马克思和其他同时代的黑格尔主义者一样在探索哲学发展的前景，从他对同时期的黑格尔主义派别的评价中，我们不难窥探到他对当时的哲学发展前景的看法。《莱茵报》时期遭遇到的"物质利益"难题再次把马克思逼回书斋。借助于《克罗茨纳赫笔记》和《黑格尔法哲学批判》，他认识到：政治国家和市民社会的二元对立规定了现代人生存的基本境遇，即让现代人置身于政治生活和市民生活、类属性和个体性、普遍利益和特殊利益的二元对立之中，现代人的自由就以消灭这种二元对立为基础，哲学需要对政治国家及其市民社会前提进行批判，指出改变它们的方法。从1842年底起，鲍威尔先后发表《犹太人问题》（先是论文后是小册子）和《现代犹太人和基督徒获得自由的能力》，其中的"抽象"观点引起了马克思的不满，他最终在1844年公开与鲍威尔论战。在这场论战中，马克思开始以全新的视角审视人的生存和自由解放，这使他最终和青年黑格尔派分道扬镳，提出"唯物史观"。我们在本小节即将讨论的就是马克思和鲍威尔论战之前所经历的思想转变：对黑格尔主义发展方向的考察表明马克思一直在反思黑格尔主义者所做的理论尝试，并试图找出一条切实可行的路径推进"哲学现实化"；借助于《克罗茨纳赫笔记》和对黑格尔法哲学的批判，马克思

---

① Bruno Bauer, *Kritik der evangelischen Geschichte der Synoptiker und des Johannes*, Bd. 3, Braunschweig: Friedrich Otto, 1842, S. 99-100.

最终开辟出了一条新的路径：市民社会批判。

一、马克思对当时哲学发展脉络的把握

自从加入到"博士俱乐部"，"青年黑格尔派"就成了青年马克思思想养成的最为重要的语境，马克思甚至一度成为这个派别里的广受尊重的人物。① 不过，尽管马克思在《德谟克利特的自然哲学和伊壁鸠鲁的自然哲学的差别》中对以鲍威尔为中心的"自由派"表现出好感，但是在这份由鲍威尔指导完成同时渗透着鲍威尔的影响的博士论文中，马克思还是对思辨哲学表现出了慎重的反思；而当这个派别发展成为"理论政治派"的时候，马克思义无反顾地对他们提出了批评。本节除了考察马克思和这个派别的关系，还单独分析了在马克思批判黑格尔的国家哲学甚至一般性地批判思辨哲学中都扮演着重要角色的"费尔巴哈派"，亦即"实践政治派"，简要地概括了1843年前后马克思和他的思想关系。

1. 自由派和实证派的分野

在《关于伊壁鸠鲁哲学的笔记》中，马克思就已经注意到："哲学把握了整个世界以后就起来反对现象世界。"② 也就是说，当一个哲学体系达到总体性、扩展成为包含整个世界的体系的时候，它就会和现象的世界形成对立，达到总体性的黑格尔哲学"正是这样"；而和这种总体性的哲学对立的世界是一个破碎的世界。③ 马克思在

---

① 科本在致马克思的信中写道："你是一座思想的仓库、制造厂，或者按照柏林的说法，思想的牛首。"赫斯对马克思甚至更为尊崇，他建议友人说："你应该准备着去会见一位最伟大的哲学家，也许是当今活着的唯一真正的哲学家……他无论在思想上或在哲学的精神中的发展上都不但超过了施特劳斯，而且超过了费尔巴哈。而这一点总是有意义的。当他开始讲逻辑课的时候，如果我能够在波恩，我一定会是他的极热心的听众……如果把卢梭、伏尔泰、霍尔巴赫、莱辛、海涅和黑格尔合为一人，那么结果就是一个马克思博士。"上述引文转引自奥古斯特·科尔纽：《马克思恩格斯传》，第一卷，187页，北京，三联书店，1980。

② 《马克思恩格斯全集》，中文1版，第40卷，136页，北京，人民出版社，1982。

③ 马克思这里表达的是德国所面对的现实：哲学思想的发展远远超前于现实。这个现实处境构成了包括马克思在内的青年黑格尔派以及其他同时代人哲学思考的基本语境。哲学思想的高度理性化和现实生活中的非理性形成强烈的冲突和反差，因此才出现了"哲学现实化"的呼声。有关青年黑格尔派的"哲学现实化"的诉求，参见 Karl Löwith, *Die hegelsche Linke*, Stuttgart: Friedrich Frommann Verlag, 1988, S. 1. 另可参见戴维·麦克莱伦：《马克思传》，王珍译，83～84页。

第二章 分歧的酝酿：两条渐行渐远的思想演变路线

博士论文中进一步发展了这种看法。他在博士论文的附注中谈到这种哲学自我意识的二重性：一方面是思想与世界的对象性的客观关系；另一方面，"得到实现的**哲学体系同它的精神承担者**即表现哲学体系的进步的那些个别的自我意识的**关系**"①。黑格尔哲学的这种二重性在他的弟子那里发生了分裂：其中一派表现为坚持哲学和世界之间对象性关系的"自由派"，另一派表现为转向哲学本身的"实证哲学派"。

> 第一个派别的活动就是批判，也正是哲学转向外部；第二个派别的活动是进行哲学思考的尝试，也就是哲学转向自身，因为第二个派别认为，缺点对哲学来说是内在的，而第一个派别却把它看作是世界的缺点，必须使世界哲学化。……那个起初表现为哲学同世界的一种颠倒关系和敌对的分裂的东西，后来就成为个别的哲学的自我意识本身中的一种分裂，而最后便表现为哲学的一种外部分裂和二重化，表现为两个对立的哲学派别。②

这段引文非常清晰地表现出马克思对自由派的好感，这个派别即是以鲍威尔为核心的青年黑格尔派。只有这个派别能够取得实质的进步，因为它抓住了概念，在批判的行动中与不符合理性的世界保持对立。

早在1841年的时候，马克思和鲍威尔一样也相信，只有借助自我意识的批判消除历史中的非理性要素，才能改变历史发展的轨迹。和鲍威尔不一样的是，马克思并不承认批判是自我意识本身就具有的内在力量。马克思认为，哲学意识只有在达到像黑格尔体系那样的总体性的时候才具备与对象世界相对立，进而批判对象世界的力量，也就是说精神并不能按照自身的意志随心所欲地改变世界，它必须在完整地把握整个对象世界以后才具有改变对象世界的力量。正是在这个意义上，马克思指责那些批评黑格尔的黑格尔主义者"无知"、"没良心"。因为他们虽然只是抓住了黑格尔体系的某一个要点，却高傲地站在道德的制高点上批评黑

---

① 《马克思恩格斯全集》，中文2版，第1卷，76页，北京，人民出版社，1995。
② 同上书，76～77页。

格尔哲学体系保守、不完善，他们没有全面地、客观地对待黑格尔的哲学。

马克思此时之所以讨论这两个派别对黑格尔体系的不同阐释方向，是因为他想搞清楚：他本人作为黑格尔的一名后继者如何在哲学层面全面地阐释黑格尔的思想，以及如何运用黑格尔的哲学改变世界，让哲学的理念在世界中实现出来。马克思提到，在这一点上，就连他抱有好感的"自由派"也有"内在矛盾"。就此而言，他事实上是在考虑要发展出一种与这两个派别都不同的方向。

在博士论文中，马克思也确实表达出了和鲍威尔不同的哲学观点。以博士论文的附注为例，马克思在"普卢塔克对伊壁鸠鲁神学的论战"中探讨了"人同神的关系"，他指出："对神的存在的证明不外是**空洞的同义反复**……对神的存在的一切证明都是对神**不存在**的证明……"[1]他借此表达的是：思维、精神并不具有规定事物存在与否的绝对力量，唯心主义的神学家却认为只要神的存在和形式逻辑不矛盾，甚至连神也是存在的。在马克思看来，这就好比说口袋里的一百块钱和脑袋里的一百块钱是等值的一样。马克思在这个评论中表达的是：把思维本身的原则作为事物存在的标准是可笑的，因为事物存在的根据在现实存在的世界里，而非在思维的逻辑真值里。马克思用现实世界中的事实来反驳形式逻辑上的单纯可能性，这表明：他把思想的真理性和真实存在的东西联系起来，从而在具体的现实的事实中研究真理。[2] 这样一来，逻辑上必然的结果就是，他会越发强烈地否定唯心主义哲学，因为这种哲学只不过是思维的绝技，无法增进人对现实世界的认知。不过，马克思在这里虽然表现出了和鲍威尔的差异，但还没有到摆脱鲍威尔的地步，因为直到1843年，鲍威尔的"批判哲学"才引起马克思的警觉，马克思当时写信给卢格，批判鲍威尔有关"犹太人问题"的见解"太抽象"——所谓"太抽象"就是太过于脱离现实，单纯在思维、精神层面讨论问题。在此之前，马克思并没有决意批判鲍威尔的表现，"犹太人问题"才是马克思和鲍威

---

[1] 《马克思恩格斯全集》，中文2版，第1卷，100～101页。

[2] Laurence Baronovitch, "Two Appendices to a Doctoral Dissertation: Some Light on the Origin of Karl Marx' Dissociation from Bruno Bauer and the Young Hegelians", in *The Philosophical Forum*, Nos. 2-4, Vol. 8, 1976—1977, pp. 219-240.

第二章 分歧的酝酿：两条渐行渐远的思想演变路线

尔论战的导火索。①

2. 实践政治派和理论政治派的缺陷

在《〈黑格尔法哲学批判〉导言》中，马克思再一次谈到了黑格尔主义的演变。只不过，他现在关注的是青年黑格尔派内部的分裂。当时，这些成员之间的分裂已经非常明显，开始形成不同的"派别"了。马克思对这两个"派别"的评论是：

> 德国的**实践**政治派要求**对哲学的否定**是正当的。该派的错误不在于提出了这个要求，而在于停留于这个要求——没有认真实现它，也不可能实现它。该派以为，只要背对着哲学，并且扭过头去对哲学嘟囔几句陈腐的气话，对哲学的否定就实现了。该派眼界的狭隘性就表现在没有把哲学归入**德国的**现实范围，或者甚至以为哲学**低于**德国的实践和为实践服务的理论。你们要求人们必须从**现实的生活胚芽**出发，可是你们忘记了德国人民现实的生活胚芽一向都只是在他们的**脑壳**里萌生的。一句话，**你们不使哲学成为现实，就不能够消灭** [aufheben] **哲学** [die Philosophie]。
>
> 起源于哲学的**理论**政治派犯了同样的错误……该派认为目前的斗争**只是哲学同德国世界的批判性斗争**，它没有想到**迄今为止的哲学**本身就属于这个世界，而且是这个世界的**补充**，虽然只是观念的**补充**。该派对敌手采取批判的态度，对自己本身却采取非批判的态度，因为它从哲学的**前提**出发，要么停留于哲学提供的结论，要么

---

① 参见《马克思恩格斯全集》，中文2版，第47卷，54页。马克思和卢格通信时曾多次谈到鲍威尔，例如：1842年3月，他抱怨鲍威尔和黑格尔的叙述方式同样烦冗（同上书，27页）；1843年3月提到鲍威尔的《神学意识的痛苦和欢乐》是《精神现象学》不太成功的改编（53页）。但是这些迹象都不足以视为马克思开始批判鲍威尔的证据。我们不能因为马克思说鲍威尔有个"愚蠢"的想法，就说马克思从那一刻已经开始批判鲍威尔了。因为相反的证据同样比比皆是：1842年3月，他夸赞鲍威尔"真诚"（28页）；1842年4月的信表明他和鲍威尔依旧有频繁的交流（28页）；1842年7月，他说幸亏鲍威尔在柏林才能控制自由人不做"蠢事"（32页）；1842年11月，他告诉卢格自己对鲍威尔和自由人的斗争不持立场（43页）；1843年3月，马克思以嘲弄的语气说施韦格勒竟胆敢批评鲍威尔"毫无批判头脑"，并赞赏鲍威尔评《耶稣生平》的文章"非常出色"（53页），还高度评价鲍威尔的《自由的美好的事情》。马克思真正下定决心批判鲍威尔还是在读了《德意志科学和艺术年鉴》上连载的"犹太人问题"之后。随着马克思公开与自己的老师论战，他这才有机会系统地反思鲍威尔思想的不足之处，并坚定地发展自己在《黑格尔法哲学批判》中确立的市民社会批判的思维方向，直至在《德意志意识形态》中提出"唯物史观"的基本原理。

就把从别处得来的要求和结论冒充为哲学的直接要求和结论,尽管这些要求和结论——假定是正确的——相反地只有借助于**对迄今为止的哲学的否定**、对作为哲学的哲学的否定,才能得到。关于这一派,我们留待以后作更详细的叙述。该派的根本缺陷可以归结如下:**它以为,不消灭哲学,就能够使哲学成为现实。**①

戴维·麦克莱伦(David McLellan)在《马克思传》中提到1840年代的德国哲学时说:"马克思通过指出在他看来并不十分正确的两种不同的态度,阐明了自己的立场。第一派,在某些方面使人想到费尔巴哈的观点,马克思称之为'实践派'。……第二派,具有理论派的特征——马克思意指布鲁诺·鲍威尔——犯了同样的错误,只不过是在相反的方面……鲍威尔哲学,由于它拒绝任何与现实的调和,所以是非辩证的,并且注定是毫无效果的。"②麦克莱伦对这两派中的人物所做的归类划分是正确的,但是需要补充的一个历史事实是,"理论政治派"是由1841年的"自由派"发展而来的,到了1843年,团结在鲍威尔周围的"自由派"哲学家发展成为进行批判斗争的"理论政治派"。

马克思在1841年的看法是:"自由派"突出强调哲学是概念,是评判现存世界的原则。"自由派"的哲学实践是批判低于哲学要求的外部世界,从而把这个世界哲学化,使之达到哲学的高度。到了1843年间,马克思开始把这个派别面对德国现实问题时的做法叫做"纯粹理论"的;"理论政治派"的目的是发动反对德国现实状况的哲学批判,以此和现实抗争。这延续了青年黑格尔派在1841年激进地批判普鲁士社会状况的做法。1841年,马克思对这一派还充满期待,到了1843年,他认为这一派已经变得令人遗憾。因为这些人"在当下的斗争中只看到了批判的哲学斗争",他们认为现实低于哲学的要求,从而发动对现实的批判。不过此时在马克思看来,"理论政治派"把哲学——首先是指黑格尔的哲学——视为理念的定在,满足于抓住黑格尔哲学的某一个方面或某一个结论并以此为武器批判现实,把哲学的存在视为合理的,没有认识到哲学也是不合理的现实的一部分。在德国,要对现实进行彻底的批判,必须首先批判黑格尔哲学,把它变成现实,进而消灭这种哲学。

---

① 《马克思恩格斯文集》,第1卷,9~10页。
② 戴维·麦克莱伦:《马克思传》,王珍译,83页。

第二章　分歧的酝酿：两条渐行渐远的思想演变路线

只有这样，对德国现实的批判才能构成世界历史发展的进步，因为德国的哲学是和世界历史处于同一水平上的思想成果，批判进而消灭这种哲学，才能找到世界历史发展的转捩点。

3. 作为"实践政治派"的费尔巴哈哲学

1843年2月，费尔巴哈的《关于哲学改造的临时纲要》在阿诺德·卢格（Arnold Rouge）主编的《德国现代哲学和政论界轶文集》出版，与费尔巴哈的文章同时发表的还有马克思的《评普鲁士最近的书报检查令》。我们有理由相信这是马克思最早接触到费尔巴哈的机会，因为他随后在3月13号致信卢格时第一次对费尔巴哈哲学发表了意见。以此为契机，他还读到了费尔巴哈的《未来哲学原理》（1843年7月出版）、《黑格尔哲学批判》（1839年出版）和《基督教的本质》（1841年出版）。费尔巴哈对黑格尔哲学的批判第一次从根本上颠覆了思辨哲学。在马克思眼中，相对于黑格尔的弟子在黑格尔的体系中抱残守缺的做法，费尔巴哈在青年黑格尔派的成员中具有独立的意义。马克思曾经高度赞扬费尔巴哈："**费尔巴哈**是唯一对黑格尔辩证法采取**严肃的、批判的**态度的人；只有他在这个领域内做出了真正的发现，总之，他真正克服了旧哲学。"[①] 费尔巴哈对于马克思的意义在于，他在马克思批判黑格尔国家哲学的时候，为马克思提供了方法论上的支持，从而在马克思进一步厘定现代社会基本结构的工作中扮演着重要的角色。

尽管费尔巴哈对马克思的思想发展有举足轻重的影响，但是这种影响到底达到什么程度却一直是争论不休的学术问题。本书的看法是，甚至从马克思最初接触费尔巴哈，他就发现费尔巴哈虽然直指黑格尔整个形而上学的核心，但是也忽略了现实生活中的实践问题。他在1843年致卢格的信中一方面赞赏费尔巴哈是"现代哲学能够借以成为真理的惟一联盟"，同时也指责费尔巴哈"强调自然过多而强调政治太少"[②]。这次简短批判预示了马克思在《〈黑格尔法哲学批判〉导言》中更丰富的观点。在后面这篇文章中，马克思写道："**不使哲学成为现实，就不能够消灭哲学。**"[③] 所谓"使哲学成为现实"也就是在实践中践行哲学，而只有借助于政治的中介才能在世界中实现哲学的要求、才能消灭哲

[①] 《马克思恩格斯文集》，第1卷，199页。
[②] 《马克思恩格斯全集》，中文2版，第47卷，53页。
[③] 《马克思恩格斯文集》，第1卷，10页。

学。因为在马克思眼中，1843年的时候，和世界历史进程保持同步的德国哲学只有靠着政治实践才能改变德国落后的现实状况。同样是在1843年，费尔巴哈的观点就与此大相径庭。面对马克思的约稿信，他回答说，"在他看来，从理论转向实践的时机还不成熟，因为理论仍然需要完备；他不客气地告诉马克思和卢格：他们对行动太缺乏耐心了"①。这一点强有力地证明了，马克思对"实践派"的评论是针对费尔巴哈的。马克思对"费尔巴哈派"的评论是：这些人认为"只要背对着哲学，并且扭过头去对哲学嘟囔几句陈腐的气话，对哲学的否定就实现了"②。费尔巴哈写了一系列"纲要"和"原理"来批判黑格尔的哲学，他认为这样就可以消灭黑格尔哲学了；他没有看到，黑格尔哲学是和世界历史的进程处于同一水平上的德国哲学；他没有意识到，只有把黑格尔哲学的理念实现在德国的现实生活中，才能富有成果地消灭黑格尔的哲学。遗憾的是，他在实践领域没有任何行动，心满意足地在乡村简单生活。

与费尔巴哈不同，马克思离开大学校园之后投身政治活动，最终在《莱茵报》当上了编辑。《莱茵报》时期的工作让马克思认识到：批判的精神活动必须变成物质的实践活动才能按照哲学的要求改变世界，只有通过在社会中改变现实的生活条件才能达到政治上的目标。

在思考马克思和费尔巴哈的思想关系时，我们必须看到：第一，费尔巴哈对黑格尔哲学的批判是重要的，因为费尔巴哈批判黑格尔哲学颠倒主词和谓词的关系，批判他把普鲁士政治国家理性化，马克思正是在这个基础上开始批判黑格尔的"法哲学"的。第二，借助于颠倒黑格尔的哲学，费尔巴哈把马克思的关注点引导到社会中真实的人，费尔巴哈为马克思真正批判德国的政治生活奠定了基础，同时为马克思摆脱青年黑格尔派铺平了道路。然而，费尔巴哈对马克思的意义受制于他的实践价值，马克思并没有受费尔巴哈实践取向的影响，这从两个人的生活态度可以看出来：费尔巴哈过着隐士一般的生活，而马克思则在报刊行业积极活动。

二、"国家法"批判与现代社会结构的厘定

无论在马克思思想发展的历程中，还是在《论犹太人问题》的写作

---

① 戴维·麦克莱伦：《马克思传》，王珍译，72页。
② 《马克思恩格斯文集》，第1卷，10页。

第二章　分歧的酝酿：两条渐行渐远的思想演变路线

背景中，《黑格尔法哲学批判》都有非常重要的分量，因为正是在该书中，马克思开始系统地反思思辨哲学的局限，开始确立起对市民社会和政治国家二元对立结构的认知，并开始试着以市民社会批判为切入点解答生活在这种结构中的人的自由和解放的问题。我们接下来首先做的工作是，把黑格尔的《法哲学原理》重构为对意志在具体的法权关系中实现自由的思考；接下来考察的是，马克思对黑格尔的思辨的国家哲学的批判、对市民社会和政治国家二元对立结构的把握以及对个体自由和共同体的关系的反思。

1. 黑格尔"法哲学"的基本结构

黑格尔的《法哲学原理》是以《百科全书·精神哲学》中"客观精神"（第483～552节）为蓝本扩展而成的。其核心概念"法"（Recht）被黑格尔清晰地表达为"自由意志的定在"（Dasein）。随着自由的理念从抽象到具体的发展，"法"作为其"定在"也采取着不同的形态，具体说来，它们是：命令人相互承认的"抽象法"，明确主体责任的"道德"以及要求个人"正直"的"伦理"。[①] 同时，自由意志就其抽象概念而言是"意愿着自由意志的自由意志"，也就是说自由意志是以自己本身为对象的，是一种自我相关的存在。这种自我关系的环节构成了法权关系的主体性要素。同时，自由意志作为意志，它不只是意愿着，而总是意愿着某物、某种东西，也就是说自由意志总是要处于某种对象性的关系中。这种对象关系构成了法权关系的对象性要素。主体性要素和对象性要素共同构成了法权关系。只有法权关系的要求（法权命令）在主体性要素和对象性要素之间的关系中获得满足了，法权关系才是现实的法权关系，自由的理念才是真实存在的。为了满足自由意志存在的结构，黑格尔在整个"法权哲学"中总是在不断地重建法权关系的主体性要素和对象性要素。其中，主体性要素表现为人、主体、个人，对象性要素表现为外在物、行动、法则制度，它们之间的法权关系分别是抽象法、道德、伦理。推动"法哲学"前进的动力来自于主体性要素与对象

[①] 关于这三种法权的具体命令，可参阅黑格尔：《法哲学原理》，范扬、张企泰译，第36、107、150节，北京，商务印书馆，1961。黑格尔在第36节把抽象法的命令表述为："成为一个人，并尊敬他人为人。"在第107节把道德的命令表述为："仅以某种东西是意志自己的东西，而且意志在其中作为主观的东西而对自身存在者为限。"在第150节把伦理的命令表述为："正直。"本文把前两者转述为相互承认和自我归责。

性要素之间的矛盾。简单地说，在人与外在物（财产、契约、不法）的关系中，相互承认是无法实现的，抽象法的法权命令无法获得满足；主体在行动中无法明确自己的责任，道德的法权命令也不能被满足；个人在法则制度（家庭、市民社会和国家）中无法做到正直，伦理这个法权关系的命令最终也没能获得满足。因此，黑格尔最后不得不走向国际法和世界历史来探求法权命令获得满足的条件，即自由实现的条件。个人与国家的关系尽管是有瑕疵的"伦理"关系，但是在《法哲学原理》的体系中它却是自由意志最具体的定在。《法哲学原理》中"国家法"的结论可概括为：个人在国家中生活最大程度地实现了自由。

黑格尔的这种做法是由他写作《法哲学原理》的方法规定的。关于这种方法，他说：

> 我们的做法不是这样［指经验科学的做法］，因为我们只要求从旁观察概念本身是怎样规定自己的，我们竭力避免对它加入任何一点属于我们想象和思考的东西。但是我们用这种方法得到的是一系列思想和另一系列的定在形态。①

黑格尔指明《法哲学原理》展示的是自由的理念从抽象不断丰富自身的发展过程。为了使之成为"科学"，黑格尔作为哲学家只是从旁边观察、记录自由的理念是如何发展自身的。这就是黑格尔的"现象学"方法。这种方法作为用来演示概念自我发展的方法，不能加入任何一点属于我们想象和思考的东西。为了满足这一要求，概念发展的动力只能来自于概念自身。正是由于这种方法论的规范，黑格尔采取了下述策略：把自由意志的自我关系和对象性关系分别建立为自由意志的主体性要素和对象性要素。主体性要素与对象性要素之间的关系和法权命令之间的矛盾推动自由意志采取不同的定在形态。《法哲学原理》的体系因而就是自由意志在自身矛盾的推动下形成的体系。黑格尔的思想、语言只是在记录这个体系。所以他说自己得到的是两个系列——黑格尔的思想、语言和自由意志的定在形态。思想记录了自由意志的发展，但并没有参与到自由意志的发展。这在黑格尔看来是真正的"科学"。

2. 批判黑格尔思辨的国家哲学

关于为什么要批判黑格尔的"法哲学"，马克思在《〈黑格尔法哲学

---

① 黑格尔：《法哲学原理》，范扬、张企泰译，第32节，40页。

第二章 分歧的酝酿：两条渐行渐远的思想演变路线

批判〉导言》中给出的答案是，相对于欧洲大陆上英法两国在经济政治领域的超前地位，德国历史的发展远远落后于时代应有的水平。但是，"**德国的法哲学和国家哲学**是唯一与**正式的**当代现实保持在同等水平上的**德国历史**"。

> 德国人在思想中、在**哲学**中经历了自己的未来的**历史**……因此，当我们不去批判我们现实历史的未完成的著作，而来批判我们观念历史的遗著——**哲学**的时候，我们的批判恰恰接触到了当代所谓的问题之所在的那些问题的中心。……他们的未来既不能**局限于**对他们现实的国家和法的制度的直接否定，也不能**局限于**他们观念上的国家和法的制度的直接实现，因为他们观念上的制度就具有对他们现实的制度的直接否定，而他们观念上的制度的直接实现，他们在观察邻近各国的生活的时候几乎已经**经历过了**。①

黑格尔的"法权哲学"是德国国家哲学和法哲学"最系统、最完整和最终的表述；对这种哲学的批判既是对现代国家以及同它相联系的现实所作的批判性分析，又是对迄今为止的**德国政治意识和法意识**的整个形式的坚决否定"，这种否定不会面对自己本身，而会面向只有用一个办法即实践才能解决的那些课题。这种实践，即是"实现一个不但能把德国提高到现代各国的**正式水准**，而且提高到这些国家最近的将来要达到的**人的高度的革命**"。由于德国的特殊性，要使这种革命在德国进行，首先需要理论的解放，即锻造出强有力的批判的武器：哲学；其次需要形成一个"被戴上**彻底的锁链**的阶级"：无产阶级。"哲学把无产阶级当做自己的**物质**武器，同样，无产阶级也把哲学当做自己的**精神**武器；思想的闪电一旦彻底击中这块素朴的人民园地，**德国人就会解放成为人**。"② 可见，马克思批判黑格尔法哲学的目标是明确的，即探讨德国实现"人的解放"的条件。

回到《黑格尔法哲学批判》本身，马克思虽然也曾有"批判黑格尔对市民社会的看法"这样的计划，但是《黑格尔法哲学批判》探讨的主题却只是黑格尔的国家学说（第 261~313 节），并没有针对"市民社会"（第 182~256 节）的摘录和批判。马克思的这种做法一方面符合他

---

① 《马克思恩格斯文集》，第 1 卷，9 页。
② 同上书，10、11、16、17~18 页。

思想的传承与决裂

当时面对的思想课题:"物质利益难题",即如何理解政治国家在物质利益面前的卑微姿态;另一方面也正中黑格尔体系的秘密:后面的环节作为思辨逻辑的结果是前一环节的真理与根据。马克思在完成《黑格尔法哲学批判》手稿之后,曾为自己的手稿做了一个"摘要"——**"体系的发展的二重化"、"逻辑的神秘主义"和"作为主体的观念"**①。这个摘要直指黑格尔思辨方法的三个核心因素,我们不妨先从这个摘要入手来解析马克思对黑格尔思辨哲学的批判。

由于《黑格尔法哲学批判》手稿在历史流转中的遗失,摘要中"体系发展的二重化"所对应的"1,3,4"的内容已无法为我们所见。但是,我们从现有手稿的编排不难推断这一点针对的是《法哲学原理》的第260节中。在《法哲学原理》的第260节中,黑格尔一方面把个人建立为自由理念的主体性要素,另一方面把国家建立为自由理念的对象性要素。因为正是基于这种对象性关系的建立,黑格尔才可以检验个人在国家中在多大程度上实现了"自由"。这种对象性关系的缺陷,迫使自由意志的概念向着自己另外的定在——"国际法"、"世界历史"——转

---

① 《马克思恩格斯全集》,中文2版,第3卷,159页,北京,人民出版社,2002。当然,马克思对自己作品的不足也有着清醒的认识——"把仅仅针对思辨的批判同针对不同材料本身的批判混在一起,十分不妥,这样会妨碍阐述,增加理解的困难。"(同上书,219页)正是这种不足,最终导致《黑格尔法哲学批判》的出版事宜搁浅。不过这也从另一个侧面反映出,黑格尔的《法哲学原理》实在是佶屈聱牙。尽管马克思的《黑格尔法哲学批判》和黑格尔的《法哲学原理》是处于同一理论水准上的——如 Manfred Riedel 就极为推重马克思的评注,当然 K. A. Ilting 对此有不同的看法(Ilting 认为,马克思的批判"基本上是通过参照《法哲学》关注着证实费尔巴哈对黑格尔的批判,因此马克思几乎一直忽视了黑格尔的意愿与思想轨迹。而且,他看来几乎没有理解黑格尔文本中最为重要的那些部分的意思"。)——这并不意味着《黑格尔法哲学批判》是一份顺手的《法哲学原理》导读。相反,由于马克思一贯假定读者对他自己的批判对象有着充分的认识,再加上这份笔记是供他自己研究用的,事实上,与艰深的《法哲学原理》相比,《黑格尔法哲学批判》的难度有过之而无不及。本书仅贴合主题研究之需要做简短的理论重构。

有关这两份著作更深远的哲学史问题域和评价,参见 David J. Depew, "The Polis Transfigured: Aristotle's Politics and Marx's Critique of Hegel's 'Philosophy of Right'", in *Marx and Aristotle: Nineteenth-Century German Social Theory and Classical Antiquity*, ed. George E. McCarthy, Rowman & Littlefield Publishers Inc., 1992, pp. 37-74.

K. A. Ilting 的观点出自 K. A. Ilting, "Hegel's Concept of the State and Marx's early Critique", in *the State and Civil Society: Studies in Hegel's Political Philosophy*, ed. Z. A. Pelczynski, Cambridge: Cambridge University Press, 1984, p. 104. 转引自郁建兴:《从政治解放到人类解放——马克思政治思想初论》,载《中国社会科学》,2000(02)。

第二章 分歧的酝酿：两条渐行渐远的思想演变路线

变。"体系的发展的二重化"说的就是"国家法"进一步展开的条件，即黑格尔出于体系发展的需要把伦理法权拆分为个人和国家这两个要素的做法。这种做法为黑格尔接下来的检验国家能否保障个人自由做足了铺垫。

在对《法哲学原理》的"神秘主义"的批判中，马克思提到"使**自在**和**自为**互相分离、使实体和主体互相分离，这是抽象的神秘主义"①。有了前面的分析，理解马克思的这种批判并不困难。黑格尔把法权规定为自由意志的定在，它有主体性和对象性两个要素。人、主体、个人作为主体性要素依次出现，外在物、行动、法则制度则作为对象性要素先后登场。在黑格尔建构的法权关系中，主体性要素和对象性要素分别是自为存在和自在存在，一方是主体，另一方是实体。为了保证体系的发展，黑格尔把它们分离开来。马克思认为这是"神秘主义"的手法。例如，马克思在对第262节的评论中提出，黑格尔在这一节中把国家的产生说成是自由理念发展的结果。国家的产生作为一个事实并没有成为黑格尔国家理论的起点，反而成了结果。这样一来，就造成了两个结果：第一，国家产生事实上的原因被黑格尔忽略了，他诉诸概念发展的戏法根本无助于理解国家的产生，最终只能走向神秘主义；第二，既然国家是自由理念的定在，黑格尔只能走向对现存经验事实的认可，把这种事实说成具有现实性的，从而说成合乎理性的。黑格尔的国家学说由此丧失了批判的视角。在马克思看来，国家远远无法保证自由的实现，只有更高的共同体才能真正解决个体利益和共同利益的分裂，从而为自由的实现奠定基础。

关于马克思批判黑格尔把观念作为主体（词），这首先说的是，整部《法哲学原理》所描绘的是自由理念实现自身的过程。我们前面已经指出抽象法、道德、伦理作为"法"都是自由意志的定在，它们是自由的理念自我发展的环节。在这里，自由意志是主体（词），抽象法、道德、伦理都是描述这个主体（词）的谓词。后者"存在的目的并不是这种存在本身"。它们之所以存在，只是因为自由意志在自身发展的过程中把自己呈现为这样的定在。其次，在黑格尔刻画的自由意志实现自身所经历的每一组对象性关系中，主体的一方表达的是自由意志的概念，

---

① 《马克思恩格斯全集》，中文2版，第3卷，79页。

亦即观念。正如马克思指出的，"重要的是黑格尔在任何地方都把观念当作主体，而把本来意义上的现实的主体……变成谓语。而发展却总是在谓语方面完成的"①。这正是《法哲学原理》有趣的地方，因为在主体性要素和对象性要素的关系中，矛盾总是肇始于对象性要素无法满足主体性要素对自由的追求。为了满足对自由的追求，自由意志转换自身的对象；在新的对象面前，主体也有了新的内容，这样就出现了一组全新的关系。体系的进展就是被这样推动的。

3. 现代国家和市民社会的二元对立

《法哲学原理》对马克思的影响——也是最为重要的影响——是反思黑格尔勾勒的市民社会和国家的关系。近代哲学一直以来都在探讨近代的市民社会以及近代国家的基本结构。这段历史从霍布斯开始，接下来的洛克、卢梭、康德、黑格尔构成了一个谱系，黑格尔是这个谱系的终点。他们的思考都注意到了近代社会的突出特点，那就是私人领域与公共领域、特殊利益与普遍利益的二元对立。近代的思想家们都在努力思考这一困境以期找到解决之道。黑格尔在《法哲学原理》中基于自由理念自我实现的历程勾勒了国家和市民社会相互分离的现代社会图景，他认为自由理念只有在国家这个更高的阶段上才能获得最充分的实现。他之所以能得出这样的结论，显然是因为他接受了前人的理论成果并注意到了当时处于世界前列的英法两国的社会现实。市民社会本身是私人利益的战场，它面对人对人的关系像狼对狼的关系的情景时无能为力。市民社会的矛盾的解决只能诉诸一个更高的存在。黑格尔寄希望于国家能够解决市民社会内部的冲突。这说明他显然并不满足于市民社会内部的私人利益斗争，而是希望国家作为共同利益的表达能够结束这种斗争。

马克思指出："黑格尔觉得市民社会和政治社会的分离是**一种矛盾**，这是他的著作中比较深刻的地方。但是，错误在于：他满足于这种解决办法的**表面现象**，并把这种表面现象当作事情的本质……"② 马克思在这里提到的黑格尔的"解决办法"是指，黑格尔在市民社会和政治国家之间找到了一个中间环节——"等级要素"。它既是前两者分离的表现，又是它们统一的代表。"黑格尔知道市民社会和政治国家的分离，但他打算

---

① 《马克思恩格斯全集》，中文2版，第3卷，14页。
② 同上书，94页。

第二章 分歧的酝酿：两条渐行渐远的思想演变路线

使国家的统一能表现在国家内部，而且要以这种形式实现：市民社会各等级本身同时构成立法社会的**等级**要素。"① 马克思指出等级制度只是在"用**复旧**的办法来消除市民社会和政治国家的二元性……这里似乎存在着同一，存在着同一个**主体**，但这种主体具有本质上不同的规定……是双重的**主体**"②。黑格尔通过这种方法达到的只是"幻想的同一"。

在对黑格尔提出的国家与市民社会的关系的反思中，马克思认为黑格尔关于国家和市民社会相互分离的思想无疑把握住了现代社会的结构特征。然而，黑格尔思辨地表达这一社会现实的方法显然是马克思反对的。马克思指出，黑格尔所谓的家庭和市民社会向国家的过渡，"不是从家庭等等的**特殊**本质以及从国家的特殊本质中引申出来的，而是从**必然性**和**自由**的**普遍**关系中引申出来的。这完全是在逻辑学中所实现的那种从本质领域到概念领域的过渡"③。马克思放弃了这种逻辑学的抽象，转而基于人类社会的历史考察了市民社会和国家关系。他认为，国家和市民社会相互分离并不是某个理念发展的结果，而是历史的结果。"历史的发展使**政治**等级变成**社会**等级……从**政治等级**到**市民等级**的真正转变过程是在**君主专制政体**中发生的……只有法国大革命才完成了从**政治**等级到**社会**等级的转变过程……完成了政治生活同市民社会的分离。"④同时，马克思还指出，财产、契约、婚姻、市民社会以及政治国家都只是人的存在方式，是人组织生活的一种形式，它们都不是普遍的、永恒的。"在真正的民主制中**政治国家就消失了**。"⑤

此外，马克思还颠倒了黑格尔思辨地建构起来的市民社会和政治国家的关系。按照黑格尔的思辨逻辑，在自由意志发展的每一个环节上，由于对象性要素无法满足主体要素对自由的追求，自由意志转向别的对象以期满足自身概念的要求，这样就出现了新的对象性关系。新的关系并不是完全放弃旧的关系，而是把其积极成果吸收到自身之内。新的对象性关系首先要满足前一种关系对对象的要求，同时又赋予前一种关系更丰富、更具体的内容。由此，后面的关系事实上就成了前面的关系获

---

① 《马克思恩格斯全集》，中文2版，第3卷，93页。
② 同上书，103页。
③ 同上书，13页。
④ 同上书，100页。
⑤ 同上书，41页。

得满足的基础。在国家与市民社会的关系上，黑格尔的观点同样是这样的：私人在市民社会中是以自身的利益为目的的个人，他们把普遍的东西仅仅视为实现自身目的的手段。由于特殊性原则和普遍性原则是相互外在的，市民社会最终成为一切人对一切人的战场，它无法承担起保护所有权和个人自由的使命。与此不同的是，"由于国家是客观精神，所以个人本身只有成为国家成员才具有客观性、真理性和伦理性。……他们进一步的特殊满足、活动和行动方式，都是以这个实体性的和普遍有效的东西为其出发点和结果"①。可见，在个人和国家的关系中，特殊性和普遍性达到了统一。只有在这种统一的基础上，市民社会才不致因其自身无法解决的矛盾而崩溃。正是在这个意义上，黑格尔提出了国家是市民社会的基础。马克思在对黑格尔构建体系的方法论的批判中，揭露了其逻辑神秘主义。他认为黑格尔在把家庭、市民社会、国家视为自由理念的定在环节的时候，并不是就它们本身来考察这些事物。黑格尔这种颠倒主体和谓词的做法，不仅没有说明它们，反而更加模糊了它们。马克思在经验的基础上指出，"国家是从家庭和市民社会之中以无意识的任意的方式产生的。家庭和市民社会仿佛是黑暗的自然基础，从这一基础上燃起国家之光"②。马克思由此颠倒了黑格尔提出的市民社会与国家的关系，指出市民社会是国家的基础。

马克思对自己这一时期理论成果有这样的回顾：

> 我的研究得出这样一个结果：法的关系正像国家的形式一样，既不能从它们本身来理解，也不能从所谓人类精神的一般发展来理解，相反，它们根源于物质的生活关系，这种物质的生活关系的总和，黑格尔按照18世纪的英国人和法国人的先例，概括为"市民社会"，而对市民社会的解剖应该到政治经济学中去寻求。③

在对黑格尔的市民社会和政治国家分离的思想的反思中，马克思首次触及到了现代社会的结构特征，他认识到市民社会与国家的分离是现代社会的主要特征。同时，既然国家这个力量没有办法真正解决市民社会的冲突，那么就只能到市民社会内部来寻找解决冲突的力量。这两点

---

① 黑格尔：《法哲学原理》，范扬、张企泰译，第258节，254页。
② 《马克思恩格斯全集》，中文2版，第3卷，9页。
③ 《马克思恩格斯全集》，中文2版，第31卷，412页，北京，人民出版社，1998。

第二章 分歧的酝酿：两条渐行渐远的思想演变路线

规定了马克思以后思想发展的基本方向，而从《论犹太人问题》、《神圣家族》到《德意志意识形态》这一系列文本也恰恰记录了马克思在这一思想方向上做出的努力。

4. 个体自由和共同体的关系

《法哲学原理》刻画的是意志求助于各种对象条件保障自身自由的过程，它事实上是以逻辑学的形式描述了人类建构不同制度条件保障自身自由的历史。在《法哲学原理》的起始处，"抽象法"的命令是"成为一个人，并尊重他人为人"。这个法权命令也是自由最抽象的内容，抽象人格一直在试图把这个抽象内容具体化，从而切实地践行这一命令，实现自由。事实上，《法哲学原理》自始至终都没有放弃这一命令，只不过在一系列失败的尝试之后对这个命令的认知越来越具体。马克思在解析黑格尔思辨的国家哲学的过程中，同样表达了自己对自由的思考。

黑格尔在"国家哲学"中思辨地构建了自由意志的新的对象性关系，即个人和国家之间的伦理关系。马克思显然认识到了黑格尔的做法[1]，他说："国家的各种职能和活动同个人发生联系……个人既然是国家各种职能和权力的承担者，那就应该按照他们的社会特质，而不应该按照他们的私人特质来考察他们。"[2] 马克思检验国家能不能保障自由依据的标准是：人的社会属性能不能得到实现，因为此刻在他眼中，人"只有在自己的类存在中，只有**作为人们**，才是人格的**现实的观念**"[3]。

在现代世界，国家和市民社会的分离规定了人的基本生存境遇。"市民社会和国家是彼此分离的。因此，国家公民也是同作为市民社会成员的市民彼此分离的。这样，他就不得不与自己**在本质上分离**。作为一个**现实的市民**，他处于一个双重组织中：处于**官僚组织**……和**社会组织即市民社会的组织**中。"[4] 在现代的国家制度中，现实的人就是私人。"单个人的生活方式、单个人的活动等等，不但不使单个人成为社会的

---

[1] 这里并没有无限抬高马克思的意图，因为在马克思的文本中充满了"自我规定的环节"、"自我确定的环节"、"人格和主观性是人和主体的谓语"、"私法的人和道德的主体是国家的人和主体"、"黑格尔……把单一的经验的人推崇为国家的最高现实"等等一系列看似"不知所云"的表述，其实这些都是黑格尔构筑法哲学体系的重要构件。

[2] 《马克思恩格斯全集》，中文2版，第3卷，29~30页。

[3] 同上书，36页。

[4] 同上书，96页。

思想的传承与决裂

一个成员、社会的一种机能，反而使他成为社会的**例外**，它们成了他的特权。"① 共同体、等级、同业公会都成了个体排他性的表现。但是市民社会的成员"〔只有〕脱离了自己真正的私人地位……才获得人的意义……他作为国家成员、作为社会存在物的规定，才表现为他的**人**的规定"②。

正是为了克服现代市民社会的"个人主义原则"，马克思提出"历史任务就是国家制度的回归"。但是国家制度的形成是非常艰难的，因为它只有作为普遍理性发展起来才能完成自己的使命。马克思考察了国家制度的各种表现形式：在古希腊，共和国就是市民的私人事务，政治国家尚未出现；在中世纪，人民的生活和国家的生活依旧是同一的，这是不自由的民主制；现代的国家制度和市民社会分离开了，国家制度成了真正普遍的东西，但是由于它和市民社会是对立的，它只有维持市民社会的存在，自己本身才能存在。它的内容虽然是人的类生活，但却是异化的类生活。政治生活和宗教生活一样是人的类本质的异化。"**政治制度**到目前为止一直是**宗教领域**，是人民生活的**宗教**，是同人民生活现实性的**尘世存在**相对立的人民生活普遍性的天国。……**君主制**是这种异化的完备表现。**共和制**则是这种异化在它自己领域内的否定。"③

当人从属于政治制度时，"政治的人同非政治的人即同私人一样都具有自己的特殊存在"④。在这种状况下，政治生活的普遍性原则和市民生活的个体化原则之间无法找到真正的中介。"在民主制中，国家制度、法律、国家本身……都只是人民的自我规定和人民的特定内容。"⑤这种特殊的国家制度其实是人的社会化，人的类生活真正成为个体生活的内容。其实，参照黑格尔的法权概念，马克思提出"真正的民主制"是社会化的人，即国家消灭之后人的类生活和个体生活的再次统一，这和"成为一个人，并尊敬他人为人"⑥的法权命令并没有本质的差异。只不过黑格尔认为君主立宪制国家为这条法权命令的实现提供了最具体的保障，马克思认为国家消亡之后出现的真正的共同体才能保障人的自由。

---

① 《马克思恩格斯全集》，中文2版，第3卷，102页。
② 同上书，101页。
③ 同上书，42页。
④ 同上书，40页。
⑤ 同上书，41页。
⑥ 黑格尔：《法哲学原理》，范扬、张企泰译，第36节，46页。

第三章　矛盾的公开：宗教批判与市民社会批判的分野

1841年底，弗里德里希·威尔海姆四世颁布《内阁敕令》，提议在新的立法中禁止犹太人参与公共事务，设置犹太人同业公会，从而把犹太人禁锢在主流社会之外。这项法令在社会上引起轩然大波，不少学者参与到"犹太人问题"的讨论中来。[1] 布鲁诺·鲍威尔就是最早介入"犹太人问题"讨论的一员。他先是以连载的形式在《德意志科学和艺术年鉴》上发表了《犹太人问题》，1843年又在布伦瑞克以单行本的形式增补出版了《犹太人问题》[2]，同年还在《来自瑞士的二十一印张》上发表了《现代犹太人和基督徒获得自由的能力》。1843年3月13日，

---

[1] 参见 Jacob Toury, "The Jewish Question: A Semantic Approach", in *Leo Baeck Institute Yearbook*, Vol. 11, 1966, pp. 85-106. 仅1842年以"犹太人问题"为题发表的文献就有5种，书目如下：(1) Johann G. Hoffmann, *Zur Judenfrage, Statistic. Erörterung über Anzahl und Verteilung der Juden im preußischen Staate*, Berlin, 1842. 在以单行本出版之前，该文曾发表在《普鲁士国家总汇报》(*Allgemeine Preussische Staats-Zeitung*)。(2) "Die Judenfrage", in *die Papieren eines Berliner Bürgers*, No. 1, Berlin, 1842. (3) J. Fr., *Die Presse und die Judenfrage*, No. 174, Kgl. Priv. Berlinische Zeitung, 1842. (4) Theodor Brand, *Die Judenfrage in Preussen*, Breslau, 1842. (5) Bruno Bauer, "*Die Judenfrage*", in *Deutsche Jahrbücher für Wissenschaft und Kunst*, Vol. V, 1842. 该文经增补，1843年又以单行本在布伦瑞克出版。

[2] 《犹太人问题》的结构如下：导言；Ⅰ. 问题的正确提法（十小节）；Ⅱ. 对犹太教的批判考察（四小节）；Ⅲ. 基督教对犹太教的立场；Ⅳ. 犹太人在基督教国家中的地位；Ⅴ. 结语；Ⅵ. 法国犹太人；Ⅶ. 消除最后的幻觉（八小节）[1843年单行本增补]。

思想的传承与决裂

马克思致信卢格说鲍威尔的观点"太抽象",提到当务之急是要"在基督教国家上面打开尽可能多的缺口"①。不过,马克思对鲍威尔的批评并没有止于私下的抱怨,而是在1844年2月以《论犹太人问题》为题把它公布在《德法年鉴》上。

随着马克思撰文批判鲍威尔,他和鲍威尔在"犹太人问题"上的矛盾公开了。归根结底,鲍威尔和马克思之间的矛盾起源于宗教批判和市民社会批判之间的分野:鲍威尔的宗教批判把宗教信仰的排他性本质视为犹太人问题的根源,他由此提出消灭宗教以解决犹太人问题;马克思的市民社会批判立足于政治国家和市民社会的二元对立的特征,把政治解放和人的解放区分开来,他把私有财产的异化视为宗教产生的根源,从而提出消灭私有财产以消灭宗教、实现人的解放。② 在本章中,我们首先将要呈现的是鲍威尔的两篇文章的主要论证和结论,探讨它们遭到当时知识分子"围剿"的原因;接下来我们将要重构马克思在《论犹太人问题》中对鲍威尔的批判,考察马克思的文本所遭遇的评价以及这个文本在马克思思想发展中的地位。

第一节　消灭宗教是解决"犹太人问题"的前提

在1840年代,犹太人所面对的"问题"简短地说就是犹太人如何摆脱特权的压迫从而获得平等政治权利的问题,这个问题又被称作"犹太人的解放"。在鲍威尔看来,"犹太人的解放"是一个自相矛盾的提法,因为犹太人之为犹太人就在于他们对犹太教的坚守,而宗教信仰的本质又在于"排他性",也就是说,犹太人在保持自身宗教信仰的前提

---

① 《马克思恩格斯全集》,中文2版,第47卷,54页。
② 在《〈黑格尔法哲学批判〉导言》中,马克思提出:"就德国来说,**对宗教的批判**基本上已经结束,而对宗教的批判是其他一切批判的前提。……人的自我异化的**神圣形象**被揭穿以后,揭露具有**非神圣形象**的自我异化,就成了为历史服务的**哲学**的迫切**任务**。于是,对天国的批判变成了对尘世的批判,**对宗教的批判**变成了**对法的批判**,对神学的批判变成**对政治的批判**。"(《马克思恩格斯文集》,第1卷,3~4页) 马克思在这里表明要把鲍威尔等人的宗教批判推向政治批判,但是马克思和鲍威尔的分歧并不在于要不要进行政治批判,因为鲍威尔的宗教批判在基督教德国本身就具有政治含义,而且鲍威尔也有政治批判的视野,他们的分歧毋宁在于宗教批判和市民社会批判的差异。

下，他们是不愿意和其他信仰的宗教徒平等相待的。不仅如此，在基督教德意志国家，由于国家本身是以基督教为基础的，犹太人在这个国家也不可能获得平等的地位，因为压迫、排挤犹太人是唯一符合基督教国家本质的做法。同理，基督教德意志国家的基督徒基于特权思想也只能做出压迫犹太人的举动。因此，鲍威尔提出：只有消灭宗教，使国家摆脱基督教的束缚、恢复犹太人和基督徒的人性，犹太人和基督徒的市民地位平等才会有坚实的基础。既然犹太人和基督徒都摆脱宗教才能实现市民地位的平等，那么他们有可能都摆脱宗教吗？正是为了解答这一问题，鲍威尔又写作了《现代犹太人和基督徒获得自由的能力》，由于摆脱宗教的束缚即意味着获得自由的人性，后一篇文章其实是在解答"犹太人问题"能否得到解决的问题。鲍威尔的这两份著述构成了本节的考察对象。

一、"犹太人问题"源于宗教对人性的压制

在《犹太人问题》中，鲍威尔表明自己写作该书的目的是要"没有矛盾地解决犹太人问题"。在鲍威尔看来，为了找到彻底解决"犹太人问题"的出路，必须首先正确地提出问题，因为一百多年来"犹太人问题"愈演愈烈，其原因就在于讨论犹太人问题的知识分子没有认识到犹太人问题的实质。鲍威尔通过辨析过去有关"犹太人问题"的提法，指出犹太人问题的根源在于宗教对人性的压制。为了证明这种看法，他分析了犹太教、基督教的特征，犹太人和现代国家的关系，最后讨论了政治权利平等和人的自由之间的关系。我们下面就从这四个方面解析鲍威尔的《犹太人问题》，探讨鲍威尔的立场，进而分析鲍威尔为什么会成为众矢之的。

1. "犹太人问题"与"时代的普遍问题"

在鲍威尔参与"犹太人问题"讨论之前，社会上有关"犹太人问题"的论战已经分成了两派：拥护派和反对派。在鲍威尔看来，这些人争吵得不亦乐乎，却没有认识到犹太人问题的根源所在。他指出，"犹太人的解放"是一个自相矛盾的提法，原因在于：宗教的特点就在于排他性，每一种宗教的信徒都坚持自己的特权。不仅基督教国家不可能（同时也不应该）解放犹太人，犹太人同样不可能（同时也不愿意）得到解放。这种状况表明，不仅犹太人受特权压迫，基督徒和基督教国家同样受特权控制，它们都需要摆脱特权。摆脱特权的束缚——特权存在的根源在于排他性的宗教——是这个时代的普遍问题，"犹太人问题"必

须作为"时代的普遍问题"的一部分来看待才可能得到没有矛盾的解答。

那么，是什么造成了"时代的普遍问题"呢？宗教。因此，要解决时代的普遍问题，就需要消灭宗教。鲍威尔所说的消灭宗教有以下三个方面的指向：首先，犹太人要摆脱宗教的束缚，因为如果犹太人坚持自己的宗教戒律，就算他们生活于其中的国家赋予他们平等的权利，他们还是会因为信仰和其他人隔绝，并自视为优越于其他民族的人，不愿和其他民族平等。其次，基督教德意志国家要摆脱宗教的束缚，因为只要一个国家宣布基督教为国教，按照自己的基督教本性行事，它就不可能赋予犹太人平等的市民权利，因此基督教德意志国家解放犹太人的前提是这个国家要首先摆脱基督教。第三，基督徒摆脱宗教的束缚，基督徒因为信仰视犹太人为罪孽深重的一个族群，历史上的一系列事件已经表明基督徒在对待犹太人时可以表现得多么残忍，他们的爱的信条并不适用于其他信仰的人，尤其不适用于犹太人。如果基督徒不摆脱信仰，在德意志这个基督徒占绝大多数的国家，犹太人不可能获得和他们平等的市民地位。如果仔细分析鲍威尔所说的"时代的普遍问题"，不难发现这个问题包括马克思所说的"政治解放"和"人的解放"两个方面。鲍威尔把"犹太人问题"作为"时代的普遍问题"的一部分来看待，他认为只有解决了"时代的普遍问题"才能解决"犹太人问题"，也就是说，他把基督教国家摆脱基督教以及犹太人和基督徒摆脱宗教作为解决犹太人问题的前提。正如 MEGA² 的编者所说的：

> 鲍威尔用新的见解充实了《莱茵报》的讨论。他把国家和宗教关系的问题归入犹太人问题，把政治解放纳入犹太人的解放。他反对基督教这个普鲁士国家的意识形态支撑，支持消灭每一种宗教，因为宗教是人的自我异化的原因。他认为犹太教和基督教相比是人的精神发展的较低等的形式。因此，对于鲍威尔来说，犹太人的解放是一个在人类摆脱每一种宗教的压迫、实现政治解放的框架内使犹太人摆脱他们的宗教的问题。①

---

① MEGA², I/2, *Karl Marx*, *Werke*, *Artikel*, *Entwürfe. März 1843 bis August 1844*, *Apparat*, Berlin: Dietz Verlag, 1982, S. 649. 在 MEGA² 编者的这段概括内，容易产生歧义的是他们是把"人类摆脱每一种宗教的压迫"视为"政治解放"的同义语。值得注意的是，鲍威尔把"人类摆脱宗教的压迫"视为"自由"的同义语，自由是历史的最终目的，这是鲍威尔在《犹太人问题》和《现代犹太人和基督徒获得自由的能力》中一贯坚持的观点。

第三章　矛盾的公开：宗教批判与市民社会批判的分野

正如马克思所说，"在鲍威尔看来……从宗教中解放出来，这是一个条件，无论对于……犹太人，还是对于……国家，都是一样"①。马克思认识到，鲍威尔把"人摆脱宗教"（可视为马克思的"人的解放"的同义语）和"国家摆脱宗教"（可视为马克思的"政治解放"的同义语）视为解决"犹太人问题"不可或缺的两个条件，也正是在这个意义上，马克思批判鲍威尔混淆了"政治解放"与"人的解放"。

2. 问题的正确提法

在《犹太人问题》的"导言"中，鲍威尔呼吁人们讨论"犹太人问题"时不要空喊口号，而要回归"事情本身"。他通过批判犹太人解放的支持者和反对者，指出"犹太人问题"只有作为"时代的普遍问题"的一部分来看待才能找到答案。因为犹太人所面对的问题只有在宗教消灭的前提下才能得到解决。他开篇提到："自由"、"人权"、"解放"、"公正"确实非常有吸引力，在今天这个时代，谁要是胆敢反抗这些词汇，就会被视为非人。但是，鲍威尔指出：在当下有关犹太人问题的讨论中，这些振聋发聩的词汇被口耳相传，"但是它们并没有把事情本身向前更推进一步"。正如他所说的，"也许会带来帮助的做法是：少使用一点这样的词汇，同时严肃地思考这项事业所涉及的对象"②。

鲍威尔把参与犹太人问题讨论的人分为犹太人解放的拥护者和反对者。拥护犹太人解放的人主张：基督教国家敌视犹太人的做法是不正确的，应当对它的这种做法进行批判。在鲍威尔看来，"这些人是最敌视犹太人的敌人"。因为，他们不对犹太人、犹太教做任何批判，而只有通过批判，犹太人和犹太教才能得到发展。"不经历批判的烈火，已经临近的新世界终将空无一物。"③ 他们的另一个错误在于，只是讨论了基督教国家的不公平，却没有谈论这种不公平是不是根源于国家的本质。在鲍威尔看来，基督教国家敌视犹太人，这种做法是由基督教国家和犹太人的宗教本性决定的。

与此相对，反对犹太人解放的人远远优越于支持解放的人，因为反对者至少正确地认识到犹太人和基督教国家在本性上是对立的。"他们

---

① 《马克思恩格斯文集》，第1卷，23页。
② Bruno Bauer, *Die Judenfrage*, Braunschweig: Druck und Verlag von Friedrich Otto, 1843, S. 1.
③ Ibid., S. 2.

的错误只在于：他们把基督教国家假设为唯一真正的国家，而没有像批判犹太教那样给以批判。"① 反对解放的人看到了基督教国家和犹太人的对立，但是他们却不愿意改变这种对立。他们把这种对立归咎于犹太人，认为犹太人的处境是他们自己造成的，犹太人固执地坚持自身的信仰，他们在基督教国家中只能遭到排斥。鲍威尔认为，这种推卸责任的做法也不是批判的态度，这些人虽然认识到了犹太人和基督教国家在本质上是对立的，但是他们的错误在于把基督教国家视为唯一合理的国家。

鲍威尔提出，批判与以上两种对立的态度都是针锋相对的，它不仅要批判犹太人和犹太教，而且批判基督教和基督教国家。要想改变犹太人当前所受的不公平待遇，就必须：一方面使政治国家和基督教划清界限，另一方面使犹太人和基督徒都放弃宗教信仰。也就是说，"犹太人问题"并不只是犹太人的问题，它表明整个时代都出现了问题，即宗教对人性的压制的问题。只有把"犹太人问题"作为"时代普遍问题的一部分"来看待才能找到解决问题的出路。②

他首先条分缕析地考察了关于"犹太人问题"的十个提法，这些提法事实上或者在为犹太人遭受的不公平待遇喊冤叫屈，或者在为基督教国家的做法助威呐喊。鲍威尔指出，所有这些问题的提法都是不成立的。通过重新表述这些问题，鲍威尔表明犹太人遭受的压迫的根源在于宗教信仰，他不仅否认了犹太人争取政治解放的所有借口，而且驳斥了反对犹太人政治解放的狭隘视角。

第一种为犹太人解放做辩护的意见是，犹太人是无辜的，他们不应该遭受不公的待遇。在鲍威尔看来，这种观点与其说是在为犹太人辩护，不如说是在污蔑犹太人。因为历史中任何事都逃不出因果法则，犹太人之所以遭受压迫，是因为他们固执地坚守自己的戒律、语言以及整个本质。"历史想要发展，得到新的形态、进步和改变；犹太人总是想着保持原状，因此他们在和历史的第一法则作对——在他们先压迫那个最强有力的弹簧之后，现在他们能不惹起反抗吗？犹太人受压迫，是因为他们先压迫并反对历史的车轮。"③

---

①② Bruno Bauer, *Die Judenfrage*, Braunschweig: Druck und Verlag von Friedrich Otto, 1843, S. 3.
③ Ibid., S. 5.

第三章 矛盾的公开：宗教批判与市民社会批判的分野

第二种辩护意见是，犹太人之所以保持原状、停滞不前，是因为市民社会设置重重障碍阻止犹太人进入任何等级和同业公会。历史的发展、变化来自于市民社会的运动，而市民社会的运动又来自于需要的推动。"需要是强有力的推动力量，这种力量推动市民社会的运动。为了满足自己的需要，每个人都在利用别的人，而且也被别人出于同样的目的利用。"① 基督教国家的信仰抑制了人与人相互利用中的丑恶面。人们为了满足需要而操劳、向往荣誉，他们划分成为不同的同业公会，组成不同的等级。与其说是人们设置障碍限制犹太人进入市民社会，还不如说是因为他们的民族认同感太强烈，无法真诚地投入其他同业公会和其他等级的事业之中。鲍威尔同时指出："正是市民社会的基础，即保证市民社会的持续存在和保障市民社会的必然性的那种需要，使它的持续存在经常受到威胁……产生了更迭。"② 而犹太人生活在市民社会的夹缝中，在新需要的形成过程中没有起到什么作用，市民社会的更迭和进步与他们压根无关。

第三种辩护意见是，就算犹太人不属于任何等级和同业公会，他们勤劳俭朴、富于创造力，他们也为社会的进步贡献了自己的聪明才智，推动了历史的发展。既然说到勤劳，鲍威尔接下来从两个方面考察了犹太人的劳碌。他首先问道："是谁在过去 1 800 年间一直为欧洲的教养努力工作？是谁在战役中击溃了一直想谋求统治地位的等级制？是谁创造了基督教和现代的艺术，并用永久的丰碑装点了欧洲的城市？是谁造就了科学？是谁完成了宪法理论？"③ 他的答案是，很不幸，找不到任何一个犹太人做出过这样的贡献，仅有的两个犹太伟人——斯宾诺莎和门德尔松——也都没能坚持自己的犹太人身份。其次，或许有人会问：既然欧洲的所有民族在为自己的普遍事业奋斗时，都把犹太人排除在外，犹太人能不能自己为了科学和艺术努力工作？科学和艺术作为人类的普遍财富，难道会由于某一项禁令而与犹太人隔绝？鲍威尔的答案是："原因也许在于，他们特殊的民族精神与艺术和科学的普遍利益是对立的。犹太人整天忙忙碌碌，却和历史的利益没有半点关系。"④ 他

---

①② Bruno Bauer, *Die Judenfrage*, Braunschweig: Druck und Verlag von Friedrich Otto, 1843, S. 8.
③ Ibid., S. 9.
④ Ibid., S. 10.

在后面分析犹太教的宗教本质时，更进一步明确了犹太教和自由科学绝缘的原因在于它受自然必然性的束缚，缺少自由的维度。

第四种辩护意见是，就算犹太人没有随着历史的进步、转变而一起发展、改变，这也是一种优点，因为这个民族有更强的韧性。鲍威尔针锋相对地提出，法兰西、美利坚、德意志民族在兴起时，很多部落消失，渐渐融合进这些大的民族，这个过程展示出的是那些部落有很强的"历史教养能力"。众人盲目追捧的犹太民族的韧性其实是"历史发展能力的匮乏，它起因于这个民族的彻底的非历史性，另一方面又起因于这个民族的东方本质"①。事实上，任何民族只要在思想和行动中遵循普遍的法则，那么它在历史的发展中都会做出改变。因为普遍法则的基础是理性，遵循普遍法则的民族会随着理性进步而调整自己。犹太人则执拗地坚持自己的戒律，最终和历史的发展撇清了所有关系。

第五种辩护意见认为，犹太人对历史的发展之所以没有做出大的贡献，是因为犹太人被欧洲其他民族排除在人类的普遍事业之外，这是一种压迫，他们一直遭受着这样的压迫。鲍威尔提出，这并不能成为他们不关心人类的普遍利益、为自己谋求私利的借口。因为基督徒在过去的几百年间同样遭受沉重的压迫，但是他们征服了罗马帝国，为历史的发展做出了贡献。尽管遭受压迫的人并不必然都会像基督徒那样带来历史发展的转机，在人类的普遍事业和公共事务中遭受压迫确实会让人只局限于自己的私人利益，但是就算其他民族消除对犹太人的压迫，犹太人还是无法达到独立自主。因为他们是一个排他性的民族，他们认定自己是被上帝拣选的唯一合法选民。"任何其他的民族和他们相比都不是真正的民族，他们作为被选中的民族是唯一真实的民族，他们这个民族就是一切，同时应该占据整个世界。"② 由于排他性构成了犹太民族的本质，就连其他民族一般性的存在对于他们而言都是一种压迫。就算其他民族不排斥犹太人，犹太人由于自己的戒律在生活中也会排斥其他民族，甚至连其他民族的存在本身也会被犹太人视为压迫，这表明：犹太人的戒律本身就是一种压迫，只要他们不挣脱信仰，其苦难就是无法根治的。

---

① Bruno Bauer, *Die Judenfrage*, Braunschweig: Druck und Verlag von Friedrich Otto, 1843, S. 11.
② Ibid., S. 14.

第三章 矛盾的公开：宗教批判与市民社会批判的分野

第六种辩护意见是，犹太人的戒律并不是压迫、苦难的根源，犹太人由于自己的律法在生活中比基督徒更少作恶犯奸。鲍威尔提出，重要的不是有多少人犯罪，而是以什么样的手法犯罪，问题不在于对犯罪行为的司法鉴定，而在于对犯罪行为的道德判断，更重要的是犯罪触犯了法律和道德利益的哪个领域。应该引起我们注意的不是单纯的量刑问题，而是犯罪和社会关系的联系。鲍威尔提到，诚然在一个没有什么大的利益摩擦，很少爆发冲突的地方，犯罪数也相对较少，而那些不同利益、等级相互倾轧，老律法和新要求彼此冲突的地方，罪犯也相对较多。但是犯罪多的人中间往往能形成"新的更高的道德秩序"，犯罪少的地方则"缺乏创造新社会关系的力量"。事实上，如果说基督徒犯罪的数量相比于犹太人较大，那恰恰是因为他们代表了新的道德秩序，它敌视古老而又泥古不化的犹太律法。犹太教故步自封，不愿面对新秩序的挑战，宁肯历史的车轮从自己身上碾压过去。

还有人会说，犹太人受压迫是因为基督徒敌视他们。关于基督教世界对犹太人的敌意，鲍威尔指出，人们并没有澄清这种敌意。问题的正确提法毋宁在于，"犹太教是基督教之母，摩西教是基督教的准备；基督教对犹太人的恨，结果对原因的无底的忘恩负义，女儿与母亲的对立，这些是从哪里产生出来的？"[①] 鲍威尔指出，基督教作为犹太教的结果，它有着"更高的权利"，是犹太教的"真实本质"。在基督教产生出来之后，犹太教事实上已经丧失自己的真实本质了。"如果人们想把这双方都说成利己主义的，那么后来者是利己主义的，这是因为它只想着自己和发展，但是先前者是利己主义的，是因为它想着自己，却不想发展。"[②] 基督教敌视犹太教，这起因于它们"互相的本质关系"，而非基督教一方的过错。

针对有人质疑基督教敌视犹太教时体现出来的排他性和基督教本身的爱的原则是否冲突，鲍威尔提出："基督教信奉爱的诫命，但是它也必须遵守信仰的律令。"[③] 基督教的爱首先是服务于信仰的，基督爱的是他的信徒，这种爱具有排他性。但是基督的爱又是普遍的，它乐意接

[①] Bruno Bauer, *Die Judenfrage*, Braunschweig: Druck und Verlag von Friedrich Otto, 1843, S. 15.

[②][③] Ibid., S. 16.

纳一切愿意真正信仰它的民族进入天国。这即是鲍威尔所谓的基督之爱的狂热和排他性的统一。相反，犹太教的爱也是排他的，但是它固守这种排他性，并不接受其他民族的皈依。鲍威尔认为这种爱的"狂热和排他性并没有付诸行动"。基督教扬弃了犹太教，它消灭犹太教的同时也完善了犹太教。因为它消灭犹太教的手法是把犹太人变成基督徒，从而把犹太人接进他的天国，它把犹太教的爱和排他性提升为行动，并在行动中统一起来了。此外，基督教反对、敌视犹太教不仅和基督教的爱的原则并不矛盾，而且是犹太教罪有应得，这是犹太教自己的结果在反对它自己。基督教和犹太教相互敌视，原因并不在于它们的信徒误解了自己的宗教教义。它们近两千年的斗争表明，事情绝非误解那么简单。如果它们的敌意消失了，这只是意味着这两种宗教丧失了自己的力量，信徒对它们不再狂热。

新的辩护意见提出，犹太人遭受隔离，遭到基督教世界的敌视，既不是由于基督教在贯彻犹太戒律的排他性，也不是作为结果的基督教在反对自己的前提，更不是由于信徒对自己教义的误解，而只是因为它剥夺了犹太人的人权和公民权。为了反驳这种观点，鲍威尔首先分析了人权。他说，人权思想不是人天生就有的，而是在人与特权的斗争中一步步获得的。"人权是教育的结果，只有争取到和应该得到这种权利的人，才能享有。"作为信徒，基督教徒和犹太教徒都有其特殊本质，"特殊的本质分离开了犹太人和基督徒，而且让他们负有'永远隔离'的义务，只有他们消灭了这个特殊的本质，承认人的普遍本质，而且视之为自己的真正本质，犹太人和基督徒才能把自己视为人，而且互相把对方作为人来对待"[①]。与犹太教狭隘的排他性不同，基督教承认一切人皆可救赎，"信而受洗的必然得救"。问题在于：基督徒虽然承认普遍人权，但却不能把这种权利给予犹太人，犹太人必须通过自己的斗争获得人权。分析完了人权，鲍威尔又分析了公民权。有人提出：基督教国家在困难时期曾赋予了犹太人充分的公民权，这些人想以此为证据来反对现在歧视犹太人的政策。鲍威尔指出，基督教国家一度确实做出了让步，承认基督徒和犹太人的公民权是平等的，但是基督教国家这样做，并不是对犹太人让步，而是对更高的"国家理念"让步，因为不让步就会消亡。

---

① Bruno Bauer, *Die Judenfrage*, Braunschweig: Druck und Verlag von Friedrich Otto, 1843, S. 19.

第三章 矛盾的公开：宗教批判与市民社会批判的分野

因此，抱怨基督教国家收回这些让步是没有理由的。①

鲍威尔最后分析了"犹太教和基督教的宗教对立"。他提出：只有对于犹太人和基督徒这双方来说，他们之间的对立才是宗教的对立。在批判的、科学的观点看来，因为它们都推崇一个超越的、彼岸的最高本质，它们同属于宗教意识，只不过是不同发展层次上的宗教意识。"一旦犹太人用真实的、科学的、不再只是粗糙的宗教批判反对基督教，那么他也必须首先或者同时用这种批判反对犹太教，因为他必定会把基督教理解为犹太教的必然产物。但是，科学的批判如果使这两个派别彼此反对，那么每一个派别都会反对自己，因此它们在科学中就是一个东西，宗教的偏见不会再分开它们，科学中的差别会由科学本身消除。对立的解决在于，对立被全面废除，犹太人不再是犹太人，不再必须变成基督徒，或者毋宁说，必须不再是犹太人，而且不可以变成基督徒。"②

以上十个问题逐步深入，层层剥离之后显现出问题的核心之所在。诚如马克思所言，鲍威尔"对问题的表述就是对问题的解决"③。通过一系列批判的检验，鲍威尔最终表明了自己解决"犹太人问题"的出路：犹太人和基督徒都不再信奉自己的宗教，不再做宗教徒，而是成为一个真正的人。

3. 犹太教的戒律和犹太人的生活

为了证明犹太人在维持自身信仰的情况下是不可能得到解放的，鲍威尔首先"批判地考察"了犹太教的戒律，进而规定了犹太教的特征。这些特征包括：非历史性、排他性、肯定性、不自由和虚伪。

首先，犹太教是一个没有历史的宗教。这个宗教自始至终奉行一部"摩西戒律"，宗教精神没有任何进步。按照"摩西戒律"的规定，只有在迦南，在实现"民族自治"的情况下，犹太人才谈得上奉行"纯粹的摩西戒律"，犹太民族四海飘零的现实境遇根本谈不上奉行"纯粹的摩西戒律"，他只能表面上、在想象中奉行"摩西戒律"。因此，他们创造了新的戒律：《塔木德》。在鲍威尔看来，《塔木德》压根算不上"摩西

---

① 如普鲁士政府的"1812年犹太人法令"就曾赋予犹太人不少权利，不过后来又都被政府撤销。
② Bruno Bauer, *Die Judenfrage*, Braunschweig: Druck und Verlag von Friedrich Otto, 1843, S. 22.
③ 《马克思恩格斯文集》，第1卷，23页。

戒律"的进一步发展，因为它缺乏和古老东西彻底决裂、缺少创造新世界的勇气，只是古老东西的"单纯分裂"，是其碎片的汇集，没有任何新的创造。就算它是发展，也只是"空想的、幻想的、没有精神的发展"①。

其次，犹太教是一个排他性的宗教。按照鲍威尔在《被揭穿了的基督教》中的观点，排他性是一切宗教的共同属性。这种属性在犹太教身上表现得尤为明显。"对于犹太人来说，只有他的同胞才是兄弟和亲密的人，除了犹太人，所有其他民族对他而言——按照戒律，必然是不合法的，而且是不受戒律保护的。"② 在遵守戒律的时候，犹太人和其他民族是隔绝的；当他流亡、遵守自己的戒律已经变得没有意义时候，他和其他民族之间的鸿沟甚至更深了。因为他并没有放弃自己是那唯一被选定民族的观念，他认为自己遭受的苦难将随着弥赛亚的来临而终结。他遭到驱逐、远离福地，生活在其他民族中间，这正好提供了证明自己特殊性的机会。此外，犹太教戒律的排他性推动犹太人发动了反对其他民族的一系列战争。谁要是想歌颂这些战争中的勇武，他就大错特错了。这些战争只是剪除异己的野蛮、不开化的举动，表明他们缺少普遍的人性。在这个基础上，鲍威尔破除了支持犹太人解放的人的一种虚假看法：即只要基督教国家满足犹太人获得解放所需要的政治条件，即允许犹太人参与政治生活，赋予犹太人平等的地位，犹太人就可以得到解放了。鲍威尔说，这是一个更大的幻觉。犹太民族认定自己是唯一被选定的民族，其他民族都是有罪的，它根本不愿意承认其他民族的平等地位，不愿意在现代国家中和其他民族共存。他们对戒律的坚持，维持自身不变的强烈愿望，在距离解放越近的时候，表现出的反作用力越大，犹太人不可能获得解放。

第三，犹太教是肯定性的宗教。鲍威尔对犹太教的这种看法起源于黑格尔，而且是他在1839年出版的《亨斯滕贝格博士先生》一书中就已经提出的：犹太教作为旧约宗教，其教条是戒律，犹太人只能卑微地服从诫命。鲍威尔在《犹太人问题》中重新规定了"肯定性"："对于他们而言，戒律就是陌生的、无法解释的、绝对与环境不相符的东西，是耶和华的意志，简短地说，是一个规定……戒律是完全任意的，他们是

---

① Bruno Bauer, *Die Judenfrage*, Braunschweig: Druck und Verlag von Friedrich Otto, 1843, S. 26.

② Ibid., S. 31.

第三章 矛盾的公开：宗教批判与市民社会批判的分野

它的无条件的、不明所以的奴仆。他们不可以追问，只能服从。"① 犹太人的生活就是在奉行这些任意的、他所不理解的戒律。犹太人不理解戒律是自己现实的生活境遇中产生出来的律法，他把戒律视为救世主的意志，是外在于他的生活、他要去遵守的。他们并不认为自己是戒律的主人，而是认为自己是戒律的仆人。

第四，犹太教是不自由的宗教，它的戒律充满了偶然性的内容。犹太人在生活中遵守戒律不是按照某个崇高的理念生活，而是在遵循扫洒、洗涤、饮食、作息条例，这些偶然性的东西在犹太教的戒律中成了具有必然性的规范。同时，按照犹太教的戒律，人的灵魂会受到外在事物的影响，因此人不应该触碰、食用不圣洁的东西。这表明他们的灵魂还没有摆脱自然的束缚，这种没有精神的灵魂无法产生普遍的真理。犹太教的这种规定性在现实生活中表现为：犹太人缺少从事科学、艺术的自由和精神维度。

最后，犹太教是虚伪的宗教，这起源于犹太教戒律前后不一、自相矛盾。这种戒律造成的结果是：犹太人无法在现实中遵守自己的戒律，因此他就在想象中遵守戒律。例如，他安排基督教的家仆在安息日为自己生火、点灯，还为自己没有违背戒律而自鸣得意。鲍威尔历数犹太教戒律的自相矛盾：他们一方面宣传摩西戒律教导普遍的爱，另一方面又否认其他民族的合法性，只爱自己的同胞；一方面说让救世主喜悦的是爱而不是祭祀，另一方面又从来没有放弃祭祀；一方面坚持自己是唯一被选中的民族，另一方面又宣扬救世主在弥赛亚来临的时刻将拯救一切世人。面对这种自相矛盾的戒律，犹太人只能通过自我欺骗来遵守戒律。

通过对犹太教的批判考察，鲍威尔发现："犹太人本身不能和其他民族联合，而且他们的命运也不能息息相通。……作为犹太人……他们对于其他民族没有任何信任，而且他们必须不信任其他民族，只有这样，他们自己的特权才不会破灭。"② 鲍威尔最终要证明的是：只要犹太人还坚持犹太教信仰，犹太人通过解放和其他民族获得平等地位的事业就是不可能的。

---

① Bruno Bauer, *Die Judenfrage*, Braunschweig: Druck und Verlag von Friedrich Otto, 1843, S. 36.
② Ibid., S. 44—45.

103

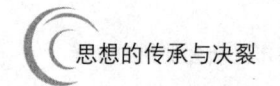

4. 犹太教和基督教的关系

鲍威尔说道,通过上面的批判性考察,犹太人的解放似乎成了一个绝望的事业。犹太人本身并不愿意和其他民族、其他教派享有平等地位。犹太人如果坚持自己的戒律、维持自身的犹太人身份,他就不可能得到解放。那么进一步的问题是:基督教是犹太教进一步发展的结果,犹太人依靠这个结果,即皈依基督教能不能得到解放呢?鲍威尔的答案同样是否定的。我们在后面再分析鲍威尔是如何驳斥皈依基督教能够获得解放的。我们在这里首先要考察的是他对犹太教和基督教关系的界定。鲍威尔通过分析基督教在哪些方面继承、发展了犹太教,从而规定了基督教的特征及其和犹太教的关系。

首先,基督教继承了犹太教的弥赛亚观念。犹太教期待弥赛亚降临,带来最后的救赎,结束自己的苦难;在犹太教之后产生的基督教也设定了一个弥赛亚。不过基督教的弥赛亚观念与犹太教是有区别的:犹太人期待弥赛亚降临,是因为弥赛亚可以解除以色列人的苦难,使之重新成为世界的统治者;而基督徒期待弥赛亚降临,是要消灭这个世界上的一切罪恶,使所有的信徒得到拯救。尽管在犹太教的弥赛亚和基督徒的弥赛亚降临之际获得拯救的都是各自的信徒,但是它们的区别在于信徒的民族性:犹太教只是犹太人的宗教,而基督教则接纳每一个人的皈依。

其次,基督教打破了犹太人的民族概念。按照犹太教的信仰,只有犹太民族才能信仰犹太教,在弥赛亚来临之际,犹太人会获得救赎。但是犹太教的民族概念是有矛盾的,这一点在犹太人的"圣经"《以赛亚书》中表现得最为明显。这部经书一方面不遗余力地消除犹太人和其他民族的差异,却又主张其他民族都将变成犹太人的奴仆。[1] 基督教消灭了这种前后矛盾。按照基督教的教义,并不存在一个与众不同的民族,在弥赛亚降临时,获得拯救的不是某一个民族的人,而是所有信仰上帝的人。基督教主张每个人都可以基于自身的信仰获得拯救,它"把人从他的家、故乡、尘世的关系和联系中、从他和国家以及民族的联系中驱逐出去"[2],人在基督面前不属于某一个家庭、某一个民族、某一个国

---

[1] 参见 Bruno Bauer, *Die Judenfrage*, Braunschweig: Druck und Verlag von Friedrich Otto, 1843, S. 33。

[2] Ibid., S. 46.

第三章 矛盾的公开：宗教批判与市民社会批判的分野

家，他们都是天父的子女、上帝的羔羊，他们将来会生活在同一个国度——天国。

那么，基督教是不是克服了犹太教的排他性特征了呢？不仅没有，反而把排他性推向了极致。犹太教是把犹太民族和其他民族对立起来，坚持犹太民族的唯一性；基督教虽然不再坚持某一个民族的唯一性，但是它坚持基督徒的排他性。每一个人不论民族如何，都可以加入基督教。但是基督的教导是："信而受洗的必将得救，不信的必被定罪"①。因此，基督教并没有消除排他性的特征。毋宁说，基督教主张每个人不论出身、民族都可以通过信仰得救，这种教导不仅不能代表普遍性原则的胜利，反而代表了特殊性原则的贯彻。因为它把人彻底单子化了，斩断了人与人之间的一切"类"联系。鲍威尔的说法是，基督教"把特殊主义和排他性变成完善的、普遍的特殊主义和排他性"。基督教的共同体消灭了民族差异，因此基督教也必然会反对那些宣扬民族特殊性的宗教，它和犹太教会一直处于对立的状态。

再次，基督教继承并发展了犹太教的罪恶概念。按照犹太教的教义，人会被不圣洁的东西玷污，自然界充满了不圣洁的东西，因此他要恪守扫洒戒律，按照上帝的命令清扫掉不圣洁的污迹；同时还要恪守饮食戒律，不能食用不圣洁的食品。与此相对，基督教的教义更进一步，人带有原罪。人本身就是不圣洁的，人的日用饮食都是不圣洁的东西，只有圣餐才是圣洁的，这是耶稣拯救世人留下的鲜血、躯体，食之才能洗脱罪恶。按照犹太人的罪恶观念，他们相信精神会被自然玷污，这表明：犹太人的精神还没有从自然中超脱出来，他们缺少从事科学和艺术创作的维度。基督徒更是缺少这种维度，因为按照基督教的教义，人本身就是有罪的，永远都是不自由的，他们只会沉迷于自己的个人需要，根本无法从事自由的艺术和科学创造。

鲍威尔由此得出结论：基督教是充分发展的犹太教，它是犹太教宗教原则的彻底贯彻。他把基督教和犹太教的关系比喻为女儿和母亲、果实和花朵的关系。在母亲产下女儿之后，她的合法性就转移到了女儿身上，母亲将孤独终老，女儿将倾国倾城。如果说女儿反对母亲，那并不是女儿的过错，她只是在遵循历史的法则。倒是母亲不肯退场，反而要

---

① 《圣经·新约·马可福音》，第 16 章第 16 节。

思想的传承与决裂

与女儿抢夺合法性，在她反抗历史法则、首先压迫女儿的发展之后，女儿起来反对她是合情合理的。

> 犹太人和基督徒之间所能有的唯一正确的关系就是互相排斥的关系。犹太人先做出排斥：它如何对待别的民族，基督徒原原本本地又这么对待它。犹太人在基督徒的态度中碰到了自己本身的排他性，基督徒从犹太人那里遗传到了这种排他性，而且更是把它发展完善。①

犹太教和基督教作为两种不同的信仰，必然是相互排斥的。犹太人受到基督徒的排斥并没有什么好抱怨的，因为基督徒只是在按照彻底的犹太教原则对待犹太人。同时，犹太人本身也不愿意与基督徒保持平等，他认定只有自己是上帝的选民。与其说是基督徒在排斥犹太人，不如说是犹太人在隔离其他人。

5. 犹太人和基督教国家的关系

鲍威尔本人并没有对基督教国家给出一个明确的定义，他只是借助其他著作家的言辞零散地表明了他对基督教国家的理解。例如："基督教国家的本质是犹太教的发展结果"②，"基督教国家的基础是狂热和偏见"③，"基督教国家有权把宣誓圣经的真理性作为赋予某个人特权、职位的条件"④，以及"基督教国家的整个建筑以特权人士为基础"⑤。从这些零散的表述中，我们不难发现基督教国家具有这样一些特征：首先，基督教国家的本质是基督教，它以基督教为国教。基督教国家不仅坚持"君权神授"的观念，而且认为各种行政权力也起源于神权。在这样的国家，除了基督教以外的其他宗教就算不是非法的，也是不可能进入行政机构的。其次，由于行政权力也是上帝创造的，进入行政机构之前必不可少地要对圣经宣誓。如此一来，行政权力的分配就不是以公平原则为基础的，这造成行政权力成为一种特权，而国家的运行就建立在特权之上。

如果基督教国家把特权的原则贯彻到底，它就不仅要赋予基督徒以

---

① Bruno Bauer, *Die Judenfrage*, Braunschweig: Druck und Verlag von Friedrich Otto, 1843, S. 53.
② Ibid., S. 55.
③ Ibid., S. 56.
④ Ibid., S. 58.
⑤ Ibid., S. 59.

第三章 矛盾的公开：宗教批判与市民社会批判的分野

特权，也要赋予犹太人以特权。那么，什么是犹太人的特权，犹太人想要的又是什么样的特权？鲍威尔指出，犹太人想要的特权并不是在国家机构中任职，也不是和其他人的平等地位，而是维持自己的信仰。"犹太人想要维持自己的宗教，宗教是他的本质、他的整体，他承认人权的前提是承认、恪守宗教。"① 按照犹太教的信仰，犹太人是唯一被上帝选择的民族，他们在弥赛亚降临之际将成为一切民族的统治者。犹太人压根不想和其他民族保持平等，他们为了信仰，宁愿而且必须和其他民族保持隔绝。基督教国家保护犹太人特权的唯一方式就是成立犹太人同业公会。这种同业公会也符合犹太人保持自身独特性、维持自身特权的要求。"犹太人把自己的本质视为一种特权：因此，他在基督教国家中的唯一的地位也只能是一个有特权的地位，他的存在只能是一个特殊的同业公会。"② 正如鲍威尔所言，弗里德里希·威尔海姆四世治下的基督教国家所做的正是犹太人想要的，而且基督教国家所做的也是符合它自身本质的，是它唯一应该做的。

尽管基督教国家压迫犹太人的做法符合基督教国家的本质，基督教国家排挤犹太人的行为也符合犹太人的要求，但这并不意味着鲍威尔认同犹太人遭受基督教国家压迫的处境。鲍威尔曾经批判那些反对犹太人解放的人，说他们的缺点在于把基督教国家视为真正的国家，这表明鲍威尔对基督教国家的存在是持批判立场的。因为在鲍威尔看来，基督教国家的根基建立在基督教之上，宗教的存在本身就是一种异化，它蒙蔽了人的真正本质，让犹太人和基督徒处于对立之中。因此，要想解决犹太人问题，就必须消灭宗教。

6. 反驳现有的犹太人解放方案

经过上面的一番论证，鲍威尔已经证明不仅犹太人按照其本性不想获得解放，基督徒和基督教国家按照自身的本性也不会解放犹太人。鲍威尔认识到自己的理论或许会面临夸大困难的指责："指责我们不必要地夸大了困难，忽视了生活中本来就有、只要在恰当的时候使用就能解决问题的各种方法。"③ 鲍威尔的看法是，理论不仅没有夸大危险，相

---

① Bruno Bauer, *Die Judenfrage*, Braunschweig: Druck und Verlag von Friedrich Otto, 1843, S. 54.
② Ibid., S. 59.
③ Ibid., S. 62.

思想的传承与决裂

反,现实生活中解决问题的方法倒是无效的。所谓生活中本来就有的方法无非三条:(1)皈依方案,犹太人可以通过皈依基督教获得与基督徒平等的权利;(2)让步方案,基督教国家对犹太人做出让步,把基督徒享有的特权分配给犹太人;(3)中庸方案,亦即法国的方案,通过立法确认犹太人和基督徒的平等权利。鲍威尔逐一批判了这三种解放方案,证明它们并不能为犹太人带来平等的市民权利。

(1)反驳皈依方案

在基督教国家,基督徒相对于犹太人享有更多的市民权利,这些权利成了基督徒的特权。有些犹太人为了摆脱生活中的不利地位,皈依了基督教,如此一来,他们就享有基督徒享有的市民权利了。但是,在鲍威尔看来,皈依基督教的做法压根算不上解放。

首先,"如果他们变成基督徒——这个条件也是以特权为基础的,只不过是另一种特权——解放也不会成功。这只是用一个特权代替另一个特权。就算特权扩大到大多数甚至所有东西、所有人身上,特权依然存在"[1]。犹太人皈依基督教根本上是为了获得基督徒享有的特权,而特权不论被多少人享有,始终是特权,是对无特权人士的压制。"政治解放"所追求的平等借助于这种皈依方案压根无法实现。

其次,犹太人皈依基督教是寄希望于一次洗礼能够洗刷自己的犹太人身份,他依旧把"割礼"与"洗礼"视为自己的本质,并不清楚人的真正本质是什么。犹太人和基督徒本质上都是信仰的仆从,犹太人皈依基督教只不过是从一个较低等的仆从上升到较高级的仆从而已,他始终是仆从。不论是犹太人还是基督徒,他们都没有认识到自己礼拜的是自己的本质。

还有,犹太人和基督徒之间存在着两难的关系:基督教是犹太教发展的结果,是犹太教的完成。犹太人如果不承认基督徒,他就是不承认自己的发展结果,他就算不上犹太人。如果他承认基督徒,那么他又放弃了自己的特权,不再是犹太人了。只有犹太教和基督教都消灭了,只有犹太人和基督徒都获得了"人的解放",犹太人才能获得"政治解放"。

(2)反驳让步方案

基督教国家设置犹太人的同业公会,禁止犹太人参与公共事务,这

---

[1] Bruno Bauer, *Die Judenfrage*, Braunschweig: Druck und Verlag von Friedrich Otto, 1843, S. 60.

第三章 矛盾的公开：宗教批判与市民社会批判的分野

种做法既符合犹太人的意愿，也符合基督教国家的本质。但是，这种做法毕竟造成了犹太人和基督徒市民权利的不平等。如鲍威尔所言，"承认自己是基督教国家并且把基督教当作国教，在这样的基督教国家中，压迫犹太人是正当的，不过正当也是垄断的不正当"①。可见，鲍威尔虽然认为：基督教国家设立犹太人同业公会，阻止犹太人担任公职，这种做法虽然符合基督教国家的本质，但是这种做法本身是一种垄断行为，是不正当的。

基督教国家为了平息犹太人的不满，可以把基督徒的特权分配给犹太人，甚至于可以牺牲基督徒享有的某些特权。基督教国家在历史上确实曾经做出过这种让步。只不过现在基督教国家收回了这些让步，所以引起了支持犹太人解放的人的不满情绪，这些人呼吁国家恢复从前的让步措施。鲍威尔的看法是，这种情况出现当然是有其积极意义的，因为这表明"人相对于基督徒获得了优势"②。但是，这种建议不仅没有推动犹太人的解放，反倒让"真正的解放成了完全不可能的事"③。鲍威尔对此给出的解释是：

第一，基督教国家之所以对犹太人做出让步，是为了换取犹太人的支持，因为当时国家本身受到了威胁，没有犹太人的支持，整个国家体系都有可能崩塌。"人们应该先问一下，基督教国家在这样的时刻如果没有困难，没有生命危险，它还会不会对犹太人做出让步，因为它为了不致灭亡，必须对更高的国家理念做出让步。"④ 现在基督教国家摆脱了困境，它收回这些让步是很正常的。还有，就算基督教国家现在做出了一些让步，这也是一些表面上的让步。看起来，基督教国家牺牲了一些特权。事实上，它却保留下来最大的特权，即"天国的、超自然的、上帝赐给的特权"⑤，这个特权随即又会产生新的特权。

第二，和皈依方案一样，这种做法同样是以特权为基础的。基督教国家在让步中赐给犹太人的是一些被基督徒享有的特权。就算特权扩大到所有人身上，特权依然存在。犹太人的解放不能以特权为基础，因为

---

① Bruno Bauer, *Die Judenfrage*, Braunschweig: Druck und Verlag von Friedrich Otto, 1843, S. 68.
② Ibid., S. 59.
③ Ibid., S. 60
④ Ibid., S. 20.
⑤ Ibid., S. 60.

这样的话，犹太人还是没有获得普遍的人性，无法和其他人平等相处。

第三，基督教国家如果对犹太人让步，它这样做实际上是在鼓励犹太人保持自己的身份，让他们永远做一个和其他人隔绝的民族。这和解放追求的平等地位是矛盾的。如鲍威尔所言，"只有当他们不是作为犹太人，不是必须和基督徒不同的人，只有当他们使自己成为人，成为和周围的人不存在任何界限的人，犹太人的解放才会是彻底、成功、必然的"①。

第四，解放的问题不是犹太人单方面的问题，不仅犹太人需要解放，基督徒也需要解放。犹太人的解放就不应该寄希望于基督徒能够赐给他平等的权利，因为一个本身就需要解放的人是不能解放别人的，正如一个受监护的未成年人不能把另一个受监护的人解放出来一样。"恰恰因为所有人都不是自由的而且监护和特权到目前一直处于统治地位，犹太人也不可能是自由的。"② 犹太人的解放应该依赖犹太人自己，他们首先应该摆脱宗教的束缚。只有这样，他们才能和同样摆脱基督教束缚的自由人真正地融合在一起，享有平等的市民权利。

（3）反驳法国的"中庸之道"

鲍威尔在《犹太人问题》前言中曾经提到，反对犹太人解放的人看到了基督教国家和犹太人的对立，这是他们比支持犹太人解放的人高明的地方。但是他们的错误在于把基督教国家视为唯一合理的国家，而没有对它进行批判。在鲍威尔生活的年代，确实存在着与基督教国家不同的国家形态：法国。

与基督教国家的情况不同，七月革命以后，法国人的公民权利和政治权利就与宗教信仰撇清了关系，"从此以后，法国的犹太人成了完全自由的公民，而且，能够不受宗教差别的影响在议会中做自己同胞的代表。福尔德先生就被提名成为众议院的一员，如此一来，德国的理论和实践所面对的冲突似乎就被消灭了"③。法兰西的策略到底怎么样呢？真的解决了所有的冲突吗？鲍威尔答案是，"事实上不论在戒律中还是在生活中都没有消灭冲突"④。

---

① Bruno Bauer, *Die Judenfrage*, Braunschweig: Druck und Verlag von Friedrich Otto, 1843, S. 60.
② Ibid., S. 61.
③④ Ibid., S. 65.

第三章 矛盾的公开：宗教批判与市民社会批判的分野

从戒律上看，犹太教的戒律规定犹太人要在星期六守安息日，如果他在安息日对国家或同胞履行义务，例如参加议会讨论，他就不再是犹太人了。犹太人的戒律和国家的法律出现了矛盾。法国并没有消灭这种冲突。

在生活中，法国并没有消灭宗教特权，尽管法律规定人人生而自由、平等，但是这样的规定却无法落实到生活中。法律规定的休息日是按照大多数人的信仰，即基督教的信仰规定的。犹太人的安息日并不是星期日，他却要在这一天休息，在自己的安息日又不得不工作。如果他坚持守自己的安息日，在生活中又会处于不利地位。法律上的自由、平等到头来变成了现实生活中的特权和压制。这里的罪魁祸首还是宗教。然而，不幸的是：国家是不可能消灭宗教的，因为国家需要人民以朝圣宗教的态度来对待自己。鲍威尔在讨论"犹太人问题"时虽然没有把美国解决犹太人问题的做法纳入视野，但他对政治国家的这段评论表明他并不认为政治国家能够实现、保障人的自由。马克思指责鲍威尔只是批判了基督教国家，而没有批判国家本身，这并不是一个中肯的评价。

法国表面上实现了政治解放，但这种政治解放的结果仍然是以大多数人的宗教特权压制少数人的信仰。如果说德国作为基督教国家压制犹太人的信仰还符合基督教国家的基本原则的话，法国的做法根本就是表里不一。

7. 消灭宗教是政治权利平等的前提

鲍威尔在1842年发表于《德意志科学和艺术年鉴》上的《犹太人问题》以他对法国解放犹太人的策略的批判告终。在1843年，鲍威尔为《犹太人问题》附加了一章八节的内容，题为"消除最后的幻觉"。这部分内容形式上表现为对《奥地利的犹太人》（两卷）一书的批判，其内容的丰富性并不亚于前一部分。这一部分之所以会引起我们的兴趣，是因为：在这种批判背后，鲍威尔进一步明确了犹太人获得平等的政治权利的条件——放弃犹太教，同时不能皈依基督教；基督徒也放弃基督教，亦即消灭宗教是解决犹太人问题的前提条件。

与他在《被揭穿了的基督教》中把宗教意识界定为尘世苦难的反映一样，鲍威尔在这里把信仰作为现实关系中的不自由的表达，他说："过去的真实信仰以一种曲折的方式表达了在一切现实关系中都处于统治地位的不自由和束缚，它把不自由和束缚提升到彼岸世界来获得自由，信仰狂热的烈火只是涂上了天堂颜色的烈火，各种特权在这团火焰中互相斗争。"① 他认为在所有的宗教运动中，包括十字军东征在内大大小小的宗教行动都是由政治利益决定并引起的。鲍威尔在这里回应了对"犹太人问题"的一个根本误解，即犹太人受到隔离是由于"宗教仇恨"引起的。他指出，"宗教仇恨"下面掩盖的是"市民利益"。"即使在中世纪，城市和行会也不是为了宗教利益才排挤、迫害犹太人，而是为了保护同业公会和行会的利益。"② 鲍威尔清醒地认识到，基督教国家设立犹太人同业公会是为了保障基督徒的现实利益，保障基督徒在尘世中的特权。只不过基督教国家冠冕堂皇地为这种行动披上了一层宗教的外衣而已。"和犹太人的解放对立的并不是宗教仇恨，而是特权的效力。"③

马克思和鲍威尔有一个共同点，他们都认为宗教是尘世苦难的反映。但是，与马克思消除现实生活中的不平等从而消灭宗教的思路不同，鲍威尔认为现实生活中的特权现象是由特权思想引起的，只有消灭特权思想，才能消灭生活中的不平等。

只有当精神的自然束缚还没有被打破的时候，特权才会是有效的，因此只有在宗教偏见占统治地位，而且特权是以处于统治地位的宗教前提为必要基础的地方，特权才是有效的。犹太人认为自己是特殊的，亦即他是唯一最有特权的，这种看法之所以能够出现，只是由于他的宗教，而且只有在这种宗教的前提之下才可能出现。如果犹太人摆脱了他的宗教的局限，而且承认这个世界和人类社会，那么他就会放弃他那建立在特权之上的骄傲，而且他在多大程度上承认这个世界和人类社会，他就会在多大程度上放弃这种骄傲。如果基督教世界普遍的束缚和不自由开始接受人类社会的观念和印象，而且走出教会的局限，那么从最初到最后的所有特权都会受到威胁。如果要结束公民等级和特权以及政治等级和特权，必须消除、结束宗教偏见和宗教隔离。宗教偏见是市民偏见和政治偏见的基础，但是这个基础是市民偏见和政治偏见创造的，就算是无意

---

① Bruno Bauer, *Die Judenfrage*, Braunschweig: Druck und Verlag von Friedrich Otto, 1843, S. 85.
② Ibid., S. 94.
③ Ibid., S. 95.

第三章 矛盾的公开：宗教批判与市民社会批判的分野

识创造的，也是为了自身的利益。市民偏见和政治偏见是内核，宗教偏见必须包裹、保护着它们。①

鲍威尔认为，现实生活中的不平等和特权现象是精神受自然束缚的结果，特权思想产生了特权制度，造成了犹太人和基督徒的不平等。特权思想本质上说是一种不完善的精神，它还没有认识到每一个主体都是包容着普遍性的个体，只是着眼于自身特殊利益的最大化。如果精神能够摆脱物质利益的诱惑，摆脱特殊性的束缚，现实生活中的特权就会迎刃而解。按照鲍威尔的自我意识哲学的观点，直接的意识经过教养形成绝对精神的自我意识，或无限的自我意识，从而实现自由。试想：如果每一个人经过教养都成为拥有普遍的自我意识的主体，成为自由的主体，现实生活中的特权还会存在吗？这正是鲍威尔的逻辑。在他看来，阻碍犹太人和基督徒形成普遍自我意识的正是他们的宗教，因为在宗教中，犹太人和基督徒都视自己为上帝唯一的选民，他们局限于自身的特殊性。

鲍威尔认为，现实关系中的不自由和束缚只有在思想中的局限性消灭之后才能消除，他并不认为消灭现实的苦难是消灭宗教的前提，倒是认为消灭了宗教就可以消灭现实中的不平等。那么，如何才能消灭犹太教和基督教呢？

> 犹太教从来没能完整地描述自己。它还不了解自己的本质，而且由于它的局限，它将永远无法了解自己。只有当它把自己理解为基督教的前提，它才能描述自己，只有当它把自己视为不完善的基督教，它的本质才会向自己敞开，只有当它发现自己处在基督教（基督教是它的完成）中，只有当它融入基督教，它才会真正消灭。②

既然当犹太教融入基督教的时候，犹太教就消灭了，那么，犹太人变成基督徒是不是就消灭特权思想了呢？显然不是，因为基督教虽然比犹太教更为完善，但依旧代表的是不完善的自我意识。"犹太教是一个试金石，它最纯粹地证明了基督教的教养的本质就是特权的本质。"③

---

① Bruno Bauer, *Die Judenfrage*, Braunschweig: Druck und Verlag von Friedrich Otto, 1843, S. 95-96.
② Ibid., S. 85.
③ Ibid., S. 114.

思想的传承与决裂

而克服这种缺陷有赖于"自由的、人的批判"。这种批判是由基督教的教养孕育的，它证明了上帝不过是异化的人的形象，从而克服了基督教强加于自我意识的肯定性因素，即消除了上帝对自我意识的局限。批判让自我意识认识到全知全能的上帝不过是自我意识的创造物，从而把自我意识提升为最崇高的力量，促成了普遍的自我意识的形成。

在《犹太人问题》中，鲍威尔展望该问题解决的前景时提出：

> 各种同业公会和行会虽然不接纳犹太人，或者仍然不同情他们，工业的大胆精神却在嘲笑这些中世纪设置的固执。旧事物的界限早就被新的运动超越了，旧的界限的存在只能被称为理论上的存在。旧事物的力量也只是一个诡变的理论，真诚的理论以及实践的巨大优越性和它都是对立的，而实践的意义在日常生活中已经清晰可见。①

这个结语表明，他对自己所处的时代有着清醒的认知：工业活动将冲破宗教信仰的藩篱，把犹太人和基督徒联系在一起。基于这种判断，他说道："理论现在已经完成了它自己的事，它承认并解决了犹太教和基督教过去的对立，而且能够以安静的心态信心满满地等待历史对变得不合时宜的对立做出最后的宣判。"② 可见，鲍威尔并不认可激进的革命可以改变历史，重塑社会关系，因为新的社会关系只有在人达到新的教养水平时才有根基，只有在新的思想观念确立起来之后才能建立起来。在批判打破了宗教的神圣形象，让人成为获得普遍自我意识的自由主体之后，人与人之间的压榨、欺凌将不复存在。也就是说，在批判做出了重大的发现之后，革命成了多余的，只需要推广批判的理论成果，"犹太人问题"就将迎刃而解。

二、犹太人和基督徒获得自由的能力

由于弗里德里希·威尔海姆四世的法律草案，社会上出现了犹太人在市民社会中的地位的讨论。在鲍威尔看来，这些有关"犹太人解放"的讨论都是在保持犹太人和基督徒的宗教信仰的前提下讨论他们之间的

---

① Bruno Bauer, *Die Judenfrage*, Braunschweig: Druck und Verlag von Friedrich Otto, 1843, S. 114.
② Ibid., S. 115.

第三章　矛盾的公开：宗教批判与市民社会批判的分野

平等权利。但是，宗教的本质就在于排他性，每一种宗教都认定自己的偶像是唯一的真神，认为自己是真理的唯一占有者。在犹太人和基督徒信奉各自宗教的前提下，他们之间的关系只能是相互排斥、彼此压迫。犹太人和基督徒只有放弃宗教信仰、信仰自由的人性，他们才能以人的立场对待对方。因此，解放的问题本质上是一个普遍的问题：即消灭宗教、实现自由的问题。既然只有消灭宗教，犹太人和基督徒都获得自由，然后才能解决犹太人问题，那么犹太人和基督徒都获得自由是可能的吗？《现代犹太人和基督徒获得自由的能力》就是要回答这个问题的。

在《现代犹太人和基督徒获得自由的能力》一文中，鲍威尔以"自由"是"解放"的前提为出发点，以基督徒为参照系考察了犹太人和自由之间的距离。就他们双方获得自由的能力来看，犹太人远低于基督徒，原因在于：在犹太教中，人的精神还受狭隘的利己主义、粗陋的感性需要的限制；在基督教中，在宗教的表象之下已经包含了一个完善的人的形象。摆脱犹太教之后，犹太人只能达到基督徒现有的高度；摆脱基督教，基督徒则获得了自由的人性。但是，犹太人的解放并不能通过皈依基督教实现，这只是在用一种特权取代另一种特权，人本身依旧没有获得解放。不过历史发展的最终目标是一切人的自由解放，尽管犹太人比基督徒面临更大的困难，他们同样有机会获得自由。

1."解放"与"自由"的关系

与《犹太人问题》把"犹太人问题"作为"时代普遍问题"的一部分的做法相同，鲍威尔在《现代犹太人和基督徒获得自由的能力》一文中把"解放的问题"称为"普遍的问题"。所谓"解放问题"的普遍性可以从以下两个方面来理解：首先，"解放问题"具有外延上的普遍性。"解放的问题是一个普遍的问题，犹太人也像基督徒一样希望获得解放。"[1] 在鲍威尔看来，不只有犹太人要求解放，基督徒同样在追求解放。表面上看来，基督徒在基督教国家享有特权，犹太人遭受压迫。事实上，他们都是匍匐在上帝面前的奴仆。"在人的真正本质面前、在自由面前，他们必然以同样的方式表明自己是奴隶。为此，犹太人行割

---

[1] Bruno Bauer, "Die Fähigkeit der heutigen Juden und Christen, frei zu werden", in *Einundzwanzig Bogen aus der Schweiz*, hrsg. von Georg Herwegh, Leipzig: Verlag Philipp Reclam jun., 1989, S. 136.

礼，基督徒行洗礼。"① 不仅犹太人想要消灭宗教信仰给他们带来的压迫，基督徒同样想要消除信仰带来的局限性。其次，"解放问题"在内涵上同样是一个普遍的问题，即解放要实现的是人的普遍性。"解放"并不仅仅是消灭政治权利的不平等，而且是要消灭生活中排他性特权的总根源、消灭宗教。犹太人和基督徒之所以互相排斥、彼此倾轧，就是因为他们都是信徒，而不是人。社会上有关"犹太人解放"的讨论关注的焦点集中在犹太人和基督徒市民地位的平等，这些讨论都误入歧途了。犹太人和基督徒相互排斥，这是唯一符合他们本质的做法。如果要消除犹太人和基督徒在市民地位生活的不平等，必须首先消灭宗教、实现自由。只有消除了自我意识的宗教桎梏，人的普遍性才能得到实现，政治权利的平等才有根基。

不难发现，鲍威尔所说的"犹太人和基督徒获得自由的能力"并不是指他们获得宗教信仰自由的能力，也不是走出"隔都"自由迁徙意义上的能力；而是摆脱宗教的束缚、达到普遍自我意识的自由的能力。前一种自由属于政治权利的范畴，是"政治解放"追求的目标；后一种自由是"人的解放"追求的目标。鲍威尔在《犹太人问题》中已经表明了："人的解放"和"政治解放"是解决"犹太人问题"的前提条件，犹太人和基督徒只有放弃自己的宗教才能实现相互权利的平等。他在《现代犹太人和基督徒获得自由的能力》一文中再次声明了这种看法："人的本质不是割礼、也不是洗礼，而是自由，当这一点被普遍承认的时候，才可能有解放的成果，即解放本身、一般的解放的成果，同时解放才肯定会得到贯彻。"② 他提出，"犹太人解放"是一个自相矛盾的口号，就像把黑人洗成白人一样不切实际。这是因为，如果犹太人不放弃自己的宗教信仰，"尽管他是公民并且生活在普遍的人的关系中，他那犹太人的狭隘的本质最终总要战胜他的人的义务和政治义务"③。

犹太人只有放弃宗教信仰，才能成为一个合格的国家市民。为了说明这种看法，鲍威尔分析了犹太人的宗教信仰和市民身份之间的对立。按照犹太人的宗教信仰，他们是唯一被上帝选定的民族，他们现在之所

---

①② Bruno Bauer, "Die Fähigkeit der heutigen Juden und Christen, frei zu werden", in *Einundzwanzig Bogen aus der Schweiz*, hrsg. von Georg Herwegh, Leipzig: Verlag Philipp Reclam jun., 1989, S. 136.

③ Ibid., S. 137.

第三章 矛盾的公开：宗教批判与市民社会批判的分野

以遭受苦难是因为弥赛亚尚未降临，一旦弥赛亚降临，他们将重新建立起自己的王国。鲍威尔认为，犹太人由于这种信念无法真诚地投入到其他民族的事业中去，无法与其他民族一道为历史的发展做贡献。当然鲍威尔也认识到其他人或许会反驳这种极端的观点，而且在普鲁士的历史上，犹太人也曾经参与到军队中保卫国家。鲍威尔指出，犹太人之所以愿意参军，是因为犹太拉比允许他们这样做。犹太人只有在得到拉比的应允之后才会响应国家的征召，如果拉比禁止，犹太人就不会参军，这表明犹太人把自己的教会和拉比抬高到了国家之上。犹太人参军并不是为了服务国家，而是为了服务自己的信仰。尽管如此，犹太人在参军的时候还是违背了自己的戒律。因为如果犹太教堂和拉比遵守戒律，就不应该允许犹太人参军，不应该允许犹太人在安息日为国家服务。拉比允许犹太人这样做，这种做法本身就僭越了犹太人的戒律。不仅参军如此，犹太人如果要成为国家的市民，就必须履行国家的义务。在犹太人的安息日基督教国家是正常运作的，在这种时刻，犹太人如果要做一个合格的市民就要在这一天坚持为国家服务，而这对于犹太人而言是禁忌、不道德的。

正是由于把自由视为解放的条件，鲍威尔在《犹太人问题》之后又写作了《现代犹太人和基督徒获得自由的能力》，分析犹太人和基督徒获得自由从而获得解放的前景。鲍威尔为自己规定的理论目标是："我们此刻更想研究，犹太人和历史的最终目的有着何种关系……他们是否为历史鼓起勇气坚决追求自己的目的做出过贡献，他们是否比基督徒距离自由更近，抑或，成为自由人以及有能力在这个世界和国家中生活，这对他们是否比对基督徒更困难。"① 他通过比较犹太人和基督徒的伪善的差异，犹太教和基督教与启蒙的关系以及犹太教和基督教与自由的关系，最终得出犹太人比基督徒获得自由的能力更小的结论。

2. 犹太人和基督徒的伪善是不同的

通过分析犹太人的宗教信仰和市民身份之间的对立，鲍威尔表明犹太人作为犹太人并不具备在国家中生活的能力，他们由于自己的信仰在

---

① Bruno Bauer, "Die Fähigkeit der heutigen Juden und Christen, frei zu werden", in *Einundzwanzig Bogen aus der Schweiz*, hrsg. von Georg Herwegh, Leipzig: Verlag Philipp Reclam jun., 1989, S. 136-137. 这里所说的"历史的最终目的"是"自由"。鲍威尔在《犹太人问题》前言以及该文中都提到："历史的最终目的是自由。"

履行市民职责的时候一再陷入伪善。为了在国家生活中摆脱伪善就要消灭宗教，摆脱宗教信仰。不幸的是，犹太人并没有为摆脱伪善、消灭宗教做任何准备。由于基督教是充分发展的宗教，批判家为了消除宗教带来的自欺和错误曾经严厉地批判基督教，试图以此一般地消灭宗教带来的不幸。面对批判家对基督教的批判，犹太人只是在一旁幸灾乐祸，认为批判家批判的只是基督教。犹太人不了解的是，如果批判家揭穿了基督教的真相，把基督教送进坟墓，犹太教作为基督教的"母亲"、作为一种尚未充分发展的基督教也将寿终正寝。与犹太人不同，虔诚的基督徒激烈地反对批判家批判基督教，但是他们和批判对立，这恰恰表明"他们和批判是纠缠在一起的"。

犹太人虽然不反对批判家批判基督教，他们自己却"没能做出任何反对基督教的事"，这是因为犹太人"缺少进行这种斗争所要具备的创造力"。基督教是充分发展的宗教，它"把人和意识理解为一切事物的本质"，以宗教的形式说出了"人类本质的普遍概念"。因此之故，"只有承认真正的、完整的人才能具备与充分发展的宗教作斗争的力量"。只有基督徒才具备反对基督教的力量，犹太人没有能力反对基督教。犹太教所代表的人的精神的发展阶段是尚未把自身和自然分离开来的精神，犹太教的清规戒律都是为了满足人的感性需要，保证自己在满足感性需要时不被自然界玷污。它太注重满足感性的需要，而没有"思考人在根本上是什么"。犹太人尚未认识到人之为人不在于人有感性的需要，而在于有精神的自由。"反对基督教的斗争只有从基督教这一方开始才是可能的"，犹太人压根不知道"斗争的重点是什么"[①]。

难道只有犹太人会陷入伪善，基督徒就不伪善？鲍威尔的答案是："每一种宗教都必然和伪善与狡猾相关，因为它命令人把他事实上所是的东西看作礼拜的对象，看作陌生的东西。"[②] 但是基督教和犹太教的狡猾在根本上是不同的：按照犹太人的戒律，他们在安息日不能点灯、生火，不能做生意。为了规避这些戒律给生活带来的不便，犹太人雇佣基督徒为自己点灯、生火，找合伙人替自己照料生意。尽管犹太人从他的雇员那里得到了实实在在的好处，他们却对自己本人没有做这些事情

[①][②] Bruno Bauer, "Die Fähigkeit der heutigen Juden und Christen, frei zu werden", in *Einundzwanzig Bogen aus der Schweiz*, hrsg. von Georg Herwegh, Leipzig: Verlag Philipp Reclam jun., 1989, S. 140.

第三章　矛盾的公开：宗教批判与市民社会批判的分野

感到心安理得。这就是犹太人的狡猾，它只是用来规避戒律、满足个人的自然需要的策略。按照鲍威尔的说法，犹太教的狡猾是"满足最感性的需要的狡诈"，是"动物的狡计"。与此不同，基督教的狡猾产生于它所把握的自我意识和现实的自我意识之间的冲突，基督教在宗教的表象之下把握住了自我意识的概念，但是由于这个概念是以上帝的形态表现出来的，因此基督教所理解的自我意识概念是颠倒的自我意识。现实的自我意识并不允许这种颠倒，它要求没有颠倒地直立。如此一来，在基督徒的精神世界里，宗教信仰之下的自我意识和现实的自我意识就出现了冲突。鲍威尔认为，这种狡猾是"真实的自由"和"不自由"之间的斗争，是进行科学的斗争的前提，是"人的自由诞生和开端的前提"。但是在保持基督教宗教信仰的前提下，这种斗争总是反复陷入"不自由"，现实的自我意识一再被扼杀。不过，尽管基督教扼杀了自我意识的自由，同时由于它是用人的形象来统治人本身，基督教把不自由发展到"包围了一切的程度"，但基于同样的原因，它也孕育了现实的自由。

在比较了两种宗教的狡猾之后，鲍威尔说道，由于基督徒发展了宗教的狡猾，因此他们站得更高，距离自由更近。"犹太人远低于这种宗教伪善的高度，因而也远低于这种自由的可能性。"[①]"基督教的狡猾是一种普遍的人的行为，而且有助于产生现代的自由"，与此相反，犹太教的狡猾"对历史和人类一般没有任何影响"[②]。

3. 犹太教、基督教和启蒙的关系

在讨论基督教和狡猾、伪善的关系时，鲍威尔提到，基督教把宗教的狡猾发展到了极致，发展到了不自由包围一切的地步。因此之故，鲍威尔更进一步说："基督教所达到的非人性的程度比任何其他宗教都更高，达到了其最高的顶点。"[③] 对于基督教如此严重的非人性，鲍威尔的解释是："这只是因为它把握住了人的最无限的概念，在宗教理解中只是颠倒、扭曲了这个概念，这必然把人的本质搞得非人。"[④] 在犹太教中，如果说非人性还没有达到这种程度，那也只是因为它对人的理解

[①] Bruno Bauer, "Die Fähigkeit der heutigen Juden und Christen, frei zu werden", in *Einundzwanzig Bogen aus der Schweiz*, hrsg. von Georg Herwegh, Leipzig: Verlag Philipp Reclam jun., 1989, S. 143.

[②] Ibid., S. 141.

[③][④] Ibid., S. 143.

还是有局限的，它尚未把握住人的普遍概念，这一点从犹太教的戒律中可以看出来，它的戒律针对的是人满足自然需要时要遵守的法则，这表明它所理解的人还只是拥有各种物质需要的人。或许犹太人会反驳说，难道这些物质需要不属于人的利益？鲍威尔并不反对犹太人在为某种人的利益而生活，但是由于犹太教只局限于关注自己民族的生活，并不了解人的一般本质，它对人的理解并没有超出家庭、家族、民族的范围。

鲍威尔由此更进一步引申，就犹太教、基督教和启蒙的关系而言，"启蒙在基督教中有自己真正的位置"，在基督教中"扎下了最深的根"①。基督教和启蒙之所以有如此深刻的渊源，是因为基督教本身一体两面的属性：它既是"非人性的顶点"，又是"纯粹的、不狭隘的、无所不包的人性的宗教表象"②。鲍威尔认识到这种看法会面临责难：难道只有基督教孕育了启蒙？犹太教不也同样孕育了启蒙？甚至希腊人和罗马人也有自己的启蒙，为什么只有基督教孕育的启蒙才是真正的启蒙？鲍威尔承认希腊人和罗马人有自己的启蒙，但是启蒙瓦解他们的宗教信仰的同时也为新宗教的产生提供了契机，希腊人和罗马人的启蒙只能推翻某种尚未充分发展的宗教，从他们的启蒙中产生出来的是一神论的犹太教。犹太教当然也有自己的启蒙，因为正是犹太教启蒙之后才产生出了基督教，一种打破民族局限性的普遍宗教。可见犹太教的启蒙也不是彻底的启蒙。只需一个例子就能表明犹太教和基督教的差别：犹太人坚信自己的民族在上帝面前是唯一有特权的民族，这种信念造成了他们在被逐出迦南之后混居在其他民族中间时过着最荒诞的生活。基督教消灭了犹太人和犹太民族的特权，宣扬任何民族的人皈依上帝都能获得救赎。与犹太教对人的狭隘理解不同，基督教确立起了普遍的人的概念。只有基督教才是"充分发展的宗教"、"纯粹的宗教"③，也只有它能孕育出真正的启蒙——即揭穿基督教的信仰之后，得到的将是真正的人。

在基督教的启蒙之前，犹太教的启蒙就出现了，甚至在更早之前还

---

① Bruno Bauer, "Die Fähigkeit der heutigen Juden und Christen, frei zu werden", in *Einundzwanzig Bogen aus der Schweiz*, hrsg. von Georg Herwegh, Leipzig: Verlag Philipp Reclam jun., 1989, S. 143.

②③ Ibid., S. 144.

第三章 矛盾的公开：宗教批判与市民社会批判的分野

出现过希腊人和罗马人的启蒙，之所以会出现这种现象，是因为低一级的宗教对人的理解都是狭隘的，它们对人性的束缚更容易被人感受到，从而引发了反对这种宗教的启蒙。但是这些启蒙都未能阐明宗教本身在人性中的根源，因此也没能消灭宗教，随着一种宗教被启蒙，产生出来的是另一种宗教。在基督教中，天主教和新教之间的关系很好地证明了这种观点。天主教通过教阶制的管理方式控制信徒，这种狭隘性对人构成了束缚，随着宗教改革运动的深入、扩展，新教出现了。新教宣布"人因信称义"，这是一种通过人本身的灵魂控制人的方法，这种控制相对于天主教的控制更加不明显。这种更加文明的、隐秘的控制人的方式更难被察觉到，因此在新教中，"人用了最长久的时间才敢于攻击自己的本质"①。不过一旦摆脱这种宗教表象的束缚，人所把握到的就是自己的真实概念，就获得了自由。

希腊和罗马时期就出现了启蒙，但是它只是产生了新的一神论宗教；犹太教被启蒙之后又产生了基督教。这个历史过程表明，过去的启蒙都不是纯粹的。"由于这个原因，基督教声明：必然需要数世纪的漫长时间，启蒙和批判才能够达到完善和纯粹，只有在完善和纯粹的状态下，它们才能真正开创人类历史的一个新时代。"② 犹太人之所以比基督徒更容易启蒙，也正是因为这个理由。犹太人更容易感受到自己的戒律造成的束缚，当他们决心冲破戒律束缚的时候，也就等于他们放弃了自己的宗教。相比较而言，基督徒要放弃自己的宗教则需要确立对人的正确认识，从而才能看到基督教对人性的束缚。相比于前者，后者显然是一件更加困难的事情。但是，尽管犹太人更容易被启蒙，他们被启蒙之后——即跨出宗教信仰的束缚之后——对人类却没有任何新的贡献，这些人只不过在满足自己的自然需要时获得了便利而已，并没有拓展对人的理解。与犹太人不同，基督徒只有在正确把握人的概念之后才能被启蒙，一旦他们被启蒙，这就意味着人把握住了自己的全面的、普遍的概念。犹太人虽然能够更容易地被启蒙，但是在基督教出现之后，他们就丧失了进步意义，他们不仅没有影响启蒙，就连他们对解放的要求也

---

① Bruno Bauer, "Die Fähigkeit der heutigen Juden und Christen, frei zu werden", in *Einundzwanzig Bogen aus der Schweiz*, hrsg. von Georg Herwegh, Leipzig: Verlag Philipp Reclam jun., 1989, S. 145-146.

② Ibid., S. 144.

是被"时代的普遍欲望和追求"唤起的,如果说他们取得了一点进步,那也只是因为基督教世界在拖着他们前进。

就和启蒙的关系而言,基督教同样领先于犹太教。基督教是随着犹太教完成自身的启蒙而出现的。基督教打破了犹太教的民族局限性,把所有民族的特权都消灭了,宣扬所有人面对上帝都是自由和平等的。基督教的这个信条预示着"新启蒙的作品及其创造者,即自由的和无限的自我意识即将降临世界,并向所有局限性和特权宣战"①。不过鲍威尔对于基督教绝非一边倒地歌颂赞扬,他对基督教的宗教本质有着清晰的认识。他指出,尽管基督教宣扬人类之爱,但是由于这种爱的前提是信仰上帝,这种爱同样意味着仇恨、愤怒,正是在这种爱的名义下十字军吹响了东征的号角,对异教徒挥舞起了长剑,点燃了火刑柱的烈焰。基督教宣布人在上帝面前平等从而消灭了尘世的等级制,但是它通过教阶制又恢复了世俗的等级;基督教消灭了人与人之间的父子、夫妻关系,却又以圣父、圣婴、圣母的形式恢复了这些关系。基督教宣传人的平等,但是却无法兑现这种平等,因为最终的审判会把善恶分开。基督教孕育了启蒙,但是它又阻止启蒙,因为新的启蒙即意味着它的消亡。

4. 犹太教、基督教和自由的关系

就基督教和犹太教与自由的关系而言,它们本身都不能给人以自由。基督教虽然宣扬人是自由、平等的,但这只是为了给信仰开辟道路。因为人是自由的,他才能自由地选择自己的信仰;人是平等的,那是因为他们都是上帝的羔羊。基督教以人的概念统治人,事实上对人形成了最大的奴役。犹太教甚至还没有认识到人的普遍概念,它只知道自己民族的特权。不论是在基督教的宗教信仰中,还是在犹太教的宗教信仰中,人都永远无法获得自由。"它[指信仰]想要提供自由,但是不仅没有提供自由,反倒提供了奴役的锁链。"②

尽管基督教和犹太教都形成了奴役,它们与自由的关系还是有区别的。虽然基督教形成了最大的奴役,它相对于犹太教对人的自由还是有更大的贡献。因为正是基督教预言人会自由、平等的,这才激发了人对

---

① Bruno Bauer, "Die Fähigkeit der heutigen Juden und Christen, frei zu werden", in *Einundzwanzig Bogen aus der Schweiz*, hrsg. von Georg Herwegh, Leipzig: Verlag Philipp Reclam jun., 1989, S. 150.

② Ibid., S. 151.

第三章　矛盾的公开：宗教批判与市民社会批判的分野

自由、平等的追求。尽管它允诺的东西都没法兑现，它却孕育了自由、平等的自我意识，推动它与所有的特权和局限性作斗争。这种自我意识如果贯彻到底，宗教就将消亡。基督教虽然没能给人以自由，但是只要消灭基督教，基督徒就能获得自由。

> 基督教就是这样的宗教，预言会给人类大部分、几乎所有的东西，但又拒绝给人类这些东西。就此而言，它是最崇高的自由的诞生地，即是说，它是最大的奴役力量。在批判中使它解体，即消除它的对立是自由的诞生条件，是这种最崇高的自由的第一个行为。人类必然会掌握这种自由，同时只有在反对充分发展的宗教的斗争中才能掌握这种自由。①

与基督教不同，犹太教的宗教信仰依旧受自然环境和民族局限性的束缚，它没有教导自由和平等，也不理解自由和平等。尽管犹太教对人性的束缚相对于基督教较小，但是它对人性的普遍性的理解也远不及基督教深刻。因此，犹太教距离自由相比于基督教更远。

5. 犹太人和基督徒获得自由的能力

基于以上分析，鲍威尔提出："就此而言，基督教远高于犹太教，基督徒远高于犹太人，而且他获得自由的能力也远大于犹太人的能力。因为人类在他作为基督徒所处的位置上已经触及到，一场强劲的革命将治愈由一般宗教造成的一切伤害，而且把它引向这场革命的那种力量的活力是无限的。"② 由于基督教已经理解了自由、平等和人性的普遍性，信仰基督教的基督徒只需要把这些原理贯彻到底，就能打破宗教对人性的束缚，实现普遍的自由。

与基督徒相比，犹太人不具备基督徒获得自由的那种能力。犹太人要获得自由，"不仅要摒弃自己的犹太本质，而且要摒弃自己宗教的趋于完成的发展［指基督教］……基督徒只要跨越一个台阶，即跨越自己的宗教，就可以完全废除宗教；如果犹太人想把自己提高到自由的高度，他面对的困难更大"③。因此，基督徒比犹太人距离自由更近一步。

---

①② Bruno Bauer, "Die Fähigkeit der heutigen Juden und Christen, frei zu werden", in *Einundzwanzig Bogen aus der Schweiz*, hrsg. von Georg Herwegh, Leipzig: Verlag Philipp Reclam jun., 1989, S. 152.

③ Ibid., S. 154.

思想的传承与决裂

尽管基督徒比犹太人距离自由更近，但是这并不意味着犹太人为了得到自由就可以皈依基督教。"当启蒙发现犹太教和基督教一样都是精神的农奴制时"，通过皈依基督教而更加靠近自由就成了自欺欺人的想法。犹太人如果这样做，他就只不过是在"用另一个显得更优越的等级代替这个更劳累的等级"①。如果犹太人抱着通过一次洗礼就能获得自由的想法，这只能表明他们依旧没有认识到人的本质是自由，错误地把宗教信仰视为自己的本质。

相比于基督徒，犹太人不仅获得自由的能力更小，而且实现自由的道路也更加漫长。尽管他们面临的形势非常严峻，要想实现自由需要艰苦卓绝的奋斗，但是犹太人并不是完全没有机会，因为"在人面前，一切皆有可能"②。鲍威尔之所以提出"一切皆有可能"这个乐观的命题，是因为他确信犹太人和基督徒生活在一个新的时代。在这个时代，犹太人的世俗力量——金钱——会征服一切狭隘的偏见；在这个时代，批判家已经证明上帝是异化的自我意识。在现实的和理论的条件都已经具备之后，狭隘的宗教偏见终将被放弃，自由的人性即将登上历史舞台。

三、如何评价鲍威尔对"犹太人问题"的判断

1. 鲍威尔是支持还是反对犹太人的解放？

按照鲍威尔的主张，犹太人获得和基督徒平等的市民权利的条件是普鲁士国家不再以基督教为国教，犹太人不再信仰犹太教，基督徒不再信仰基督教。当这个条件达到的时候，犹太人和基督徒才能真正享有平等的权利。尽管这些条件的实现非常艰难——对于犹太人比对于基督徒更为艰难——德国要想真正解放犹太人，就必须锲而不舍地完成这些任务。在《犹太人问题》中，鲍威尔对那些反对犹太人解放的人的评价是，尽管他们看到了基督教国家和犹太人在本质上是对立的，但是这些人之所以反对解放犹太人，是因为他们把基督教国家视为合理的国家，而把犹太人的苦难视为自作自受。他认为这种把基督教国家视为合理国

---

① Bruno Bauer, "Die Fähigkeit der heutigen Juden und Christen, frei zu werden", in *Einundzwanzig Bogen aus der Schweiz*, hrsg. von Georg Herwegh, Leipzig: Verlag Philipp Reclam jun., 1989, S. 153.

② Ibid., S. 154.

第三章 矛盾的公开：宗教批判与市民社会批判的分野

家的观念在根本上是错误的，因为这种国家制度的排他性对人性的普遍性形成了制约。鲍威尔在宗教批判中就对这种国家制度提出了批判，力主消灭这种国家制度。在《现代犹太人和基督徒获得自由的能力》中，鲍威尔提出基督徒获得自由的能力更大，犹太人的能力更小，同时基督徒迈过一个台阶就能实现自由，犹太人却要翻过两道障碍才能享受到自由。但是鲍威尔并没有否决犹太人获得自由的可能性，他的结语——在人面前，一切皆有可能——清楚地表达了他的这种立场。综合以上各种观点，不难发现：鲍威尔并不反对犹太人获得平等的政治权利。那么，为什么有那么多支持犹太人解放的人反驳鲍威尔？鲍威尔在文中一再说会有人指责自己的观点太激进、太极端，结果却出现了保守的神学家支持激进鲍威尔的现象，为什么会这样？

要理解这种情形，还要从鲍威尔著述的另一面说起。在《犹太人问题》中，鲍威尔不仅批判了反对犹太人解放的人，而且批判了支持犹太人解放的人，甚至对支持犹太人解放的人有更大的敌意，因为他说支持解放的人甚至不知道问题的症结何在。在批判支持犹太人解放的人时，鲍威尔否决了任何为犹太人的不平待遇开脱的说辞，把犹太人在欧洲遭受的苦难归结于他们的宗教本质；在批判历史上出现过的赋予犹太人平等权利的各种方案时，鲍威尔又否决了在当时的教养水准、历史条件下解放犹太人的措施。通过这两方面的工作，鲍威尔为犹太人的解放事业只留了一个窗口：消灭宗教——国家摆脱宗教，同时每一个人也都摆脱宗教。连鲍威尔自己都承认自己的观点太极端，但是在他看来，这是唯一可行的道路，"如果犹太人问题还有答案，那么答案就在最困难的地方"[①]。

这样一来，问题就出现了。在普鲁士享受特权的是基督徒、基督教国家，遭受压迫的是犹太人。向皇帝请愿、呼吁政府解放犹太人的是犹太人以及少数有教养的基督徒。鲍威尔把解放的条件定得如此之高，他反对任何渐进的解放策略，认为这些措施都会陷入自相矛盾的境地。遵照鲍威尔的观点，安享特权的基督徒和基督教国家就可以以解放犹太人的时机不成熟为由把解放的任务留给"后人"完成。鲍威尔过于激进的政治主张在现实面前吊诡地成了保守主义的护身符。因此，进步的知识

---

① Bruno Bauer，*Die Judenfrage*，Braunschweig：Druck und Velag von Friedrich，Otto，1843，S. 45.

分子对鲍威尔一直不依不饶地批判。面对这些批判，鲍威尔没有反省自己的理论主张，而是努力打磨自己的批判锋芒，把这群反驳他的人归类为虽然有教养但还不足以看破历史迷雾的"群众"，归类为批判要"消灭"的敌人。至此，鲍威尔发展成为"纯粹的批判家"，尽管他对实现自由的一切障碍口诛笔伐，"纯粹的批判"却没能创造出任何积极的成果。我们在后续部分将继续讨论这一话题。

鲍威尔一方面提出，犹太人的本质就是他的信仰，即犹太教；另一方面，在《犹太人问题》和《现代犹太人和基督徒获得自由的能力》中，为了让犹太人认识宗教对人性的束缚，鲍威尔对犹太教极尽批判之能事。针对犹太人为自己的不平待遇喊冤叫屈，鲍威尔把一切罪责归到犹太人自己头上：犹太人故步自封，历史的车轮才会不停地碾压他们；犹太人排挤社会、敌视其他民族，甘愿寄居在社会的边缘和夹缝中，社会上才出现了犹太人同业公会。在鲍威尔笔下，似乎历史上不公平的法律条文压根没有存在过一样。不仅如此，鲍威尔提出犹太人获得平等政治地位的条件是消灭犹太教。如果犹太人先摆脱自己的宗教才能获得解放，那这就意味着获得解放时的犹太人已经不再是犹太人。鲍威尔对犹太人解放的支持是以消灭犹太教、亦即以犹太人放弃宗教信仰为前提的。为了获得市民权利而放弃犹太教，这是任何一个虔诚的犹太人都不会做的。犹太人社团对鲍威尔口诛笔伐也就不足为怪了。

2. 《犹太人问题》是"纯粹的"神学讨论吗？

鲍威尔提出，"犹太人问题"的解决需要以基督教国家放弃基督教、犹太人和基督徒放弃宗教信仰为前提。为了证明这种看法，鲍威尔分析了犹太教的宗教特征以及这种宗教所造成的犹太人的生活方式，考察了犹太教和基督教以及犹太人和基督教国家的关系。《犹太人问题》难免不给读者留下这样的印象：鲍威尔纯粹是从宗教神学的角度来论证"犹太人问题"的。但是，如果我们留心这本书的细节，就会发现：鲍威尔在考察"犹太人问题"时绝不是只考虑宗教信仰的神学家，他对宗教信徒所处的社会历史环境同样有深刻的认知。

例如，鲍威尔在"市民社会"一节中写道：

> 需要是强有力的推动力量，这种力量推动市民社会的运动。为了满足自己的需要，每个人都在利用别的人，而且也被别人出于同样的目的利用。……基督教国家在形式上制约了市民社会的这种利

第三章　矛盾的公开：宗教批判与市民社会批判的分野

己的推动力，这些形式去掉了这种推动力的丑恶，使这种推动力最终和对荣誉的兴趣结合在了一起。①

正如马克思所说，这一节是根据黑格尔的"法哲学的基本要点"写成的，"鲍威尔承认同政治国家对立的市民社会是必然的，因为他承认政治国家是必然的"②。事实上，鲍威尔不仅承认市民社会是必然的，而且承认市民生活相对于宗教生活在人的生活中占有更重要的地位：

> 各个社会等级之间、特权人士和无特权人士之间，或者说各种有着特殊优先权的人之间互相互分离，因而犹太人遭受压迫，这些现象现在已经不能用纯粹的宗教原因或者一般的宗教原因解释清楚了。即使在中世纪——那时人们还有信仰而且还可以有信仰，因为那时并不缺壮观的启示——城市和行会也不是为了宗教利益才排挤、迫害犹太人，而是为了保护同业公会和行会的利益才不允许犹太人加入，是特权在束缚它们。宗教的偏见同时是行会的偏见，宗教特权只是市民特权的超世俗证明，宗教排他性是市民排他性、政治排他性的前提、原型和理想。
>
> 纯粹为了宗教人们不会做任何具有历史意义的事，不会进行任何远征，也不会发动战争。如果他们认为，他们这样做以及经受这一切都只是为了上帝，那么依照我们现代对"神圣事物"的认识，不仅能够说：他们这样做以及承受这一切毋宁是由于他们的观念——即什么是人以及人必须变成怎样的——引起的；而且可以说：在所有的宗教运动、事业、战争、值得一提或不值一提的悲剧和行动中，始终是政治利益在决定并引导着人类。③

鲍威尔在《犹太人问题》的最后章节里不仅生动地描写了利益在市民社会运动中的作用，而且认为，"犹太人问题"之所以能够得到解决，正是因为在现实生活中利益已经冲破了宗教偏见的束缚，犹太人的金钱力量已经不是基督徒的宗教信仰能够压制的了：

---

① Bruno Bauer, *Die Judenfrage*, Braunschweig：Druck und Verlag von Friedrich Otto, 1843, S. 8.
② 《马克思恩格斯文集》，第1卷，32页。
③ Bruno Bauer, *Die Judenfrage*, Braunschweig：Druck und Verlag von Friedrich Otto, 1843, S. 94.

思想的传承与决裂

在维也纳只不过是被人宽容的犹太人，凭自己的金钱势力决定着整个帝国的命运。在德国一个最小的邦中可能是毫无权利的犹太人，决定着欧洲的命运。各种同业公会和行会虽然不接纳犹太人，或者仍然不同情他们，工业的大胆精神却在嘲笑这些中世纪组织的固执。旧事物的界限早就被新的运动超越了，旧界限存在只能被称为理论的存在。旧事物的力量也只是一个诡辩的理论，真诚的理论以及实践的巨大优越性和它都是对立的，而实践的意义在日常生活中已经清晰可见。[1]

当基督徒生活在一个由金钱决定一切的"新"世界里，而金钱又掌握在犹太人的手里的时候，除了和犹太人平等相处，基督徒还有别的选择吗？

尽管在《犹太人问题》和《现代犹太人和基督徒获得自由的能力》中运用了大量的宗教学说来支撑自己的论证——这种宗教神学的观点在后者更加突出（马克思指责鲍威尔在这里把犹太人和基督徒获得自由能力的问题变成了纯粹的神学问题）——但是鲍威尔之所以提出"在人面前，一切皆有可能"，并不是基于神学论证而提出了一个预言，而是因为他对现代市民社会运动中所孕育的"新事物"有着清醒的认识：在金钱的势力面前，一切"坚固"的东西都将烟消云散！

第二节　消灭私有财产才能铲除宗教存在的根源

面对鲍威尔把宗教对立视为犹太人问题的根源，从而提出消灭宗教以解决犹太人问题的观点，马克思指出，鲍威尔是在神学的地基上解答"社会问题"，这种抽象的做法在理论领域和实践领域都有其局限。马克思主张的是对"犹太人问题"做"具体问题具体分析"，在这种方法的指引下，马克思认识到"犹太人问题"在德国、法国、美国有着不同的内容。基于对社会历史的把握，马克思提出解决德国和法国的"犹太人问题"要首先启动并完成"政治解放"。随着"政治解放"的完成，德

---

[1] Bruno Bauer, *Die Judenfrage*, Braunschweig: Druck und Verlag von Friedrich Otto, 1843, S. 114. 另参见《马克思恩格斯文集》, 第1卷, 50页。

第三章 矛盾的公开：宗教批判与市民社会批判的分野

国和法国的"犹太人问题"就与美国的"犹太人问题"一样转变成了一个"世俗的问题"，这时还需要继续推动"人的解放"，消灭世俗生活中的异化——私有财产和货币。唯其如此，才能消灭宗教在现代社会存在的根源。在这一章接下来的各小节里，我们首先要讨论马克思的《论犹太人问题》的写作背景，考察它的写作时间。因为确定了写作的时间，就能更准确地判断马克思写作该文时的思想语境，理清它和赫斯的《论货币的本质》的关系。而后，我们从马克思对鲍威尔的批判和对"犹太人问题"的解答入手梳理马克思论证的逻辑。

一、《论犹太人问题》的写作背景

1. 批判海尔梅斯的延续

1841年底，普鲁士政府颁布的《内阁敕令》在社会上引起了强烈的反响。在整个社会对这份法律草案一片口诛笔伐的声讨中，《科隆日报》的保守立场显得格外引人瞩目。事实上，海尔梅斯为基督教德意志国家做辩护的基本立场早就表露出来了。马克思在《〈科隆日报〉第179号的社论》中对这种立场已经做了尖锐的批驳。针对海尔梅斯在"第179号社论"中为基督教国家所做的违反理性的辩护，马克思提出：

> 基督徒生活在制度各不相同的国家里：有的在共和政体的国家，有的在君主专制的国家，有的在君主立宪的国家。基督教并不能判定制度的**好坏**，因为它不懂得制度之间的差别，它像宗教应该教导人们那样教导说：你们要服从执掌权柄者，因为**任何权柄**都出于神。因此，你们就不应该根据基督教，而应该根据国家的本性、国家本身的实质，也就是说，不是根据基督教社会的本质，而是根据人类社会的本质来判定各种国家制度的合理性。[①]

马克思对社会历史现象做具体问题具体分析的原则在这个时候就已经显露出来，这种方法在他批判鲍威尔时再次派上了用场。马克思透过这篇社论看到海尔梅斯已经完全偏离了他"从前的自由主义"立场。正如马克思料想的，随着这篇社论到来的不会是"有气节的"新纪元，而只能是对基督教德意志国家没有底线的献媚。

[①] 《马克思恩格斯全集》，中文2版，第1卷，225～226页。

思想的传承与决裂

距"第179号社论"没多久，海尔梅斯就抛出了拥护《内阁敕令》的"第187号社论"。和政府的"敕令"一样，海尔梅斯的文章遭到了几乎一边倒的批判。"从7月22日到9月10日，《莱茵报》上出现了大量批判海尔梅斯的文章。布鲁诺·鲍威尔也想参与《莱茵报》的论战，但是他的《犹太人问题》被书报检查查禁了，因此他的文章从1842年11月开始出现在《德意志科学和艺术年鉴》上。"① 在1842年8、9月份的时候，马克思也准备参与论战，再次批判海尔梅斯的保守立场。马克思致信达哥贝尔特·奥本海姆，请求他把海尔梅斯反对犹太人的文章都寄来，表示"即使不能彻底解决这后一个问题，也要把它纳入另一条轨道"②。

但是一方面由于对问题本身的研究需要一些时间，一方面由于《莱茵报》的编辑和家庭琐事占去了太多时间，马克思并没能真正动笔写作与海尔梅斯论战的文章。就在马克思意欲对"犹太人问题"发表意见的时候，1842年底，鲍威尔的《犹太人问题》在哈勒连载出版，次年3月经扩充后又以单行本的形式在布伦瑞克出版。在1843年二三月间，马克思读到鲍威尔的文章。③ 相比于海尔梅斯的社论文章，鲍威尔的《犹太人问题》激发的社会反响更加强烈，而且鲍威尔本人把一切都做得"大胆"、"机智"、"尖锐"、"透彻"，马克思的注意力从海尔梅斯转移到了鲍威尔身上。在1843年3月13日致卢格的信中，马克思提到鲍威尔的文章"太抽象"，并指出当务之急是"在基督教国家上面打开尽可能多的缺口，并且尽我们所能塞进合理的东西"④。马克思在这封信中并没有对鲍威尔表达激烈的反对意见，因为在根本方向上，马克思认为鲍威尔和他还是一致的：鲍威尔和他一样"讨厌犹太人的信仰"，和他一样对基督教国家持批判的态度。马克思对鲍威尔的态度从柔和到强

---

① MEGA², I/2, *Karl Marx Werke Artikel Entwürfe März 1843 bis August 1844*, Apparat, Berlin: Dietz Verlag, 1982, S. 649.
② 《马克思恩格斯全集》，中文2版，第47卷，34页。
③ 马克思在致卢格的信中提到的应该是在《德意志科学和艺术年鉴》连载的"犹太人问题"，因为1843年1月25日，马克思致卢格的信提到了《德国年鉴》。马克思于3月13日的书信中谈到"犹太人问题""太抽象"时，单行本的《犹太人问题》（3月份出版，具体日期未知）就算已经出版，也没有足够时间转到马克思的手中，因为他当时在德累斯顿游玩，3月份还到荷兰旅行了一趟。
④ 《马克思恩格斯全集》，中文2版，第47卷，54页。

第三章　矛盾的公开：宗教批判与市民社会批判的分野

硬的转变和他旅居克罗茨纳赫期间的工作息息相关。

2. 克罗茨纳赫手稿和笔记的升华

也正是在 3 月 13 日的信中，马克思告诉卢格，他即将到克罗茨纳赫与未婚妻燕妮成亲。在《莱茵报》于 3 月 17 日被普鲁士政府查封之后，马克思到荷兰旅游了一趟，从 5 月起又搬到克罗茨纳赫，6 月 19 日在那里和燕妮结婚，直到 10 月 12 日和燕妮一起到达巴黎。[1] 1843 年初到夏天，马克思写作了《黑格尔法哲学批判》的手稿。[2] 在这之后，他于七八月间摘录了 5 本"历史学—政治学笔记"，这五本笔记的写作时间为：1843 年 7 月完成有关法国史的第一笔记本（MEGA^2，IV/2，S. 9-62），有关法国、波兰历史的第二笔记本的小部分（MEGA^2，IV/2，S. 63-83），有关法、英、德、瑞士历史的第四笔记本的大部分（MEGA^2，IV/2，S. 145-176），有关英国史的第三笔记本（MEGA^2，IV/2，S. 123-144）；7 月底 8 月初完成有关德国、美国历史的第五笔记本（MEGA^2，IV/2，S. 222-282）；8 月完成第二、四笔记本余下的部分（MEGA^2，IV/2，S. 84-122，S. 177-221）。[3]

马克思逗留克罗茨纳赫期间的工作和《论犹太人问题》的写作有着密切联系。它们的联系首先表现在，《黑格尔法哲学批判》手稿和《论

---

[1] 参见 Martin Hundt, "Noch einmal zu den 'Deutsche-Französische Jahrbüchern'", in *Marx-Engels-Jahrbuch*, 2004, Berlin: Akademie Verlag, S. 118-141。关于马克思到达巴黎的时间，由于没有精确的记载，各方的意见并不统一。唯一可以大体确定马克思到达巴黎的时间段的文献是他 10 月写给费尔巴哈的信，而大家对这封信的时间的判断却并不一致。MEGA^2 的编者最终为这个问题下了定论，他们认为马克思是在 10 月中旬到达巴黎的，因为马克思致费尔巴哈的信写于 10 月 3 日之前，他在信中说过几天就将到巴黎。马克思的信件写作时间的证据是，信上有三个邮戳："克罗茨纳赫 3/10"、"阿夏芬伯格 4/10"、"安斯巴赫 6/10"。参见 MEGA^2, III/1, *Karl Marx, Friedrich Engels, Briefwecksel, bis April* 1846, *Apparat*, Berlin: Dietz Verlag, 1975, S. 600。马丁·洪特采纳的就是这种意见。本文也认为这个论断由于有最新的文献材料作证而更有说服力。但是马克思传记的其他作者都给出了 10 月底 11 月初的答案，例如：梅林认为马克思夫妇是在 11 月间到达巴黎的，参见梅林：《马克思传》，樊集译，持平校，74 页，北京，人民出版社，1965。麦克莱伦认为马克思于 1843 年 10 月底到达巴黎，戴维·麦克莱伦：《马克思传》，王珍译，73 页。奥古斯特·科尔纽认为是 10 月底 11 月初，参见奥古斯特·科尔纽：《马克思恩格斯传》，第 1 卷，刘丕坤等译，503、504、555 页，北京，三联书店，1965。

[2] 关于写作时间的考证，参见 MEGA^2, I/2, *Karl Marx Werke Artikel Entwürfe März 1843 bis August 1844*, *Apparat*, Berlin: Dietz Verlag, 1982, S. 577。

[3] MEGA^2, IV/2, *Karl Marx, Friedrich Engels, Exzerpte und Notizen, 1843 bis Januar 1845*, *Apparat*, Berlin: Dietz Verlag, 1981, S. 609。

犹太人问题》思想主题的一致性：这两份著述都是基于市民社会和政治国家的二元对立分析现代人的生存境遇和获得自由的前景。正是在市民社会和政治国家二元对立的框架内，马克思提出了人的解放和政治解放的思想：在市民社会中消灭宗教等异化对应于人的解放，在政治国家中消灭宗教等异化是政治解放。它们的联系还表现在《克罗茨纳赫笔记》和《论犹太人问题》的文献关联上：在《论犹太人问题》中，马克思有三处用到《克罗茨纳赫笔记》中的内容，它们分别位于第二笔记本的第96页、第四笔记本的第175页和第五笔记本的第267页。①《克罗茨纳赫笔记》不仅为后者提供了文献资料，而且为后者提供了思想支撑：在《克罗茨纳赫笔记》中，马克思表现出强烈兴趣的并不是各位历史学家考证的历史事件，而是有关国家与市民社会的交互关系、现代社会中各个阶级的产生过程以及各个国家的经济和社会状况。② 这些笔记不仅为《黑格尔法哲学批判》及其导言的写作提供了思想资源，而且为《论犹太人问题》提供了内容和思想上的支持。如果没有《克罗茨纳赫笔记》的铺垫，以马克思的教育和工作经历，我们很难想象他在《论犹太人问题》中能够得心应手地对比德国、法国、美国的社会发展程度及各自的法律条文中规定的人权内容。

3. 《论犹太人问题》的写作时间

《论犹太人问题》的写作时间一直是马克思早期思想研究中的难题。正如马丁·洪特（Martin Hundt）所言，"马克思在克罗茨纳赫除了给卢格和费尔巴哈写了两封信之外，是否还为以后的《德法年鉴》写了什么其他材料，已无从得知，而且预期未来也不会有更多新的发现"③。由于历史材料的缺乏，有关这一问题的见解可谓众说纷纭。例如，MEGA²的编者把《论犹太人问题》和《〈黑格尔法哲学批判〉导言》的写作时间推定为不早于1843年10月中旬不迟于1843年12月中旬。他们的理由有二：其一，马克思用到的《克罗茨纳赫笔记》中的内容都是在他写作该笔记后期收集到的材料，这是从三份引文在笔记中的位置确定的；其二，《论犹太人问题》中用到了1791年、1793年、1795年的

---

① 参见 MEGA², I/2, *Karl Marx Werke Artikel Entwürfe März 1843 bis August 1844*, *Apparat*, Berlin: Dietz Verlag, 1982, S. 666–667。

②③ 参见 Martin Hundt, "Noch einmal zu den 'Deutsche-Französische Jahrbüchern'", in *Marx-Engels-Jahrbuch*, 2004, Berlin: Akademie Verlag, S. 118–141。

第三章 矛盾的公开：宗教批判与市民社会批判的分野

《人权和公民权宣言》，而马克思在到达巴黎之前不可能接触这些法律条款。MEGA²的编者提出："由于［马克思到达巴黎以后获得的］这些材料对于这篇文章的立意和表述都是至关重要的，由此可知，马克思到巴黎才开始写作《论犹太人问题》。"① 他们还断定："在《论犹太人问题》和《〈黑格尔法哲学批判〉导言》中反映出来的知识是在克罗茨纳赫和巴黎获得的，而且主要是在巴黎获得的。"②

但是，就算只是对照《克罗茨纳赫笔记》的写作时间以及《论犹太人问题》引用的文献出现在《克罗茨纳赫笔记》中的位置，《论犹太人问题》的写作时间最早也有可能向前延伸到1843年7月底。因此，科尔纽、梅林认为《论犹太人问题》主要是在克罗茨纳赫写的，麦克莱伦认为马克思到巴黎时随身携带着《论犹太人问题》的手稿，瓦泽尔则直接指责MEGA²的编者，认为他们说《论犹太人问题》到巴黎才开始写，是他们自己"想出来的"（Spekulation）。③

其实，《论犹太人问题》的写作时间节点倒也不是没有参照系：1843年11月21日，马克思写信给福禄贝尔（Friedrich Wilhelm Fröbel）说，因为卢格没有来，所以《德法年鉴》第一期还不能付印。这暗示马克思此时已经为《德法年鉴》第一期组织好稿件，当然其中也包括他本人写作的材料。④ 鉴于这是马克思初次到达巴黎，寻找合适的住所和杂志编辑工作占去了他不少时间，写作的时间就非常有限。如果是这样，我们就不难断定：马克思在前往巴黎之前已经写出了《论犹太人问题》的（至少大部分）手稿。而事实上，马克思到达巴黎之前已经写作完成或者至少接近完成《论犹太人问题》几乎是可以肯定的，因为他致信费尔巴哈时甚至已经信心满满地告诉费尔巴哈《德法年鉴》第一期在11月底以前将出版，这表明马克思在10月3日写信的时候已经有了足够

---

① MEGA², I/2, *Karl Marx Werke Artikel Entwürfe März 1843 bis August 1844*, Apparat, Berlin: Dietz Verlag, 1982, S. 650.

② Ibid., S. 669.

③ 参见奥古斯特·科尔纽：《马克思恩格斯传》，第1卷，刘丕坤等译，560页；梅林：《马克思传》，樊集译，持平校，96页；戴维·麦克莱伦：《马克思传》，王珍译，73页。

④ 关于《论犹太人问题》和《〈黑格尔法哲学批判〉导言》的写作顺序，尽管也有争论，但支持率更高的观点是《论犹太人问题》写作于《〈黑格尔法哲学批判〉导言》之前。不仅梅林、科尔纽、麦克莱伦等传记作家支持这种观点，MEGA²的编排顺序也是把《论犹太人问题》排列于《〈黑格尔法哲学批判〉导言》之前。

的稿件支撑起第一期。而当时《德法年鉴》找到的德国供稿人只有马克思、卢格、赫斯、海涅、恩格斯、海尔维格。从《德法年鉴》出版的内容来看，离开马克思本人的文章根本不足以支撑起一期杂志。看来，MEGA²关于《论犹太人问题》中的思想主要是在到巴黎之后形成的并不足为信。

二、对鲍威尔神学批判的批判

需要指出的是，马克思对鲍威尔的著述尽管没有寻章摘句，而且在一定程度上还简化了鲍威尔的论证逻辑，但是这并不意味着马克思歪曲了鲍威尔的意思。马克思在文章开始的部分点到了鲍威尔的论证逻辑：鲍威尔先是"批判了迄今为止关于犹太人的解放问题的提法和解决方案"，接下来通过对犹太人的宗教的批判回答了犹太人的特性，通过分析犹太教和基督教的宗教对立说明了基督教国家的本质。马克思还以一句话精炼地概述了鲍威尔的中心思想："基督教国家，按**其本质**来看，是不会解放犹太人的……犹太人按其本质来看，也不会得到解放。"①马克思认识到，鲍威尔的结论是：无论对于犹太人，还是对于基督教国家来说，从宗教中解放出来都是前提条件。

马克思之所以着重强调鲍威尔关于犹太教和基督教、基督教国家关系的论述，是为了突出鲍威尔是在宗教的范围内谈论犹太人解放的问题。但马克思对鲍威尔的做法并没有全盘否定。在他看来，鲍威尔的文章"把这一切都做得大胆、尖锐、机智、透彻，而且文笔贴切、洗练和雄健有力"。不仅如此，鲍威尔的工作也不乏创造性，因为他追问了"应当得到解放的犹太人和应该解放犹太人的基督教国家，二者的**特性**是什么？"②他这时"以新的方式提出了"问题。此外，鲍威尔还提出了一系列有见地的观点：例如，基督教国家要想解放犹太人，自己必须首先从宗教的束缚下解放出来；又如，以宗教为前提的国家，还不是真正的、现实的国家；再如，鲍威尔还默认了政治解放的限度；还有，在

---

① 《马克思恩格斯文集》，第1卷，22页。马克思把鲍威尔对犹太人问题的回答简述为："我们必须先解放自己，才能解放别人。"这种概括并不是马克思最准确的概括，也不符合鲍威尔的答案。因为在鲍威尔看来，犹太人必须通过自己的努力，放弃犹太教，同时放弃任何宗教信仰，然后才能获得解放。也就是说，解放并不能靠别人的恩赐。

② 同上书，23页。

第三章　矛盾的公开：宗教批判与市民社会批判的分野

德国，由于不存在政治国家，犹太人问题就是纯粹的神学问题，鲍威尔的批判是能够发挥作用的。

当然，在马克思看来，鲍威尔的错误也是非常明显的：犹太人的解放问题关注的是犹太人能不能获得和基督徒平等的市民权利，这本来是一个"世俗问题"，鲍威尔却把它变成了一个"神学问题"、"纯粹的宗教问题"①。马克思指出，鲍威尔的批判不仅在理论上有其局限性，在实践上对改变犹太人的现实境遇也毫无帮助。

1. 神学批判的理论局限性

在马克思看来，神学批判理论上的局限性表现在以下三个方面：鲍威尔把犹太人问题作为神学问题来处理，得出犹太人和基督徒消灭宗教才能获得平等地位这样的结论，而没有依据社会历史的语境对问题做具体分析；鲍威尔把宗教思想视为犹太人生活苦难的原因，把特权思想视为特权制度的原因，又犯了头脚倒置的错误；鲍威尔只是批判了基督教国家而没有对国家本身进行批判，混淆政治解放和人的解放而没有批判政治解放，他的批判最终变成了非批判。

首先，神学批判是抽象的批判。也就是说，鲍威尔把犹太人问题归结为神学问题，一般性地提出由于宗教上的对立，各个国家的犹太人和基督徒都处在互相压迫、彼此倾轧的关系中，而没有对犹太人问题做具体问题具体分析。马克思提出："在鲍威尔看来，犹太人问题是一个不以德国的特殊状况为转移的、具有普遍意义的问题。这就是宗教对国家的关系问题、**宗教束缚和政治解放的矛盾**问题。"② 这造成了两方面的问题：首先，鲍威尔"把政治解放和普遍的人的解放混为一谈"。其次，鲍威尔没能认识到"犹太人问题依据犹太人所居住的国家而有不同的表述"③。我们把第一条缺陷留在后面处理，在这里首先分析第二点缺陷：由于鲍威尔抽象地把犹太人问题作为时代的普遍问题来处理，他没能根据犹太人居住国家的不同而对犹太人问题做具体分析，而这一点正是马克思在《论犹太人问题》中做的。

与鲍威尔不同，马克思则具体地分析了不同国家中的犹太人所面对的不同问题。在德国，"犹太人问题是神学问题"。因为在德国，国家承

---

① 《马克思恩格斯文集》，第1卷，27、47页。
② 同上书，23页。
③ 同上书，26页。

认基督教是自己的基础，犹太人受到压迫的原因在于宗教信仰，犹太人问题在德国就是一个宗教神学问题。在这里并没有真正的政治国家，国家只不过是一个"职业神学家"。此时，批判是对神学的批判。鲍威尔既批判犹太教，又批判基督教，这种"双刃的批判"对我们认识德国犹太人解放的困难和出路是有指导意义的。不过马克思同时提出："不管我们在神学中**批判起来**可以多么游刃有余，我们毕竟是在神学中游动。"①

在法国，"犹太人问题是立宪制的问题"。因为在法国，国家一方面通过立法确认公民的平等权利，另一方面没能废除基督教在国家生活中的主导地位。由此导致的结果是，法律中规定的政治权利平等原则并没有在现实生活中得到贯彻。法国的政治解放是"不彻底的"。由于在法国依然存在多数人的宗教和少数人的宗教，即存在基督教和犹太教的宗教对立，因此鲍威尔的神学批判也有一定的价值。不过与德国的状况相比，其价值更加有限。因为法国的仅仅存在"宗教对立的外观"，如果说鲍威尔的宗教批判还有作用，那也只是表面的作用。

在实行共和制的美国，犹太人问题是"世俗问题"。在这样的国家里，政治国家十分发达，而不必再把宗教作为自己的基础。国家能够撇开宗教偏见平等地对待各种宗教的信徒。如马克思所言："一旦国家不再**从神学的角度**对待宗教，一旦国家是作为国家即从**政治的角度**来对待宗教，对这种关系的批判就不再是对神学的批判了。"② 鲍威尔曾经指责反对犹太人解放的人把基督教国家作为唯一真正的国家，马克思认为鲍威尔犯了同样的错误，他把政治国家视为合乎理性的存在，而没有对它展开批判。如此一来，鲍威尔的神学批判在面对美国人的处境时就处在了失语状态，因为在美国需要对政治国家进行批判。"在问题不再是**神学**问题的地方，鲍威尔的批判就不再是批判的批判了。"③

其次，鲍威尔的神学批判颠倒了宗教和世俗生活的关系。在《犹太人问题》中，鲍威尔把宗教看做世俗局限性的原因。按照鲍威尔的看法，在现实生活中之所以存在特权制度，是因为犹太人和基督徒都具有特权思想，即他们由于自身的宗教信仰，都坚持自己是唯一被上帝拣选的，因此他们互相排斥。由于犹太人和基督徒的宗教本质造成了他们尘

---

① ② ③ 《马克思恩格斯文集》，第1卷，26页。

第三章　矛盾的公开：宗教批判与市民社会批判的分野

世生活的不平等，因此犹太人的解放要以犹太人和基督徒都放弃宗教信仰、信仰普遍的人性为前提。

马克思基于经验事实指出鲍威尔犯了"头脚倒置"的错误。这种错误表现在他颠倒了世俗局限性和宗教局限性的因果关系。以美国为例，"美国既没有国教，又没有大多数人公认的宗教，也没有一种礼拜对另一种礼拜的优势，国家与一切礼拜无关"①。这是一个完成了政治解放的国家。但是在这个国家里，"宗教不仅仅**存在**，而且是**生气勃勃的、富有生命力**的存在"。美国的例子表明："宗教的定在和国家的完成是不矛盾的。"也就是说，即使宗教依然存在，国家也可以消灭特权制度。如果事实如鲍威尔所言，是宗教信仰造成了国家制度的不完善，引起了基督徒对犹太人的特权压迫，那么在宗教存在的情况下，政治国家是不可能消除特权制度的，也不可能出现真正的政治国家。鲍威尔的论断显然与美国的事实不符。马克思由此提出："在我们看来，宗教已经不是世俗局限性的**原因**，而只是它的**现象**。"②

第三，由于鲍威尔的宗教批判仅仅关注宗教，他的批判理论最终丧失了对现实的批判性。鲍威尔宗教批判的非批判性首先表现在他只是批判了"基督教国家"，而没有批判"国家本身"。在《论犹太人问题》中，马克思把对政治制度的批判推向了极致：批判民主制国家。在几个月之前，马克思还热情地讴歌民主制国家，他在1843年5月写信给卢格时提到："人是有思想的存在物：自由的人就是共和主义者。"③ 在《黑格尔法哲学批判》中，马克思提到："民主制是一切形式的国家制度的已经解开的**谜**。"他认为，民主制国家本身成了"现实的普遍东西"，"类本身表现为一个存在物"，民主制国家作为人的类本质的对象化消灭了特殊性的局限，人本身成为政治制度的目的。④ 在《论犹太人问题》中，包括民主制国家在内的所有国家制度都成了批判的对象。马克思这时认为，政治国家和市民社会的二元对立表明人的类本质和个体性之间

---

① 《马克思恩格斯文集》，第1卷，26~27页。
② 同上书，27页。
③ 《马克思恩格斯全集》，中文2版，第47卷，57页。
④ 参见《马克思恩格斯全集》，中文2版，第3卷，39~41页。当然，马克思在《黑格尔法哲学批判》中也提到："在真正的民主制中**政治国家就消失了**。"不过这句话是在赞美民主制的意义上说出来的。在《论犹太人问题》中，民主制国家已经被马克思视为实现人的解放必须要消灭的对象。

137

的矛盾还没有解决。"只有当人……不再把社会力量以**政治**力量的形式同自身分离的时候",人"在自己的经验生活、自己的个体劳动、自己的个体关系中间",才能成为"**类存在物**",人的解放才真正完成。①

鲍威尔宗教批判的非批判性还表现在:他把平等的政治权利视为"人的解放"的结果,从而忽视了"政治解放"的缺陷。鲍威尔提出,犹太人获得平等政治权利的前提是消灭宗教信仰。在马克思看来,这种观点是没有认识到"政治解放"和"人的解放"的分别。"政治解放"只需要国家摆脱宗教的束缚,并不需要个人也摆脱宗教。完成"政治解放"的国家不仅不排斥宗教,而且需要宗教这支"鸦片"来纾解人在世俗生活中遭受的苦难。只有随着"人的解放"的完成,宗教才会被消灭。鲍威尔为"政治解放"开列的条件并不是政治解放本身的本质引起的,他把未来才能实现的追求作为人们当下的要求的前提,他在颠倒二者顺序的同时也把这两者的界限弭平了。由于没有划清"政治解放"和"人的解放"的界限,鲍威尔还错误地把"政治解放"当成了"人的解放"的结果和目的,而没有对"政治解放"进行批判。如果批判地考察已经实现"政治解放"的国家,就会发现这样的国家依旧存在着人的个体生活和类生活的裂痕。而消除这种裂痕正是"人的解放"的真实目的。

2. 神学批判的实践局限性

鲍威尔在《犹太人问题》的结尾处写道:"理论现在已经完成了它自己的事,它承认并解决了犹太教和基督教过去的对立,而且能够以安静的心态信心满满地等待历史对变得不合时宜的对立做出最后的宣判。"② 瓦泽尔在分析鲍威尔的神学批判时对鲍威尔的态度做出了较为贴切的概括,他指出:"由于'批判'信心满满地把经验[问题]留给历史处理,由于'批判'在完成了批判的工作之后就躺在了安乐椅中安享宁静,这表明鲍威尔提出的解放实践只是科学和历史的辩证交互作用中的一项理论批判事业。"③

鲍威尔把静候历史判决作为解决犹太人问题的实践路径,马克思对

---

① 参见《马克思恩格斯文集》,第1卷,46页。
② Bruno Bauer, *Die Judenfrage*, Braunschweig: Druck und Verlag von Friedrich Otto, 1843, S. 115.
③ Ruedi Waser, *Autonomie des Selbstbewusstseins: eine Untersuchung zum Verhältnis von Bruno Bauer und Karl Marx(1835—1843)*, Tübingen: Francke, 1994, S. 175.

第三章 矛盾的公开：宗教批判与市民社会批判的分野

此并不满意。在马克思看来，鲍威尔的神学批判不仅极大地限制了"批判的批判"的理论针对性，而且它所提供的实践策略也是神学的行动："鲍威尔在《犹太人问题》的结尾处认为犹太教只是对基督教的粗陋的宗教批判，因而从犹太教找到的'仅仅'是宗教意义。既然如此，不难预见，犹太人的解放在他笔下也会变成哲学兼神学的行动。"①

马克思提出：鲍威尔讨论犹太人和基督徒获得自由的能力对于在实践中解决犹太人问题毫无帮助。鲍威尔认为，只有犹太人和基督徒都放弃宗教，犹太人才能得到解放。他还提出，犹太人相比基督徒距离自由更远。犹太人获得自由的过程之所以更为艰辛，是因为他们首先要放弃犹太教，其次要放弃犹太教"趋于完成的发展"②。在这之后，他们才能把"自由的人性"作为自己的本质。但是对于如何消灭宗教，鲍威尔没有给出任何建议。在马克思看来，鲍威尔把犹太人问题变成了改造思想观念的问题，而这又归因于鲍威尔"把犹太人的解放问题变成了纯粹的宗教问题"③。马克思按照鲍威尔的思路质问鲍威尔说道："犹太人要想解放自身，不仅要做完自己的事情，而且要做完基督徒的事情，学完《符类福音作者的福音故事考证》、《耶稣传》，等等。"④ 学完这些典籍就能提升犹太人的思想水准，就能使犹太人具备普遍的人性，就能消灭现实生活的特权？马克思显然不这样认为。

马克思并不反对鲍威尔所说的消灭宗教、消灭犹太教和基督教，犹太人和基督徒就能获得自由的人性。但是对于如何才能消灭宗教，马克思有着完全不同的理解，这不是批判的任务，也不是哲学与神学的任务，而是实践的任务。鲍威尔的神学的批判纵然可以揭露基督教国家的局限性，但是国家要想从宗教的束缚下解放出来，必须有立法的实践活动做前提；神学的批判虽然可以指出宗教对人性的束缚，但人要摆脱宗教并不是通过三言两语的批判就可完成的。人要摆脱宗教，必须在实践中变革人生活于其中的社会。

马克思提到，在北美那些政治生活和宗教信仰已经撇清关系的国度，"宗教不仅仅**存在**，而且是**生气勃勃的、富有生命力**的存在"⑤。既

---

① 《马克思恩格斯文集》，第1卷，48页。
②③ 同上书，47页。
④ 同上书，48页。
⑤ 同上书，27页。

然宗教的存在是一种缺陷，那么正确的做法就不再是像鲍威尔那样做神学的批判，而是要在实践中消灭宗教存在的根源。马克思认为，宗教在政治解放已经完成的国家里还存在，其原因在于：宗教是世俗局限性的现象。正因为人在世俗生活中还受异化要素的束缚，他才逃避到宗教之中。由此，马克思提出："他们一旦消除了世俗限制，就能消除他们的宗教局限性。"① 在马克思看来，消除世俗限制的唯一途径就是无产阶级革命，只有这样才能消除宗教。

三、从"政治解放"到"人的解放"

按照马克思的理解，鲍威尔对"犹太人问题"的回答可以用一句话概括："我们必须先解放自己，才能解放别人。"② 这个答案只涉及到两个问题："谁应当是解放者"和"谁应当得到解放"。鲍威尔毫无批判地把"犹太人问题"作为"时代的普遍问题"的一部分来处理，这表明他并没有触及到核心的问题——"这里指的是哪一类解放？"这个问题之所以至关重要，是因为：必须回到现实的社会历史背景中才能回答这个问题。只有回到现实的社会历史背景中，参照各个国家犹太人的现实地位，才能得出犹太人在这些国家"所要求的解放的本质要有哪些条件"；同时，只有回到现实的社会历史背景中，才能发现已经获得解放的犹太人在市民生活和政治生活中的真实处境，从而对这种解放本身进行批判。为了具体地说明犹太人要求的是何种解放以及如何获得自由，马克思区分出了"政治解放"和"人的解放"。

1. 政治解放：其进步性和局限性

鲍威尔认为，犹太人获得平等的市民权利要以消灭宗教为前提，这也就意味着他把犹太人的政治解放和一般的人的解放混淆在了一起，把政治解放视为人的解放这一漫长历史过程的最后结果。与此种看法不同，马克思指出政治解放只是人追求解放的一个阶段。美国各州已经彻底实现了这种解放，但是那里的人并没有获得普遍的人的解放。在这个阶段实现之后，还需要漫长的准备才能到达人的解放。他据此界定了政治解放，分析了政治解放的进步性和局限性。

对于"政治解放"，马克思的界定是："犹太教徒、基督徒、一般宗

---

① 《马克思恩格斯文集》，第 1 卷，27 页。
② 同上书，23 页。

第三章　矛盾的公开：宗教批判与市民社会批判的分野

教信徒的**政治**解放，是**国家**从犹太教、基督教和一般**宗教中解**放出来。"① 可见，政治解放首先是国家从国教中解放出来。如马克思所说："当国家作为**一个国家**，不信奉任何宗教，确切地说，信奉作为国家的自身时，国家才以自己的形式，以自己本质所固有的方式，作为**一个国家**，从宗教中解放出来。"② 政治解放的过程是国家从宗教中解放出来的过程，这个过程并不需要国家的居民摆脱宗教。

政治解放也是包括犹太教徒、基督徒和其他宗教信徒在内的一般宗教信徒的解放。在一个以某种特定宗教为国教的国家，政治解放要消除压在其他宗教信徒身上的特权限制。例如，在一个以基督教为国教的国家，犹太人成了特权压迫的对象，此时政治解放就需要消除犹太人所受到的压迫。在基督教国家，不仅犹太人需要政治解放，基督徒也需要政治解放，这是因为：在一个以基督教为国教的国家，基督徒在享受信仰带来的特权的同时，也受到了特权的制约，因为他的特权是以信仰为前提的。只有当基督徒宣誓信奉基督教，才能享有这些特权。政治解放使人的政治生活和宗教信仰撇清了关系，是宗教信徒以国家为中介得到的间接解放，即人在政治国家的政治生活中获得了解放，实现了政治权利平等。

政治解放的标准是国家有没有从宗教中解放出来，而不是人有没有摆脱宗教。政治解放的完成，意味着国家从宗教中解放出来，成为真正的国家。此时，政治国家不再需要宗教在政治上补充自己。以此为标准，德国是没有得到政治解放的国家，因为它把基督教当作国教。它不仅把君权视为神权，而且把政治权利也视为上帝的创造物。法国是政治解放不完善的国家，因为法国还存在国教的外观，政治制度的制定还受多数人的宗教信仰的制约。只有美国的部分州才是完成了政治解放的地方，因为在那里，宪法规定政治权利和宗教信仰是没有关系的。

随着政治解放的完成，国家摆脱了宗教的限制，人通过国家这个中介也从宗教中解放出来了。政治解放把人从宗教的限制中解放出来，这当然是一种进步。不过政治解放还有另一面，即它是通过政治的方式把人从宗教中解放出来的，也就是说，它只是使人在政治生活中摆脱了宗教。它既有进步之处，也有缺憾。正如马克思所言："人对宗教的**政治**

---

① ②　《马克思恩格斯文集》，第 1 卷，28 页。

超越，具有一般政治超越所具有的一切缺点和优点。"①

政治解放的进步性首先表现在：政治解放意味着政治国家的完成，政治解放的进步意义就表现为政治国家对宗教国家的超越。马克思通过政治国家的特征表明了政治国家相对于宗教国家的进步性。政治国家是与市民社会这个特殊性要素相对立的普遍性要素。从发生学的角度上看，市民社会孕育了政治国家，政治国家是"通过暴力从市民社会内部产生的"②。政治国家之所以会产生，在根本上是由于人追求自我解放。政治国家产生的过程伴随着人以政治解放的形式追求自我解放的过程。在政治解放完成的时候，政治国家也形成了。政治国家的历史进步性表现在：在这里，人的"出身、等级、文化程度、职业"都成为"**非政治的差别**"，政治国家"以自己的方式废除了**出身、等级、文化程度、职业的差别**"。政治国家通过和这些特殊性要素的对立以及对这些特殊性要素的超越，以政治的方式实现了自己的普遍性。与此相反，没有完成政治解放的国家，由于政治生活要么受宗教的束缚、要么受私有财产的束缚，政治生活尚未从市民生活中独立出来，它们的界限尚未形成，人的政治生活都还没能超越特殊性的限制，市民生活更是深受特殊性的限制。

为了说明政治国家的完成是一种进步，马克思还刻画了基督教国家的特征，这从侧面反映了政治国家对基督教国家的超越。基督教国家是以基督教为基础、把基督教奉为国教的国家。以基督教作为国家的基础，国家实际上就丧失了自己的独立性，在这样的国家中，基督教否定了国家。在马克思看来，"所谓基督教国家只不过是**非国家**"③。由于基督教国家本身是一个不完善的国家，它的这种不完善性决定了单靠它自身的力量无法开展有效的政治行动，因此它诉诸宗教来弥补自身的缺陷。宗教作为它的施政手段，成了国家存在的基础。④ 这是基督教国家的第一个缺陷。它的第二个缺陷是，在基督教国家中，国家的世俗目的

---

① 《马克思恩格斯文集》，第1卷，29页。
② 同上书，33页。
③ 同上。马克思在《论犹太人问题》中使用"所谓的基督教国家"是由于在他看来这种国家并非"国家"，而不是——像雷奥普德（David Leopold）所暗示的——由于对这种国家的认识模糊。参见 David Leopold, *The Young Karl Marx: German Philosophy, Modern Politics, and Human Flourishing*, Cambridge: Cambridge University Press, 2007, pp.139-140.
④ 参见《马克思恩格斯文集》，第1卷，34页。

第三章 矛盾的公开：宗教批判与市民社会批判的分野

的"卑鄙性"和国家的宗教意识的"真诚性"发生了"无法解决的冲突"。这种矛盾使国家"神志不清"，分不清"自己是**幻想**还是**实在**"①。第三，在基督教国家中，上帝和人、政权和神权、国王和臣民处于全面的异化之中。"在所谓基督教国家中，实际上起作用的是**异化，而不是**人。"②

其次，政治解放的进步性在于它保障了人的类生活。完成了政治解放的国家，"按其本质来说，是人的同自己的物质生活**相对立的类生活**"③。在国家的政治生活中，人"是作为类存在物和他人共同行动的"。尽管人还只能"以有限的方式，以特殊的形式，在特殊的领域内"④度过自己的类生活，毕竟人有了类生活。这相对于基督教国家是一个进步。原因在于：在基督教国家中，只存在一个人，即国王，他和他的臣民是"特别不一样的存在物"⑤。这唯一的一个人把自己视为"同上帝直接联系着的存在物"，他实际上也是在信仰中异化的人，而不是真正的人。在基督教国家中，国王和臣民不仅相互异化，而且人本身的生活也是异化的，因为人的"类属性"被压制了。

第三，政治解放还实现了人的政治权利的平等。在完成政治解放的国家里，宗教信仰、私有财产、出身、等级、文化程度、职业类型不再是取得政治权利的前提条件，每一个人都成了"人民主权的平等享有者"。正如马克思所说的："**政治**解放当然是一大进步；尽管它不是普遍的人的解放的最后形式，但**在**迄今为止的世界制度**内**，它是人的解放的最后形式。不言而喻，我们这里指的是现实的、实际的解放。"⑥ 在政治国家存在的前提下，政治解放是人争取解放的斗争所能达到的最终结果。政治解放的完成意味着人在政治生活的范围内是平等的，不因出身、信仰、教育、职业而有高低贵贱的差别。

但是，随着政治解放的完成，人在市民社会中的个体生活并没有摆脱宗教等因素，在市民生活中，政治解放所超越、排除的因素又都死灰复燃，同时政治解放所造成的人的单子化又使人与人处于对立之中。也

---

① ② 《马克思恩格斯文集》，第1卷，36页。
③ 同上书，30页。
④ 同上书，32页。
⑤ 同上书，36页。
⑥ 同上书，32页。

就是说，政治解放还是有局限的、不彻底的人的解放。其局限性首先表现在，在政治解放完成的地方，人的解放仅仅局限于政治领域："即使人还没有**真正**摆脱某种限制，**国家**也可以摆脱这种限制，即使人还不是**自由人**，国家也可以成为**自由国家**。"① 在人追求政治解放的过程中，政治生活从市民生活中分离出来，随着政治生活作为普遍性的要素获得独立地位，宗教信仰、私有财产等特殊性的要素被排除在市民生活中。国家虽然摆脱了特殊性要素的束缚，人却依旧受其制约。马克思提醒我们，不要对政治解放的限度产生错觉，"人分为**公人**和**私人**，宗教从国家向市民社会的**转移**，这不是政治解放的一个阶段，这是它的**完成**；因此，政治解放并没有消除人的**实际**的宗教笃诚，也不力求消除这种宗教笃诚"②。也就是说，政治解放并没有消除宗教，毋宁说它赋予了人信仰宗教的自由。

随着政治解放的完成，政治国家从市民社会中产生出来。政治解放的局限性还通过政治国家的局限性表现出来。首先，正如政治国家没能消灭市民社会的要素，政治解放也没能消灭宗教、私有财产和职业差别。在政治国家产生的时期，曾经试图消灭市民社会中的特殊性要素，从而"使自己成为人的现实的、没有矛盾的类生活"。当它这样做的时候，它和自己的条件陷入了"暴力矛盾"之中，它要不间断地发动针对市民社会要素的革命。然而，政治国家的存在是以市民社会为前提的，它最终会发现自己不可能消灭市民社会的要素。"政治剧必然要以宗教、私有财产和市民社会一切要素的恢复而告终。"③

其次，政治国家不仅没能消灭宗教，自己也成了新的宗教。按照马克思的说法，政治民主制是"基督教的"。关于政治民主制的基督教属性，马克思的解释是：政治民主制把人作为"最高的存在物"，但是这里的人并不是"现实的类存在物"。他缺少教养，没有摆脱自然和非人关系的控制；他缺少社会表现形式，只有偶然的存在形式。这一切都源于人在政治生活和市民生活中是相互对立的，市民生活的利己主义制约了政治生活的普遍性。政治国家和基督教一样，推崇的都是异化的人，或者按照马克思的说法，在政治国家和在基督教中一样，"享有主权"

---

① 《马克思恩格斯文集》，第1卷，28页。
② 同上书，32页。
③ 同上书，33页。

第三章　矛盾的公开：宗教批判与市民社会批判的分野

的都是人的异化的形象。①

第三，政治国家并不是人的真正的类生活。诚然，随着政治国家作为普遍性的要素从市民社会中产生出来，人在政治国家中"作为类存在物而共同活动"。但是，由于政治国家没有消灭市民社会的特殊性要素，而且全面地保持了这些要素的存在，人在市民社会中依旧是受特殊性约束的利己主义者。在市民社会中，人对人的关系犹如"狼对狼"的关系一般。既然政治国家以市民社会为前提，那么政治生活也就是有缺陷的类生活；既然这种类生活是以私人生活为前提的，它不仅没能成为私人生活的目的，反倒成了私人利益得到满足的手段。政治解放本来是为了追求平等的公民权利，消灭排他性的特权，但是伴随着政治解放的完成，刚刚建立起来的政治共同体却又通过立法保护排他性的利己主义"人权"②。作为目的建立起来的政治国家却成了保护私人权利的手段。要理解这里目的和手段的"本末倒置"关系，还要回到产生了人的双重身份的政治解放之中。伴随着政治解放的过程，政治国家从市民社会中逐渐产生出来。市民社会中之所以能够产生出政治国家，是因为市民社会本身就具有政治性质。在政治解放之前，"市民生活的要素……以领主权、等级和同业公会的形式上升为国家生活的要素"③。一方面，政治解放是政治国家脱离市民社会，成为"普遍事务"的过程；另一方面，也是"市民社会从政治中得到解放"，是市民社会"从一种普遍内容的**假象**中得到解放"④，成为真正的特殊性环节。随着普遍性环节和特殊性环节的分离，旧的市民社会也解体了。"**政治国家的建立和市民社会分解为独立的个体……是通过同一种行为实现的。**"⑤ 在政治国家中，人"不是**现实**的类存在物"；在市民社会中，人是"孤立的、自我封闭的单子"⑥。"把他们连接起来的唯一纽带是自然的必然性，是需要

---

① 参见《马克思恩格斯文集》，第1卷，37页。
② "人权"包括"公民权利"和"市民权利"。在利己的人权中：自由是单子的自由，它建立在人与人相互分离的基础上；财产权是对他人的排斥；平等是与他人分离开来之后的平等；安全是利己主义的保障。"在这些权利中，人绝不是类存在物，相反，类生活本身，即社会，显现为诸个体的外部框架，显现为他们原有的独立性的限制。"（《马克思恩格斯文集》，第1卷，42页）
③ 《马克思恩格斯文集》，第1卷，44页。
④⑤ 同上书，45页。
⑥ 同上书，40页。

和私人利益,是对他们的财产和他们的利己的人身的保护。"① 只有在私人利益得到满足的时候,人才会承认政治国家。政治国家只能成为保护利己的人的权利的手段。

随着政治国家和市民社会出现二元对立,人的社会属性和个体性也出现了二元对立;随着政治国家降格为维护私人利益的工具,人的"伦理"生活名存实亡。这是因为:政治国家只有超越了市民社会的特殊要素,才能成为真正的普遍性,成为"伦理现实"。② 这种二元对立以及"失序"的生存状态成了人的解放必须要面对的课题。

2. 人的解放:其必要性和可能性

政治解放虽然有其进步意义,但它还是有矛盾的解放。获得政治解放之后,人依然面对着一个冲突,即:"**普遍**利益和**私人**利益之间的冲突,**政治国家**和**市民社会**之间的分裂。"③ 这种二元对立的格局是现代人生存的基本境遇,是人所面对的各种异化的根源。政治解放导致了封建主义社会的解体,随着政治因素从市民社会中分离出去,人与人之间的人身依附关系消失了,取而代之的是一定限度内的人的独立性。在完成政治解放的情况下,人的独立性之所以还是有限度的,是因为人依旧受他律法则的控制,而不是自律的。这表现为:其一,尽管人不再依附于国王、领主,依然依附于上帝,人还把自己理解为神的创造物,而不是自我产生的。其二,就算是无神论者,他的独立性也是以物的依赖性为中介的。从政治解放中产生出来的私人依旧受个人需要和物质利益的支配,他只能借助于个体生产者之间的交换在社会中获得独立性。从这种关系中产生出了一个新的"上帝"——金钱。只有借助于这种交往中介,个体的活动才具有社会性的力量,个人才能依靠自己的劳动达到真正的独立性。事实上,只有真正的社会性才能造就人的独立性,在人的个体性和社会性处于二元对立的情况下,人的独立性只能是不完善的。在政治解放完成后,宗教信仰、教育背景、私有财产、家庭出身都不再是一个人享有何种政治权利的先决条件,人本身成了政治权利的根据。但是,尽管那些特殊性的要素不再是制约人的政治权利的要素,却实实

---

① 《马克思恩格斯文集》,第1卷,42页。
② 参见上书,30页。另外,在黑格尔的《法哲学原理》中,政治国家是人的伦理生活的现实化。
③ 《马克思恩格斯文集》,第1卷,31页。

在在地影响着每一个人的私人生活。在政治解放完成之后,人的解放成了一个迫在眉睫的课题。

推进人的解放意味着,在实现人的政治权利平等之后,还要消灭出身与等级的差别,在教育中最大程度地提高每一个人的文化程度,消除职业差别,消灭私有财产,消灭宗教等等。在这些都完成之后,人的发展才不受特殊性要素的制约,人才能成为一个全面发展的自由人。这无疑是一个漫长的历史过程,而马克思之所以对这个过程充满信心,就在于:第一,正是由于政治解放把人单子化了,让每一个个体的人都成为利己主义的私人,需要和物质利益极大地激发了人的创造性,这带来了整个社会物质财富和精神财富的极大丰富,为人摆脱"无教养的非社会形式"奠定了基础;第二,他发现了"人的自我异化的**最高实际表现**"①——金钱,他认为,消灭这个异化,直接就能带来人的解放。

四、人的自我异化及其扬弃

鲍威尔在《现代犹太人和基督徒获得自由的能力》一文中提出犹太人获得平等政治权利的条件是犹太人和基督徒都不再信仰宗教,而以人的立场对待彼此,这样就不会存在特权和压迫。尽管这对于犹太人比对基督徒更加困难,但是他们依旧有可能走到这一步。马克思指出这种观点并没有真正回答犹太人如何才能获得自由和解放,鲍威尔的神学批判在实践领域内是无力的。因此,马克思在《论犹太人问题》的第二部分转换了鲍威尔审查犹太人问题的视角,着重探讨了现代人在市民社会中所遇到的异化以及如何才能消除这种异化获得自由和解放。

1. 视域的转换

鲍威尔认为宗教的排他性造成了犹太人和基督徒在社会中相互排斥,只有消灭了宗教,犹太人和基督徒才能获得平等的权利。在马克思看来,鲍威尔的方法把犹太人解放的事业变成了哲学兼神学的行动。为了让犹太人的解放成为现实的行动,他调整了鲍威尔的视角:把犹太人问题从神学问题变成社会历史问题,从关注"安息日的犹太人"转向关注"日常的犹太人",从宗教批判转移到社会批判。

---

① 《马克思恩格斯文集》,第 1 卷,49 页。

思想的传承与决裂

(1) 从"神学问题"到社会历史问题

在《现代犹太人和基督徒获得自由的能力》一文中,鲍威尔探讨了犹太人和基督徒获得自由所面临的困难,并分析了他们谁距离自由更接近。由于基督教是犹太教的发展结果,他把犹太教的伪善、罪恶观念、排他性发展的都更加彻底,相对于犹太人,基督徒的宗教异化更加彻底。正因为如此,基督徒消灭基督教带来的异化为人类带来的贡献是自由的人性,而犹太人消灭自己的宗教异化只能达到基督徒现有的教养水平。犹太人需要在此基础上再完成基督徒的事情才能达到自由的人性。

马克思认为,鲍威尔讨论犹太人和基督徒获得自由的能力,是把一个具有社会、政治意义的问题变成了一个"纯粹的神学问题"。只有鲍威尔这样的神学家才会撇开犹太人和基督徒生活的社会历史背景,单单从自我意识的教养的角度讨论犹太人和基督徒获得自由的能力。马克思认为,犹太人和基督徒获得自由的能力并不是单纯的教养问题,因为思想观念只有在改变了的社会关系中才会改变。如果不改变人的生活方式,再多的理论批判也无法消灭宗教。

> 我们现在试着突破对问题的神学提法。在我们看来,犹太人获得解放的能力问题,变成了必须克服什么样的特殊**社会**要素才能废除犹太教的问题。因为现代犹太人获得解放的能力就是犹太教和现代世界解放的关系。这种关系是由于犹太教在现代被奴役的世界中的特殊地位而必然产生的。①

鲍威尔基于犹太人和基督徒的宗教戒律、宗教信念分析他们和普遍的自由的人性有多大的差距,提出基督徒只要"跨过一个台阶"就可以获得自由,而犹太人则要跨过两个台阶。马克思指出,像鲍威尔这样在神学的论域内讨论"犹太人问题"是不切实际的、片面的。之所以说这种做法不切实际,是因为它并没有告诉犹太人和基督徒到底怎么做才能摆脱宗教获得自由。在摆明了犹太人所面对的一系列问题和困难之后,又轻巧地安慰他们"在人面前,一切皆有可能"。但是鲍威尔始终没有告诉我们到底怎么做才能把可能变成现实。

之所以说鲍威尔的做法片面,是因为不论基督徒还是犹太人,宗教

---

① 《马克思恩格斯文集》,第1卷,49页。马克思这里说的"解放"只能被合理地理解为"人的解放",而非"政治解放"。

第三章 矛盾的公开：宗教批判与市民社会批判的分野

都不是他们的一切。但是，在鲍威尔的视野中，宗教就是一个信徒的一切，他把犹太教看做犹太人的"全部本质"。犹太人不仅是一个宗教徒，他还是某一个家庭中的一员，有自己的职业，生活在不同的国家等等，这些关系综合在一起构成了犹太人的"全部本质"，但是鲍威尔却以偏概全。

把"犹太人问题"从一个神学问题变成一个社会问题来处理，这意味着马克思不能只是关注犹太人的宗教属性，而是要全面地关注犹太人的整个社会属性。正是为了全面地考察犹太人的社会属性，马克思从"安息日的犹太人"转向"日常的犹太人"。

（2）从"安息日的犹太人"到"日常的犹太人"

在指出鲍威尔把"犹太人问题"变成"纯粹的神学问题"所面临的困难时，马克思指出：不能只是单纯地说犹太人和基督徒摆脱宗教之后就能获得自由，而是要实实在在地回答犹太人和基督徒到底如何做才能摆脱宗教。随着政治解放的完成，犹太教和基督教不再具有政治属性，它们变成了纯粹的私人事务，变成了市民社会中的特殊性要素。为了找到消灭宗教的道路，就要从市民社会本身入手。在马克思看来，理解市民社会的切入点应该是"日常的犹太人"，而不是"安息日的犹太人"[①]；消灭宗教不单单是一个思想观念教养的事情，而是涉及"私人"的整个生活方式的转变。

> 现在我们来观察一下现实的世俗犹太人，但不是像鲍威尔那样，考察**安息日的犹太人**，而是考察**日常的犹太人**。
>
> 我们不是到犹太人的宗教里去寻找犹太人的秘密，而是到现实的犹太人里去寻找他的宗教的秘密。[②]

关于如何理解"安息日的犹太人"和"日常的犹太人"，奥尔格尔

[①] 奥尔格尔（Gary S. Orgel）最早注意到马克思在"安息日的犹太人"和"日常的犹太人"之间作出的区分。他提出：正是由于混淆二者的界限，卡勒巴赫才把马克思归类为激进的反犹主义者。派莱德（Peled）采纳了同样的论证策略反驳马克思是反犹主义者的责难。参见 Gary S. Orgel, "Julius Carlebach, Karl Marx and the Radical Critique of Judaism, London: Routledge and Kegan Paul, 1978", in *Studies in Soviet Thought*, Vol. 21, 1980, pp. 239 – 251; Yoav Peled, "From Theology to Sociology: Bruno Bauer and Karl Marx on the Question of Jewish Emancipation", in *History of Political Thought*, No. 3, Vol. 13, 1992, pp. 463 – 485。

[②] 《马克思恩格斯文集》，第1卷，49页。

的建议是："对于马克思而言，'现实的'犹太人是脱去宗教外衣之后的分析的产物。但是，在消除了神秘的外壳之后，我们看到的只不过是作为市民社会成员的人。接下来的分析所针对的并非犹太人而是市民社会的利己的人。"① 奥尔格尔的主张是合理的，因为马克思在《神圣家族》中说过，《德法年鉴》"剥掉了犹太教的**宗教**外壳，使它只剩下经验的、世俗的、实际的内核"②。奥尔格尔指出，"日常的犹太人"只不过是市民社会众多成员中的一份子，马克思借助"日常的犹太人"批判的是整个市民社会的成员，这是符合马克思的看法的，因为马克思写道，"市民社会从自己的内部不断产生犹太人"③。马克思所说的从市民社会内部不断产生出来的"犹太人"并不是宗教信仰意义上的犹太人，也不是人种学、民族志意义上的犹太人，而是以"实际需要和利己主义"这一"市民社会的原则"为宗教信仰之基础的"犹太人"。试问，这种"日常的犹太人"除了市民社会的私人之外还有别的含义吗？这种以"金钱"为神的"以色列人"不正是市民社会的成员的缩影吗？马克思通过在"安息日的犹太人"和"日常的犹太人"之间所做的区分，把批判的矛头指向被金钱控制的市民社会。当鲍威尔提出消灭宗教以实现人的解放时，马克思对这种抽象见解进行批判的立足点正是市民社会。马克思提出只有消灭市民社会中的异化要素，才可能找到消灭宗教的途径。"日常的犹太人"正是马克思揭穿市民社会异化的分析工具：市民社会之所以是异化的、非人性的，是因为它不停地产生出以实际需要和利己主义为信仰的"犹太人"。

（3）从宗教批判到市民社会批判

鲍威尔认为，犹太教的排他性造成了犹太人和其他民族的隔绝，造成他们在基督教国家中不愿意与基督徒融合在一起，同样基督徒和基督教国家也由于自身的宗教本质而拒绝给予犹太人平等的市民权利。总而言之，是宗教造成了犹太人的现实苦难，要想解决犹太人问题，必须消灭宗教。马克思对此则有不同的看法，就犹太人的政治解放而

---

① Gary S. Orgel, "Julius Carlebach, Karl Marx and the Radical Critique of Judaism, London: Routledge and Kegan Paul, 1978", in *Studies in Soviet Thought*, Vol. 21, 1980, p. 247.

② 《马克思恩格斯文集》，第1卷，307页。

③ 同上书，52页。

第三章 矛盾的公开：宗教批判与市民社会批判的分野

言，现实的社会历史经验已经表明犹太人并不需要放弃宗教就能获得平等的市民权利；就人的解放而言，犹太人的自由确实需要消灭宗教，但是仅仅依靠宗教批判，指出宗教对自由的局限，这种做法并不能消灭宗教。

随着政治解放的完成，宗教转入市民生活领域。政治解放没能消灭宗教，这一事实表明：政治解放完成以后，人的生活依旧是有局限的，宗教的局限性只是人的现实生活的局限性的一种表达。"犹太教的世俗基础是什么呢？**实际需要，自私自利**。犹太人的世俗礼拜是什么呢？**经商牟利**。他们世俗的神是什么呢？**金钱**。"① 马克思把宗教作为市民社会的一个要素，相对于市民社会的其他要素而言，宗教并不是其他要素的原因，毋宁说它们一起体现了人的世俗生活的局限性。在世俗生活中，人是被"需要"和"私人利益"控制的。如果说"经商牟利"体现的是市民生活自私自利的排他性和满足实际需要的物质性，那么"金钱"则表明现代的生活并不是真正的类生活，因为人需要借助一个异己的中介才能和其他人"结合"在一起，完成类生活。由此，马克思把批判的对象从宗教转向市民社会，解答如何消灭宗教的问题。而现代市民社会最大的特点就在于它是在"犹太精神"的驱动下运转的。

2. 市民社会的犹太精神

（1）何谓"犹太精神"

所谓"犹太精神"，是指在商业活动中表现出的"唯利是图、追逐金钱的思想和习气"②。必须交代清楚的是，犹太精神并不只是犹太人的"精神"，而是现代社会所有成员的"精神"。马克思提出："犹太人作为市民社会的特殊成员，只是市民社会的犹太精神的特殊表现。"③ 随着政治国家和市民社会分离，在市民社会中人成了孤立的"单子"。每一个人为了满足自身的需要，就要和别人交换劳动产品。但是他们这样做的时候并没有把别人作为目的，而只是为了私人利益的最大化而彼此交往。市民社会中的每一个人都是唯利是图、追财谋利的"私人"。

其次，犹太精神是在市民生活中发展形成的，而不是犹太教在市民生活中的应用。犹太精神作为"实际需要的宗教"，"按其本质来说不可

---

① 《马克思恩格斯文集》，第1卷，49页。
② 同上书，50页。
③ 同上书，51页。

能在理论上完成，而是只能在**实践**中完成"①。犹太教在政治解放之后还能作为作为市民社会的一种要素保存下来，这当然是因为它和市民社会自私自利的基本精神是一致的。但是，从犹太教中却无法发展出完善的犹太精神，后者只能"**随着**社会状况的进一步发展而扩大"②。因为，如果按照犹太教的宗教原则，他们要恪守宗教戒律，与其他民族保持距离，如此一来，犹太精神的形成就会受到阻碍。

第三，犹太精神是市民社会中现实的精神，宗教是抽象的精神。在市民社会中，犹太精神把不同宗教信仰的人联系在一起。按照宗教信仰的原则，他们本来需要相互排斥、互相隔绝的。但是为了满足自身的需要和利益，他们在商业活动中的联系却越来越紧密，这生动地表明了犹太精神的现实力量。

(2) "犹太精神"的形成条件

犹太精神是随着人的单子化的历史过程形成起来的，而人的单子化是由基督教实现的。犹太教主张犹太民族的特殊地位，它只是把犹太民族和其他民族区分开了。基督教不仅取消了民族的界限，而且主张信仰是每个人的私事。相比于犹太教，基督教真正把人独立开来。所以在基督教出现之后的世界里，才能产生完善的犹太精神。

> 犹太精神随着市民社会的完成而达到自己的顶点；但是市民社会只有在**基督教**世界才能完成。基督教把**一切**民族的、自然的、伦理的、理论的关系变成对人来说是**外在**的东西，因此只有在基督教的统治下……代之以利己主义和自私自利的需要，使人的世界分解为原子式的相互敌对的个人的世界。③

"基督教作为完善的宗教从**理论**上完成了人从自身、从自然界的自我异化。"④ 它把人孤立、原子化，使人和人相互异化；把人视为自然的目的，使人和自然异化。在这种处境中，不仅自然物可以成为买卖对象，类关系也可以成为买卖对象。在此基础上，犹太精神把一切社会要素都纳入自己的控制之下。

我们还看到，马克思和鲍威尔关于基督教有着一致的认识：基督教是完善的宗教，是人的异化的顶点。但是马克思和鲍威尔的不同之处在

---

① 《马克思恩格斯文集》，第1卷，53页。
②③④ 同上书，54页。

第三章 矛盾的公开：宗教批判与市民社会批判的分野

于：鲍威尔讨论的是基督教和犹太教的宗教关系，马克思讨论的是基督教和犹太精神的世俗关系。鲍威尔基于二者的宗教关系提出：基督徒和犹太人消灭宗教异化才能获得自由；马克思基于世俗关系提出，基督徒和犹太人消灭犹太精神才是在为人的解放工作。

(3)"犹太精神"的现实表现

在单子化的人之间，每一个人都在为了满足自己的需要而活动。而一个产品只有具有普遍的价值，才能交换到满足个人的多种需要的其他产品。这个普遍的价值就是"金钱"。在一个自私自利的社会中，只有它能够换来一切产品，满足一个人的不同需要。人的产品和活动只有具有"异己本质——金钱——的作用"①，才是实际的产品和活动。

实际需要、利己主义是**市民社会**的原则；只要市民社会完全从自身产生出政治国家，这个原则就赤裸裸地显现出来。**实际需要和自私自利**的神就是**金钱**。

金钱是以色列人的妒忌之神；在他面前，一切神都要退位。金钱贬低了人所崇奉的一切神，并把一切神都变成商品。金钱是一切事物的普遍的、独立自在的**价值**。因此它剥夺了整个世界——人的世界和自然界——固有的价值。金钱是人的劳动和人的存在的同人相异化的本质；这种异己的本质统治了人，而人则向它顶礼膜拜。②

尤其值得我们注意的是，马克思在这里提出的关于金钱的本质的看法："金钱是人的劳动（Arbeit）和人的存在（Dasein）的同人相异化的本质（Wesen）。"③ 构成金钱的本质的是人的劳动和人的存在，这一观点预示着马克思在《1844年经济学哲学手稿》中的如下看法：私有财产是劳动的客体形态，劳动是私有财产的主体本质。金钱本是人在劳动中创造出来的产物，它是人的存在的凝结，但在特定的社会条件下却成了一种控制着人的异化力量。之所以会出现这种情形，是因为市民社会中私人以实际需要和利己主义为最高的原则，该原则把这个劳动产物变成了世俗世界的普遍价值，一切产品和活动只有能够交换到金钱，才具

---

① 《马克思恩格斯文集》，第1卷，54页。
② 同上书，52页。
③ 德文原文可参见 *Marx Engels Werke*，Band 1，Berlin：Dietz Verlag，1983，S. 375。

有实际的价值。它统治着人在市民社会的生活，人不得不向它膜拜。这段引文的意义在于，它不仅昭示着马克思把费尔巴哈的宗教批判应用到社会批判当中，而且表明，马克思对社会的批判并没有局限于费尔巴哈式的"类本质的异化"，而是同时还吸收了黑格尔的"劳动异化"理论。正是由于马克思把金钱与人的劳动和存在联系起来看待，马克思才把经商牟利和金钱看做"人的自我异化的**最高实际**表现"①。在现代社会，金钱这种社会力量对人的控制表明：人对自身"固有力量"的社会性还缺乏认识，更没有办法把自己的个体化的活动直接转变为社会的活动。人只有借助于货币这个交往中介才能实现个体活动和社会活动之间的转变。正是因为这个中介具有凌驾于个人之上的社会力量，人才把自己的全部身心都投注在它上面，对它顶礼膜拜。

3. 人的解放的现实道路

（1）犹太人的解放是社会的解放

由于每一个个人都有着丰富的需要，但是每个人在生产活动中只能生产出有限种类的产品，因此，每一个个人只有在社会关系中才能满足自己的多种多样的需要。人与人之间的关系越是相互独立，他们就越需要社会关系的纽带才能维持单个人的生存需要。在现代市民社会中，人被单子化了。在这种情况下，人只能创造出一个物质的交往中介——货币——以满足单个的人所具有的普遍的需要。由于每一个人只有拥有了货币才能维持自己的生命和生活，其结果是：人的精神被物的精神控制，人的力量屈从于物的力量。这是一个被犹太精神控制着的异化社会。

> 从**经商牟利**和**金钱**中解放出来——因而从实际的、实在的犹太教中解放出来——就会是现代的自我解放了。
>
> 如果有一种社会组织消除了经商牟利的前提，从而消除经商牟利的可能性，那么这种社会组织也就会使犹太人不可能存在。他的宗教意识就会像淡淡的烟雾一样，在社会这一现实的、生命所需的空气中自行消失。②

犹太精神是现代市民社会最典型的特征，它集中表现了现代社会的缺陷。要解决现代社会的弊病，就需要消灭这种精神。"犹太人的**社会**

---

① ② 《马克思恩格斯文集》，第1卷，49页。

第三章 矛盾的公开：宗教批判与市民社会批判的分野

解放就是**社会从犹太精神中解放出来**。"① 当然，犹太人生活于其中的现代市民社会也是基督徒以及其他人生活的社会，社会从犹太精神中解放出来，同样是他们的社会解放。

消灭犹太精神，亦即消灭"经商牟利"和"金钱"，需要消灭它们产生的社会条件。经商是随着人的单子化产生的，金钱是为了把人的个体活动和社会活动关联起来才出现的。消灭犹太精神就是要消灭"人的个体感性存在和类存在的矛盾"②。由于现代政治国家和市民社会的二元对立是人的类生活和个体生活对立的原因，"社会解放"也就需要重建一个与之不同的新社会。

尽管马克思并没有过多地着墨于那种新的社会组织，一个合理的推测是，在那里人的类生活和个体生活是同一的，也即是说市民社会和政治国家达到了同一。因为只有克服了这种分裂，人的个体生活直接就是"类"生活，这两种生活之间不再需要中介，货币产生的根源才会被斩断。《德意志意识形态》和《共产党宣言》把这一观点进一步发展为打破"虚幻共同体"、建构"真实共同体"的共产主义运动。

（2）德国实现社会解放的途径

犹太人因为生活的国家不同而具有不同的境遇、命运，他们的政治解放不仅需要不同的策略，而且有着不同的前景。但是，"犹太人问题"作为一个起源于德国而且在德国也最迫切的问题，所有的争论最终都要面对德国犹太人的现实需要。在鲍威尔看来，实现犹太人的解放需要基督教国家摆脱基督教，犹太人摆脱犹太教，同时基督徒摆脱基督教；在他看来，消灭宗教的问题需要通过批判提高人的教养而实现，因此他在批判回答犹太人问题的各种尝试之后转向讨论犹太人和基督徒摆脱宗教、实现自由的能力。在马克思看来，鲍威尔选择的宗教批判道路有一定的价值："就德国来说，**对宗教的批判**基本上已经结束；而对宗教的批判是其他一切批判的前提。"③ 马克思认识到，在着手批判黑格尔法哲学之前，需要好好反思一下德国理论界宗教批判的成果，"反宗教的批判的根据是：**人创造了宗教**，而不是宗教创造人，就是说，宗教是还没有获得自身或已经再度丧失自身的人的自我意识和自我感觉"④。马克思在这里用"自我意识和自我感觉"来界定宗教，而且以"鸦片"、

---

① ② 《马克思恩格斯文集》，第1卷，55页。
③ ④ 同上书，3页。

"锁链"和"花瓣"等鲍威尔曾经使用过的隐喻来阐释宗教，这些都表明马克思谈到宗教批判时首先想到的人物是鲍威尔。但是马克思对"反宗教的批判"所持有的观点的概述并不等同于马克思对宗教的批判，因为他话锋一转，就提到"**人**不是抽象的蛰居于世界之外的存在物。人就是**人的世界**，就是国家，社会。这个国家、这个社会产生了宗教……废除作为人民的**虚幻**幸福的宗教，就是要求人民的**现实**幸福"①。马克思就此在如何消灭宗教这个问题上走到了和鲍威尔相反的方向上，而这个方向是马克思借助于对黑格尔法哲学的内在批判所开辟出来的。所谓内在批判就是借助于费尔巴哈颠倒主谓结构的方法论对法哲学本身的逻辑进行的批判。就此而言，尽管我们承认麦克莱伦所说的马克思从鲍威尔那里借用了很多比喻，但是马克思此时受到的影响并非仅仅来自鲍威尔。②

经过宗教批判家的努力，对"天国"、"宗教"、"神学"的批判已经完成，理论的任务转变为对"尘世"、"法"和"政治"的批判。如果关注德国的"尘世"、"法"和"政治状况"，就会发现，德国当时的政治制度在世界历史的范围内的特征可以概括为"时代错乱"：它的政治制度本身远低于世界历史的发展水平，而关于政治制度的法哲学却和世界历史的发展处于同一高度。理论的发展要想达到世界历史的高度，它就不仅要批判德国的现实，而且要批判德国的法哲学，亦即批判和德国法哲学处于同一世界历史高度的英法政治制度。只有这样，德国的政治制度才能不只是仅仅达到英法当时的政治水平，而且达到这些国家在发展中即将达到的"人的高度"。

基于对德国状况和世界历史发展趋势的认识，马克思提出，只有一场席卷一切的革命才能治愈旧制度的创伤。"对德国来说，**彻底的**革命、**普遍的人的**解放，不是乌托邦式的梦想，相反，局部的**纯政治的**革命，毫不触犯大厦支柱的革命，才是乌托邦式的梦想。"③ 德国并不需要一场局部的政治革命，而需要一场彻底的人民革命。这场革命不仅要有彻底的革命理论，而且要有彻底的革命力量。马克思对这场革命充满期待，也充满信心，这是因为，在德国宗教批判已经为彻底的革命准备了理论基础："对宗教的批判最后归结为**人是人的最高本质**这样一个学说，

---

① 《马克思恩格斯文集》，第1卷，3~4页。
② 参见戴维·麦克莱伦：《青年黑格尔派与马克思》，80页，北京，商务印书馆，1982。
③ 《马克思恩格斯文集》，第1卷，14页。

从而也归结为这样的**绝对命令：必须推翻**使人成为被侮辱、被奴役、被遗弃和被蔑视的东西的**一切关系**。"① 除了彻底的理论，德国实现人的解放还需要形成一个"被戴上彻底的锁链的阶级"、"一个表明人的**完全丧失**，并因而只有通过**人的完全回复**才能回复自己本身"的阶级，这个阶级就是无产阶级。无产阶级这个被排斥在市民社会之外的特殊等级表明现代政治制度的破产，而无产阶级作为工业生产的产物是世界历史的普遍产物。尽管这个阶级普遍遭受苦难，它的原则却蕴含着历史的发展方向。把无产阶级的原则——私有财产的丧失、否定——在革命中实现为社会的普遍原则才能重建人的社会。马克思所说的"**德国人的解放就是人的解放**"意味着在德国只有通过无产阶级革命消灭私有财产，才能最终实现德国人（包括犹太人和基督徒）的人的解放。

五、小结：如何评价《论犹太人问题》

1. 《论犹太人问题》是反犹主义的"檄文"吗？

早在19世纪末，对马克思是个反犹主义者的责难就已经在思想界出现。这一百多年来，马克思是个反犹主义者的评价一直不绝于耳。有趣的是，尽管在这一点上指责马克思的学者代不乏人，马克思并没有被钉在反犹主义的"火刑柱"上，因为与之相反的呼声同样此起彼伏，甚至每一份"反犹主义"的判决书背后都跟随着一份"解放犹太人"的辩白。在社会主义和资本主义激烈对峙的冷战时期如此，在"姓资"还是"姓社"的意识形态斗争日益淡薄的21世纪亦是如此。在"反犹主义"这个问题上，"打倒"马克思和"保卫"马克思的较量形成了《论犹太人问题》研究中的一道独特风景线。在今天，要想追述这场较量中的每一份著述，不仅不可能，而且也无必要，因为争论的核心始终围绕着那几段文字，相似的观点也总是一再出现。因此，我们从"打倒"马克思的阵营中挑选出两份最有分量的著述，展现其中的论证环节和结论，在辨析其观点的同时探讨其论证的疏漏。

（1）西尔伯纳的责难

第一份是埃德蒙德·西尔伯纳1949年在 *Historia Judaica* 第11期上发表的《马克思是个反犹主义者吗？》。在这篇文章中，西尔伯纳首先

---

① 《马克思恩格斯文集》，第1卷，11页。

思想的传承与决裂

考察了马克思的家谱：卡尔·马克思的爷爷是特里尔的拉比（相当于基督教神父），其叔父是犹太大公会的成员，担任萨尔区的大拉比，卡尔·马克思的奶奶和母亲的家族也都是拉比世家。他提出，没有哪个革命者有比卡尔·马克思更显赫的拉比族谱了。但是亨利希·马克思（Heinrich Marx）为什么改宗基督教却一直没有人搞清楚，他不仅驳斥了卡尔·斯波尔格（Karl Spargo）提出的"皈依说"，而且不认同弗兰茨·梅林（Franz Mehring）的"自由决定说"，因为在他看来唯一的原因就是放弃犹太教在那个时期不仅意味着"宗教上的自我解放"，而且意味着"社会解放的行动"，只有改变信仰才能交换到融入欧洲文化的入场券。而亨利希·马克思改宗基督教表明他对犹太教以及犹太人民已经没有什么强烈的感情了。他还提到：亨利希·马克思在犹太人问题上是如何教导卡尔·马克思的，这是马克思传记作家的一个"禁忌"（taboo）。西尔伯纳用"禁忌"这个词汇似乎是在暗示亨利希对卡尔说了什么关于犹太教的不体面的话。接受洗礼对于马克思有什么影响吗？对于这个问题，西尔伯纳写道，由于传记作家没有交代这个问题，我们并不清楚具体的影响是什么。但是，皈依行为造成的影响不一而足，只有少数人在改变信仰之后还对犹太人保持尊重，大多数人都陷入对犹太人自负的厌恶之中。"马克思显然属于后者。"在接受洗礼之后，马克思在全新的环境中接受教育。"他没有受过任何犹太教育，因而更加容易受到基督教社会的影响，而基督教社会——就算在莱茵省不是直言不讳地反犹的——对待犹太人至少是冷漠无情的。"[1] 马克思一家因为皈依基督教经济上更加有保障，连卡尔·马克思和燕妮·冯·威斯特法伦的姻缘也因皈依基督教而少了很多困难。西尔伯纳还从马克思轻蔑地评论一份报纸"改叛信仰"看出马克思对自己的犹太人出身已经没有任何意识。

对于马克思在致卢格的信中提到的为科隆犹太人请愿一事，西尔伯纳提出了如下质疑：由于卡尔·马克思对于犹太教没有任何知识，也没有任何好感，1842年科隆"当地的犹太人领袖"为什么会找马克思写请愿书？科隆的犹太人地方志和研究材料都没提到有这么一个领袖，1842年科隆犹太人的领袖是谁？同时有比马克思更有经验〔《莱茵报》经理达哥贝尔特·奥本海姆的两位兄弟：西蒙（Simon Oppenheim）和

---

[1] Edmund Silberner, "Was Marx an Anti-semite?", in *Historia Judaica*, Vol. 11, 1949, pp. 3–52.

第三章 矛盾的公开：宗教批判与市民社会批判的分野

亚伯拉罕·奥本海姆（Abraham Oppenheim），这两位银行家曾为犹太人请过愿]、更有名望的人选（加布里尔·里瑟尔），科隆犹太人为什么会选择一个对犹太教没有感情的人来为犹太人请愿？他驳斥梁赞诺夫（Ryazanov）有关这个人是马克思的亲戚的说法，因为马克思明确提到这个人是科隆当地人。说到这份请愿书，西尔伯纳的看法是，马克思很有可能没写这份请愿书，就算马克思已经起草了请愿书，它之所以没有流传下来，也是因为当地犹太人发现请愿书只能带来更多伤害，因此没有采用这份请愿书。而且，马克思在致卢格的信中还提到他讨厌犹太人的信仰，鉴于马克思此时还不是社会主义者，也不是共产主义者，"因此，很显然对于马克思这个无神论者来说，犹太人的信仰之所以尤其讨厌，是因为这个时候他已经充满了早年获得的偏见"①。

关于《论犹太人问题》的主要观点，西尔伯纳作了中肯的概括：政治解放不同于人的解放，它没有理由要求犹太人放弃宗教，犹太人有充分的权利要求获得政治解放而又不放弃犹太教。针对马克思在《论犹太人问题》中始终使用"犹太人"而非"犹太人民"这样的词汇，西尔伯纳的解释是：

> 其中的原因很简单，马克思像鲍威尔一样认为犹太人的民族性是想象的民族性。因此，犹太人不是真实的人民，而是虚幻的人民。"犹太人的想象中的民族是商人的民族，一般地说，是财迷的民族。"马克思没有为这种看法的有效性设定任何时间或空间的限定。它似乎可以扩展到所有时间和这个世界的所有地方。它甚至暗示所有的商人和财迷都具有犹太人的民族性。不过马克思实际上比理论中更加连贯。当他说到犹太人的时候，他并不是真的用这个词指称所有民族的商人，而是要么用它来说信仰犹太教的人，要么用它来说现在不信而其先辈信仰犹太教的人。使用（商人的民族）这个隐喻只是为了摆脱他在解释什么是犹太人时的无能为力。②

西尔伯纳注意到马克思在"安息日的犹太人"和"日常的犹太人"之间做出了区分，但是他质疑道，马克思并没有检查一下在"安息日的犹太人"和"日常的犹太人"之间是不是可以做出明确的区分。针对西

---

① ② Edmund Silberner, "Was Marx an Anti-Semite?", in *Historia Judaica*, Vol. 11, 1949, pp. 3-52.

尔伯纳的这个质疑，正如我们前面已经说过的，马克思本人清醒地认识到这个区分的重要性，所以他在《神圣家族》中明确地提到，"剥掉"宗教外壳，"掏出"世俗内核来认识犹太教和犹太精神。西尔伯纳提到，马克思认为只有摆脱现在的社会体系或者——用马克思的话来说——消除犹太精神对社会的束缚才能解决犹太人问题。一旦消灭这些束缚，犹太人问题和社会问题会自动解决。针对马克思的结语"犹太人的**社会解放就是社会从犹太精神中解放出来**"①，西尔伯纳的评论是：

> 这是一个多世纪以前就提出的福音，它本应把犹太人问题纳入新的轨道。按照梅林的说法，这是一项"根本研究"，它不需要任何评论，任何评论都只会弱化它。在梅林看来，马克思这几页的研究比从那以后出现的所有有关犹太人问题的研究都更有价值。不过，伟大导师的另一些资质不错的研究者，例如卡尔·考茨基（《人种和犹太教》，1914）在处理犹太人问题时甚至连《论犹太人问题》都没提一下。这一方面是因为马克思对犹太人的看法空洞无物，一方面是因为这些看法没有解释力。②

西尔伯纳将马克思对犹太人的看法概括为："犹太人是市民社会的产物"，"犹太教是利己主义的产物"，"犹太人问题在一个实现人的解放的社会将会消失"。针对第一个问题，西尔伯纳的评论是，如果"犹太人"说的是商人，那么这句话和犹太人问题就扯不上关系；如果"犹太人"说的是犹太人民，这句话简直大错特错，因为犹太人民的历史远早于资本主义。针对第二个问题，西尔伯纳说这个结论太过简单，完全经不起任何严肃的社会学分析，因为"利己主义"这个口号能用来解释历史上的一切人和一切事，事实上，它最后什么也解释不了。针对第三个问题，西尔伯纳说这完全符合任何一种乌托邦主义的逻辑和主要假说。千禧年的大结局就是要解决人类的所有问题，当然也会解决犹太人的问题。最后，西尔伯纳把马克思写作这篇文章的动机归结为：马克思一方面想证明自己的新唯物主义方法比鲍威尔以及青年黑格尔派的唯心主义方法有更大的优越性；另一方面是因为，他感到迫切需要对犹太人问题

---

① 《马克思恩格斯文集》，第1卷，55页。
② Edmund Silberner, "Was Marx an Anti-Semite?", in *Historia Judaica*, Vol.11, 1949, pp.3-52.

第三章 矛盾的公开：宗教批判与市民社会批判的分野

发表看法，以释放一部分过去积累起来的对犹太人的厌恶，从而公开地表明自己和犹太人没有任何关系。

在评述《论犹太人问题》之后，西尔伯纳又用了六个小节来分析马克思的其他著述以及他对社会主义思潮的影响。他最后总结道："不论愿不愿意，马克思在他的基督徒追随者中间都强有力地唤起或强化了反犹偏见，而且使得很多仰慕他的犹太人与自己的民族疏远。因而，他在现代社会主义的反犹传统（这是一个可以使用而且必须使用的新术语，也是一个合适的术语）中占据着核心地位，这是毋庸置疑的。"①

在西尔伯纳的众多批评者当中，犹太人赫尔穆特·希尔施"毋庸置疑"地"占据着核心地位"。为了反驳西尔伯纳提出的"马克思是一个反犹主义者"的论点，他发表了论文《马克思与争取犹太人平等地位的申请书》、《丑陋的马克思：对一个"直言不讳的反犹主义者"的分析》以及专著《马克思与摩西：马克思论犹太人问题和犹太人》。② 在《马克思与争取犹太人平等地位的申请书》中，希尔施提出尽管马克思1843年3月13日写信给卢格之后是否起草这份请愿书已无从考证，但是确实存在一份《科隆1843年5月》的请愿书，这份请愿书是以科隆参议员海因里希·梅尔肯斯（Heinrich Merkens）博士的《有关犹太人和其他市民地位平等的申请》的附件形式提交给莱茵省议会的。1843年5月22日，《科隆日报》公布了这份请愿书。《莱茵报》的所有成员都在这份请愿书上签了名，其中不乏马克思当时非常密切的朋友。这份请愿书是谁起草的，已无从考证，是否马克思所做亦不可知。除此之外，还有一份题为《特里尔，1843年6月10日》的请愿书。这份请愿书有两个值得注意的信息：第一，有一个名叫"约瑟夫·马克思"（Josef Marx）的犹太家畜商人在这份请愿书中署了名，并不能排除这是卡尔·马克思的亲属；第二，请愿书中有与《论犹太人问题》相近的思

---

① Edmund Silberner, "Was Marx an Anti-Semite?", in *Historia Judaica*, Vol. 11, 1949, pp. 3–52.

② 参见 Helmut Hirsch, "Karl Marx und die Bittschrift für die Gleichberechtigung der Juden", in *Archiv für Sozial Geschichte*, Bd. VIII, Hannover: Verlag für Literatur und Zeitgeschehen GmbH., 1968, S. 229–245; Helmut Hirsch, "The Ugly Marx: Analysis of an 'Outspoken Anti-semite'", in *The Philosophical Forum*, Vols. 2–4, 1977—1978, pp. 150–162; Helmut Hirsch, *Marx und Moses, Karl Marx zur Judenfrage und zu Juden*, Frankfurt am Main; Bern, Cirencester, 1980.

思想的传承与决裂

想,尽管梁赞诺夫说马克思为特里尔的亲属起草了请愿书并没有确实可靠的证据,这种可能性也不能排除。更重要的是,马克思之所以表达自己愿意写这份请愿书,是因为他支持犹太人的解放事业。[①] 赫尔穆特·希尔施提出,马克思并不能归为"反犹主义者",这是因为他对于犹太人的宗教信仰和政治命运有着完全不同的态度,马克思作为一个从青年黑格尔派阵营中成长起来的理性主义者,他对于任何信仰都没有好感。但是马克思对于犹太人的解放事业却一直尽力支持:他在《神圣家族》中不仅支持古斯塔夫·菲利普逊、萨缪尔·希尔施以及加布里尔·里瑟尔对鲍威尔的斗争,而且为了犹太人的政治解放激烈反驳自己曾经的师友。马克思对于犹太人的诉求并不像西尔伯纳所说的一无所知,同时马克思对斯宾诺莎的好感以及对拉萨尔逝去的惋惜还表明他对犹太人也并不像西尔伯纳所说的是一味的憎恨。[②] 希尔施通过这些材料证明,把马克思定位为一个"直言不讳的反犹主义者"从而丑化马克思的做法是没有真凭实据的。他在《丑陋的马克思:对一个"直言不讳的反犹主义者"的分析》中提出:"在将来,没有哪个哲学文库会认为马克思在评论文章《论犹太人问题》中提出了一个血腥的梦想——建立一个没有犹太人的世界,我们对此满怀信心。"

(2) 卡勒巴赫的批评

我们要考察的第二份在"反犹主义"的议题上抨击马克思的著述是犹太人尤里乌斯·卡勒巴赫撰写的《卡尔·马克思和对犹太教的激进批判》。这份著述之引人注目,并不在于作者对马克思或者鲍威尔的著述有多么透彻的把握——按照奥尔格尔对该书书评的说法,他对马克思的著述简直没有任何分析,只是在罗列参考文献——但是翔实的史料和大胆的结论还是为他赢得了不少拥趸。他对《论犹太人问题》第一篇文章是这样概括的:

> 很明显,这篇文章包含着马克思体系中的最根本的观念:
> 1. 对市民社会即资产阶级社会的批判;2. 理解历史的唯物主义方

[①] Helmut Hirsch, "Karl Marx und die Bittschrift für die Gleichberechtigung der Juden", in *Archiv für Sozial Geschichte*, Bd. VIII, Hannover: Verlag für Literatur und Zeitgeschehen GmbH., 1968, S. 234-235.

[②] 参见 Helmut Hirsch, "The Ugly Marx: Analysis of an 'Outspoken Anti-semite'", in *The Philosophical Forum*, Vols. 2-4, 1977—1978, pp. 150-162.

第三章 矛盾的公开：宗教批判与市民社会批判的分野

法；3."人权"是不充分的；4. 呼吁比以前更加深刻的革命；5."完美"社会的预言。这些重要的观点是在《论犹太人问题》这个标题下——《论犹太人问题》中还有另一篇文章，它相对而言更加无力、更无法令人信服——提出的，这是犹太人的不幸。①

按照卡勒巴赫的看法，马克思本可以在讨论其他问题时提出这些构成马克思主义体系的主要观点，可是马克思偏偏在一篇被取名为《论犹太人问题》的文章中提出了这些观点，这实在是犹太人的不幸。表面上看起来，卡勒巴赫作为一个虔诚的犹太人对他口中的反犹主义者马克思已经做了最宽容的理解。实际上，这里埋伏着他对马克思主义及其传播者的攻击：不仅马克思主义的核心思想是在反犹主义的思想语境中发展起来的，而且随着马克思主义的传播，对犹太人的敌意在对马克思有好感、传播马克思主义的学者以及以马克思主义为基础的社会中被散布、保存下来。如果翻看卡勒巴赫的书，我们很容易会发现，单是这一部分在他书中就占到了一半的份额。

他还没来得及对第一篇文章展开讨论就写道："像阿维纳利（Shlomo Avineri）和麦克莱伦那样证明马克思捍卫犹太人的政治解放并不十分正确，这一点将会变得很明显。马克思的政治解放概念使得他不可能排除市民社会的任何一份子，这样说才更正确。"② 在讨论第二篇文章时，他更是提出："如果马克思在第一篇文章中很大程度上强调的还是他的方法的普遍性，因为他把每一个论证都从犹太人扩大到基督徒、宗教徒身上；他在第二篇文章中的方法就大为不同了，因为他在这里尽管也说了些关于货币的事情，主要考虑的还是'现实的'犹太人。"③ 但是，我们有义务帮助卡勒巴赫澄清的是：什么是马克思所说的"现实的犹太人"呢？这个概念不过是"日常的犹太人"的另一个说法。正如我们已经表明的："日常的犹太人"是一个以市民社会中的私人为指向的批判用语，与其说马克思敌视的是犹太人，不如说马克思敌视的是市民社会中人与人相互敌对的生存状态。为了把反犹主义的罪名加到马克思头上，卡勒巴赫写道：

---

① ② Julius Carlebach, *Karl Marx and the Radical Critique of Judaism*, London: Routledge & Kegan Paul, 1978, p. 165.

③ Ibid., p. 170.

> 思想的传承与决裂

如果马克思把他对犹太教的分析局限在社会议题上，那么，下面这些主张或许还是正确的：马克思真正谈论的是商业社会，犹太教"在马克思那里只有很少的宗教内容，其种族内容甚至更少"，马克思只是在"嘲弄鲍威尔"。但是马克思并不满足于分析犹太教的社会意义。他明确支持费尔巴哈和鲍威尔对犹太教和犹太历史的批判，而且加入了自己的评论，这些评论甚至更加傲慢，而且肯定比他的前辈透露出更少的善意。

卡勒巴赫还找出证据证明"在马克思的概念中，犹太教是完全否定的"①。例如：犹太教和理论、艺术、历史都是对立的；犹太教在市民社会中已经达到自身的顶点，无法再有进一步发展的空间；犹太人为历史没有做出任何贡献，而且没有随着历史发展改变自身。

卡勒巴赫对马克思文本的这些解读并不足以让这本书在同类著作中垂范，但是当他提出下面这个命题的时候，情形就完全不一样了：

> 马克思的第二篇文章与路德和希特勒对犹太人的看法有相同的品性。与他们一样，马克思对犹太教知之甚少，而且很少关心经验现实。路德想要改变（convert）犹太人的信仰，马克思想要消除（abolish）犹太人，希特勒想要驱逐（expel）以致剪灭（exterminate）他们。马克思是路德和希特勒之间不可或缺的逻辑链环。他传递出的很多观点都可以在希特勒的观念体系中找到。②

到现在，我们终于理解了：卡勒巴赫在：第 178 页指责莫斯科的翻译人员把《神圣家族》中的"auflösen"翻译为"abolish"而不是翻译为"dissolve"时犯下了错误，原来他是埋下了一个大伏笔，因为他要留着"abolish"这个词以备他用，即在第 352 页把它用在马克思对待犹太人的态度上。

还是让我们回到卡勒巴赫的文本吧。就算我们承认马克思是路德和希特勒之间不可或缺的逻辑链环，我们要问的是：路德和希特勒之间有多少"不可或缺的逻辑链环"，路德又是谁和马克思之间"不可或缺的逻辑链环"。正如卡勒巴赫所言："反犹主义，或者敌视犹太人，是一个

---

① Julius Carlebach, *Karl Marx and the Radical Critique of Judaism*, London: Routledge & Kegan Paul, 1978, p. 165.

② Ibid., p. 352.

第三章 矛盾的公开：宗教批判与市民社会批判的分野

非常古老的历史术语，它历久不衰，而且往往包含着非常恶毒、暴力的表达方式"①。如果按照卡勒巴赫的逻辑说下去，路德和马克思是远古历史上第一个辱骂过犹太人的人和希特勒之间"必不可少的逻辑链环"，而这个逻辑链条上串联起了无数的历史人物或无名小卒。这个逻辑链环还有什么意义呢？

撇开这种语义学上锱铢必较的考量，卡勒巴赫之所以敢于提出马克思为希特勒提供了思想资源，是因为马克思一方面"把有血有肉的人转变为社会经济范畴"②，另一方面"为了达到特定的目的而要消灭犹太人"③。对于第一个问题，需要我们进一步追问的是：马克思在《论犹太人问题》中已经把人转变为"社会经济范畴"了吗？我们承认，马克思确实把"日常的犹太人"理解为追逐个人利益的"私人"，但是在《论犹太人问题》的语境中，难道基督徒在日常生活中就不是利己主义的"私人"吗？正是因为整个社会都陷入利己主义的敌对状态，所以马克思才提出彻底改变社会，实现人的解放。另外，马克思《论犹太人问题》中的犹太人不仅有日常生活，而且有安息日的生活，基督徒同样有这两种生活。在《论犹太人问题》中，马克思否认安息日的犹太人是一个"信徒"了吗？马克思承认，人的信仰、文化等精神生活中的局限性根源于利己主义的经济活动，但是马克思并没有否认人有意识、信仰、文化。就算在《资本论》中，马克思所说的"人是经济范畴的载体"也只是"纯粹资本主义理论"这一抽象的理论层次上的分析工具，在"资本主义发展阶段理论"和具体的历史分析中，马克思笔下的人从来都是"多面的"人。④ 针对第二个问题，我们需要澄清马克思是为了什么"特定目的"而"消灭犹太人"，卡勒巴赫承认马克思的这个目的是"人的解放"。卡勒巴赫在这里又犯了逻辑上的矛盾：他一方面指责反犹主义者之所以对犹太人动了杀念，是因为他们没有把犹太人理解为人，例如仅仅把犹太人理解为一个与众不同的族群，没有认识到犹太人的人

---

① Julius Carlebach, *Karl Marx and the Radical Critique of Judaism*, London: Routledge & Kegan Paul, 1978, p. 344. 着重号是本书作者加上的。

② Ibid., p. 3.

③ Ibid., p. 349.

④ 罗伯特·阿尔布瑞顿在日本学者宇野洪藏和关根友颜的基础上很好地阐述了马克思政治经济学的三个理论层次之间的勾连关系。参见 Robert Albritton, *Dialectics and Deconstruction in Political Economy*, Chapter 1, London: Palgrave Macmillan, 2001。

性；另一方面又指责一种致力于把犹太人解放为"人"的理论。其实，不仅日常生活中的犹太人和基督徒作为"人"没有什么不同，实现"人的解放"之后，他们之间的纽带也只会更加密切。

(3)《论犹太人问题》和"反犹主义"的关系

在讨论这个问题之前，我们首先需要搞清楚什么是"反犹主义"。而把握这个概念大体说来有两条路子可以走，第一条是追究反犹主义的历史渊源，第二条是分析反犹主义的社会土壤。

在历史研究中，卡勒巴赫把"反犹主义"和"敌视犹太人"等同起来的做法并没有什么话语空间，因为"敌视犹太人"（Judenfeindlichkeit/Judenhasse）和"反犹主义"（Antisemitismus）往往被视为不同的概念。一般而言，"敌视犹太人"是一个更为宽泛的属概念，其下包括"反犹太主义"（Antijudaismus）和"反犹主义"两个种概念。"敌视犹太人"往往是用来描述欧洲2 500年的历史上根除犹太人和犹太教的做法，其范围涵盖了：诽谤、歧视、压迫犹太人，在某一地域范围内驱逐、迫害、流放犹太人，以致德国国家社会主义时期屠杀600万犹太人的种族灭绝政策。"反犹太主义"主要是指出于宗教动机根除犹太教的做法。"反犹太主义"的历史可以追溯到基督教和犹太教分离，内容涵盖了基督教成为罗马帝国国教、中世纪的教皇统治直至基督教国家出现期间奉行的宗教政策。和这两个概念相比，"反犹主义"不仅是一个"现代词汇"，表达的也是现代现象。这个概念从人种歧视的语境中产生出来，主要表达的是19世纪晚期以来在欧洲开始流行的灭绝犹太人的思想，其顶点是德意志第三帝国占领欧洲之后的种族灭绝行为。

"闪米特"本来是一个语言学概念，在17世纪时用来指称那些欧洲大陆之外使用的语系。只是在1816年由于弗兰茨·鲍普（Franz Bopp）在比较语言学的意义下创造出了和闪米特语系相对的雅利安语系，"闪米特"这个语言学概念才开始被加上人种学的含义。克里斯蒂安·拉森（Christian Lassen）在其著作《印度古文化研究》中最早尝试界定闪米特人和雅利安人的人种学区别：

> 文明只是少数民族的天赋。在各个民族中，只有埃及人、中国人、高加索人和闪米特人建构了人类文明。历史证明，闪米特人并不拥有心灵和谐的力量，这一点和雅利安人是不同的。闪米特人是

第三章 矛盾的公开：宗教批判与市民社会批判的分野

自私的、排他的。他们极其聪明，有能力把其他民族创造的机会化为己用，我们在腓尼基人以及后来的阿拉伯人的历史中已经看到了这一点。①

从这时起，语言学中就埋下了歧视闪米特人的种子。1862 年，法国的历史学家和语言学家恩内斯特·勒南（Ernest Renan）开始把犹太教、基督教和伊斯兰教统称为"闪米特宗教"，他提出闪米特宗教和军事、政治、科学以及精神领域的任何进步都是绝缘的。正是它们的傲慢的"拣选意识"造成了 1 800 年来对它们的敌意。勒南的看法被犹太东方学研究专家毛里茨·施泰因施耐德（Moritz Steinschneider）称为"反犹偏见"（antisemitische Vorurteile）。1865 年"反犹主义"这个词才首次出现在《罗泰克—威尔克国家词典》中。在这个词刚出现的十多年间，很少受到理论家、思想家的注意。到了 1881 年，《犹太教总汇报》的供稿人在提到"反犹主义"这个词时依旧认为它是一个新造的词，1882 年，该报编辑菲利普逊也说"最近出现的反犹主义一词很难说有没有三年的历史"②。菲利普逊有这种印象并不奇怪，因为威尔海姆·玛尔（Wilhelm Marr）在 1879 年刚出版《犹太教对日耳曼的胜利：从非教派的观点来看》（*Der Sieg des Judenthums über das Germanenthum-Vom nichtconfessionellen Standpunkt aus betrachtet*），该书一年就出了 12 版，可谓大获成功；1880 年，玛尔又出版了《不受强迫的反犹主义杂志》（*Zwanglose Antisemitische Hefte*）。同一年，威尔海姆·谢赫（Wilhelm Scherer）在《新自由出版物》（*Neue Freie Presse*）一月刊上也打出了"反犹主义"的口号。③

以上的词源学的考察告诉我们，反犹主义作为一种思潮在 1870 年代以后才开始流行。而这一切与俾斯麦 1870 年在新统一的德国强行推行犹太人解放法律有关，这些强制措施在顽固的基督教世界内部激起了强烈的反犹主义运动。经过威尔海姆·玛尔等一些反犹主义旗手的鼓与

---

① Christian Lassen, *Indische Altertumskunde*, Bonn: Kittler Verlag, 1858, S. 414.
② *Allgemeine Zeitung des Judentums*, hrsg. von Ludwig Philippson, Nr. 9, 1881, S. 138; Nr. 30, 1882, S. 489.
③ 上述词源考察可参见 1906 年版《犹太人百科全书》（*Jewish Encyclopedia*）的"反犹主义"词条，其网址为：http://www.jewishencyclopedia.com/articles/1603-anti-semitism#anchor7。

吹，最终造成了希特勒统治下的灾难。对于任何概念，"反犹主义"也包括在内，如果不加限定地追究其思想渊源，我们最后免不了要回到古典古代，例如《犹太人百科全书》就把"反犹主义"的词根追溯到了《圣经·创世记》第9章18节，闪是诺亚的一个儿子，被中世纪的圣经诠释学解释为亚洲人的祖先。因此，18世纪的语言学家才把欧洲大陆以外的语言称为闪米特语。问题在于：这种源流考察不能无中生有地在两个历史事件之间拉扯关系，像卡勒巴赫那样在三个相距四百年的人之间搭建思想桥梁更是需要谨小慎微的思想史考察，而不能以一句"马克思的很多想法在希特勒的思想体系中都能找到"这种捕风捉影式的总结就把马克思和纳粹元首用"逻辑链环"捆绑在一起。尽管马克思在《论犹太人问题》中对犹太教表现出反感，但是这与当时主流的宗教思想、与他未经批判地接受鲍威尔和费尔巴哈的相关看法是分不开的。事实上，当马克思在《神圣家族》中尝试以社会的历史演变来分析"犹太人问题"时，马克思对犹太教的否定评价大都消失不见了。我们在后面会更详细地讨论这个转变。

在考察思想观念的起源时，除了在历史中寻找师承递接的关系之外，还有一条路可以走，即分析它产生的社会语境。在分析"反犹主义"的社会起源这一问题上，霍克海默（Max Horkheimer）和阿多尔诺（Theodor Adorno）的工作尤其引人瞩目。他们合著的论文《反犹主义的要素：启蒙的界限》在以马克思主义和弗洛伊德病理心理学为基础的社会科学研究范式中勾勒了反犹主义和现代性的复杂关系。反犹主义作为法西斯主义的意识形态，它的产生和资本主义的特定发展阶段及其孕育的知识、心理、文化密切相关。霍克海默和阿多尔诺将反犹主义的精神形式概括为："反犹主义行为方式是在因为被剥夺了主体性而变得盲目的人重新获得主体的情况下出现的。"① 之所以说反犹主义的行为方式是丧失主体性的主体行为，是因为其中视杀戮为消遣的荒唐行为，可以证明人们所遵循和顺从的只是顽固不化的生活。鉴于反犹主义只是单纯的发泄愤怒，它是盲目的和无目的的，在这种相互关系中，毫无反抗能力的人随时都会成为愤怒发泄的对象，而拥有规范权力的人则会成为施加暴力的主体，施暴者和受害者在力量对比发生变化时是可以

---

① 马克斯·霍克海默、西奥多·阿道尔诺：《启蒙辩证法：哲学断片》，渠敬东、曹卫东译，156页，上海，上海人民出版社，2006。"阿道尔诺"即本书中的"阿多尔诺"。

第三章　矛盾的公开：宗教批判与市民社会批判的分野

调换的，也就是说反犹主义和反犹主义者都不是天生的，而是某种文化结构的产物。霍克海默和阿多尔诺接下来分析了三种"反犹主义"的文化根源。

"资产阶级的反犹主义"（der bürgerliche Antisemitismus）之所以会产生，乃是因为"统治被生产掩盖了"（die Verkleidung der Herrschaft in Produktion）。① 由于处于统治地位的资产者把自己打扮成与工人处于同样地位的生产者，并不断强化这种意识形态，"劳动契约的真实本质以及经济体系的贪婪本性"在资本家也在从事生产劳动的意识形态之下被掩盖起来了。犹太人参与其中的流通领域被宣传为剥削的根源，所有阶级在经济生活中遭受到的不公最后都追究到了他们身上。

"民族的反犹主义"（der völkische Antisemitismus）声称自己考虑的只是"人种和民族的纯粹性"（Reinheit von Rasse und Nation），它想撇开宗教。"在今天，想通过把犹太人划定为顽固不化的非信徒的方式来唤起广大民众的热情，已是不太可能的事情。但是，要想彻底消除延续了两千年之久，导致基督教对犹太人的迫害的宗教对立，也是十分困难的事情。"② 随着宗教成为一种文化商品，曾经存在于信仰之中的世俗憎恶不仅没有消除，反而保存下来了。对其他信仰人员的憎恨最终汇入了法西斯主义的反犹主义。

"政治的反犹主义"则是由"被合理化的特异反应"（die rationalisierte Idiosynkrasie）激发的。按照霍克海默和阿多尔诺的说法，"特异反应"是人在"生物学意义上的原始历史"（die biologische Urgeschichte）时期对周围世界做出反应的方式，如遇到危险信号时毫毛倒竖等，这种"特异反应"是"与他者的有机的密切联系"（die organische Anschmiegung ans andere）、是"本真的模仿行为"（das eigentlich mimetische Verhalten）。文明的进程即为对"特异反应"的管控、压抑：在巫术时期表现为有组织地实施仿生行为，在后来的历史上通过理性的实

---

① 参见马克斯·霍克海默、西奥多·阿道尔诺：《启蒙辩证法：哲学断片》，渠敬东、曹卫东译，158 页。译文有改动，原文参见 Max Horkheimer, Theodor W. Adorno, *Dialektik der Aufklärung: Philosophische Fragmente*, Frankfurt am Main: Fischer Taschenbuch Verlag, 2006, S. 182。

② 马克斯·霍克海默、西奥多·阿道尔诺：《启蒙辩证法：哲学断片》，渠敬东、曹卫东译，161 页。

践（如劳动）最终消除了"特异反应"。① "在资产阶级生产方式中，所有实践经验中所固有的模仿痕迹都被遗忘抹平了。回归自然的无情禁律变成了一种宿命；这种否定是如此的彻底，以至于它再也无法得到有意识的实现。那些被文明刺花了双眼的人们，只有在某种行为举止和行为方式中才能感受到自己所具有的已经成为禁忌的模仿特征。"② 反犹主义为这种被压抑的模仿行为提供了病态的释放窗口：模仿低等的生命在文明的规章中是被禁止的，但是压迫者可以模仿低等的被压迫者，因为这种模仿符合嘲笑、讽刺低等生命的实践目的；法西斯主义的青年党徒在聚众欢呼时终于体验到了被文明压制的与他者的密切联系。

如果综合起来看，反犹主义的认识论根源在于"虚假投射"，它与模仿行为是对立的。模仿是为了把陌生的事物变成熟悉的事物，而虚假投射则把熟悉的事物说成敌对的事物。反犹主义者的不健全在于他们丧失了对投射行为的反思能力，而这与资本主义大工业生产方式的兴起是密切联系在一起的。"由于大工业利益集团通过消除独立的经济主体，通过替代经营自主的商人，通过把工人变成工会的对象，彻底摒弃了道德选择的经济基础，因此，反思也不得不一步一步地走向萎缩，而可以带来自我罪责意识的灵魂，也会遭到彻底破坏。"③ 之所以如此，是因为："在大规模生产的世界里，固定模式以及复制品代替了各种各样的劳动范畴。判断也不再建立在一种真实的综合过程中，而是建立在盲目的统包一切的过程中。"④

根据霍克海默和阿多尔诺对反犹主义的社会历史起源的分析，反犹主义可以视为资本主义社会投射到犹太人身上的自我仇恨，犹太人不遗余力地传播、推广资本主义的生产方式，却成了资本主义矛盾的替罪羊："他们把资产阶级的生活方式带到了不同的国家，同时也把所有深受资本主义压迫的人们的仇恨集中到了自己身上。"⑤ ——如果资本主

---

① 参见马克斯·霍克海默、西奥多·阿道尔诺：《启蒙辩证法：哲学断片》，渠敬东、曹卫东译，168~169页。原文参见 Max Horkheimer, Theodor W. Adorno, *Dialektik der Aufklärung: Philosophische Fragmente*, Frankfurt am Main: Fischer Taschenbuch Verlag, 2006, S. 188-189.

② 马克斯·霍克海默、西奥多·阿道尔诺：《启蒙辩证法：哲学断片》，渠敬东、曹卫东译，166~167页。

③ 同上书，183页。

④ 同上书，186页。

⑤ 同上书，160页。

第三章　矛盾的公开：宗教批判与市民社会批判的分野

义得以延续，犹太人或者和犹太人有相似处境的群体必然会成为受到压抑的愤怒的发泄口。要想根除反犹主义的精神疾病，就要消灭资本主义社会，建立起具有反思行为的投射认知。只有这样，人才能从敌对的种族发展成为一个"类"，建立起人类社会。事实上，正如霍克海默和阿多尔诺所指出的，马克思的《论犹太人问题》才真正指出了消灭反犹主义的根本途径、指明了历史出现转机的拐点——消灭资本主义生产方式。① 《论犹太人问题》不仅不是反犹主义的"檄文"，反倒是犹太人唯一可以期待的尘世的"福音书"。

2. 《论犹太人问题》在马克思思想发展中的地位

以《论犹太人问题》为标志，马克思和鲍威尔之间的思想分歧公开了。马克思和鲍威尔之间的争论"如一切派别斗争常遇到的那样，对其中的当事者们来说毫无退路"②。这场论战不单单标志着马克思和鲍威尔的神学批判拉开思想距离，它还一路激发马克思反思思辨唯心主义哲学和唯物主义哲学，并最终在与旧哲学的决裂中拟定了历史唯物主义的基本观点。为了判断《论犹太人问题》在马克思思想发展中的地位，我们大体上可以选择鲍威尔、费尔巴哈和赫斯这三位马克思思想发展史上的标杆性人物作为参照系：马克思在多大程度上和鲍威尔这位论战对象撇清了关系，在什么议题上受到了费尔巴哈的影响，和《德意志意识形态》（马克思提出唯物主义历史观的著述）的共同作者赫斯处于何种思想关系中。

(1) 《论犹太人问题》对鲍威尔思想的批判与接纳

普鲁士政府1841年底颁布《内阁敕令》之后，包括《科隆日报》、《犹太教总汇报》以及《莱茵报》在内的刊物纷纷对"犹太人问题"发声，尽管它们的立场不同，但是讨论的焦点都集中在犹太人和基督徒、基督教国家的宗教特性上。1842年10月，马克思致信达哥贝尔特·奥本海姆，请求他把海尔梅斯批判犹太人的文章都寄来，表示"即使不能彻底解决这后一个问题，也要把它纳入另一条轨道"③。这表明马克思

---

① 参见马克斯·霍克海默、西奥多·阿道尔诺：《启蒙辩证法：哲学断片》，渠敬东、曹卫东译本，184页。另，中文译者脚注中有关"马克思《论犹太人问题》"的说明在霍克海默德文版全集中亦有收录。

② 广松涉：《早期马克思像的批判的再构成》，见《赫斯精粹》附录，邓习议编译、方向红校译，214页，南京，南京大学出版社，2010。

③ 《马克思恩格斯全集》，中文2版，第47卷，34页。

思想的传承与决裂

当时对于从宗教神学的立场考察"犹太人问题"已经表现出不满。鲍威尔的《犹太人问题》先是从1842年11月开始在《德意志科学和艺术年鉴》连载出版，后以单行本在布伦瑞克出版。尽管鲍威尔专门分出一节讨论"市民社会"的"需要体系"，他在后来增补的内容中还指出甚至在中世纪排斥犹太人的政策也并非单纯出于宗教上的动机，但是鲍威尔在写作这本小册子时并没有跳出他在宗教批判中养成的思维模式：他把犹太人和基督徒在市民社会中的敌对关系归因于宗教，从基督教中寻找基督教国家的本质，把犹太人获得政治解放的条件设定为基督教国家废除基督教、犹太人和基督徒不再信仰自己的宗教。总而言之，这部讨论政治问题的著作并没有跳出德国1842年以来从宗教神学的立场考察"犹太人问题"的框架。1843年3月13号，马克思致信卢格时开始抱怨鲍威尔的观点"太抽象"，1844年公开发文批判鲍威尔。

通过重温这段思想史背景，我们发现《论犹太人问题》的创作带着两个理论任务：第一，把"犹太人问题"纳入新的"轨道"，即扭转从宗教神学的立场探讨"犹太人问题"的状况；第二，批判鲍威尔有关"犹太人问题"的抽象观点，把"犹太人问题"的讨论具体化。如果我们对这两个理论任务稍加分析，就会发现它们其实是一回事：转变社会上流行的对"犹太人问题"的抽象的宗教神学讨论，转而把它纳入具体的社会历史语境中讨论。《论犹太人问题》在多大程度上完成了这个理论任务也就意味着马克思在多大程度上和鲍威尔的宗教神学撇清了关系。

我们已经在上面的分析中指出：在《论犹太人问题》中，马克思根据犹太人所生活的国家具体地探讨犹太人和基督徒、基督教国家的关系，而没有一般性地根据基督教和犹太教的对立得出犹太人和基督徒、基督教国家也是对立的这一结论；马克思并没有把宗教信仰的对立视为市民社会中人与人的对立的原因，而是从市民社会的异化出发分析宗教信仰产生的根源；马克思并没有否定在宗教存在的前提下实现政治解放的可能性，没有不切实际地把消灭宗教视为实现犹太人的政治解放的前提，而是把政治解放也视为一种进步，把消灭宗教归为人的解放的任务。他提出在德国和法国要启动并完成政治解放，在美国以及完成政治解放之后的德国和法国要继续推进人的解放。在《论犹太人问题》中，马克思不仅把"犹太人问题"的讨论纳入了新的"轨道"，而且以具体

第三章 矛盾的公开：宗教批判与市民社会批判的分野

问题具体分析的态度考察了"犹太人问题"，提出了从"政治解放"到"人的解放"、分"两步走"解决"犹太人问题"的策略。

不过需要我们认真对待的问题是，马克思在多大程度上和鲍威尔从宗教神学的立场抽象地讨论"犹太人问题"的做法撇清了关系？在《论犹太人问题》中，马克思对鲍威尔的批判不可谓不尖锐、犀利，但是鲍威尔的影响并没有被清除。例如，为了反驳鲍威尔有关犹太教在基督教产生之后就已经完成了它的历史任务，从而成为违背历史规律的事物的观点，马克思提出："犹太精神不是违反历史，而是通过历史保持下来的。"为了论证这种看法，马克思说：

> 犹太教［das Judentum］之所以能保持与基督教**同时**存在，不仅因为它是对基督教的宗教批判，不仅因为它体现了对基督教的宗教起源的怀疑，而且因为犹太人的实际精神——犹太精神［das Judentum］——在基督教社会本身中保持了自己的地位，甚至得到高度的发展。犹太人作为市民社会的特殊成员，只是市民社会的犹太精神的特殊表现。①

马克思一方面批判鲍威尔思辨地论述犹太教和基督教的宗教关系，另一方面又把犹太教和基督教的宗教关系作为自己论证的素材。不仅如此，马克思有关犹太教和基督教关系的说明甚至直接以鲍威尔的学说为基础，例如他写道："犹太精神随着市民社会的完成而达到自己的顶点；但是市民社会只有在**基督教**世界才能完成。"② 马克思之所以能得出这种结论，是因为在他看来，基督教扯断了"人的一切类联系，代之以利己主义和自私自利的需要，使人的世界分解为原子式的相互敌对的个人的世界"③。这种观点恰恰是鲍威尔在《被揭穿了的基督教》中已经提出并且在《犹太人问题》中再次使用的观点：

> 基督徒的美德和福祉在于狂热地、热情地与人的所有目的隔绝，牺牲掉这些目的。当基督徒抵制人的目的和追求时，他们固然背弃了自己的灵魂，但他们扔掉的只是真正的、人的灵魂，非人的灵魂却保存了下来，这种灵魂的唯一的自我感觉就在于它渴望牺牲人。……谁是利己主义者？基督徒。基督徒使自己与世隔绝，并为

---

① 《马克思恩格斯文集》，第1卷，51页。
②③ 同上书，54页。

思想的传承与决裂

这种隔绝沾沾自喜。①

在《犹太人问题》第三章中，鲍威尔更加清晰地表达了基督教所造成的人的单子化——基督教"把人从他的家、故乡、尘世的关系和联系中、从他和国家以及民族的联系中驱逐出去"：

> 基督教的信徒必须使自己的生活成为私人的事，这是他最高的事业。他最应该关心的是自己本身、自己的灵魂和灵魂的极乐，他必须要高度重视这一点，以至于在必要的情况下，所有通常被归属于人、通常被视为最高的东西都要为它做出牺牲。②

然而，鲍威尔的影响并不止于这些论证的细节。马克思对"犹太人问题"本身的认知也受到了鲍威尔的影响。在《论犹太人问题》第一篇文章的一开篇，马克思提到："德国的犹太人渴望解放。他们渴望什么样的解放？**公民的**解放，**政治**解放。"③"犹太人问题"本身是政治解放的问题，也就是说，对"犹太人问题"的讨论应该关注什么是政治解放以及如何实现政治解放。毋庸置疑，马克思在《论犹太人问题》中确实讨论了政治解放的内涵及其实现途径，而且正是由于把握住了"犹太人问题"是政治解放的问题，马克思对鲍威尔的批判才指向后者混淆了"人的解放"和"政治解放"，正是由于对"政治解放"的进步性和局限性的分析，马克思才提出要实现"人的解放"。但是，马克思还说："**犹太人的解放**，就其终极意义来说，就是人类从**犹太精神**中解放出来。"④也就是说，只有实现了"人的解放"，才能在"终极意义"上解决"犹太人问题"。在同一时期的《〈黑格尔法哲学批判〉导言》中，马克思还提到："对德国来说，**彻底的**革命、**普遍的人的**解放，不是乌托邦式的梦想，相反，局部的**纯政治的**革命，毫不触犯大厦支柱的革命，才是乌托邦式的梦想。"⑤ 并且说："**德国人的解放**就是**人的解放**。"⑥ 尽管马克思没有像鲍威尔那样混淆"人的解放"和"政治解放"，因为他认为实现"政治解放"就解决了德国当下的"犹太人问题"。但是，马克思也

---

① Bruno Bauer, Das entdeckte Christentum, in Ernst Barnikol, *Das entdeckte Christentum im Vormärz*, Jena: Eugen Diederichs Verlag, 1927, S. 134.

② Bruno Bauer, *Die Judenfrage*, Braunschweig: Druck und Verlag von Friedrich Otto, 1843, S. 46, 48.

③④⑤⑥《马克思恩格斯文集》，第1卷，21、50、14、18页。

第三章　矛盾的公开：宗教批判与市民社会批判的分野

没有否认——毋宁说接受了——鲍威尔所说的实现"人的解放"、消灭宗教才能从根本上解决"犹太人问题"。这和他在《神圣家族》中明确提出"犹太人问题"的内容是政治解放是不同的。

(2) 费尔巴哈对《论犹太人问题》的影响

在《黑格尔法哲学批判》中，费尔巴哈对马克思的影响还只是表现在批判黑格尔的方法论层面，到了《德法年鉴》时期，马克思在具体观点上都受到了费尔巴哈的影响。这种影响首先体现在对犹太教的认识上。

第一，马克思和费尔巴哈一样都认为利己主义和现实需要是犹太教的重要特征。费尔巴哈在《基督教的本质》中曾经提出："功用主义、效用，乃是犹太教之至高原则。……以色列人只从实惠的观点来看自然；他们仅仅在口腔中对自然发生兴味。……他们的原则、他们的上帝，乃是最实践的['praktischst'，亦有最现实、最实际之意]处事原则，是利己主义，并且，是以宗教为形式的利己主义。"① 与费尔巴哈的这种看法相似，马克思在《论犹太人问题》中提出："犹太教的世俗基础是……**实际需要，自私自利**。"②

第二，马克思和费尔巴哈一样认为犹太教的戒律琐碎、繁琐。"以色列人不敢做任何上帝没有命令过的事情，即使在一些外表的小事情上，他也丝毫不能自作主张；宗教之威力，甚至一直扩张到食物上面。"③ 与此相似，马克思提出："犹太人的一神教，在其现实性上是许多需要的多神教，一种把厕所也变成神律的对象的多神教。"④

第三，马克思和费尔巴哈一样认为犹太教否定了自然。例如，费尔巴哈提出：犹太教的信仰"是要使自然为其擅自设定的目的而服务。水像固体一样分开又合拢，尘土变成虱子，杖变成蛇……"⑤ 马克思的说法是："在犹太人的宗教中，自然界虽然存在，但只是存在于想象中。"⑥

第四，马克思和费尔巴哈一样认为犹太教缺少自由的精神维度。费

---

① 费尔巴哈：《基督教的本质》，荣震华译，161～163 页。
② 《马克思恩格斯文集》，第 1 卷，49 页。
③ 费尔巴哈：《基督教的本质》，荣震华译，66 页。
④ 《马克思恩格斯文集》，第 1 卷，52 页。
⑤ 费尔巴哈：《基督教的本质》，荣震华译，161 页。
⑥ 《马克思恩格斯文集》，第 1 卷，52 页。

尔巴哈提出:"科学跟艺术……产自多神教……一神教的利己主义使以色列人丧失了自由的理论爱好和理论兴趣。"① 马克思则说:在犹太人的宗教中存在着"对于理论、艺术、历史的蔑视"和对"作为自我目的的人的蔑视"②。

马克思和费尔巴哈一致的地方还体现在他们对基督教的认识上。费尔巴哈在《基督教的本质》中提出:

> 在基督教中,人唯以自己为念;他使自己脱离了世界整体,使自己成为一个自足的整体,成为一个绝对的、外于世界和超于世界的存在者。正是由于他不再将自己看作是一个属于世界的存在者,正是由于他割断了自己跟世界的联系,他才感到自己是无限存在者——因为,世界、客观性正就是主观性之界限——,他才毫无理由去怀疑他自己的主观愿望和主观感情之真理性和有效性。③

与此相似,马克思写道:"只有在基督教的统治下,市民社会才能完全从国家生活分离出来,扯断人的一切类联系,代之以利己主义和自私自利的需要,使人的世界分解为原子式的相互敌对的个人的世界。"④ 不过正如我们已经说过的,有关犹太教是一种局限于本民族的利己主义、基督教斩断了人的一切联系的观点在鲍威尔的著作中也出现过。事实上,这种看法在青年黑格尔派中间是普遍存在的。在这些观点上,我们很难说马克思是受到了鲍威尔还是受到了费尔巴哈的影响。

但是,就算我们无法判断马克思在对犹太教和基督教的认识上是受到了谁的影响,还有一个概念能够表明马克思在《论犹太人问题》中受到了费尔巴哈宗教批判理论的影响,这个概念就是"类存在物"。马克思在文中提出,"政治解放"固然是一种进步,但是由于市民社会和现代国家出现了二元对立,人的"个体生活"和"类生活"、"个人力量"和"社会力量"之间出现了分裂。在市民社会中,个人在利己主义的需

---

① 费尔巴哈:《基督教的本质》,荣震华译,163 页。
② 《马克思恩格斯文集》,第 1 卷,52、53 页。
③ 费尔巴哈:《基督教的本质》,荣震华译,205 页。
④ 《马克思恩格斯文集》,第 1 卷,54 页。

第三章 矛盾的公开：宗教批判与市民社会批判的分野

要的驱动下陷入"狼对狼"一样的斗争之中；在政治国家中，普遍利益异化为控制个人的力量。为了消除"政治解放"的局限性，必须完成"人的解放"，其标准是："现实的个人把抽象的公民复归于自身，并且作为个人，在自己的经验生活、自己的个体劳动、自己的个体关系中间，成为**类存在物**……"① 虽然"类"也是鲍威尔使用过的概念，并且鲍威尔和费尔巴哈一样把"类意识"作为人和动物的区别，但是我们还是可以断定马克思所使用的"类"概念带有更强烈的费尔巴哈的色彩。"费尔巴哈不想牺牲人的其他方面来抬高人的某个方面：他要求人把自己的全部本质，包括他的宗教方面都收回自己"②；鲍威尔则不同，他在人的个体性和类属性中间更注重的是人的类属性，即人的无限的自我意识。费尔巴哈主张个人收回类本质，鲍威尔则提出个人要以类的普遍性超越排他性的狭隘，马克思提出"现实的个人把抽象的公民复归于自身"，其追求和费尔巴哈的联系更为紧密。尽管马克思的"类"概念带有明显的费尔巴哈的痕迹，他们之间的差别也非常明显：当费尔巴哈在宗教批判的范围内利用"利己主义"以及"类存在物"等概念的时候，马克思则是在用这些概念批判市民社会和现代国家。我们不能因为他们两人之间思想上的相似性，而忽略了他们的差别。

（3）如何看待赫斯对《论犹太人问题》的影响

在赫斯是否影响了马克思《论犹太人问题》的创作上，有两种针锋相对的观点：西尔伯纳和麦克莱伦认为赫斯的《论货币的本质》对《论犹太人问题》的创作有着决定性的影响；沃尔夫冈·门克（Wolfgang Mönke）和鲁迪·瓦泽尔则持有完全相反的意见，他们认为马克思在《论犹太人问题》中所表述的思想是马克思本人克罗茨纳赫时期工作的结晶和升华，前者甚至提出赫斯的《论货币的本质》是在马克思的启发下写就的。③

---

① 《马克思恩格斯文集》，第1卷，46页。
② 戴维·麦克莱伦：《青年黑格尔派与马克思》，100页。
③ 参见 Edmund Silberner, *Moses Hess：Geschichte seines Lebens*, Leiden: E. J. Brill, 1966, S. 191-192；戴维·麦克莱伦：《青年黑格尔派与马克思》，162页；Wolfgang Mönke, *Neue Quellen zur Hess-Forschung*, Berlin: Akademie Verlag, 1964, S. 19-20；Ruedi Waser, *Autonomie des Selbstbewußtseins：Eine Untersuchung zum Verhältnis von Bruno Bauer und Karl Marx*（1835—1843），Türbingen und Basel: Francke Verlag, 1994, S. 190-194；侯才：《青年黑格尔派和马克思早期思想的发展》，148页，北京，中国社会科学出版社，1994。

思想的传承与决裂

如前所述，如果《论犹太人问题》在 10 月 3 号之前已经写作完成或接近完成，麦克莱伦提出马克思到巴黎时带着《论犹太人问题》的手稿就非常具有说服力。不过麦克莱伦还曾说过，马克思的《论犹太人问题》"第二部分的一些重要之处几乎逐字地取自赫斯的文章"，即马克思抄袭了《论货币的本质》。① 在麦克莱伦详细讨论这一问题的《青年黑格尔派与马克思》中，他提到一个细节，马克思认为赫斯的文章不会发表，所以才放心利用赫斯的文章。② 必须指出，麦克莱伦犯了自相矛盾的错误：第一个矛盾是，他在《马克思传》中写道，马克思到巴黎时已经带着《论犹太人问题》的手稿，手稿是马克思"上个夏天阅读有关法国和美洲书籍的精华"，同时又说马克思从自己的阅读中得出的思想精华是从赫斯那里抄袭来的。第二个矛盾是，麦克莱伦像其他传记作家一样，提到《德法年鉴》一直为缺少撰稿人和稿件的事情困扰，在缺少稿件的情况下，马克思怎么会料想赫斯的文章不会发表呢？更重要的是，麦克莱伦还在《青年黑格尔派与马克思》中提到，在收到赫斯的《论货币的本质》之后，卢格已经把稿费支付给了赫斯。可见，如果不是《德法年鉴》停刊，赫斯的这篇文章很有可能出现在《德法年鉴》第三期，而不用拖到 1845 年夏在《莱茵报》发表。③ 麦克莱伦提出马克思抄袭了《论货币的本质》，这种观点无法令人信服。

正如侯才先生分析的，在讨论马克思的《论犹太人问题》（最迟于 1843 年 12 月中旬完成）和赫斯思想的关系时，更应该关注的是后者的《行动的哲学》（1843 年 7 月出版），而不是《论货币的本质》（写作于 1844 年初）。④ 但是，《行动的哲学》的思想主题并不是"把费尔巴哈的宗教批判方法运用到社会实践领域中"⑤，总体而言，这是一份把"费

---

① 参见戴维·麦克莱伦：《马克思传》，王珍译，73、79 页。
② 参见戴维·麦克莱伦：《青年黑格尔派与马克思》，164 页。另可参见侯才：《青年黑格尔派和马克思早期思想的发展》，148 页。
③ 1844 年 3 月 8 号，布浩西奇（Brauchitsch）曾经写信向柏林汇报说："年鉴的三月号正在印刷，据报它包括一些论述莱茵省和州议会免职的论文。"尽管经济状况不容乐观，但若不是 1844 年 3 月 26 日马克思和卢格绝交，《德法年鉴》第三期成功出版发行并不会非常困难。参见 Martin Hundt, "Noch einmal zu den 'Deutsche-Französische Jahrbüchern'", in *Marx-Engels-Jahrbuch*, 2004, Berlin: Akademie Verlag, S. 118-141.
④ 参见侯才：《青年黑格尔派和马克思早期思想的发展》，155～156 页。
⑤ 同上书，154 页。

第三章 矛盾的公开：宗教批判与市民社会批判的分野

希特—鲍威尔的路线加以纯粹化后的无政府主义"文献。① 赫斯在《行动的哲学》中阐发的思想正是马克思在《论犹太人问题》中所反对的：基于抽象的自由概念来探讨人的解放前景。此外，在《论犹太人问题》中，马克思基于市民社会和政治国家之间的二元对立探讨现代人的生存困境，这种做法并不是从赫斯那里学来的，而是马克思本人通过《黑格尔法哲学批判》从黑格尔那里继承下来的。尽管马克思和赫斯在 1844 年前后有很大的思想差异，但这并没有阻止他们在 1845 年夏开始合作，因为这个时期不仅是马克思思想快速转变的时期，而且也是赫斯的思想快速发展的阶段。

---

① 参见良知力：《赫斯是青年马克思思想发展的坐标轴吗——评广松涉的早期马克思像》，见《赫斯精粹》，附录，邓习议编译，方向红校译，253 页。广松涉在其抗辩文章中也承认良知力的这种判断。

第四章　冲突的激化：纯粹批判和现实人道主义的对决

　　自从1842年11月《犹太人问题》在《德意志科学和艺术年鉴》分期发表以来，它就成了社会活动家和理论家关注、讨论的焦点。1843年3月，鲍威尔将其集结、增补成小册子在布伦瑞克出版，并在《来自瑞士的二十一印张》上发表《现代犹太人和基督徒获得自由的能力》，这些举动让鲍威尔在社会上获得了更大的关注。在自由主义思潮涌动的德国，质疑鲍威尔的声音此起彼伏，讨伐鲍威尔的著作更是层出不穷。鲍威尔并没有因为这些批判而退缩，在《德意志科学和艺术年鉴》被查禁以后，他经过一段时间的筹备，1843年12月在夏洛腾堡创办了《文学总汇报》，他在这份刊物上发表文章，回应那些质疑和批判，阐述自己的观点。

　　另一方面，马克思的《论犹太人问题》自从1844年2月份在巴黎出版以来，由于书报检查机构的封锁，在德国鲜有流通，也没什么评论。1844年7月，《文学总汇报》第八期出版，上面刊出了鲍威尔匿名发表的《目前什么是批判的对象？》，不点名地回应了马克思的《论犹太人问题》。1844年8月初，马克思已有意出版一本小册子来批判鲍威尔的谬误，8月底，恰逢恩格斯路过巴黎，两人在交流过程中发现他们"在一切理论领域"都显示出"完全一致"的意见，于是决定合作完成对《文学总汇报》前八期的批判。马克思不仅对《文学总汇报》第八期上的批判做了还击，而且对第一期和第四期上鲍威尔为《犹太人问题》

第四章　冲突的激化：纯粹批判和现实人道主义的对决

辩护的文章也做了批评。马克思按照鲍威尔文章发表的先后顺序分别为自己的这些回应冠上了"犹太人问题，第一号"、"犹太人问题，第二号"和"犹太人问题，第三号"的标题。

马克思和鲍威尔的这次正面冲突尤其激烈。鲍威尔和马克思的立场分别被界定为"纯粹批判"和"现实人道主义"。这次争论的焦点问题除了犹太人问题的实质之外，还有群众的历史地位问题。由于遭到很多人的批判，鲍威尔就利用《文学总汇报》为自己辩护，他在三次辩论中也在试图修正审视犹太人问题的视角，他提出犹太人问题不仅是宗教问题，还是政治问题，甚至是社会问题，但是在鲍威尔看来，政治问题和社会问题归根到底还是由宗教信仰造成的，基督教国家利用政治手段压迫犹太人是出于维护信仰的考虑，犹太人和基督徒在社会中相互排斥也根源于信仰的差异。解决犹太人问题必须消灭宗教。那些批判他的人恰恰没有认识到这一点，这些人虽然是知识分子，但是和无产阶级一样属于群众。由于这些人从来没有把犹太人问题提高到消灭宗教的层次上，所以犹太人问题几百年来一直没有得到解决，他们掩盖了历史的真实问题，是历史进步的敌人。由于群众并不具备普遍的自我意识，而是被排他性的宗教意识控制着，发动群众并不能建立新的社会形式，最后只能走向暴政，当务之急并不是组织群众而是批判群众。马克思在对犹太人问题的分析中指出，鲍威尔表面上说犹太人问题是政治和社会问题，其实他讨论的还是宗教问题，德国的宗教问题具有社会意义，必须从犹太人在市民社会中的处境入手解决犹太人问题。马克思从而得以坚持《德法年鉴》的市民社会批判，他这时讨论问题的方式已经发生了重要的变化，不再用"类本质"的复归来描绘未来社会的理想图景，而是专注于批判现代社会的工商业活动和公法状况与人性的对立。在对待群众的态度上，马克思指出，鲍威尔把历史归结为自我意识形成的历史，从而把批判视为历史的推动力量，把批判的敌人群众视为历史进步的敌人。这种哲学把现实世界理解为自我意识生成的环节，没有认识到只有诉诸现实的力量才能改变现实的世界，改变世界的力量掌握在群众手中，马克思由此提出"群众史观"。①

---

① 在提高人民群众的教养水平和建立新社会制度的关系这一问题上，鲍威尔认为只有等到人民群众的教养水平提高到一定程度之后，才能建立起理想的社会制度，这种观点和马克思的看法相比显然是保守的。

思想的传承与决裂

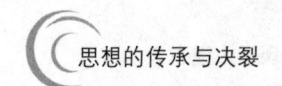

第一节 "纯粹批判":"自我意识哲学"的激进演变

面对来势汹汹的批判浪潮,鲍威尔不甘示弱,以《文学总汇报》作平台为自己辩护。他先后在第一期、第四期、第八期发表三篇文章,解释自己的观点、反驳论敌的指责。① 具体说来,这三期的内容可概括如下。

1843年12月,《文学总汇报》第一期出版。鲍威尔充分利用这份刊物,不失时机地进一步阐述了自己的立场,并对已形成影响力的批判意见做了反驳。② 这篇文章可分为三个部分:第一部分表述的是精神和群众的关系,鲍威尔在这里表明群众作为批判的敌人缺乏精神、不识真理;鲍威尔在第二部分批判了自己的9个论敌,在鲍威尔看来,这些人就是群众的典型代表,尽管这些论敌由于自身的群众性对犹太人问题没有形成正确的认识,批判还是有必要直面他们的错误,而不能任由他们掩盖、回避问题本身;第三部分介绍了莱茵州议会1843年为制定解放犹太人的法律而举行的议会辩论,尽管这次会议达成了解放犹太人的历史性突破,但是在鲍威尔看来,犹太人问题并没有解决,因为议员在辩论中提出的观点暴露了他们对犹太人问题的实质一无所知。从鲍威尔为

---

① 《文学总汇报》(*Die Allgemeine Literatur-Zeitung*)由布鲁诺·鲍威尔主编,1843年12月到1844年10月分12期在柏林夏洛腾堡出版,其中第11和12期为合订本。鲍威尔在《文学总汇报》第1期发表《论讨论犹太人问题的最新著述》点名反驳古斯塔夫·菲利普逊、萨缪尔·希尔施、门德尔·赫斯等9人的著述,在第4期发表《论讨论犹太人问题的最新著述》点名反驳加布里尔·里瑟尔等4人的著述,在第8期发表《目前什么是批判的对象?》不点名地回应了马克思的《论犹太人问题》。

② 其中,鲍威尔在《文学总汇报》第1期的文章中列出的著述有:(1)古斯塔夫·菲利普逊博士:《布鲁诺·鲍威尔的"犹太人问题"》,1843,共30页;(2)萨缪尔·希尔施博士:《解释布鲁诺·鲍威尔"犹太人问题"的书信》,1843,共117页;(3)《东方文学报》,《评鲍威尔的"犹太人问题"和希尔施的信》,1843,第25期及以下;(4)M.赫斯博士编:《十九世纪的以色列人》,1843,第4期、第7期及以下;(《对布鲁诺·鲍威尔的〈犹太人问题〉的说明》)(5)古特霍尔德·萨洛蒙博士:《布鲁诺·鲍威尔和他对犹太人问题的空洞批判》,1843;(6)萨缪尔·霍尔海姆博士:《论拉比的自主性和犹太人婚姻的原则》,1843,共263页;(7)威尔海姆·弗洛德博士编:《论德国的犹太人问题》,第1~4辑,共228页;(8)特洛伊蒙德·瓦尔利普:《犹太人能担当管理基督教居民的管理者吗?》,1843,第七版,共16页;(9)H.E.马克卡德:《论犹太人在基督教德意志国家获得解放的可能性》,1843,共89页。

第四章 冲突的激化：纯粹批判和现实人道主义的对决

"犹太人问题"作的第一份辩护中，我们依旧能够看到鲍威尔明确地坚持犹太人问题的解决需要以消灭宗教、实现人的自由为前提。

由于在1844年出现了新的针对《犹太人问题》的文学评论，也由于鲍威尔在《文学总汇报》第一期对自己提到的著述未能做全面的分析，鲍威尔在1844年3月出版的《文学总汇报》第四期又发表了一篇为《犹太人问题》做辩护的文章。① 鲍威尔在这篇文章中先是交代了"批判"在世界历史进程中的作用，接下来在与加布里尔·里瑟尔等人的辩论中进一步规定了犹太人问题。在加布里尔·里瑟尔的批评面前，鲍威尔先是承认他的论文由于局限于讨论犹太教和基督教以及犹太教和基督教国家的关系，而忽略了犹太人和社会的关系，这是一种疏漏，但是他在对犹太人的民族性的分析中再次把犹太人在社会中被隔离的责任归结到犹太人的宗教信仰上，正是因为他们的宗教信仰排斥其他民族，所以犹太人在社会中形成了一个孤立的小团体，他们被排斥在社会之外并不是社会的罪过，而是他们的信仰造成的。

1844年2月，马克思的《论犹太人问题》在《德法年鉴》上发表以后，一些报刊对马克思的观点表示赞赏。例如1844年3月29日《曼海姆晚报》就强调：相比于鲍威尔，"马克思把犹太人的解放问题提到了对整个社会进行彻底改造的高度"②。在鲍威尔看来，马克思发动群众改造整个社会的做法是冒进的。因为，群众对于激进事业是冷漠的，很难把他们组织起来；就算组织起群众，推翻了旧的社会形式，由于缺乏必要的教养，以群众为主体建立起来的社会也难逃暴政的厄运。因此，鲍威尔对马克思的批评不再保持沉默，他在《文学总汇报》第八期发表《目前什么是批判的对象？》，不点名地反驳马克思的批评。鲍威尔指出，当务之急并不是为了把群众组织起来而对群众说一些赞美的漂亮话，因为群众由于教养水平的局限并不能承担起建立新的"世界形式"的任务。与讨好群众的做法相反，鲍威尔主张把群众列

---

① 鲍威尔在这篇文章中列出的文章有：（1）《布鲁诺·鲍威尔和犹太人》，载《犹太教神学的科学杂志》，盖格编，第五卷，第二期，199～234页；（2）加布里尔·里瑟尔博士：《犹太人问题》，载《宪法年鉴》，威尔编，第二卷，1～42页；第三卷，14～57页，1843；（3）《论德国的犹太人问题》，载威尔海姆·弗洛伊德博士主编的月刊，1844，第一期；（4）《对任茨博士的文化问题的简短回答》，柏林，1844。

② 《马克思恩格斯全集》，中文2版，第3卷，656页。

思想的传承与决裂

为批判当前的对象。① 他也确实这么做了，这一批判的成果就体现在《文学总汇报》第 10 期的《群众与类》中。在这些论辩中，鲍威尔思想的转变表现在：他把以宗教信仰为主要批判对象的"自我意识"哲学更激进地发展成为以群众为主要批判对象的"纯粹批判"哲学。

一、鲍威尔的"纯粹批判"哲学

鲍威尔基于"自我意识"哲学批判宗教信仰的著述无疑是激进的，也正是这种激进的作风确立起了他在青年黑格尔派中间的领军人物的地位，但是对宗教以及以基督教德意志国家所进行的批判，相比于对一切阻碍历史进步的因素——尤其是那些不理解自己的"群众"——大加挞伐的"纯粹批判"，前者无论在批判的范围还是在批判的力度上都相形见绌。鲍威尔的"自我意识"哲学之所以能够更激进地发展成为"纯粹批判"哲学，这首先是鲍威尔自身的哲学立场延续的结果。

从其科学—政治生涯的一开始，鲍威尔就反对加入任何一个特定的党派。他想从一种科学的亦即普遍的、超党派的立场出发制定自己的理论批判和教会（即政治）批判。从 1839 年批判亨斯滕贝格、1841 年批判基督教国家到 1842 年写作《自由的美好事情》，他的立场一直都是科学的普遍性的立场，即真理的立场。他批判教会、国家或大学的领导阶层所代表的不同党派利己主义。按照鲍威尔的观点，只有当批判以"纯粹的批判"出现，既不代表党派的立场也不以"中庸"的做法妥协，批判才能发挥出真正的、改变世界的作用。鲍威尔的批判是纯粹的、科学的、激进的、无情的、无限的，当然也是"自我批判"的，只有这样的批判才是真正的批判。②

另一方面，鲍威尔的立场向着更加激进的方向发展，这和当时的政治、社会环境也不无关系。鲍威尔本来对于缺乏自我意识的公众是冷漠的，对群众只剩下了蔑视，但是随着政治形势的恶化，鲍威尔期待的危

---

① "批判"对"群众"的批判成果就发表在《文学总汇报》第 10 期上，题为《类与群众》。参见 Bruno Bauer, "Die Gattung und die Masse", in *Allgemeine Literatur-Zeitung*, hrsg. von Bruno Bauer, Charlottenburg: Verlag von Egbert Bauer, Nr. 10, September 1844, S. 42-48。

② Werner Goldschmidt, "Bruno Bauer als Gegenstand der Marx-Forschung", in *Jahrbuch des Institute für Marxist*, *Studien und Forschungen*, 12 (1987), S. 68-81.

第四章 冲突的激化：纯粹批判和现实人道主义的对决

机一直没能出现，群众对于他和基督教会的论战也越来越没有热情，鲍威尔开始怪罪群众不支持批判的事业，批判群众的惰性。① 这种立场在《文学总汇报》中被清晰地表达出来了。马克思在与鲍威尔论战时，曾以挖苦的语气说出了"纯粹批判"的诞生记录：

> 我们就按**绝对的**纪元，从批判的救世主即鲍威尔主编的《文学报》**诞生的那一年**算起吧！批判的尘世拯救者诞生于**1843年**。……就在这重要的旧历1843年即批判的纪元元年，在《德国年鉴》和《莱茵报》被**查封之后**，鲍威尔先生的虚假政治的著作《国家、宗教和政党》出版了。②

马克思在这里向我们交代了一个历史事实，即"纯粹批判"是在《德国年鉴》和《莱茵报》被查封之后登上历史舞台的。这两份刊物曾经是青年黑格尔派最重要的理论阵地，由于对政府的激进立场，它们都没能逃脱被书报检查机构查封的命运。面对这两份为了群众利益发声的报刊被封禁，群众竟冷漠相对。鲍威尔认识到如果继续对群众狭隘的立场保持冷漠和高傲，最终批判哲学将一事无成。因此，鲍威尔提出以群众为批判的对象。因为群众是旧的世界形式瓦解之后唯一残留下来的事物，对群众的批判也就是对整个旧教养的最终结果的批判，这种批判被鲍威尔命名为"纯粹的批判"或"绝对的批判"。

1. "纯粹批判"哲学的"政治的"过去

鲍威尔提出，有些人谴责批判的理论只局限于讨论"政治"问题，而没有更深入地讨论社会问题。这种谴责是没有什么意义的，因为这些人根本不明白"批判当时是怎么卷入'政治的'利害关系"，为什么当时必须"从事政治"③。事实上，批判讨论政治是为了迁就自己的敌人。

---

① 在写作《被揭穿了的基督教》时，鲍威尔对群众的冷漠并没有做出激烈的批判。相反，他写道："现在自我意识已经达到了自身自由的确定性，而且在决定性的时刻也会让不自由的人自由地做不自由的人。自我意识不会强迫他们变得自由。自我意识会用自由征服世界。在危机之后，历史就不是基督教的历史了，也不再是基督徒的历史了；但是历史会宽容地蔑视那些停留在文明世界的边缘的人，以及那些想要为自己维持自身的神灵的人。"参见 Ernst Barnikol, *Das entdeckte Christentum im Vormärz*, Jena: Eugen Diederichs Verlags, 1927, S. 164.

② 《马克思恩格斯文集》，第1卷，304页。注：引文中《德国年鉴》即为《德意志科学和艺术年鉴》，其前身是《哈勒德意志科学和艺术年鉴》。

③ Bruno Bauer, "Was ist jetzt der Gegenstand der Kritik?", in *Allgemeine Literatur-Zeitung*, hrsg. von Bruno Bauer, Charlottenburg: Verlag von Egbert Bauer, Nr. 8, Juli 1844, S. 19.

> 思想的传承与决裂

由于批判的敌人局限于在政治层面讨论犹太人的解放，而且他们在政治层面提出的各种措施都是无效的，为了批判这些人的观点，批判才集中讨论"政治"。为了说明这一点，鲍威尔首先分析了批判家和他的敌人的不同以及他的敌人所犯的错误。

他说，批判的理论家和他的敌人之间有一条"鸿沟"。这首先表现在：后者"对近些年的发展并不熟悉"，他们一心想着一蹴而就地完成历史的任务。面对批判提出的真知灼见，他们只知道抗议，事实上，就连他们抗议的词汇也完全是在重复报章上已有的司空见惯的言辞。与此相反，批判的理论家却一心想着消除和这些人之间的"鸿沟"，提高他们的教养，让他们成为能为历史的发展做出真正贡献的人。

德国人对历史发展有影响的行为主要发生在文学领域。批判的敌人对于文学存有误解，他们认为文学就是文学。针对这种看法，鲍威尔提出，文学的作用远不止于文学："文学过去构成了整个民族的最主要的活动；它不再是单纯阅读的对象，不能再只是告诉读者阅读是肤浅的旅程；毋宁说，它是人从自己必须经受的战争中得到的战利品。"[1] 他质问那些嘲笑文学运动的人说："请给我说一说看，哪一个历史时代不是由笔头威严地预先规定了的，不是必须用笔来解决其存在问题的。"[2] 也就是说，在鲍威尔看来，只有在理论工作中做出真正的进步，世界历史的发展才能迎来转机。

批判的理论家为了推动理论的发展，"诚恳地考虑敌人的前提并认真地接受它们"。他之所以这样做完全是为了消除自己和敌人之间的鸿沟，真正推动德国人教养的进步。尽管他并不认为"自由主义"所主张的原子化的个人自由能够推动德国人教养的进步，"对自由主义进行了致命的批判"，但是，由于群众相信自己和批判家在追求"共同的事业和利益"，即群众认为批判家也是为了实现每一个个体的人的政治自由而工作。而批判的理论家当时还没有能力打破群众的这种信念。因此，

> 它还可以被认为是这种自由主义的特殊形式，——或许，是这种自由主义的极端表现：尽管它的真实而具有决定性的发展已经超

---

[1] Bruno Bauer, "Was ist jetzt der Gegenstand der Kritik?", in *Allgemeine Literatur-Zeitung*, hrsg. von Bruno Bauer, Charlottenburg: Verlag von Egbert Bauer, Nr. 8, Juli 1844, S. 19.

[2] Ibid., S. 20.

第四章　冲突的激化：纯粹批判和现实人道主义的对决

出了政治范围，但是它还必然在别人的心目中造成一种错觉，似乎它在从事政治，而这种不完善的错觉使它有可能获得上述绝大部分的朋友。①

鲍威尔至此解释了批判的理论家和他的敌人的不同，而且指出那些认为批判"在从事政治"的人是被错觉蒙蔽了。但是既然批判受到了敌人的"控告"，它就应该进行诉讼。这种诉讼的目的"不仅仅是为了替自己辩护，主要是为了揭发它的敌人的矛盾"②。既然不理解批判家的人认为批判家讨论的是犹太人获得政治自由和权利平等的问题，而没有认识到批判家是在批判宗教，为人的自由而工作。

此时，批判就应该或者停留下来，或者立即进一步探讨政治的本质并把它当作自己的敌人。政治的本质正好是对立，由于其形式的局限性确实限制了党派、阶级和同业公会的利己主义，那么，批判提出应该下定决心实现完全的公开和自由，这个要求难道不是必然的结果吗？③

鲍威尔认为：批判把政治作为对象，"是自然的"、"无法回避的"，这"属于1842年的错误"④。鲍威尔之所以把这一点视为1842年的错误，原因在于：在1842年的《犹太人问题》论文中，鲍威尔虽然着重讨论的是犹太教和基督教的宗教对立造成了犹太人在基督教国家不可能获得平等地位，连法国在立法中确认犹太人和基督徒权利平等在宗教对立存在的情况下也是无效的，但是在这个文本中，他为了批判那些反对犹太人解放的人，对基督教国家做了过多的批判，这个研究由于其出版时的社会思想语境的限制而没能摆脱对政治问题的讨论，没能专注于讨论消灭宗教以解决犹太人问题。但在1843年，随着《犹太人问题》单行本，尤其是《现代犹太人和基督徒获得自由的能力》的出版，批判家已经完全摆脱了过去的不足，把讨论的重点转到了消灭宗教上。因此，鲍威尔认为：1844年的《德法年鉴》对批判理论在1842年的立场不依

---

① Bruno Bauer, "Was ist jetzt der Gegenstand der Kritik?", in *Allgemeine Literatur-Zeitung*, hrsg. von Bruno Bauer, Charlottenburg: Verlag von Egbert Bauer, Nr. 8, Juli 1844, S. 20.
② Ibid., S. 21.
③④ Ibid., S. 22.

思想的传承与决裂

不饶地进行批判，实在是太迟了。

2. 反思法国大革命和启蒙运动的命运

法国大革命并不只是法国人的革命活动。在鲍威尔看来，那是一个革命的时代，法国人在那个时代为了争取自由、摆脱宗教桎梏进行过流血斗争。法国人的斗争是追求自由的"象征"，它并不专属于法国人，而是象征着人对自由的追求。但是法国大革命依旧是有其历史局限的，它最终陷入了暴力斗争。"法国大革命是一种还完全属于 18 世纪的实验。它想促成一种新的人的秩序——但是，它所产生的思想并没有超出革命想用暴力来推翻的那个秩序的范围。"① 罗伯斯庇尔（Robespierre）和圣茹斯特（Saint-Just）主导的"雅各宾专政"最终将自由的革命引向恐怖的统治，他们提出"要造就完全按照**正义**和**美德**的准则生活的'**自由人民**'"②，但是这种伟大思想得以为继的基础在于"恐怖政策"。法国大革命以悲剧收场，它所追求的"自由"最终变成了"统治"。在罗伯斯庇尔和圣茹斯特被送上断头台之后，"**政治启蒙**和**政治运动**就迅速向成为**拿破仑**的俘获物这个方向发展"③。法国大革命的悲剧远不止于帝制复辟之类的悲剧，更重要的是，在打破旧制度之后，它压根没有建立起保障自由的新制度体系。面对法国大革命的悲剧结局，"卑劣而自私的人"只能以"怯懦和阴险的方式"来对付"伟大思想"和"恐怖政策"之间的矛盾，批判的理论家则要探究伟大的思想变成恐怖统治的原因。其原因就在于，它没能认识到人的自由的真正限制，从而没能提出一种实现人的自由的理论。

> 因此，在革命消除了人民生活内部的封建主义界限以后，革命就不得不满足民族的纯粹利己主义要求，甚至煽起这种利己主义，另一方面，革命又不得不抑制这种利己主义，抑制的办法就是对它加以必要的补充——承认一种最高的存在物——即在更高的层次上确认那必须把单个的自私的原子联合起来的普遍国家制度。④

---

① Bruno Bauer, "Was ist jetzt der Gegenstand der Kritik?", in *Allgemeine Literatur-Zeitung*, hrsg. von Bruno Bauer, Charlottenburg: Verlag von Egbert Bauer, Nr. 8, Juli 1844, S. 23-24.
② 《马克思恩格斯文集》，第 1 卷，322 页。
③ 同上书，324 页。
④ Bruno Bauer, "Was ist jetzt der Gegenstand der Kritik?", in *Allgemeine Literatur-Zeitung*, hrsg. von Bruno Bauer, Charlottenburg: Verlag von Egbert Bauer, Nr. 8, Juli 1844, S. 24.

第四章 冲突的激化：纯粹批判和现实人道主义的对决

和马克思一样，鲍威尔显然认识到法国大革命的一个重要结果就是：现代国家和市民社会二元对立的格局最终形成。同时，他们都认为：这种格局不仅没有实现人的自由，反而对人的自由形成新的统治；而且他们也都认识到，新的统治形成的根源就在于人被单子化之后成了利己主义的个人。不同的是：在马克思看到利己主义需要的地方，鲍威尔关注的是利己主义的思想；马克思要消灭利己主义的经济活动和私有财产，鲍威尔则要培养一种普遍的自由的思想。

鲍威尔指出，法国大革命和上个世纪的启蒙运动"有同样的结局"。为了找到法国大革命失败的精神根源，鲍威尔进一步分析了上个世纪的启蒙运动。任何启蒙都是在一定的教养基础上出现、发展起来的，是对这种教养水平的突破。在鲍威尔看来，"在上个世纪处于统治地位的教养，从一开始就是精神的教养，现代的批判所面对的世界是一个纯粹表象的世界"[1]。在黑格尔主义的语境中，表象思维的对象即为宗教，"纯粹表象的世界"即基督教的教养所建构起来的世界。基督教中上帝的形象是人的自我意识的对象化，是以表象形式表达出来的精神。这种教养的局限性表现在："对象是由一个异己的东西启示给表象意识的，并且在精神的这种思想里，表象不能认识到它自身、认识不到纯粹自我意识的本性。"[2] 信仰的局限性为启蒙留下了契机。启蒙"把绝对精神的一切规定性亦即一切内容一般地都理解为一种有限性，理解为人的本质和人的表象，于是在它看来绝对本质就成了一种真空，任何规定、任何宾词都附加不上去"[3]。从启蒙运动中"产生"出了"人的本质和人的地位"，这种本质和地位表现为："人，就其直接性而言，作为一种自然的意识，他是自在的，好的，作为一种个别的意识，他是绝对的，而别的一切都是为他的，更确切地说，由于各环节在人这种有自我意识的动物看来都有普遍性的意义，所以一切都是为了他的愉快和欢乐而存在的。"[4]

个别的自我意识把他的对象变为"有用"、"为他"的对象，信仰的

---

[1] Bruno Bauer, "Die neuesten Schriften über die Judenfrage", in *Allgemeine Literatur-Zeitung*, hrsg. von Bruno Bauer, Charlottenburg: Verlag von Egbert Bauer, Nr. 4, März 1844, S. 11.

[2] 黑格尔：《精神现象学》（下卷），贺麟、王玖兴译，243页。

[3] 同上书，95页。

[4] 同上书，97页。

压制被推翻了，取而代之的是个别的自我意识的"自由"。但是，个别的自我意识在获得自由的同时，也把其他一切个别的自我意识都排斥在自身的行动之外，因此它的行动就不是"现实的普遍的自我意识的行动"。个别的自我意识的自由作为启蒙运动的结果，"既不能产生任何肯定性事业，也不能做出任何肯定性行动；它所能做的只是否定性行动；它只是制造毁灭的狂暴"。启蒙运动最终滑向"恐怖"的深渊。① 启蒙运动对信仰的批判并没能使个别的自我意识认识到自身中的精神，从而没有让个别的自我意识获得真正的自由。所以鲍威尔说，基督教建立起来的教养"被整整一个世纪的启蒙损坏了"②。

18 世纪的启蒙运动之所以颠覆了基督教的教养却又没能建立起新的教养，这是因为那时的启蒙运动是斯宾诺莎主义的延续。"18 世纪，斯宾诺莎主义占据统治地位——不仅在他那以物质为实体的法国后嗣学说中，而且也在赋予物质以精神名称的自然神论中占统治地位。"③ 所谓"以物质为实体的法国后嗣学说"也就是法国的唯物主义。鲍威尔把法国启蒙运动中的哲学流派区分为：唯物主义派别和自然神论派别。这两个派别都可以追溯到斯宾诺莎主义："法国的斯宾诺莎学派和自然神论的信徒只不过是在斯宾诺莎体系的真谛这个问题上互相争辩的两个流派。"④ 不论唯物主义还是自然神论都是斯宾诺莎主义的后续发展，它们都假定"实体"是绝对的东西，这压制了精神、自我意识的自由。按照鲍威尔对思想史的理解，斯宾诺莎的德国学生进一步发展了他的理论，因为相比于前两个派别，"浪漫派"恢复了自我的地位（例如费希特的"自我"概念），"这一启蒙的简单命运就是：它在浪漫派中灭亡了"⑤。基于对启蒙运动的哲学根源的分析，鲍威尔说："现代的批判终于澄清了斯宾诺莎主义。"⑥ 斯宾诺莎的后嗣学说之所以会失败，就是因为他们不加批判地假定了"实体"，当时的批判吸取了这个教训，它

---

① 参见黑格尔：《精神现象学》（下卷），贺麟、王玖兴译，118~119 页。

② Bruno Bauer, "Die neuesten Schriften über die Judenfrage", in *Allgemeine Literatur-Zeitung*, hrsg. von Bruno Bauer, Charlottenburg: Verlag von Egbert Bauer, Nr. 4, März 1844, S. 11.

③④⑤ Bruno Bauer, "Was ist jetzt der Gegenstand der Kritik?", in *Allgemeine Literatur-Zeitung*, hrsg. von Bruno Bauer, Charlottenburg: Verlag von Egbert Bauer, Nr. 8, Juli 1844, S. 23-24.

⑥ Ibid., S. 25.

第四章 冲突的激化：纯粹批判和现实人道主义的对决

不再假定任何超越性的"实体"，把自我意识置于最崇高的地位。

3. "纯粹批判"现在以群众为对象

批判家不仅批判地考察了法国大革命和启蒙运动，而且考察了自己本身，在做完这一切之后，批判应该以什么为对象呢？"在批判已经把批判本身和政治启蒙变成了它的对象之后，必然的结果就会是，我们这个时代充分发展的现象——群众——是它必须首先研究的对象。"①

鲍威尔认为："群众是革命的最富于意义的成果——从封建主义对立双方的中和中产生出来的沉淀物。"② 可见，鲍威尔所说的"群众"就是市民社会中利己主义的人。市民社会的人以利己主义为行为原则，表面上看起来是自由的、享有人权、得到了解放。鲍威尔提出，这群人造成了"政治启蒙的幻觉"，甚至是"整个18世纪启蒙的幻觉"。

法国经过大革命和启蒙运动的洗礼，对于如何组织群众已经建立起了一系列的理论。但是这些理论根本上都是失败的，"因为他们把真正的群众看作有用的材料"③。也就是说，群众的教养水平在这一系列的运动之后依旧不高，他们并不足以承担建立新社会形式的重任。鲍威尔借机回应了批判他的人：

> 当德国的启蒙人士突然发觉他们1842年的希望落了空并且茫然不知所措的时候，关于现代法国诸体系的信息恰好传到了他们那里。现在他们可以大谈必须把下层人民阶级提高到更高的水平，他们此为代价逃避这个问题：他们自己是不是就不属于群众，群众不仅包括最下层的群众。④

在鲍威尔看来，那些批评他止步于政治解放的人其实是在重复法国启蒙运动的老路。他们想要发动下层群众建立一个自由的社会。但是法国大革命的历史已经告诉我们，这条道路是走不通的。其根本原因在于："精神的存在物不改变别的东西，就不能得到提高，它若不受到最坚决的抵抗，就绝不可能有所改变。"⑤ 鉴于目前群众教养的水平，当

---

①② Bruno Bauer, "Was ist jetzt der Gegenstand der Kritik?", in *Allgemeine Literatur-Zeitung*, hrsg. von Bruno Bauer, Charlottenburg: Verlag von Egbert Bauer, Nr. 8, Juli 1844, S. 23–24.

③④ Ibid., S. 25.

⑤ Ibid., S. 25–26.

> 思想的传承与决裂

务之急并不是发动下层群众，而是对他们进行批判，提高他们的教养。那些鼓动群众的人不仅没有提高群众的教养，反而由于没有认识到群众的惰性，没有把握到历史发展的趋势，自己也堕落成了群众的一部分。

在鲍威尔笔下，群众不仅包括"一些失败的存在"(eine Menge gescheiterter Existenzen)，而且包括"所谓的有教养的阶层"(die sogenannte gebildete Welt)。①"失败的存在"是一些缺乏教养的人，他们事实上就是被整个社会排斥在边缘、生活在社会底层的无产阶级。鲍威尔曾经说过，无产阶级是群众的一部分。② 除此之外，那些与现存世界同流合污的"知识分子"也属于群众。他们尽管属于"有教养的阶层"，但是他们的教养却不足以让他们识破现存世界中的问题的根本。

群众尽管构成了社会的大多数，但是他们对社会和世界历史的进步毫无贡献，甚至是历史停滞不前的罪魁祸首。鲍威尔不仅认为加入了群众的热情的著作是糟糕的著作，而且认为希望引起群众关注的行动必然以失败告终：

> 到现在为止，历史上的一切伟大的活动之所以一开始就是不合时宜的，而且没有取得富有影响的成效，正是因为群众对这些活动表示关注和怀有热情。换句话说，这些活动之所以必然得到悲惨的结局，是因为在这些活动中，重要的是这样一种思想，这种思想必须满足于对自己的肤浅理解，因而也就是指望博得群众的喝彩。它们失败了，因为它们的原则是肤浅的，因此也没有反对群众的肤浅。③

鲍威尔提出这样的看法和他的亲身经历不无关系。鲍威尔曾经试图通过理论鼓舞群众发动行动，但是面对激进理论家被开除和激进报刊被查禁的遭遇，群众视若无睹。群众的冷漠进一步助长了保守派的反扑与

---

① Bruno Bauer, "Die neuesten Schriften über die Judenfrage", in *Allgemeine Literatur-Zeitung*, hrsg. von Bruno Bauer, Charlottenburg: Verlag von Egbert Bauer, Nr. 1, Dezember 1843, S. 1-2.

② Bruno Bauer, "Die Gattung und die Masse", in *Allgemeine Literatur-Zeitung*, hrsg. von Bruno Bauer, Charlottenburg: Verlag von Egbert Bauer, Nr. 10, September 1844, S. 42. 鲍威尔写道："群众在其无产阶级的规定性中是与群众对立的对立面崩溃的写照和结果。"

③ Bruno Bauer, "Die neuesten Schriften über die Judenfrage", in *Allgemeine Literatur-Zeitung*, hrsg. von Bruno Bauer, Charlottenburg: Verlag von Egbert Bauer, Nr. 1, Dezember 1843, S. 3.

第四章 冲突的激化：纯粹批判和现实人道主义的对决

攻击，最终团结在鲍威尔周围的激进派不仅丢失了理论阵地，而且丧失了社会影响。①

鲍威尔之所以批判群众，是因为在他看来：群众自以为是的外表下掩藏着软弱无能的内心。他们认为自己注定要统治世界，因此在他们看来"为了证明真理而不懈努力的批判家是在做无用功"②。鲍威尔指出，"只有通过证明而贯通一个真理"，才算全面地、彻底地掌握了真理。以这个标准衡量，群众从来都没有掌握任何一个真理。因此，他们也没有勇气执行真理，没有能力贯彻真理。不仅如此，群众和历史的发展方向还是背道而驰的。"历史的任务"在于证明一些表面上看起来微不足道的真理。尽管到目前为止历史只证明了少数几个真理，但是为了证明它们，"历史尽了自己最大的努力"。在群众眼里，真理是"不言而喻的"，"不值得让历史明确地去证明它们"。鲍威尔提出，群众之所以看起来了解一些真理，并不是因为他们掌握了真理，而是因为"被历史揭开的真理"触碰到了他们。由于群众没有为发现真理做出过贡献，他们对于真理的力量也缺乏了解，因此群众一旦遇到打击，他们就会裹足不前，不愿为贯彻真理奉献任何力量，甚至会变身为"进步最大的敌人"③。

鲍威尔之所以批判群众，还因为在他看来群众是精神的敌人。他提出"精神的真正敌人在群众中必然可以找到"，而且精神也知道要在群众中找自己的敌人。④ 尽管自由派人士自以为"人权"在手，就占领了道德高地，为了发动群众而对群众不吝溢美之词，但是历史上的失败教训已经表明：群众不仅不会为精神的事业流血牺牲，而且是精神顽固的敌人。当然，鲍威尔也认识到自己把群众放在精神对立面的做法会遭到这样的非议，即批判只是在侮辱它的论敌，而没有认真对待与自己论战的人。

> 如果批判没有使它的敌人获得自由，而只是侮辱它的敌人是奴隶，这就好比说它没有启蒙，只造成了愚昧，那么，它的努力还有

---

① 参见兹维·罗森：《布鲁诺·鲍威尔和卡尔·马克思——鲍威尔对马克思思想的影响》，268页。

②③ Bruno Bauer, "Die neuesten Schriften über die Judenfrage", in *Allgemeine Literatur-Zeitung*, hrsg. von Bruno Bauer, Charlottenburg: Verlag von Egbert Bauer, Nr. 1, Dezember 1843, S. 2.

④ Ibid., S. 3.

什么用呢？答案很简单。如果批判不能使每个人都成为他想成为的那个样子，如果批判不能给每个人以心想事成的自由，而且不能不容置疑地向每个人指出适合其本性和意志的那种观点，它就不能成为创造时代的力量。①

在鲍威尔看来，那样的非议并不足为惧。因为批判只有在激烈批判"群众"的过程中才能让群众认识到自身的局限性，从而下定决心摆脱这些束缚。纯粹批判的唯一目的就是揭露自由实现的障碍，因此它不断为自己创造出敌人，在对敌人的批判中把敌人提升为自由的同盟。鲍威尔对犹太人问题的批判以及与论敌的论争都是理论范围内的事，但这并不意味着鲍威尔的视野内没有实践问题。只不过他把实践问题再次还原为理论问题，因为在他看来，推动理论在实践中得到贯彻执行的同样是理论。

> 犹太人现在在理论领域内有多大程度的进展，他们就得到了什么程度的解放；他们想要多大程度的自由，他们就有什么程度的自由。你们如果在理论中有所进展，你们在实践中也会变得更强！如果有一个更高的自由概念，你们在自由中也会进步。②

鲍威尔对理论和实践之间关系的看法是："为了对理论下命令，理论必须发展！"③ 理论的执行并不单单是在实践中贯彻理论，为了贯彻理论，理论必须获得更高的发展。人们理论上的立场越高级，在实践中也就越坚定。通过这些论证，鲍威尔把实践领域内取得进步的原因再次归结为理论的发展。

二、重新审视"犹太人问题"

在《文学总汇报》上，鲍威尔不仅把自己的批判哲学更加激进地向前发展了一步，而且基于这种更加激进的批判哲学对"犹太人问题"重新做了考察。这里我们将分别分析鲍威尔面对论敌的指责时在《文学总汇报》第一期、第四期、第八期分别是如何应对的。我们将要看到，鲍

---

① Bruno Bauer, "Die neuesten Schriften über die Judenfrage", in *Allgemeine Literatur-Zeitung*, hrsg. von Bruno Bauer, Charlottenburg: Verlag von Egbert Bauer, März 1844, Nr. 4, S. 11–12.
②③ Ibid., S. 15.

第四章　冲突的激化：纯粹批判和现实人道主义的对决

威尔也在修正自己的观点，例如：他在第一期还固执地把"犹太人问题"归结为宗教问题，在第四期就承认"犹太人问题"同时也是社会问题，在第八期上甚至承认自己犯了错误。但是，在修正自己观点的同时，鲍威尔也没有忘记为自己辩白，即"犹太人问题"的根源是宗教对人性的压制。在他为自身辩护的时候，他在"犹太人问题"上作出的修正又都被葬送了。

1. 群众对"犹太人问题"的浅薄理解

（1）第一个例证：理论家并不理解"犹太人问题"

鲍威尔说，那些把"自由"、"人权"抓在手里反对自己的人在思想方面其实极其贫乏。尽管如此，还是需要和这些人辩论，因为犹太人问题毕竟是一个有影响的问题，而且具有比人们通常认为的更加深远的影响，它涉及的是宗教对人性的束缚。因此就算只是再一次正确提出问题，从而让群众看清楚犹太人问题的根源之所在，那也是必要的。

由于《犹太人问题》的出版，鲍威尔四面树敌。玛尔卡德（Marcard）先生基于"基督教德意志意志原则"反对解放犹太人，他同时也反对鲍威尔提出消灭宗教从而解放犹太人的策略；希尔施先生基于犹太人的立场拥护犹太人的解放，他的理由是犹太人已经成了基督教国家的一个必要环节。鲍威尔的看法是，在以基督教为基础的国家中，犹太人是不可能获得解放的。基督徒虽然享有更多的权利，但是这些权利是以特权的形式存在的。在这种情况下，基督徒同样丧失了普遍的人性。玛尔卡德和希尔施表面上是针锋相对的两派，事实上都是拥护基督教国家的保守分子。面对这两种观点，鲍威尔说，真正具有价值的事情是揭露基督教国家的本质，"让基督教国家陷入为自己感到羞耻的状态"[1]。

以施特恩（Stern）为代表的犹太教护教士提出犹太教可以融入现代的民族生活，从这种生活中可以再发展出新的存在。鲍威尔指出，这种看法是矛盾的。这是因为，宗教的特点就在于排他性，如果犹太教融入现代民族生活，它就等于放弃了自己的存在；施特恩却又不希望犹太教消灭，而是要求它在现代民族生活中获得新的存在。如果不消灭犹太教，由于它本性中的排他性力量，犹太人是不可能真诚地融入现代民族

---

[1] Bruno Bauer, "Die neuesten Schriften über die Judenfrage", in *Allgemeine Literatur-Zeitung*, hrsg. von Bruno Bauer, Charlottenburg: Verlag von Egbert Bauer, Nr.1, Dezember 1843, S.8.

生活的。希尔施与施特恩不同，他提出，鲍威尔误解了犹太人的戒律，犹太人的戒律中并没有把其他人视为有罪的条款，犹太人只是排斥特定的饮食，而不是排斥人，他们并不需要重新融入社会就已经是社会的一员。鲍威尔指出，这种解释很牵强，因为犹太人不可能在坚持某些饮食不纯洁的同时认为食用这些饮食的人是纯洁的。犹太人就算只是奉行自己宗教的饮食戒律，他们最终还是会和其他人隔离开来。

面对法国犹太人的处境，霍尔德海姆（Holdheim）也认识到了安息日戒律造成的冲突。和鲍威尔不同的是，他认为解决方法并不在于消灭宗教，而是要从神学上回答为什么巴黎的犹太人大公会会同意这样的立法。他认为，根本原因在于犹太人履行市民义务是宗教为他们规定的宗教义务。鲍威尔的看法是，就算这种看法符合犹太教的宗教戒律也没有什么值得庆幸的。这种做法把市民义务转变成宗教义务，国家表面上处于宗教共同体的监督之下，但是在国家的法律面前，宗教共同体还是需要做出让步。"当且仅当国家想要避免不愉快的冲突时"①，犹太人的宗教共同体才有可能不需要做出让步。在国家的暴力机器面前，共同体还是处于劣势。鲍威尔还提出，像这样基于犹太教的神学立场并不能解决问题。如果要解决问题，需要从人的立场出发，讨论是什么束缚了普遍的人性，如何打破这种束缚，只有搞清楚这些问题，人才能真正得到解放。

不难发现，鲍威尔在反对论敌时再一次明确地把犹太人的政治解放问题作为消灭宗教的自由问题提了出来。在鲍威尔看来，如果不消灭宗教，所谓的政治解放并不成其为解放。因为法国的例子明确地告诉我们，国家在立法层面保证犹太人和基督徒的市民权利平等，但是在现实生活中，犹太人如果想要在法国生存，就必须遵循符合基督徒利益的法律条款。例如，法国的犹太人必须在基督徒的礼拜日休息，在自己的安息日则必须工作。如果不消灭宗教，理论领域的平等会一再被实践领域的特权推翻。只有消灭宗教，犹太人和基督徒同样以人的立场来看待对方，他们才能获得没有矛盾的平等。同时，鲍威尔依旧坚持基督教相对于犹太教的优越性，因为犹太教 2 000 年来保持不变，基督教则在缓慢

---

① Bruno Bauer, "Die neuesten Schriften über die Judenfrage", in *Allgemeine Literatur-Zeitung*, hrsg. von Bruno Bauer, Charlottenburg: Verlag von Egbert Bauer, Nr. 1, Dezember 1843, S. 12.

第四章　冲突的激化：纯粹批判和现实人道主义的对决

的教养中发展出了现代的批判，而且由于基督教的宗教表象包含着一个完美的人的形象，它必然会发展出批判。① 随着新批判的登场，宗教对人性的束缚被揭穿了。新批判证明，人所顶礼膜拜的只不过是自己的异化的形象。由于宗教信徒没有认识到这一点，他们俯身做上帝温柔的羔羊，正是在宗教的束缚下，人丧失了人性，对其他信仰的人挥舞起了长剑，设置了特权的屏障。只有消灭了宗教，让人认识到自身的真正的本质，才能消除人与人之间的藩篱，而这一切都依赖于新批判对宗教的批判。

（2）第二个例证：莱茵州议员对"犹太人问题"一无所知

1843 年，莱茵州七名众议员联合提案，要求废除 1808 年的《犹太人法案》，赋予犹太人更多的市民权利。在众议院举行的辩论中，各个等级的代表纷纷发言表明立场。这场辩论中提出的某些观点在普鲁士具有鲜明的代表性。② 因此，鲍威尔在反驳自己的论敌之余，有针对性地选择评论了这场辩论中的一些观点。

概括说来，支持犹太人解放的原因有以下几种：第一，犹太人从罗马的统治下挣脱之后，就在莱茵省定居了，他们在这里生活超过了 1 500 年，这里也是他们的家园，不应该附加给他们不平等的权利；第二，我们一方面信奉耶稣创立的宗教，一方面对耶稣母亲的民族施以压迫，这种做法在耶稣面前不好解释；第三，犹太教中的卑鄙精神是《塔木德》的解释者艾森门格（Eisenmenger）附加给犹太教的，这个人本身就敌视犹太教，《塔木德》的原文并不包含卑鄙的精神；第四，基督徒应该通过对犹太人的宽容显示自己宗教的恩德。当然也有议员提出，要等到犹太人放弃了自己的信仰，皈依了基督教的时候，才能赋予他们平等的权利；或者实行折中措施，即推行"渐进的、逐步的解放"，按照犹太人"在教养中的进步"逐步解放犹太人。

这场辩论最后以 54 票赞成、19 票反对通过了解放犹太人的提案。表面上犹太人的解放获得了进步，但是在鲍威尔看来，真正的问题并没

---

① Bruno Bauer, "Die neuesten Schriften über die Judenfrage", in *Allgemeine Literatur-Zeitung*, hrsg. von Bruno Bauer, Charlottenburg: Verlag von Egbert Bauer, Nr. 1, Dezember 1843, S. 10-11.

② 这场辩论的实况曾发表于《论德国的犹太人问题》（第二辑）。参见 *Zur Judenfrage in Deutschland, Vom Standpunkte Rechts und Gewissensfreiheit*, im Verein mit mehrern Gelehrten hrsg. von Dr. Wilhelm Freund, Zweite Lieferung, Berlin: Verlag von Zeit und Comp., 1843, S. 81-113。

有得到解决。因为议员们的意见充满了错误，他们甚至连自己面对的问题都不知道。鲍威尔在逐一批判议员的意见时，再一次表明犹太人面对的问题是宗教对人性的束缚，这是当代的普遍问题，犹太人问题只是这个普遍问题的一部分。只有随着人从宗教中解放出来，即随着时代的普遍问题得到解决，犹太人问题才能得到解决。

2. "犹太人问题"的新提法

(1) 作为政治和社会问题的犹太人问题

在《文学总汇报》第一期为《犹太人问题》辩护的材料中，鲍威尔依旧坚持消灭宗教是达到犹太人和基督徒市民权利平等的"必要条件"，他之所以批评群众对犹太人问题理解浅薄，也正是因为在他看来群众没有把无神论视为市民权利平等的条件。鲍威尔在回应加布里尔·里瑟尔的指责时，开始反思这种立场。加布里尔·里瑟尔对鲍威尔设想的"国家"提出了批评："既然他［布鲁诺·鲍威尔］的国家赋予每一种宗教信仰以平等的权利、不偏袒任何一个，它就不应该只是像北美的国家一样处于基督教之外、和基督教的领域分离开、对基督教不闻不问，而是必须同时把基督教和犹太教作为某种它所仇恨的东西排斥、压制，它必须像反对犹太人和犹太教一样反对基督徒和基督教——按照我们这位作者的观点，这是由其本质的最内在的必然性推动的。"① 面对这种指责，鲍威尔依旧试图为自己辩解："但是，我只是完成了批判家的义务——我暂时不需要完成别的义务——我已经批判了犹太人和他生活于其中并与其冲突的不同国家的关系，而且只需批判这种关系。"② 批判家之所以只需要批判这种关系，因为面对"犹太人问题"，批判家的义务就在于通过批判说明犹太人和现代各种国家之间形成的关系，指出在维持宗教的前提下，实现市民权利平等的各种尝试都不可能达到目的。

不过面对里瑟尔的指责，鲍威尔承认《犹太人问题》有其局限性："如果我在那本书里希望越出或者有权越出批判的范围，我本来应当谈的就不是国家，而是社会，因为社会并不排除任何人，只有那些不愿意参与社会发展的人才自己把自己从社会中排除出去。"③ 应该说，鲍威

---

①② Bruno Bauer, "Die neuesten Schriften über die Judenfrage", in *Allgemeine Literatur-Zeitung*, hrsg. von Bruno Bauer, Charlottenburg: Verlag von Egbert Bauer, Nr. 4, März 1844, S. 15.

③ Ibid., S. 15. 另可参见《马克思恩格斯文集》，第 1 卷，298 页。

第四章　冲突的激化：纯粹批判和现实人道主义的对决

尔承认仅仅谈论犹太人、犹太教和国家的关系是有局限的。这种局限性体现在，就算澄清了这种关系，也不能说明犹太人在国家中隔绝、分离的生存状况仅仅应该归咎于犹太人、犹太教，因为国家作为暴力机器可以通过强制手段把犹太人隔绝、分离出去。同时，正如里瑟尔在对鲍威尔的批判中所指出的，北美的国家是"处于基督教之外"、"和基督教的领域分离开"的。这也就意味着，北美国家并不会按照基督教的原则制定排斥犹太人的政策，不会动用暴力机器压迫犹太人。在这样的国家，仅仅考察犹太人和国家的关系就无法解释清楚犹太人在国家中为什么会形成独立的同业公会。为了说清楚这个问题，就要从社会层面着手。因为社会是人的联合体，它本身并没有暴力机器，如果一群人在社会中孤立了，这就只是这群人本身的问题——只是由于他们不愿意参与到社会发展当中，才自绝于社会。

在里瑟尔的批判面前，鲍威尔还承认，单单从"法"（das Recht）的角度无法全面把握"犹太人问题"，因为：到目前为止，"情感和良心都干涉了法，常常补充它"。他提出，批判所准备的"世界形式"不单单是"法的形式"，同时也是"社会的形式"。"关于这种世界形式至少可以说，谁对它的建立毫无贡献，谁就不能凭自己的良心和情感在其中生活，他在其中就不会有在家的感觉，也不能参与它的历史。"① 犹太人对于现代社会形式的建构没有做出贡献，他们在现代社会无法心安理得的生活，渐渐与现代世界疏远了。

鲍威尔不仅承认《犹太人问题》的纰漏，而且对它作了修正补充。他在《文学总汇报》第四期为《犹太人问题》辩护时，已经不单单把把犹太人问题作为一个犹太人和基督徒摆脱宗教的宗教问题，也不仅仅是基督教国家摆脱基督教的政治问题，而且还是一个犹太人和市民社会之间有着何种关系的社会问题。但是，当鲍威尔把犹太人问题作为一个社会问题来看的时候，他所关注的并不是社会中人与人的经济关系，而是犹太人由于其教养水平、情感和良心而与现代世界形式之间的关系。如果犹太人在教养水平上达不到现代世界形式的水平，在情感和良心上无法认同、归属于一个社会，他们就不仅不会视其为家园，而且无法参与

---

① Bruno Bauer, "Die neuesten Schriften über die Judenfrage", in *Allgemeine Literatur-Zeitung*, hrsg. von Bruno Bauer, Charlottenburg：Verlag von Egbert Bauer, Nr. 4, März 1844, S. 15. 另可参见《马克思恩格斯文集》，第1卷，300页。

思想的传承与决裂

到它的历史事业中。之所以会出现这种状况，是因为现代的世界形式是批判的成果，犹太人由于其教养水平远低于现代世界形式所要求的教养水平，他们对这个世界形式的建构毫无贡献，在其中也找不到居家的感觉。

（2）犹太人的民族性

为了反驳里瑟尔等对手，鲍威尔把犹太人与社会隔绝的罪过归咎于犹太人的民族性。鲍威尔指出：像里瑟尔这样拥护犹太人解放的人从犹太人的立场出发讨论解放问题本身就是矛盾的，事实上，正是犹太人的民族性使得他们的解放变成了不可能的事业。在鲍威尔看来，民族性是一种局限性，它对于普遍的自我意识而言是一种制约。在维持民族性存在的情况下，犹太人是不可能获得解放的。在这里，首先需要明确的是：鲍威尔在这里讨论的"民族性"是指一个民族的宗教特性，他说，"守护神是民族性最崇高、最神圣的表达"，而"守护神不多不少恰恰是神权"①。在鲍威尔看来，宗教在过去的一个世纪里是人教养自己最重要的手段，各个民族的宗教信仰决定了他们的教养水平，从而决定了他们所能够服务的事业。而一个民族的民族性恰恰是由这个民族所从事的事业规定的。

如果犹太人坚持自己的民族性，他们就不会希望得到解放，基督徒也不会关心犹太人的解放；如果犹太人放弃自己的民族性，融入到其他民族之中，他们只不过是在用另一种局限性取代自己原来的局限性。鲍威尔认为，以加布里尔·里瑟尔为代表的拥护犹太人解放的人都是在维护犹太人的民族性的前提下谈论解放的。鲍威尔对这类人的观点做了如下批判。

"犹太人说，我们想做德国人。"鲍威尔认为犹太人的这种呼声是不真诚的，"如果犹太人要严肃地做德国人，如果他们对这个意图有清楚的想法，那么他们就必须说出：他们在全面、彻底的德国追求中想要参与到哪一种中"②。然而，不论犹太人，还是拥护犹太人解放的人都没能指出犹太人要参与到德国的哪种事业当中。

---

① Bruno Bauer, "Die neuesten Schriften über die Judenfrage", in *Allgemeine Literatur-Zeitung*, hrsg. von Bruno Bauer, Charlottenburg: Verlag von Egbert Bauer, Nr. 4, März 1844, S. 17.

② Ibid., S. 16-17.

第四章 冲突的激化：纯粹批判和现实人道主义的对决

拥护犹太人解放的人提出犹太教可以通过发展获得"德国形态"。鲍威尔对这种主张的看法是："首先必须要问的是，宗教是否可以与自己的源头斩断关系，宗教是否能走出被赐福的国度的神圣边界，而且还依然保持自己是宗教。"还有人主张犹太教应该改变、应该有所发展，但是要"在犹太教的界限以内发展完善"。在鲍威尔看来，这种做法依然是要维持犹太教的存在，所谓"德国式的转变"只是一句空话。①

在揭露犹太人及其辩护人的虚假观点之后，鲍威尔提出：正是犹太人的民族性把他们和其他民族隔离开来，"你们只能和别人分离开来生活"。由于其民族性，犹太人只能组成"一个封闭的同业公会"②，他们的事业和其他民族的事业是脱离的。在这个基督教教养基础上建立起来的现代世界中，犹太人不愿意融入其中，也不能融入其中。犹太人如果希望为人类的普遍事业服务，他们首先要消灭自己的民族性，其他民族也要消灭自己的民族性。只有当所有人都不再是某一个民族的成员，而是具有普遍人性的个体，他们彼此才能以人的立场对待对方。

3. 如何看待《犹太人问题》的"错误"

鲍威尔坦承："在《犹太人问题》中犯了同样的过失。"③但是，这种过失并不能算是批判本身的过失，而是时代的限制造成了它犯错误。因为它之所以会犯错误，乃是受制于批判在1842年发展的水平。

鲍威尔对《犹太人问题》的辩护是富于策略的，他不仅解释了《犹太人问题》的各个章节都是针对什么问题创作的，而且借助法国革命的历史及其后果，反衬批判理论的局限性也是无可厚非的。鲍威尔首先对《犹太人问题》的思路作了说明：

> 自18世纪启蒙运动以来，犹太人问题一直悬而未决，这个问题应该首先获得一个正确的提法——它既是宗教的、神学的问题，也是政治的问题。在考察和解决这两个问题时，批判既不抱着宗教

---

① Bruno Bauer, "Die neuesten Schriften über die Judenfrage", in *Allgemeine Literatur-Zeitung*, hrsg. von Bruno Bauer, Charlottenburg: Verlag von Egbert Bauer, Nr. 4, März 1844, S. 17.

② Ibid., S. 19.

③ Bruno Bauer, "Was ist jetzt der Gegenstand der Kritik?", in *Allgemeine Literatur-Zeitung*, hrsg. von Bruno Bauer, Charlottenburg: Verlag von Egbert Bauer, Nr. 8, Juli 1844, S. 23.

思想的传承与决裂

的观点，也不抱着政治的观点。批判最终再一次正确地描述了那个根本错误，这个错误一度使得解决问题成了不可能的事，然而在此之后，为了时代的政治特征和敌人的政治前提却牺牲了批判。①

鲍威尔在这里告诉我们：《犹太人问题》之所以首先要给问题以正确的提法，是因为过去对"犹太人问题"的思考都走错了方向，正是这一原因导致一百多年来"犹太人问题"愈演愈烈，始终得不到解决。批判的理论不仅正确地提出问题，最终也解决了那个一直阻挠犹太人解放的根本性错误。这个错误就是：一直以来，从来没有一个理论家把消灭宗教作为解决犹太人问题的前提提出来。鲍威尔认识到《犹太人问题》也是有瑕疵的，这种瑕疵是时代留下的印迹，即"时代的政治特征"和"敌人的政治前提"造成的，其结果是：《犹太人问题》过多地讨论政治解放的问题，对于它已经提出的消灭宗教的问题论述太少。

接下来，鲍威尔从"宗教"和"政治"这两方面解释了《犹太人问题》的理论建树。从"犹太人问题"是"宗教问题"来看，批判理论和启蒙运动的做法是截然不同的。鲍威尔认为：启蒙运动宣扬人的自由、平等，反对专制和教会的压迫，这些主张固然无可厚非，但是它对待宗教的态度却是粗暴的、肤浅的。"启蒙认为，只要把宗教的对抗说成无关紧要的东西或者甚至全盘予以否定，就可以解决犹太人问题。"② 批判理论与此相反，认真地研究了基督教和犹太教的"母女关系"，不仅考察了它们的对立，而且考察了它们的从属关系，在这个基础上才进一步思考这双方的命运。从"犹太人问题"是"政治问题"来看，批判理论和支持、反对犹太人解放的人都不同，不论犹太人解放的支持者还是反对者，其立足点都是特权，只不过一个是犹太人的特权、一个是基督徒的特权罢了。"尽管他们以为他们是在要求自由和要求承认自由人性，其实他们只是力争特权，别无他图。"③ 批判理论则直指特权制度的总根源：宗教信仰，明确提出了消灭宗教的主张。

事实上，批判理论所做的还不止这些，它还考察了法国解放犹太人时所面临的理论和实践的冲突：在理论上，犹太人是自由的群体；在实

---

① ② ③ Bruno Bauer, "Was ist jetzt der Gegenstand der Kritik?", in *Allgemeine Literatur-Zeitung*, hrsg. von Bruno Bauer, Charlottenburg: Verlag von Egbert Bauer, Nr. 8, Juli 1844, S. 23.

第四章 冲突的激化：纯粹批判和现实人道主义的对决

践中，犹太人不得不屈从于基督教的种种戒律，"理论的自由被实践所推翻"①。鲍威尔承认：批判理论当时并没有更进一步指出，法国所暴露出来的矛盾——"自由的理论和特权的实际效力之间的矛盾，特权的立法效力和公共状况之间的矛盾"——"就是这个范围内的普遍矛盾"②。在《犹太人问题》中，鲍威尔已经指出法国解放犹太人的策略是有矛盾的。只不过，他当时认为这种矛盾仅仅是由法国的策略引起的，并没有把它视为犹太人解放必须面对的普遍矛盾，即没有把它看作借助于政治手段解放犹太人必然会引起的矛盾。既然"特权的实际效力"对"自由的理论"构成了一种限制，理论中的自由如果要获得现实性，就需要消灭特权。按照鲍威尔的看法，犹太人和基督徒的特权是从他们的宗教中产生的，只有消灭了宗教，他们才能获得现实的自由。

第二节 "现实人道主义"：马克思哲学变革的理论前夜

1843年12月，鲍威尔主办的《文学总汇报》（月刊）在夏洛腾堡分期出版。鲍威尔开始利用这个刊物为自己的《犹太人问题》辩护。1844年7月，《文学总汇报》（月刊）第8期上发表《目前什么是批判的对象？》，将矛头指向马克思的《论犹太人问题》。布鲁诺·鲍威尔的回击，显然引起了马克思的注意。马克思在1844年8月11日"致路德维希·费尔巴哈"的信中说道："对于德国人来说，要摆脱对立的片面性是很困难的，我的多年的朋友（但现在同我越来越疏远了）**布鲁诺·鲍威尔**在他的柏林出版的批判性报纸《文学报》中重新证明了这一点。"马克思告诉费尔巴哈："我将出一本小册子来反对批判的这种谬误。"③

1844年8月底，恩格斯从英国曼彻斯特的工厂返回德国巴门，取道巴黎和马克思会面。恩格斯后来回忆这次会面时写道："当我1844年夏天在巴黎拜访马克思时，我们在一切理论领域中都显出意见完全一

---

① ② Bruno Bauer, "Was ist jetzt der Gegenstand der Kritik?", in *Allgemeine Literatur-Zeitung*, hrsg. von Bruno Bauer, Charlottenburg: Verlag von Egbert Bauer, Nr. 8, Juli 1844, S. 23.

③ 《马克思恩格斯全集》，中文2版，第47卷，75、76页。

致，从此就开始了我们共同的工作。"①《神圣家族》就是马克思恩格斯共同创作的第一个成果。

　　恩格斯在巴黎逗留十天，完成了他所承担的手稿。② 书稿的大部分及出版事宜都是由马克思负责完成的。为了出版《对批判的批判所做的批判》，马克思1844年10月7日致信尤利乌斯·康培（Julius Campe），询问汉堡霍夫曼—康培出版公司是否愿意出版他和恩格斯的著作。③ 1844年秋，马克思又致信亨利希·伯恩施太因（Heinrich Börnstein），询问弗兰克是否愿意出版该书。④ 马克思都没有得到肯定的答复。最后，马克思致信1844年7月1日刚刚成立的约瑟夫·吕特恩文学机构，寻找出版的机会。1844年12月3日，约瑟夫·吕特恩（Josef Rütten）和察哈里亚斯·勒文塔尔（Zaccharias Löwenthal）回复马克思，同意出版《对批判的批判所做的批判》，并乐意支付1000法郎的稿费。⑤ 12月9日，私人密探赫尔曼·艾伯纳（Hermann Ebner）发布消息，称马克思恩格斯的著作即将在吕特恩的文学机构出版。12月27日，勒文塔尔致信马克思，建议标题定为《神圣家族，或对批判的批判所做的批判。驳布鲁诺·鲍威尔及其伙伴》。⑥ 马克思之后对书稿又做了修订。1845年1月15日，勒文塔尔增补了马克思的修改稿。全书于1845年2月初出版。⑦

　　尽管鲍威尔在《文学总汇报》中只有一篇文章暗指马克思，但是马克思发现：在鲍威尔为《犹太人问题》辩护的三篇文章中无一例外地把政治解放和人的解放混淆在一起，同时把群众置于与精神对立的位置上，因此这三篇文章都没能逃脱马克思的批判。在批判鲍威尔的文章

---

① 《马克思恩格斯选集》，2版，第4卷，196页。
② 参见《马克思恩格斯全集》，中文2版，第47卷，325页。
③ 参见上书，323～324页。
④ 参见上书，325页。
⑤ 参见 Wolfgang Mönke, *Die heilige Familie：zur ersten Gemeinschaftsarbeit von Karl Marx und Friedrich Engels*, Berlin：Akademie-Verlag, 1972, S. 160. 以及 *Marx-Engels-Gesamtausgabe*, Abteilung III, Bd. 1, S. 446。
⑥ 参见 Wolfgang Mönke, *Die heilige Familie：zur ersten Gemeinschaftsarbeit von Karl Marx und Friedrich Engels*, Berlin：Akademie-Verlag, 1972, S. 163. 另可参见 MEGA², III/1, *Karl Marx, Friedrich Engels, Briefwecksel, bis April 1846, Apparat*, Berlin：Dietz Verlag, 1975, S. 447。
⑦ 参见 Wolfgang Mönke, *Die heilige Familie：zur ersten Gemeinschaftsarbeit von Karl Marx und Friedrich Engels*, Berlin：Akademie-Verlag, 1972, S. 164-165。

第四章 冲突的激化：纯粹批判和现实人道主义的对决

时，马克思并没有仅仅局限于指出鲍威尔为《犹太人问题》辩护时犯下的错误，而是同时进一步发展了自己的主张：在鲍威尔提出历史是自我意识自我实现的历史、批判推动历史发展的地方，马克思提出了历史不外是追求着自己目的的人的活动、历史上的活动都是群众的活动；在鲍威尔把法国唯物主义视为斯宾诺莎主义的进一步发展的地方，马克思全面地考察了法国唯物主义发展的线索，提出它们最鲜明的特征就是反对包括斯宾诺莎在内的17世纪的形而上学。另外，以批判鲍威尔为契机，马克思还批判了以鲍威尔为代表的思辨唯心主义并发展了自己的"现实的人道主义学说"，这种"现实的人道主义学说"是马克思基于对哲学史的把握而提出的"为**思辨**本身的活动所完善化并和**人道主义**相吻合的**唯物主义**"①。由于其历史观的底色仍是"人道主义"，它尚处于马克思实现哲学变革的"理论前夜"。首先，我们将考察马克思对鲍威尔的《犹太人问题》的进一步批判，接下来分析马克思对包括唯物主义和唯心主义在内的旧哲学的批判以及马克思"现实的人道主义学说"的基本内涵。

一、马克思再论"犹太人问题"

由于鲍威尔分别在《文学总汇报》第一期、第四期、第八期发表了三篇为《犹太人问题》辩护的文章，因此马克思在《神圣家族》中分别以"犹太人问题，第一号"、"犹太人问题，第二号"、"犹太人问题，第三号"三个小节针锋相对地批判鲍威尔。马克思在前两个批判中，从犹太人对鲍威尔的批判入手，意在说明鲍威尔这个自视教养水平远高于犹太人的批判家在犹太人对他的批判面前竟然无能为力，"连这些可怜的对手也不是绝对的批判所能征服得了的"②。在支持犹太人理论家的同时，马克思借机再次对鲍威尔混淆人的解放和政治解放的错误做了批驳。相对于前两个批判，马克思在"第三号"批判中重写了《论犹太人问题》，尽管它和《德法年鉴》上的论文之间的差异较少有人论及，但是在这份新文本中，马克思更多地用历史的观点而非逻辑的推理来审视"犹太人问题"，这清晰地表明其中的思想更加接近于历史唯物主义的领地，从而在马克思的思想发展历程中获得了相对于《德法年鉴》上《论

---

① 《马克思恩格斯全集》，中文1版，第2卷，160页。
② 同上书，111页。

犹太人问题》的独立价值。

1. 声援支持犹太人的理论家和政界人士

由于鲍威尔在《犹太人问题》中提出，犹太人只有放弃信仰才能得到解放。这种观点尤其遭到了犹太人的强烈反对。马克思在《神圣家族》中选取了三个犹太理论家：古斯塔夫·菲利普逊、萨缪尔·希尔施和加布里尔·里瑟尔，支持他们对鲍威尔的批判，从而表达对犹太人保持自身宗教信仰的前提下获得政治解放的支持。古斯塔夫·菲利普逊在其著作《布鲁诺·鲍威尔的犹太人问题》中对鲍威尔提出的批评意见是，鲍威尔思考的并不是在德国生活的犹太人的解放问题，而是在一个符合其哲学理想的国家如何解放犹太人；鲍威尔的哲学理想对于解决现实中的犹太人问题没有任何帮助。① 萨缪尔·希尔施对鲍威尔的批评主要指向两点：其一指向鲍威尔的"基督教国家"。鲍威尔认为基督教国家按照其自身的基督教信仰只能排斥其他信仰的人；希尔施的看法是，鲍威尔认识到基督教国家是不完备的国家，但却没有认识到以排他性为基础的国家也是不完备的基督教国家，完备的基督教国家应该普遍化的是信仰中好的方面，而不是坏的方面，即完备的基督教国家应该以包容的爱的原则、而不是排他的仇恨原则为基础。其二，希尔施批判了鲍威尔对犹太人在现代历史中的地位的看法。在鲍威尔看来，犹太人一方面对历史的发展没有任何作用，是历史中的顽固的静止因素；另一方面又因为自己的民族特性而把自己从历史中排斥出去。希尔施指出，这种看法是自相矛盾的，因为一个完全静止的民族是不会做出排斥其他民族的动作的。在希尔施看来犹太民族之所以能够生存到现代，一定是因为他们具有和现代历史相匹配的精神原则，而且他们的生活一定对现代历史产生了某种影响，而不是像鲍威尔所说的没有任何影响。②

---

① 《东方报》(*Literatur des Orients*) 上有关古斯塔夫·菲利普逊的《鲍威尔的犹太人问题》的书评表明，古斯塔夫对鲍威尔的批评确实集中于批判其"理想"的国家观念，马克思对古斯塔夫的观点的概括符合其本意。参见 *Literatur des Orients*：*Berichte, Studien und Kritiken für jüdische Geschichte und Literatur*, Nr. 17, 25 April, 1843, S. 261–262.

② 参见 Dr. Samuel Hirsch, *Das Judentum, der christliche Staat und die moderne Kritik. Briefe zur Beleuchtung der Judenfrage von Bruno Bauer*, Leipzig: Verlag von Heinrich Hunger, 1843, S. 23–25；*Literatur des Orients*：*Berichte, Studien und Kritiken für jüdische Geschichte und Literatur*, Nr. 25, 20 Juni, 1843, S. 385–388；Nr. 27, 4 Juli, 1843, S. 423–430.

第四章 冲突的激化：纯粹批判和现实人道主义的对决

在《神圣家族》中，马克思声援这两个人对鲍威尔的批评意见。针对古斯塔夫·菲利普逊批评布鲁诺·鲍威尔构想了一个理想的国家，马克思说道："布鲁诺先生把国家和人类、人权和人本身、政治解放和人类解放混为一谈，就必然会思索或至少是想像一个特殊类型的国家即国家的哲学理想。"① 萨缪尔·希尔施提到犹太人在历史中必然起到了某种作用，鲍威尔对这种观点轻蔑地回复说，眼中的刺对视力的形成也有某种作用。马克思针对鲍威尔的这种回应说，犹太教就像一根刺一样存活在基督教世界里，和基督教一起成长和发展，它对于现代世界的形成必然"有所贡献"；同时，马克思还挖苦鲍威尔，说他以一根刺来比喻犹太教压根无法"刺痛"希尔施。

在德国犹太人解放运动的历史上，莱茵州议会率先通过决议授予犹太人平等的市民权利，这可谓一件标志性的事件，它不仅标志着德皇弗里德里希·威尔海姆四世的倒退政策已经丧失了群众基础，而且标志着犹太人的政治解放已经获得了多数基督徒的支持。在为《犹太人问题》所做的第一号辩论中，鲍威尔对莱茵州议会辩论中支持犹太人解放的议员做了嘲讽的批判，针对一名众议员在议会辩论中提出，"'犹太人由于自己的习惯，而不是由于我们所谓的基督教的习惯，而显得古里古怪'，这种状况并不是反对他们解放的理由"。鲍威尔命令他规规矩矩地使用这个论据。② 针对另一名议员提出要渐进地解放犹太人，即先解放不再信仰犹太教的犹太人，到犹太人都改变宗信仰之后再发布彻底解放犹太人的命令。鲍威尔补充这位议员的观点说，只有在犹太人和基督徒都不再信仰宗教时，犹太人才能得到解放。

马克思指出，这种看法表明鲍威尔在为《犹太人问题》所做的第一号辩护中"仍旧把取消宗教、把无神论看做**市民**的平等的必要条件"③。鲍威尔此时依旧把政治解放和人的解放混为一谈，而没有认识到自己著作的"失策"。在马克思看来，因为鲍威尔混淆了政治解放和人的解放，他在重新提出"犹太人问题"的时候，把"犹太人问题"作为"时代普

---

① 《马克思恩格斯全集》，中文1版，第2卷，111页。
② Bruno Bauer, "Die neuesten Schriften über die Judenfrage", in *Allgemeine Literatur-Zeitung*, hrsg. von Bruno Bauer, Charlottenburg: Verlag von Egbert Bauer, Nr. 1, Dezember 1843, S. 15.
③ 《马克思恩格斯全集》，中文1版，第2卷，113页。

遍问题"的一部分来对待,认为只有解决了"时代的普遍问题"才能解决"犹太人问题"。马克思认为这种提法错失了问题本身,这种错误在鲍威尔为《犹太人问题》所做的第一号辩护中依然存在:

> 绝对批判的主要任务之一,首先就是给当代的一切问题以**正确的提法**。它恰好没有回答**现实**的问题,却提出一些**毫不相干**的问题。……它对"当代的问题"的**提法**就是对这些问题的批判的**曲解**和**歪曲**。例如,它这样歪曲"犹太人问题",以致它自己竟用不着去研究作为这一问题内容的**政治解放**,反而可以满足于批判犹太宗教和描写基督教德意志国家。①

由于把"消灭宗教"作为"政治解放"的前提,鲍威尔在《犹太人问题》中注意力集中在了分析犹太教和基督教各自的特征及其相互关系上,在《现代犹太人和基督徒获得自由的能力》中分析了这两种宗教与自由的关系,反而没有认真讨论"政治解放"本身。鲍威尔在辩护文章和《犹太人问题》中有一个共同的论点,即:犹太人和基督徒之所以不平等,首先是由于犹太人坚持自己的宗教戒律,不愿意和基督徒享有平等的地位,其次是由于基督徒以及基督教国家基于自己的宗教信仰不愿意把平等的权利分配给犹太人,犹太人要求平等市民权利的政治解放必须以消灭宗教为前提。针对鲍威尔的看法,马克思指出:他"把取消宗教、把无神论看做**市民**的平等的必要条件",这表明他对"国家的本质",对"政治解放"和"人的解放"都还缺乏清晰的认识。北美的例子已经表明,彻底的政治解放并不需要消灭宗教,政治解放是人通过国家的中介从宗教中解放出来。在完成政治解放的国家,人的政治生活不因宗教信仰的差异而受影响,但是宗教并未由此而消灭,人在市民生活中依旧可以"自由地"做一名宗教徒。宗教的存在表明得到政治解放的人的生活依旧是不完善的,消灭宗教是人的解放的任务。

在"犹太人问题"第二号中,马克思通过支持加布里尔·里瑟尔这位有着广泛影响力的犹太理论家来批判鲍威尔。里瑟尔对鲍威尔的批评集中在两点:第一,鲍威尔的"批判的国家"不只会排斥犹太人,也会排斥基督徒。既然鲍威尔的"批判的国家"以普遍的人性为基础,而犹太人和基督徒则以狭隘的排他性为本质,那么犹太人和基督徒在"批判

---

① 《马克思恩格斯全集》,中文1版,第2卷,114~115页。

第四章　冲突的激化：纯粹批判和现实人道主义的对决

的国家"中都是敌对分子，这种国家必然会把犹太人和基督徒同时送上"绞架"。第二，鲍威尔的批判没有"**把法的范围以内的东西和法的范围以外的东西区分开来**"。马克思表示，里瑟尔先生的批判"完全正确"。而这又是由于鲍威尔混淆了政治解放和人的解放造成的。由于他混淆了这两种解放，导致他把实现人的解放的"**政治手段**"和"**人的手段**"混淆在了一起。① 鲍威尔认为，犹太人和基督徒享有平等地位需要消灭犹太教和基督教，不再信仰人的异化形象，转而信仰人本身。马克思认为，鲍威尔的这种主张是在要求通过实现解放的"人的手段"获得政治解放。政治解放是国家通过立法规定：享有什么样的政治权利并不以信仰、私有财产、等级、出身、职业等因素为前提。这是人通过政治的手段获得解放，是人以政治国家为中介获得的解放。通过"政治手段"获得的解放是一种间接的解放、有矛盾的解放。与此相对，通过"人的手段"获得的解放是人本身摆脱信仰、私有财产、等级、出身、职业等因素的限制，这是一种直接的、没有矛盾的、彻底的解放。

2. 批判鲍威尔"真神学"、"假政治"的讨论

在为"犹太人问题"所做的第三号辩护中，鲍威尔澄清：他把"犹太人问题"既作为一个宗教问题，也作为一个政治问题来讨论。在宗教方面，鲍威尔说自己把"纯粹的宗教对立"表述出来了，这一点超出了"启蒙"；在政治方面，鲍威尔说自己既不同于拥护解放的人，也不同于反对解放的人，他并不追求特权，而是追求"自由"和"自由的人性"。针对鲍威尔所说的宗教方面和政治方面，马克思分别指出了它们的缺陷。

就宗教方面而言，鲍威尔确实把"犹太人问题"视为一个宗教问题。在宗教问题的范围内，鲍威尔把消灭宗教作为"政治解放"的条件；分析了犹太人获得"自由"的能力，肯定了犹太人能够获得"解放"。在马克思看来，这些讨论表明"这位**神学家**将根据**表面现象**作出判断，把**宗教**问题就看成**宗教问题**"，而关键的问题倒是"**什么是宗教问题**"②。宗教问题并不是单纯的宗教问题，宗教的存在表明整个社会都出了问题，只有找出这个问题才能认清宗教，找到消灭宗教的方法。

---

① 参见《马克思恩格斯全集》，中文1版，第2卷，121、123页；《马克思恩格斯文集》，第1卷，298页。

② 《马克思恩格斯文集》，第1卷，306～307、306页。

思想的传承与决裂

按照马克思的看法，鲍威尔就宗教谈论宗教的做法至少有三点失误。

"鲍威尔先生只了解犹太教的**宗教**本质，但不了解这一宗教本质的**世俗的现实的基础**。"① 按照鲍威尔的宗教观点，犹太教是基督教的准备。在基督教产生之后，犹太教就失去了存在的价值。正是基于这样的逻辑，鲍威尔提出了犹太教是违反历史的发展逻辑保留下来的，由于它反抗历史的发展进程，因此受到了历史的审判。犹太人在基督教世界的遭遇就是这种审判的明证。鲍威尔提出的这些看法只是"正统的"神学看法，他对于犹太教的本质以及犹太教和基督教的关系并没有提出"批判的"见解。

与此相反，马克思提出："现实的**世俗的**犹太精神，因而**也连同宗教的**犹太精神，是由**现今的市民生活**所不断地产生出来的，并且是在**货币制度**中最终形成的。"② 马克思并没有就宗教谈宗教，而是从犹太人的市民生活寻找他们宗教存在的根源。犹太人之所以信仰宗教，是因为他们在市民生活中不自由，他们被异己的力量控制着，货币制度就是市民生活异己性的"最高表现"。他因此指责鲍威尔说："鲍威尔先生不是用**现实的犹太人**去说明犹太人的宗教的秘密，而是用**犹太人的宗教**去说明**现实的犹太人**。"③

由于鲍威尔就宗教谈论宗教，他在分析犹太人解放的条件时提出，犹太人和基督徒只有消灭宗教"获得自由"，犹太人问题才能得到解决。在马克思看来，鲍威尔把现代人获得自由的能力"仅仅**局限于**他们理解并亲自从事神学'批判'的能力"，"他所知道的唯一的斗争是反对自我意识的**宗教**局限性的斗争"④。这种斗争只是局限于思维领域内的斗争。与此相对，马克思提出只有找到犹太教的"经验的、世俗的、实际的内核"才能发现消灭宗教的"实际的、**真正社会**的方式"⑤。由于他把市民生活理解为宗教的发源地，因此消灭宗教的任务就要通过消灭市民生活中的异化要素来实现，即通过消灭货币制度来实现。

就政治方面而言，鲍威尔提出：德国作为基督教国家不可能在政治上解放犹太人，犹太人在基督教德意志国家要求自由表明他们对这个国家还抱有"幻想"；法国承认犹太人是自由人，但是立法这种政治手段

---

① ② ③ 《马克思恩格斯文集》，第1卷，307页。
④ 同上书，309页。
⑤ 同上书，307页。

第四章 冲突的激化：纯粹批判和现实人道主义的对决

又在实践上否认了犹太人的自由，因为法律是按照法国大多数人，即基督徒的意志制定的；北美国家通过立法保证了人的政治权利不以宗教为前提，但是由于政治手段并没有从人的生活中排除宗教，因此人还受特权思想的束缚。因此，鲍威尔断定政治的解放方案都是以"专门的特权"为基础的，并没有实现"自由"，也不会承认"自由的人性"。

马克思的看法是，鲍威尔犯了严重的错误。第一个错误是，他混淆了两种自由："政治自由"和"人的自由"。犹太人追求的是政治解放，他们要求的是政治生活中的自由，当国家通过政治手段把政治权利和宗教信仰分离开来的时候，犹太人就已经享有了政治自由。由于把"人的自由"作为"政治自由"的前提，他没有认识到人可以借助政治的中介摆脱宗教，这种解放尽管不是彻底的解放，但毕竟是一个进步。

鲍威尔的第二个错误是，他没有认识到他所要求的"自由的人性"是通过"人权"承认的"自由的人性"。以这种方式承认"自由的人性"并不需要消灭宗教，毋宁说是承认人有信仰宗教的自由。"犹太人在**政治上获得解放和赋予犹太人以'人权'**，这是一种彼此相互制约的行为。"① 在政治解放完成的国家，"自由的人性"就以人权的形式得到了承认。然而，在鲍威尔看来"政治解放"之所以不彻底，是因为宗教对"自由的人性"依旧是一种束缚，他进而提出消灭宗教，以承认"自由的人性"。马克思指出，当鲍威尔认为自己在讨论政治问题的时候，他其实是在讨论宗教问题，而并没有"对政治解放的本质进行批判的分析"，他对现代国家的原则一无所知。

马克思还指责鲍威尔把法国解放犹太人时所暴露出的矛盾作为政治解放的"普遍矛盾"。鲍威尔在为《犹太人问题》做的第三份辩护中提到："在**法国议会辩论**中被指出的**矛盾**……本来应该被看做这个领域的**普遍矛盾**。"② 马克思指出，法国本来就是一个政治解放不彻底的立宪君主制国家，就算鲍威尔把法国的矛盾视为普遍的矛盾，他消除这个矛盾之后得到的也只是"民主代议制"国家。马克思表明：不论是"自由的理论和特权的实际效力之间的矛盾"，还是"特权的法定效力和公共状况之间的矛盾"都随着政治国家和市民社会的分离而解决了，这些矛盾的解决是政治解放本身的任务，只有在这些矛盾消灭的地方，"**才存**

---

① 《马克思恩格斯文集》，第1卷，313页。
② 转引上书，314页。

在着完备的现代国家"①。鲍威尔消除这个矛盾只是从不彻底的政治解放进步到彻底的政治解放，而不是他所认为的从政治解放进步到人的解放。

3. 为什么"重写"《论犹太人问题》

鲍威尔在为《犹太人问题》所做的第三号辩护《目前什么是批判的对象?》对马克思发表在《德法年鉴》上的《论犹太人问题》做了反驳，马克思在《神圣家族》的"犹太人问题，第三号"中对鲍威尔的反驳又做了反批评。马克思在《神圣家族》上的反批评中一再提到《德法年鉴》上的《论犹太人问题》，并将其奉为圭臬。例如："这篇文章揭露了鲍威尔把'**政治解放**'和'**人的解放**'混为一谈的根本错误。""《德法年鉴》将鲍威尔对'犹太人问题'的探讨宣布为**真正神学的探讨**和**虚假政治的探讨**。"② 除此之外，在《神圣家族》当中还充满了《德法年鉴》"曾经证明……"、"已经指出……"、"还曾阐明……"之类的说辞。这就给人一种印象，即《神圣家族》只不过是在重复《德法年鉴》已经证明过的理论，并没有带来新的理论突破。例如，麦克莱伦在提到这一部分时以"马克思继续探讨了《论犹太人问题》中的主题"一笔带过，梅林则干脆忽略了"犹太人问题，第三号"的内容。③ 与这些传记作家不同，尤里乌斯·卡勒巴赫旗帜鲜明地提出这两份《论犹太人问题》之间有着"实质差别"。他说：

> 马克思在《神圣家族》中改正了第一篇文章［指《论犹太人问题》］中的不足之处，表现如下：
>
> 1. 论证的顺序被颠倒了。它从犹太教的"社会意义"开始，接下来讨论了处于演变中的国家所具有的政治特征。而没有一般性地讨论犹太教以及其他宗教。
>
> 2. 个人和市民之间的内在冲突是借助犹太人理论家说明的，讨论的对象从第一篇文章中的犹太人转变为鲍威尔。
>
> 3. "类生活"和"类存在"这两个概念被放弃。未来社会的"预见"也被放弃。

---

① 《马克思恩格斯文集》，第1卷，317页。
② 同上书，304、306页。
③ 戴维·麦克莱伦：《马克思传》，王珍译，117~118页；梅林：《马克思传》，樊集译、持平校，127页。

第四章 冲突的激化：纯粹批判和现实人道主义的对决

4. 通过鲜明对比市民社会的积极和消极方面来说明社会发展和政治发展的历史必然性，更加强调犹太人在市民社会变迁中的积极作用。①

尽管梅林、麦克莱伦忽视第二篇文章的做法有欠斟酌，卡勒巴赫突出二者的差异同样需要警醒，他之所以突出这两个版本的《论犹太人问题》之间的差异，是因为只有这样，第一篇文章的"反犹主义"立场才能坐实："第一篇文章中渗透着反犹主义的表述，尽管它想说明'犹太教'，却远未能做到'科学的'分析。"②在卡勒巴赫看来，尽管马克思在第二篇文章中纠正了这些错误，却并没能消除它们的历史影响，反倒为法西斯的反犹主义做了理论准备。鉴于我们在上一章已经对这种看法做过分析，这里就不再赘述其中的逻辑和理论错误。

在这两种针锋相对的看法之外，列宁提出了一种相对中庸的看法。他在提到"犹太人问题，第三号"时推崇有加，认为："马克思在这里［《马克思恩格斯全集》，中文1版，第2卷，139～151页］尖锐而明确地强调指出了自己的**全部**世界观的基本原则。"③我们知道，列宁在《卡尔·马克思》中曾提出，马克思在《德法年鉴》中"彻底完成"思想发展历程中的两个转变："从唯心主义转向唯物主义，从革命民主主义转向共产主义。"④ 如果把这两个评论对照起来看，其中有关马克思在《神圣家族》中相比于在《德法年鉴》中"历史唯物主义"的原则更加突出的看法自不待言，不过列宁并没有过分夸大这种区别，反倒是因为一再强调"《德法年鉴》已经证明……"而突出了《神圣家族》和《德法年鉴》之间的联系。可以说，列宁在把二者结合在一起看待的同时，又强调了后者在马克思新世界观形成中的独立价值。

事实上，马克思之所以再次撰文讨论"犹太人问题"并不是为了写出一篇与《德法年鉴》有着"实质差异"的文章，而是为了宣传《德法年鉴》上那篇文章中的观点。1844年2月，当《德法年鉴》第一、二

---

① Julius Carlebach, *Karl Marx and the Radical Critique of Judaism*, London: Routledge & Kegan Paul Ltd., 1978, p.176.
② Ibid., p.175.
③ 《列宁全集》，中文2版，第55卷，20页，北京，人民出版社，1990.
④ 《列宁全集》，中文2版，第26卷，83页，北京，人民出版社，1988.

思想的传承与决裂

期合辑在巴黎出版时，只有2 500份寄往德国。① 由于其中的文章大多出自"敏感人物"之手，书报检查机构一直对《德法年鉴》进行监控，能够在德国境内流通的刊物数量更是有限。"马克思文章的影响过了十多年之后还很有限，因为送往德国的2 500份《德法年鉴》中只有一部分被送到了书店。"② 就算它们全部在德国的书报市场销售，这2 500份的影响力也很微弱。这一点从《论犹太人问题》所遭受的待遇就可见一斑：只有《曼海姆晚报》、《前进报》、《十九世纪的以色列人》等少数几家报刊上出现了《论犹太人问题》的书评。③ 马克思一贯珍惜自己的文章，他曾以"在月光下抚养大的我的可爱的孩子"比拟自己的文学创作，当《论犹太人问题》发表之后犹如石沉大海，马克思自然无法感到满足。利用新书出版的机会再次宣传已经发表的文章，这种做法也是顺理成章的。

当然，我们也注意到《神圣家族》中的"犹太人问题，第三号"和《德法年鉴》上的《论犹太人问题》之间有着明显的不同。这种不同首先表现在叙述形式上：在《论犹太人问题》中，马克思批判鲍威尔更多地是为了引出他本人的观点，马克思在文中主要是在阐述自己对"犹太人问题"及其解决之道的理解；在"犹太人问题，第三号"中，马克思文章的锋芒才真正指向鲍威尔，每每阐述自己对犹太人问题的理解之前总是首先批判鲍威尔的缺陷。卡勒巴赫把这作为《神圣家族》和《论犹太人问题》之间具有"实质差异"的一个表现。仅就这一点而言，它确实是两篇文章叙述风格上的差异，但很难说是"实质的差异"。因为这两篇文章的写作目的和写作背景都是不同的：就写作目的而言，马克思写作《论犹太人问题》时依旧在思索着如何把这个问题纳入一个新的"轨道"，而要做到这一点，马克思本人首先需要对"犹太人问题"做到心中有数。写作《神圣家族》的主要目的则是为了揭露"鲍威尔及其伙

---

① MEGA², I/2, Karl Marx Werke, Artikel, Entwürfe, März 1843 bis August 1844, Apprat, Berlin: Dietz Verlag, 1982, S. 545.

② Ibid., S. 651.

③ MEGA²的编者只提到了《曼海姆晚报》和《前进报》上出现的评论，卡勒巴赫提到《十九世纪的以色列人》上有一篇评论，《东方报》上曾顺带提到过《论犹太人问题》。参见 MEGA², I/2, Karl Marx Werke, Artikel, Entwürfe, März 1843 bis August 1844, Apprat, Berlin: Dietz Verlag, 1982, S. 651. 另可参见 Julius Carlebach, Karl Marx and the Radical Critique of Judaism, London: Routledge& Kegan Paul Ltd., 1978, pp. 187-188.

第四章　冲突的激化：纯粹批判和现实人道主义的对决

伴"在《文学总汇报》上表现出来的"思辨唯心主义"观点，以鲍威尔为中心的这个小团体被马克思视为"最危险的敌人"，严肃地审视这个小团体的核心人物自然是《神圣家族》的主要任务。就写作背景而言，马克思在写作《论犹太人问题》之前对"犹太人问题"并没有系统的认识，当时摆在马克思面前的，除了"辩章学术"（分析鲍威尔的文章）、"考镜源流"（犹太人问题产生的根源以及在处于不同发展阶段上的各个国家中的不同表现）之外，并没有其他理解"犹太人问题"的坦途。到了写作《神圣家族》，马克思不仅已经对"犹太人问题"形成了自己的理解，而且面对鲍威尔的反驳，他需要捍卫自己对"犹太人问题"的理解。

这两篇文章之间除了叙述形式上的差异之外，还有内容上的不同："类"概念在《神圣家族》的"犹太人问题，第三号"中消失了。在这里，马克思以鲍威尔的第二篇文章为切入点，从《现代犹太人和基督徒获得自由的能力》把"犹太人问题"作为"纯粹的宗教问题"入手，提出"**宗教**的焦点问题在当前具有**社会**意义"。马克思提出："在剥掉了犹太教的**宗教**外壳，使它只剩下经验的、世俗的、实际的内核之后，才能够指明那种可以消除这个内核的实际的、**真正社会**的方式。"① 在接下来的讨论中，马克思不仅把自己对"犹太人问题"的探讨限制在社会的、历史的层面上，而且有意识与鲍威尔在宗教神学层面上的讨论拉开距离。与在《论犹太人问题》中一般性地说出"犹太教的世俗基础"是"**实际需要，自私自利**"，"犹太人的宗教的基础"是"实际需要，利己主义"等还很抽象的论断不同，马克思在"犹太人问题，第三号"中用"工商业的实践"来说明犹太教的社会根源、世俗基础。此外，尽管两篇文章都强调犹太教并不违反历史，而是通过历史保存下来的，但是前一篇文章中的历史原则被宗教神学的逻辑掩盖了，因为那里写的是"犹太教之所以能够保持与基督教**同时**存在，不仅因为它是对基督教的宗教批判，不仅因为它体现了对基督教的宗教起源的怀疑，而且因为犹太人的实际精神——犹太精神——在基督教社会本身中保持了自己的地位，甚至得到高度的发展"②。在后一篇文中，历史的原则放在了第一位，"犹太精神是**通过**历史，**在**历史**中**并且同历史**一起**保存下来和发展起来

---

① 《马克思恩格斯文集》，第1卷，307页。
② 同上书，51页。

的，然而，这种发展……只有用世俗人的眼睛才能看到"①。尽管马克思把这一发现归为第一篇文章的功劳，但是前一篇文章中从宗教神学的角度论述犹太教的历史地位的内容则被马克思要么剔除，要么归在鲍威尔的名下。②

在对待"犹太人问题"上，两篇文章的看法也是不同的：在前一篇文章中，马克思强调指出**"犹太人的解放**，就其终极意义来说，就是人类从**犹太精神**中解放出来"③。由此，马克思讨论的重点就在于实现人的解放的必要性及其途径，马克思基于现实社会的非人性描述了未来社会的理想图景。在后一篇文章中，马克思的讨论真正回到了"犹太人问题"本身，专注于讨论作为"犹太人问题"之"内容"的"政治解放"本身。④ 马克思借助于对"自由的人性"、"特权的效力"、"现代的'公共状况'"等问题的论述，揭露鲍威尔把政治解放和人的解放混淆在一起所带来的后果只能是使犹太人的解放成为不可能的，使犹太人问题的解决成为不可能。同时，由于马克思回到了问题本身，有关未来社会的理想图景就成了不必要的了，也不需要借助于"类本质"的回归来说明未来社会的状况。

二、对唯物主义和唯心主义哲学的反思

在《目前什么是批判的对象?》中，鲍威尔提出：法国唯物主义是斯宾诺莎主义的一个流派，这一派基于斯宾诺莎的"广延"概念把物质视为实体，它和主张自然神论的另一派是对立的，这两个派别最终在浪漫主义运动中走向灭亡。鲍威尔对法国唯物主义只做了一句评价，这一句评价却引发了马克思"连篇累牍"的讨伐。而马克思之所以"小题大做"，主要还是因为他个人的理论需要：第一，在反对形而上学的斗争中，法国唯物主义是榜样和借鉴；第二，法国唯物主义孕育了社会主义和共产主义，后者在实践领域发展了"人道主义"。

马克思提出，鲍威尔的主张是脱离历史事实的。因为 18 世纪的法国唯物主义是反对 17 世纪的形而上学的，也就是说，法国的唯物主义

---

① 《马克思恩格斯文集》，第 1 卷，308 页。
② 参见《马克思恩格斯文集》，307～308 页。
③ 《马克思恩格斯文集》，第 1 卷，50 页。
④ 参见《马克思恩格斯全集》，中文 1 版，第 2 卷，114 页。

第四章　冲突的激化：纯粹批判和现实人道主义的对决

者是斯宾诺莎主义的批判者而非继承者。"**法国唯物主义**有**两个派别**：一派起源于**笛卡儿**，一派起源于**洛克**。"① 起源于笛卡儿的派别在医学领域有着广泛影响，经过勒鲁瓦（Le Roy），形成了以拉美特利（La Mettrie）为中心、以卡巴尼斯（Cabanis）为最高峰的机械唯物主义派别。自然科学的发展就是以这一派的理论为基础的。洛克的感觉论启发了法国的孔迪拉克（Condillac）、爱尔维修（Helvétius），他们把感性作为知识与道德的基础，把人视为教育和环境的产物，这为社会主义和共产主义思潮的繁荣提供了理论准备。

1. 机械唯物主义和自然科学的发展

笛卡儿不仅以"我思故我在"这个哲学命题开启了现代形而上学，而且在数学、物理学等领域亦有建树。在物理学的范围内，他提出了和唯理论的形而上学完全不同的命题："**物质**是唯一的**实体**，是存在和认识的唯一根据。"② 笛卡儿提出的与形而上学泾渭分明的物理学理论为机械唯物主义的发展铺平了道路，例如：参照笛卡儿"动物是机器"的命题，拉美特利提出了"人是机器"，勒鲁瓦甚至更进一步把笛卡儿的命题发展为"思想是机械运动"。

机械唯物主义的出现首先是对形而上学的反动，它对后者的批判表现在：它清除了理性主义哲学的神学残余。笛卡儿通过怀疑的方法把"思维"确立为知识的起点，但是他在知识论和存在论上依旧没能摆脱"上帝"这个最终根据。斯宾诺莎同样有"泛神论"的理论观点。理性主义哲学家的"上帝"概念降低了他们一直推崇的人的地位和尊严。当唯物主义者把人以至整个世界理解为物理的机械运动的时候，"创造论"的观点就丧失了它的效力。形而上学从此"在理论上威信扫地"。另一方面，机械唯物主义把哲学思维的方向从思维领域转向世俗的生活。由于人是由原子构成的机械装置，人的思维和行动都是由原子间的联系推动的，有关善恶、道德的理论开始转而关注人的自然条件。这最终导致"形而上学**在实践上**"也"威信扫地"③。

机械唯物主义的另一大功绩表现在它推动了自然科学的发展。伴随着机械唯物主义的发展，实证科学纷纷独立，获得自己"独立的活动范

---

① 《马克思恩格斯文集》，第1卷，327页。
② 同上书，328页。
③ 同上书，329页。

围"。包括勒鲁瓦、拉美特利、卡巴尼斯在内的机械唯物主义代表人物都是医生并非出于偶然。因为正是随着机械唯物主义把人视为"机器",人作为上帝造物的神圣形象才被打破,人开始成为包括解剖学在内的经验研究方法的对象。

如马克思所言,"科学是**经验的科学**,科学就在于把**理性方法**运用于感性材料。归纳、分析、比较、观察和实验是理性方法的主要条件"①。这既是唯物主义的长项,也成了它的短板。因为当这种科学的方法应用于人这个对象身上,以医学为代表人的科学繁荣发展的同时,人被放在了"显微镜"下,和其他事物一样成了"对象"的一员,人被理解为"对象"而非"主体"。同时,机械唯物主义的决定论不可避免地要抹杀人的能动性,例如人的行为和机器的运转曾被等同看待。可以说:机械唯物主义发展了人的科学,但这是以降低人的地位为代价的。

2. 人道主义的唯物主义在实践和理论上的发展

(1) 社会主义和人道唯物主义的实践发展

以笛卡儿物理学为基础发展起来的机械唯物主义观点在反专制、反神权的革命人士看来并不是最理想的思想武器,其中的决定论的观点反倒成了革命行动的绊脚石。与此种观点形成对照的是洛克的经验论。洛克一方面主张人的知识起源于经验,另一方面还提出了社会是人为了实现自己的利益而组成的。"洛克的唯物主义经验论具有双重含义:既有重要的认识论意义,又有重要的政治内涵。"②经过孔狄亚克(Condillac)的译介,洛克的观念被爱尔维修等唯物主义者继承下来,最后汇入傅里叶(Fourier)、德萨米(Dézamy)、盖伊(Gay)等人的社会主义学说中。关于法国唯物主义和社会主义学说之间的内在联系,马克思说道:

> 并不需要多么敏锐的洞察力就可以看出,唯物主义关于人性本善和人们天资平等,关于经验、习惯、教育的万能,关于外部环境对人的影响,关于工业的重大意义,关于享乐的合理性等等学说,同共产主义和社会主义有着必然的联系。③

---

① 《马克思恩格斯文集》,第1卷,331页。
② 杨耕:《重新审视唯物主义的历史形态和历史唯物主义的理论空间——重读〈神圣家族〉》,载《学术研究》,2001(01)。
③ 《马克思恩格斯文集》,第1卷,334页。

第四章 冲突的激化：纯粹批判和现实人道主义的对决

犯罪数量持续增加，商业诈骗泛滥，恶意竞争横行，金钱成为社会的第一权力，种种现象对由"理性的胜利"建立起来的资本主义制度形成了"一幅令人极度失望的讽刺画"。社会主义思潮就是在这种社会背景中产生的。在法国，傅立叶把资本主义社会的现实和资产阶级思想家的言辞进行了讽刺、幽默的对比，他"揭露了资产阶级世界在物质上和道德上的贫困"，批判了资本主义社会中的婚姻关系和道德状况。在英国，罗伯特·欧文"接受了唯物主义启蒙学者的学说：人的性格是先天组织和人在自己的一生中、特别是在发育时期所处的环境这两个方面的产物"。为了培养完善的人性，让人在罪恶的资本主义社会获得尊严，他组织了一个2 500人的模范农场。① 空想社会主义者不论在理论领域，还是在实践领域都表现出了对资本主义社会的强烈批判。

不容否认，这些思想先驱对资本主义社会的批判开启了社会主义运动的先河。但是，受制于他们经验主义的认识论，他们对资本主义的批判是以资本主义社会造成的苦难现象为立足点的，他们没能历史地理解资本主义的发展，也不了解资本主义社会的阶级关系和经济运行机制。因此，他们对资本主义的批判只能做道德层面的谴责，对于未来社会的组织原则也没有明确清晰的认识。按照恩格斯的看法，这种社会主义还停留在"空想"阶段，而"科学的"理论需要奠基于以资本主义社会批判为落脚点的"唯物史观"之上。

（2）费尔巴哈和人道唯物主义的理论发展

在考察法国唯物主义的两条发展线索的时候，马克思自己正处在黑格尔主义的思辨形而上学分化解体的思想语境之中。对照18世纪法国唯物主义对17世纪形而上学富于成果的批判，马克思认识到：在黑格尔之后，哲学富于成果发展必然要通过唯物主义实现出来。

> 在**黑格尔**天才地把17世纪的形而上学同后来的一切形而上学以及德国唯心主义结合起来并建立了一个形而上学的包罗万象的王国之后，对**思辨的形而上学**和**一切形而上学**的进攻，就像在18世纪那样，又同对神学的进攻再次配合起来。这种形而上学将永远屈服于现在为**思辨**本身的活动所完善化并和**人道主义**相吻合的**唯物**

---

① 参见《马克思恩格斯选集》，2版，第3卷，727～729页。

思想的传承与决裂

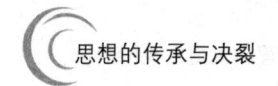

主义。①

在黑格尔主义的后续发展中，开启唯物主义方向的是费尔巴哈。但是，在马克思眼中，费尔巴哈的唯物主义并不是符合时代发展需要的唯物主义："**费尔巴哈**在**理论**领域体现了和**人道主义**相吻合的**唯物主义**，而法国和英国的**社会主义**和**共产主义**则在**实践**领域体现了这种和人道主义相吻合的唯物主义。"② 如果我们回想一下马克思在《〈黑格尔法哲学批判〉导言》中对"实践政治派"的批判——"你们不使哲学成为现实，就不能够消灭哲学。"③——马克思关于费尔巴哈只是在"理论领域"体现了新哲学发展方向的说法就不难理解了。费尔巴哈试图通过批判神学这一思辨哲学最后的避难所而终结思辨哲学，他对神学的批判集中体现在上帝是人的自我异化的形象这一观念上。他认为通过颠倒黑格尔的思辨哲学就能达到消灭哲学的目的。马克思指出，黑格尔哲学是德国达到当代发展水平的精神成果，它和德国的现实出现了严重了时序倒错。只有把黑格尔的哲学理念实现在德国的现实中，德国才能达到当代的发展水平。同时，由于哲学理念实现在现实中，哲学也就丧失了主观的存在形态，成了客观的存在物（如制度等等）。而丧失主观形态的哲学也就不再是哲学。黑格尔哲学只有在现实中得到实现，才能真正消灭。但是通过实现哲学而消灭哲学的事业需要一场疾风骤雨的无产阶级革命。费尔巴哈在乡下隐居的生活已经表明了他对革命实践的态度。

尽管如此，马克思并没有抹杀费尔巴哈的哲学贡献。他认为，在黑格尔的后嗣学说中，费尔巴哈不仅独树一帜，而且也是唯一真正做出贡献的。

只有**费尔巴哈**才立足于**黑格尔的观点**之上而结束和批判了**黑格尔**的体系，因为费尔巴哈消解了形而上学的**绝对精神**，使之变为**"以自然为基础的现实的人"**；费尔巴哈完成了**对宗教的批判**，因为他同时也为**批判黑格尔的思辨**以及**全部形而上学**拟定了博大恢宏、堪称典范的**纲要**。④

费尔巴哈的唯物主义哲学是在批判黑格尔的唯心主义的过程中发展

---

① ② 《马克思恩格斯文集》，第 1 卷，327 页。
③ 同上书，10 页。
④ 同上书，342 页。

220

第四章 冲突的激化：纯粹批判和现实人道主义的对决

起来的。如高尔登（Frederick M. Gordon）所言，费尔巴哈的哲学有三个特征：

> 第一个是，他提出的知识理论认为知识是由感官直觉的个别东西构成的，而不是像黑格尔主义那样认为知识是由被中介过的抽象东西构成的。第二个是，费尔巴哈捍卫经验的个体的人，他认为人的生活是以自发的感受上的享乐为中心展开的，他认为感受是人行动的基础，而不是像黑格尔那样认为抽象的普遍的道德原则是人行动的基础。第三个是，费尔巴哈是一个好战的无神论者，他认为黑格尔的精神是重新伪装后的上帝。①

高尔登的总结是符合费尔巴哈本人的思想的。费尔巴哈曾提出："哲学是关于存在物的知识。事物和本质是怎样的，就必须怎样来思想、来认识它们。这是哲学的最高规律、最高任务。"② 他坚决反对黑格尔的抽象，"抽象就是假定自然以外的自然本质，人以外的人的本质，思维活动以外的思维本质"③。他主张按照事物之所是的样子认识事物，反对黑格尔把感性抽象为概念，从而以思辨的方式来把握具体的感性事物的做法。

在这种认识论的原则之下，费尔巴哈提出：人是"多名的人"，"'人'这个名称的意义，一般只是指带有他的需要、感觉、心思的人，只是指作为个人的人，异于他的精神，一般地说，异于他的一般社会性质"④。费尔巴哈还曾提到人是肉体的人、感觉的人、思维的人、实践的人。这鲜明地体现出了费尔巴哈相对于法国唯物主义者的优越性。但是，作为唯物主义者，他们又共享着共同的方法论前提：他们都是通过经验观察来理解人的。"人只是通过感觉而成为认识自己的对象——他是作为感觉对象而成为自己的对象。主体和对象的同一性，在自我意识之中只是抽象的思想，只有在人对人的感性直观之中，才是真理和实在。"⑤ 在这种经验论的视野中，人的各种属性作为谓词附加到人这个

---

① Frederick M. Gordon, "The Contradictory Nature of Feuerbachian Humanism", in *The Philosophical Forum*, Nos. 2-4, Vol. 8, 1976—1977, pp. 31-47.
② 费尔巴哈：《费尔巴哈哲学著作选集》，上卷，荣震华、李金山等译，108页，北京，商务印书馆，1984。
③ 同上书，104~105页。
④ 同上书，117页。
⑤ 同上书，172页。

主词之上。一方面，这种做法揭示了人的本质的丰富性；另一方面，人也因此而仅仅被理解为"感性对象"，而没有被理解为"感性的活动"。同时，由于费尔巴哈坚持直观的经验论，他还脱离了人的"社会联系"和"生活条件"来理解人、理解世界，他没有以历史的观点来理解人本身和人的世界，他所理解的是"人"，而不是"现实的历史的人"。如马克思所言，在费尔巴哈这里"唯物主义和历史是彼此完全脱离的"。①

马克思对费尔巴哈哲学从来就没有毫无保留地加以接受：他对费尔巴哈批判思辨神学所取得思想成果和达到的思想高度向来不吝溢美之词；同样地，费尔巴哈对于政治和革命实践的态度一直以来都没有逃脱马克思的指责，在《神圣家族》中亦是如此。就连恩格斯在《神圣家族》评论"欣里克斯，第二号"中对费尔巴哈的赞赏也是由对费尔巴哈的某种误读造成的："如果在费尔巴哈那里有时也遇见类似的观点［指人通过实践活动变革现实世界的观点］，那么它们始终不过是一些零星的猜测，而且对费尔巴哈的总的观点的影响微乎其微，以致只能把它们看做是具有发展能力的萌芽。"② 也就是说，在《神圣家族》中，恩格斯之所以对费尔巴哈推崇备至，是因为他把费尔巴哈的某些零星表述视为其哲学的核心观点，而没有从费尔巴哈哲学的基本立场出发把这些表述视为"零星的猜测"。

这样定位恩格斯的观点并不是在刻意地拔高恩格斯的思想水准，因为早在1844年11月，当马克思还在写作《神圣家族》的时候，恩格斯在致马克思的信中再次谈到了费尔巴哈。这时，他的态度已经出现了颠覆性的转变：

> 施蒂纳屏弃费尔巴哈的"人"，屏弃起码是《基督教的本质》里的"人"，是正确的。费尔巴哈的"人"是从上帝引申出来的，费尔巴哈是从上帝进到"人"的，这样，他的"人"无疑还戴着抽象概念的神学光环。进到"人"的真正途径是与此完全相反的。我们必须从**我**，从经验的、肉体的个人出发，不是为了像施蒂纳那样陷在里面，而是为了从那里上升到"人"。只要"人"不是以经验的人为基础，那么他始终是一个虚幻的形象。③

---

① 参见《马克思恩格斯文集》，第1卷，499、527～530页。
② 同上书，527页。
③ 《马克思恩格斯全集》，中文2版，第47卷，329～330页。

第四章　冲突的激化：纯粹批判和现实人道主义的对决

不幸的是，马克思写给恩格斯的回信并没有留存下来。恩格斯在 1845 年 1 月再次回信给马克思时，他表示"完全同意"马克思对施蒂纳的批判，赫斯"动摇一阵之后"①，也同意马克思的看法。马克思谨慎地和费尔巴哈保持适度的思想距离，恩格斯对费尔巴哈的高度赞扬是基于误读做出的，这些思想史的事实并不足以推翻阿尔都塞的观点：《神圣家族》中有一个"费尔巴哈的总问题"。这里的关键毋宁是：如何理解这个"总问题"？费尔巴哈为马克思提供的"伦理的总问题"是"人道主义"的价值规范：在《神圣家族》中，马克思对市民社会的批判依旧是在人道主义的原则下展开的，而不是奠基于科学的政治经济学研究。

3. 对唯心主义哲学的批判

(1) 揭露"思辨结构的秘密"

马克思揭露"思辨结构的秘密"是由施里加（Szeliga）对《巴黎的秘密》所做的批判引发的。为了更好地理解马克思所揭露的"秘密"，我们有必要先回顾一下施里加的文章。《巴黎的秘密》在法国《辩论报》上的连载使施里加兴奋不已，他惊呼这是一部"史诗"般的作品，小说的作者欧仁·苏（Eugène Sue）也被他尊崇为"批判的批判家"。他评论这一小说的文章《欧仁·苏：巴黎的秘密。施里加的批判》出版于《文学总汇报》第七期，全文共有 17 小节。② 在文中，施里加一方面认为《巴黎的秘密》是揭露现代社会中的秘密的"史诗"，另一方面又指出欧仁·苏在小说的创作中尽管揭露了这些秘密，但却并不了解这些秘密在史诗中是以怎样的逻辑顺序发展的。施里加在评论中就是要指明这部史诗的逻辑环节，他把小说中的"秘密"区分为以下几个前后相继的发展阶段："文明中的野蛮的秘密"、"国家中的无法纪的秘密"、"有教养的社会的秘密"、"正直和虔敬的秘密"、"秘密的降生"、"秘密的实现"和"秘密的揭露"。它们前后相继，构成了"秘密"的生命环节。

"文明中的野蛮的秘密"和"国家中的无法纪的秘密"是秘密发展

---

① 《马克思恩格斯全集》，中文 2 版，第 47 卷，334 页。
② 这 17 小节分别是：1. 文明中的野蛮的秘密；2. 国家中无法纪的秘密；3. 有教养的社会的秘密；4. 正直和虔敬的秘密；5. 秘密—讥讽；6. 斑鸠（爱笑的姑娘）；7. 巴黎的秘密的一般世界秩序；8. 穆尔弗；9. 鲁道夫，一切秘密本身的被揭露了的秘密；10. 屠夫（操刀鬼）；11. 教书先生（校长）；12. 弗兰；13. 路易莎·莫莱尔；14. 模范农场；15. 达尔维尔侯爵夫人；16. 雏菊（玛丽花）；17. 结尾。

的第一个阶段。在这个阶段上,"野蛮"和"无法纪"是"一种绝对猜不透的、完全不可捉摸的、否定的东西",它同"文明"和"国家"这些"真实的、实在的、肯定的东西相对立"。也就是说,秘密的根源和它的显现是对立的。"有教养的社会的秘密"是秘密发展的第二个阶段,和第一种秘密不同,它和自己的表现不再是"对立"的关系,而是"表里"关系。秘密在第三个阶段上是"正直和虔敬的秘密"。这时秘密不再为某个集团所独享,而是成了"整个世界的公共财产"。"有教养的社会的秘密"尽管已经是可以被认识的,但是上流社会有其自身的圈子,这个圈子外面的人根本无法知晓"有教养的社会"有着怎样的秘密。而"正直和虔敬的秘密"则是每个人在心灵、灵魂深处都可以体验到的。施里加还以公证人雅克·弗兰的例子说明一个伪善和道貌岸然的人也知道正直和虔敬为何物。

在此之前,秘密是掩藏在纷繁复杂的生活现象背后的,它构成了生活现象的本质。但是,一旦秘密成了人所共知的东西,成了"全世界的公共财产",秘密之为秘密就在于它是"**一种自己掩盖自己的东西,或者更好一些,是被我掩盖、被我弄得不可捉摸的东西**"①。正像马克思所说的,通过这种思辨的过程,"绝对的秘密这样从**本质**转化为**概念**,从它本身是被掩盖着的东西的**客体**阶段转化为它自己掩盖自己的**主体**阶段,或者更好一些,转化为'**我**'掩盖'**它**'的阶段"②。在施里加看来,秘密之所以能够自己掩盖自己,是因为创造秘密的人在社会生活中掩盖了自己的动机。我之所以掩盖自己、创造秘密,原因就在于,"每一个人都希望比别人好,因为他不仅在掩盖自己行善的动机,而且极力想把自己作恶的事实用重重的浓雾包藏起来"③。由于每一个人都希望比别人好,人们在社会生活中极力掩饰自己,秘密就这样产生了。在这第四个阶段上,秘密从一个抽象的范畴进入了现实生活,它降生了。

"比别人好"这种愿望又推动人们去探究别人的秘密,并把这些秘密作为"讥讽"的对象。秘密成了"讥讽"的对象、单纯的"滑稽戏"。秘密向着这个阶段的发展是一次"具有决定意义的失败"。但是也只有这种失败,只有在这种对"滑稽戏"的"讽刺"中,人才能够学会"不

---

① 《马克思恩格斯全集》,中文1版,第2卷,91页。
② 同上书,91~92页。
③ 同上书,92页。

第四章　冲突的激化：纯粹批判和现实人道主义的对决

再演出这种愚蠢的喜剧"①。至此，秘密的真正意义也就展现了出来，即教人不再演滑稽戏，不再制造秘密。秘密至此完成、实现了自身。正如施里加说的："秘密本身用自嘲来判决自己。秘密在自己的发展结束时消灭自己，**从而促使任何坚强的人进行独立的检查。**"②

施里加先生最后指出："从我们的叙述中可以得出结论：前面研究过的一些单个的秘密，并不是与其他秘密无关而本身就有价值的，它们也并不是什么了不起的闲谈中的珍闻。这些秘密的价值就在于它们自身组成**许多环节的有机的连贯性**，而**这些环节**的**总和**就是**秘密**。"③ 在小说中，鲁道夫穿梭于各色人等之间，活动在各种社交场合，一切秘密都围绕着他展开。他是所有秘密的集合，也正是他揭露了所有的秘密。

施里加认为，《巴黎的秘密》这部"史诗"中所描写的那些秘密并没有表现出思辨逻辑的连续性，"在我们的史诗中，秘密并不表现为这种**自知的连贯性**"。在他看来，史诗中的秘密只是"一种**神秘的植物的存在**"，而批判则要把它重构为"**逻辑的、任何人都看得见的、自由的环节**"④。不难发现，在施里加的理解中，《巴黎的秘密》所揭露的那些秘密是杂乱无章、没有逻辑的。由于它们并没有体现为"秘密"概念的生命环节，没有表现出符合理性的发展轨迹，这些秘密以小说中描写的方式出现也并不能被理性彻底地理解。施里加借助批判就是要让这些秘密成为符合理性发展的逻辑、从而成为可理解的。他确实做到了这一点，他把各种秘密排列为一个整齐的发展序列，各种秘密在这个序列中环环相扣，成了一个符合理性逻辑的有机整体。

马克思对这种做法则不以为然，他说，施里加先生"对《巴黎的秘密》所作的批判性叙述的秘密，就是**思辨结构即黑格尔结构的秘密**"⑤。马克思借助苹果、梨子、草莓和果实之间的个别和一般的关系展示了这种运用思辨结构把握现实问题的思维绝技：苹果、梨子、草莓被统称为果实，相对于形形色色的有核有肉的果实，果实是一个抽象概念，思辨哲学家把从具体的果实中抽象出来的概念作为具体的果实的实体，他们

---

① 《马克思恩格斯全集》，中文1版，第2卷，95页。
② 同上书，98页。
③ 同上书，97~98页。
④ 同上书，98页。
⑤ 《马克思恩格斯文集》，第1卷，276页。

把具体的果实视为果实这个概念存在的样态。这样一来，感性的差别就成了无关紧要的，共同的本质才是它们存在的根据。马克思指出，这种思维的绝技对于认识世界没有任何意义，"用这种方法是得不到内容特别**丰富的规定的**"①。马克思以矿物学家的例子——"如果有一位矿物学家，他的全部学问仅限于说一切矿物实际上都是'矿物'，那末，这位矿物学家不过是**他自己想像中**的矿物学家而已。"②——表明，这种思辨的抽象过程只是"哲学家"自娱自乐的产物，它对于知识的积累没有任何推动意义。

除了从个别到一般的抽象过程，在思辨的结构中还有从一般到个别的具体化过程。不过这个从一般到个别的过程只是用神秘主义的手法完成的：果实这个概念作为实体"并不是僵死的、无差别的、静止的本质，而是活生生的、自身有区别的、能动的本质"。也就是说："果实"这个实体把自己确定为苹果、梨子、扁桃等水果，"把苹果、梨、扁桃彼此区别开来的差别，正是'**果品**'的自我差别，这些差别使各种特殊的果实正好成为'**果品**'生活过程中的千差万别的环节。这样，'**果品**'就不再是无内容的、无差别的统一体，而是作为**总和**、作为各种果实的'**总体**'的统一体，这些果实构成一个'被有机地划分为各个环节的系列'"③。

这个过程即是黑格尔所确立起来的思维方式：把"实体"理解为"主体"，理解为"绝对的人格"。果实不再是从物质的土地里成长出来的，而是果品这个"绝对主体的化身"，果实不再是自然的生产物，而是思辨的大脑的创作物。

在这个具体化的过程中，"果品"所扮演的角色和黑格尔的绝对精神、鲍威尔的自我意识、施里加所批判地发现的秘密是一样的，它们都是"绝对主体"。以施里加为例，他从研究对象《巴黎的秘密》中抽象出的"秘密"这个实体，它是那部史诗般的著作中所有秘密存在的根据，"伯爵夫人、侯爵夫人、浪漫女子、看门人、公证人、江湖医生、桃色事件、舞会"都是"秘密"这个主体的生命表现，在施里加笔下，它们被整齐地排列在"秘密"自我活动的不同层级上，它们构成了秘密的生命过程中的有机环节。以鲍威尔为例，他研究宗教故事时发现所有

---

① 《马克思恩格斯文集》，第1卷，277页。
② 《马克思恩格斯全集》，中文1版，第2卷，72页。
③ 《马克思恩格斯文集》，第1卷，278页。

第四章　冲突的激化：纯粹批判和现实人道主义的对决

的故事都是创作者自我意识的表达，因此，他从这些故事中抽象出"自我意识"这个概念。古希腊的宗教、古罗马的宗教、犹太教、基督教的约翰福音以及符类福音都是"自我意识"的产物，它们代表了"自我意识"发展的不同等级，构成了"自我意识"生命过程的有机环节。

马克思对思辨哲学的批判，首先是对其存在论的批判。运用思辨结构认识世界的哲学家，首先需要从具体事物中抽象出一般的概念，他们把抽象作为一种认识方式本身并没有什么不妥，但是为了完成思辨的思维绝技，这个一般概念被提升为实体，提升为具体事物存在的根据，千差万别的具体事物都是这一个实体的生命表现。真实存在的东西被颠倒为多种多样的外观，在理智中存在的概念被说成唯一的真实存在。如马克思所言，这种思维绝技需要"以虚假的自由方式从自身中先验地造出自己的对象"①。同时，马克思对思辨哲学的批判还指向其认识论，为了完成思辨哲学的各个环节，思辨哲学家"不得不把对象的最偶然的和最个性化的规定臆造成绝对必然的和普遍的规定"，他们"想用诡辩来摆脱对**对象**的合理的、自然的依存关系，却偏偏陷入了对对象的最不合理和最不自然的**从属关系**"②。在马克思看来思辨哲学无视研究对象的真实本质，虚构了一个华丽美观的宏大体系，在这个体系中，真实存在的具体事物是无关紧要的，它们只是被提升为主体的实体的生命表现。这些具体的事物并不是认识、知识的真正对象，因为思辨哲学的认识论研究的只是主体如何完成自己的生命历程。不过就算哲学家在头脑中把这个主体的生命历程安排得井然有序，这种做法对于认识丰富多彩的世界也毫无帮助。

（2）"绝对批判的思辨循环和自我意识哲学"

在回答"犹太人问题"时，鲍威尔把这个问题视为"时代普遍问题"的一部分，从而提出"犹太人问题"的解决要以消灭宗教、承认自由的人性为前提。在鲍威尔看来，之所以要消灭宗教，是因为宗教的排他性限制了普遍的自我意识，这一点造成了人不能以普遍的人的立场对待彼此，从而出现了人与人之间的欺凌、压迫。不仅如此，鲍威尔还特别讨论了"现代犹太人和基督徒获得自由的能力"，他提出，自由是历史的"最终目的"，很显然，作为历史"最终目的"的自由并不是指人

---

①②　《马克思恩格斯文集》，第1卷，281页。

权意义上的政治自由，而是指消灭宗教之后达到的人的自由，即自我意识达到普遍性所实现的自由。

在马克思看来，鲍威尔以这种所谓批判的方式考察"犹太人问题"是在以"庸俗化的形式中重复着思辨的英明：人所以存在，历史所以存在，是为了使**真理**达到**自我意识**"①。鲍威尔把犹太人在现实生活中遭受苦难的原因归结为犹太教的宗教戒律，把基督徒和基督教国家压迫犹太人的原因也归结为基督教的宗教信仰，把犹太人和基督徒的斗争归结为两种宗教观念的斗争。马克思提出："**绝对的批判从黑格尔的《现象学》**中至少学会了这样一种技艺，即把存在于**我身外的现实的、客观的**链条转变成**纯观念的、纯主观的、只存在于我身内**的链条，因而也就把一切**外在的**感性的斗争都转变成纯粹的思想斗争。"② 这种局限于纯粹思想领域内的斗争，对于解决犹太人在现实的政治生活中遭受的压迫无济于事。

马克思对鲍威尔思辨哲学的揭露并没有局限于有关"犹太人问题"的论述，而是扩展到从《符类福音作者的福音故事批判》到《被揭穿了的基督教》的"**纯粹的**"、"**神学**"③领域。马克思指出，鲍威尔的思辨神学继承了黑格尔思辨哲学"把真实的东西或真理理解和表述为实体，而且同样理解和表述为主体"④的教诲，只不过在黑格尔使用"绝对精神"作为主体的时候，鲍威尔用的是"无限的自我意识"。鲍威尔提出，无限的自我意识是自然意识不断批判自身的实体性产生的，在这个过程中，自我意识是一个自我发展完善的主体，它不再是人的属性。在马克思看来，鲍威尔的"自我意识"概念是"讽刺人同自然**分离的形而上学的神学漫画**"，在鲍威尔这里"**人的一切特性……秘密地**变成了想象的**'无限的自我意识'的特性**"⑤。

在鲍威尔自我意识哲学的视域中，历史是自我意识发展成为无限的自我意识的过程，在这个过程中，自我意识借助批判的行动不断消除自身和世界中的"实体性"要素。在马克思看来，这种哲学的危险表现

---

① 《马克思恩格斯文集》，第 1 卷，284 页。
② 同上书，288 页。
③ 同上书，338 页。
④ 黑格尔：《精神现象学》（上卷），贺麟、王玖兴译，10 页，北京，商务印书馆，1979。
⑤ 《马克思恩格斯文集》，第 1 卷，340 页。

第四章　冲突的激化：纯粹批判和现实人道主义的对决

在：首先，群众作为缺乏行动能力的实体性要素被视为历史发展过程中必须要消灭的要素；其次，鲍威尔把"在**无限的自我意识**之外还维持着**有限的物质存在**的一切，都归入单纯的**假象**和**纯粹的思想**"①。这种哲学不仅敌视人，而且敌视整个世界。由此导致的结果是：鲍威尔的哲学在现实世界面前无能为力。马克思指出，鲍威尔哲学的秘密就在于黑格尔的《现象学》，后者对"人的自我意识的各种异化形式所具有的**物质的、感性的、对象性的**基础……**置之不理**……一旦把**对象世界**、感性现实的世界变成'思想的东西'，变成**自我意识**的单纯**规定性**……它就自以为征服了这个世界了"②。在黑格尔的影响下，鲍威尔这个"批判的批判家——职业的神学家——无论如何也不可能想到……当我改变了我自己的主观意识而并没有用真正对象性的方式改变对象性现实……这个世界仍然还像往昔一样继续存在"③。马克思把它列为"**现实人道主义**"最危险的敌人。④

在《神圣家族》的序言中，马克思恩格斯提出他们写作这本书的主要目的是为了揭露以鲍威尔为代表的思辨唯心主义哲学家是"现实人道主义"事业的最危险的敌人。在马克思和恩格斯一起批判了青年黑格尔派这帮敌人之后，他还需要表明什么是"现实人道主义"，其出场语境和理论旨归何在，只有这样才能把"现实人道主义"和"思辨唯心主义"的对立交代清楚。

三、"现实人道主义"的基本要点

基于对哲学史的审理——在柏拉图和亚里士多德完成形而上学的体系之后，以伊壁鸠鲁为代表的古希腊唯物主义者为哲学的发展开辟了新的路径；18世纪法国唯物主义在17世纪形而上学之后做出了富于成果的发现——马克思在《神圣家族》中提出：在黑格尔再次把形而上学发展成为一个大全的体系之后，代表新哲学发展方向的是"为**思辨**本身的活动所完善化并和**人道主义**相吻合的**唯物主义**"⑤。马克思指出这种唯

---

① 《马克思恩格斯文集》，第1卷，345页。
② 同上书，357页。
③ 同上书，358页。
④ 参见上书，253页。
⑤ 同上书，327页。

物主义可以作为"现实的人道主义学说"来发展,从马克思对青年黑格尔派的"思辨唯心主义"的批判以及对费尔巴哈哲学和英法社会主义、共产主义的评判,我们不难发现他的"现实的人道主义学说"的基本要点,其内容包括:它把人不仅理解为"感性的对象",而且理解为"感性的活动",从而把历史理解为人的自我产生的行动,而非真理达到"自我意识"的历程;把群众视为历史的主体,提出推动历史发展的并不是纯粹思维领域内的"批判",而是群众的现实的斗争;以无产阶级革命为途径实现共产主义的思想。马克思的"现实的人道主义学说"对现代社会的批判表明,它关注的焦点已经是现实的人及其社会,但是其市民社会批判与"唯物史观"对社会历史的把握还是不同的,前者主要基于人道主义的人性论批判私有财产和货币制度,后者则是在以分工和所有制形式变迁的基础上提出消灭私有财产、实现共产主义。

1. 以"现实的个体的人"为出发点

在《神圣家族》中,马克思开宗明义提出:"思辨唯心主义"是"现实人道主义"最危险的敌人。其危险性表现在:以鲍威尔为代表的思辨唯心主义哲学家用"自我意识"代替"现实的个体的人",他把历史理解为自我意识的生成过程。在这个过程中,不具备"自我意识"的群众被批判视为必须消灭的敌人。同时,"鲍威尔先生在**一切**领域中都贯彻**自己**同**实体**的对立,贯彻**他的自我意识的哲学**或精神的哲学,因此他在一切领域就不得不只同他自己**头脑**中的**幻想**打交道"①。鲍威尔一心消灭群众的实体性,却没有为群众的物质生活带来任何改变。

与思辨形而上学的做法不同,马克思把"现实的个体的人"作为哲学的出发点。在对人的理解上,马克思一方面继承了费尔巴哈哲学的观点。他承认:"**人直接地是自然存在物。**"② 人这种自然存在物,和任何动植物都一样,有肉体、是感性的、对象性的存在物。他是受动的,不仅受自己的制约,也受自己对象的制约。当然,人也并非单纯受动的,他还拥有自然力,可以靠着自身的能动性满足自己的需要。人的"自然属性"是通过"感性直观"所把握到的人的属性。在这种观察之下,人只是被理解为"感性的对象"。马克思超出这种理解的地方在于,他的

---

① 《马克思恩格斯文集》,第1卷,345页。
② 同上书,209页。

第四章 冲突的激化：纯粹批判和现实人道主义的对决

"现实的人道主义学说"是被思辨本身的活动所完善的"唯物主义"，他不仅把人理解为"感性的对象"，还把人视为"感性活动"。正如马克思在《关于费尔巴哈的提纲》中批判旧唯物主义时说的："从前的一切唯物主义（包括费尔巴哈的唯物主义）的主要缺点是：对对象、现实、感性，只是从**客体**的**或者直观**的形式去理解……不是从主体方面去理解。"① 在理解人的时候也一样，费尔巴哈的直观把人理解为一种"感性的对象"。作为一种感性的对象，人并没有被理解为自身活动的产物。这样一来，人的本质就是某种人所固有的、把人联系在一起的抽象东西，而不是在人的实践活动中生成的。在这种语境下，人的对象性的、物质的活动只是被视为人的自然力量的延伸，而非人的本质的表现。相反，理论的活动倒是被视为表现人的本质的活动。

"现实的人道主义学说"超出了直观唯物主义对人的理解，而它之所以能走出旧唯物主义的窠臼，就在于它吸收了思辨哲学的积极成果。在批判黑格尔的思辨逻辑和整个哲学体系的过程中，黑格尔的辩证法给马克思留下了深刻的影响。他说：

> 黑格尔的《**现象学**》及其最后成果——辩证法，作为推动原则和创造原则的否定性——的伟大之处首先在于，黑格尔把人的自我产生看做一个过程，把对象化看做非对象化，看作外化和这种外化的扬弃；可见，他抓住了**劳动**的本质，把对象性的人、现实的因而是真正的人理解为他**自己的劳动**的结果。②

在马克思看来，黑格尔的《精神现象学》的最大的功绩在于它充分发展了辩证法的思想，正是借助这种方法，黑格尔把精神的"劳动"理解为人的"自我产生"的行动。马克思同样吸收了黑格尔的这一思想成果，不过他专注的是人的对象性的改造物质世界的劳动。在劳动中，人把自身本质力量外化，创造出一个确证自己存在的对象世界。同时，人在改造对象世界的过程中，还认识到自己是一个"类"存在物，即人是社会关系中的存在。在辩证法的基础上，马克思还吸收了黑格尔的历史性的原则。这也是费尔巴哈的哲学所不具备的，费尔巴哈基于直观所把握到的对象只能是当下直接的存在，他不理解这些对象是历史性的人的

---

① 《马克思恩格斯文集》，第1卷，499页。
② 同上书，205页。

活动的产物。马克思后来嘲笑费尔巴哈现在在曼彻斯特只能看见机器和工厂，在100年前只能看见脚踏纺车，他通过直观是看不到这两者的联系的，也看不到"樱桃树"在整个商业活动中移植栽培的历史。① 在辩证法和历史性原则的基础之上，马克思所看到的"人"已经不再是"抽象的人"，而是一定社会关系中、历史阶段上的"现实的具体的个人"。在马克思生活的那个时代，"现实的具体的个人"是被私有财产和货币异化控制的人，这种异化严重地束缚了人的自由个性，因此马克思对当时的市民社会生活提出了激烈的批判。

2. 以群众为历史主体的"群众史观"

在鲍威尔的《犹太人问题》出版之后，不少理论家基于犹太人或者基督徒的立场反驳鲍威尔的激进立场。在鲍威尔看来这些人没有认识到犹太人问题的普遍意义。鲍威尔把那些尚未认识到犹太人问题普遍意义的知识分子视为群众的一部分。这些人尽管属于有教养的阶层，但是他们的教养尚未完全祛除他们的排他性，他们还不具备普遍的自我意识。此外，群众还包括缺乏教养的阶层，他们还完全受排他性的利己主义因素的束缚。这些人作为群众有一个共同点：由于不具备普遍的自我意识，他们没有能力为自我意识的普遍性事业行动起来。鲍威尔说，他之所以为自己的立场做辩护，并不仅仅是为了辩护，更重要的是批判这些人，让他们摆脱自己的立场，成为推动历史发展的积极力量。

在马克思看来，鲍威尔之所以能够把群众摆在精神的对立面，是他的思辨唯心主义教条使然。这种思辨唯心主义的教条首先表现在：鲍威尔不仅把精神视为绝对合理的，而且把群众和精神视为相互外在的，同时他还把群众和精神"变成固定不变的本质"永远对立起来。鲍威尔教条主义地把群众和精神对立起来，他并没有研究群众的精神，只是简单地把精神的"懦弱无能"归罪于群众。鲍威尔的教条主义还表现在他对待进步的态度上：他以精神的发展来衡量人类事业的进步，历史之所以出现了停滞或倒退，是因为存在着进步的敌人，这些人阻挠了历史的发展。由于这个敌人不可能是具有普遍自我意识的批判家，他只能是指责批判家或者不拥护批判家的群众。因此马克思说，鲍威尔只是在用"想象的对立物来给群众下定义"②。

---

① 参见《马克思恩格斯文集》，第1卷，528~529页。
② 同上书，290页。

第四章　冲突的激化：纯粹批判和现实人道主义的对决

马克思认为，鲍威尔所说的"精神"和"群众"的关系只不过是"**黑格尔历史观的批判的漫画式的完成**"。黑格尔把人类历史视为精神的发展史，"人类只是这种精神的无意识或有意识的承担者，即**群众**"①。鲍威尔在这一点上继承了黑格尔的看法，但是他同时也发展了黑格尔的观点。在黑格尔的体系中，为了保证哲学的真理性，哲学家只能描述概念在辩证法的否定性力量的推动下所经历的自我发展过程，哲学家在这个过程中不能加入自身的主观想法，如此才能保证哲学体系的科学性。这造成了黑格尔体系的两个"不彻底性"：第一，他把哲学视为绝对精神的定在，同时又不承认哲学家是绝对精神；第二，"他只是**在表面上**让绝对精神作为绝对精神去创造历史"，因为绝对精神创造历史的行动只发生在哲学家随后出现的意识中。鲍威尔把绝对精神创造历史的行动贯彻到底，消除了这两种不彻底性：一方面，"他宣布**批判**就是绝对精神，而**他自己**就是**批判**"。另一方面，在鲍威尔那里，精神并不是事后通过哲学家才意识到自己是创造历史的力量，批判本身就是创造历史的力量。黑格尔有关精神和群众的关系的看法被鲍威尔转变成了"布鲁诺先生及其伙伴同群众的关系"②。按照马克思的说法，黑格尔的哲学观点就这样被鲍威尔变成了一幅漫画。

马克思认为，鲍威尔反对群众，其实是在反对整个历史，因为"历史的活动和思想就是'群众'的思想和活动"③。在马克思看来，鲍威尔把客观存在的、现实的锁链转变成观念的、单纯主观的锁链，"把一切**外在的**感性的斗争都转变成纯粹的思想斗争"④。按照这种观念，鲍威尔只是在和自己的内心作斗争，对于改变人的现实处境没有任何帮助。要想改变人的现实处境，就必须通过群众的感性的外在斗争消除现实世界中的锁链，通过"纯粹内在的唯灵论的活动"并不能消灭物质的束缚。

在鲍威尔的视野中，历史上重要的活动并不是群众的活动，而是在活动中引领活动的思想，只有思想观念转变了，历史才会出现真正的变革。与此相对，马克思的看法是，"'**思想**'一旦离开'**利益**'，就一定会使自己出丑"⑤。任何新的思想在刚出现的时候，都会宣传自己是代

---

① 《马克思恩格斯文集》，第1卷，291页。
② 同上书，292、293页。
③ 同上书，286页。
④ 同上书，288页。
⑤ 同上书，286页。

表"人的利益"的,这本身就表明思想只有靠着人的行动才能产生现实的作用。而新的思想是否能够得以实现,归根结底还是要看它是否真的代表了群众的利益,如果群众认为某种思想没有体现自身的利益,他就不会为了这个思想起来行动。脱离了群众利益的思想,最终难逃破产的命运。与鲍威尔认为历史上的活动之所以会失败是因为引起了群众的热情相反,马克思认为,群众漠不关心的活动才会失败。真实有效的思想必须摆脱鲍威尔对群众的成见,切实地考虑群众的"现实利益"和"革命原则",只有这样,一个思想才能产生现实的效果,改变世界的思想观念才能走向成功,现实生活的锁链才会被打破。

3. 以无产阶级革命为途径的共产主义思想

鲍威尔认为思想是推动历史发展的动力,他对法国革命的分析再次表明这一点:"法国革命是一种还完全属于18世纪的实验。它想促成一种新的人的秩序——但是,它所产生的思想并没有超出革命想用暴力来推翻那个秩序的范围。"[1] 法国大革命之所以最终失败了,是因为它不是在一种超出旧世界限制的思想的指引下进行的。马克思则认为,思想只能从一定的社会环境中产生出来,永远无法摆脱一定的利益基础。只有当一种思想符合大众的利益,它才会获得大众的支持,从而取得成功的效果。因此之故,鲍威尔所谓的思想没有超出旧秩序的范围根本不是法国大革命的思想没有取得成功的原因。这场革命之所以失败,根本原因倒是在于,革命所宣扬的思想没有体现群众的现实利益。基于此,马克思提出:"思想本身根本**不能实现什么东西**。思想要想得到实现,就要有使用实践力量的人。"[2]

针对鲍威尔所说的国家制度在更高的层次上把市民社会"单个的自私的原子"联合起来,马克思提出,市民社会的个体并不是原子,而是有欲望和需求的利己主义的个人;把个人联系起来的并不是政治生活,而是利益和现实的市民生活;市民生活并不是由国家维系的,国家倒是由市民社会维系的。马克思在这里再一次分析了政治国家和市民社会的二元对立以及这一基础上的人的解放的现实道路。

---

[1] Bruno Bauer, "Was ist jetzt der Gegenstand der Kritik?", in *Allgemeine Literatur-Zeitung*, hrsg. von Bruno Bauer, Charlottenburg: Verlag von Egbert Bauer, Nr. 8, Juli 1844, S. 24.

[2] 《马克思恩格斯文集》,第1卷,320页。

第四章 冲突的激化：纯粹批判和现实人道主义的对决

随着政治解放的完成，市民社会中的政治要素从市民社会中独立出来，作为政治国家与市民社会相对立。在市民社会中，人从过去的依附关系下解放出来，成为一个独立的个体。同时，每一个人为了满足自己的需要，又必须和他人建立联系，"每一个个人都同样要成为他人的需要和这种需要的对象之间的牵线者"①，市民社会的人被特殊性的私人利益联系起来。马克思通过这种方式表明，对于现实的个体的人来说，他们现实的纽带在市民社会，而非在政治国家之中。在政治国家和市民社会相互独立之后，从个人利己主义的需要中产生出来的商业获得了充分发展的机会。然而，商业并没能同等地满足每个人的需要，以它为代表的私有财产运动造成了富有和贫穷的极端对立。这充分地展现了市民生活的非人性。在市民社会中，货币是每一个个人顶礼膜拜的神，它成了现代生活"非人性的最高表现"②。马克思提出，消灭现代生活实践的非人性需要消灭货币制度及其存在的前提，即消灭私有财产。

马克思曾经提出，消灭私有财产、实现共产主义既不是抽象地否定私有财产运动中所产生的所有文化和文明，退回到蛮荒时代，也不是贪财欲和平均主义，而是在私有财产运动创造的全部物质财富和精神财富的基础上对人的自我异化的扬弃。③ 马克思同时指出，共产主义运动所依靠的力量是现代社会造成的生活于贫困之中的无产阶级。为了认识现代社会私有财产运动的内在机制，同时为了认识无产阶级在现代社会中的真实地位，马克思转入市民社会批判，开始研究政治经济学，走上了长达40余年的《资本论》创作道路。

---

① 《马克思恩格斯文集》，第1卷，322页。
② 同上书，308页。
③ 参见上书，183～185页。

第五章　最后的论辩：思辨哲学和历史唯物主义的决裂

　　1845年2月,《神圣家族》在美因河畔法兰克福出版。马克思对于这本在他们看来"每一个字都非常重要的著作"充满期待,期待它能在德国出版界掀起一场大讨论。然而,事情并没有向马克思预料的方向发展。读者一开始表现得异常平静。到了1845年5月,《威斯特伐里亚汽船》上终于有了一篇《神圣家族》的书评。① 然而,这个书评既不是马克思和恩格斯的批判对象写作的,同时"平庸而混乱",是一份"浮皮潦草"的书评。这让马克思恩格斯大失所望。

　　到了1845年10月,《维干德季刊》第三期发表了布鲁诺·鲍威尔的《费尔巴哈的特征》,其中有一小节是鲍威尔针对《神圣家族》的批判所做的辩护。② 马克思和恩格斯期待的评论终于出现了。然而,让马克思、恩格斯失望的是:鲍威尔对他们的观点的评论并没有依据《神圣家族》,而是大段抄袭了《威斯特伐里亚汽船》上的评论。尽管如此,马克思还是在1845年11月20日之前写出了一篇短评,回应鲍威尔不严谨的做法,这篇短评1846年发表在《社会明镜》第七期,后被马克

---

① Anonymous, "Die heilige Familie oder Kritik der kritischen Kritik. Gegen Br. Bauer und Consorten von F. Engels und K. Marx. Frankfurt 1845", in *Das Westphälische Dampfboot*, Eine Monatsschrift, Redigiert von Otto Lüning, Glashütten im Taunus: Verlag Detlev Auvermann KG, 1845, S. 206-214.

② Bruno Bauer, "Charakteristik Ludwig Feuerbachs", in *Wigands Vierteljahrsschrift*, Bd. 3, Leipzig: Verlag von Otto Wigand, 1845, S. 86-146.

第五章　最后的论辩：思辨哲学和历史唯物主义的决裂

思、恩格斯、赫斯收录进《德意志意识形态》"圣布鲁诺"章。①

在《费尔巴哈的特征》中，鲍威尔对费尔巴哈的主要哲学著作和观点做了详细的摘录与评论，对费尔巴哈和施蒂纳之间的争论亦有深入的分析，对于《神圣家族》的作者和赫斯则显得有些粗枝大叶，其中对马克思恩格斯的批判又表现得尤其尖锐。反观马克思的反驳，其语气一点不比鲍威尔缓和。到了这个阶段，鲍威尔和马克思都很少再对对方的具体观点做认真的辨析。这场双方一开始投入诸多精力、动用诸多资源的认真讨论最后也没能摆脱草草收场的结局。不能不说，这是一种遗憾。然而，这种状况也表明横亘在鲍威尔和马克思之间的已经不再是仅仅是分歧，唯物史观和思辨哲学已经出现了决裂。马克思和鲍威尔至此分道扬镳。

第一节　思辨哲学的功业及其反对者的失策

《费尔巴哈的特征》是鲍威尔批判费尔巴哈以及费尔巴哈的伙伴的文章，这篇文章分为以下几节："费尔巴哈的前提"（第 86～88 页）、"费尔巴哈的神秘主义"（第 88～91 页）、"费尔巴哈的黑格尔主义特征"（第 92～102 页）、"费尔巴哈的唯物主义"（第 102～116 页）、"费尔巴哈的宗教"（第 116～123 页）、"费尔巴哈与唯一者"（第 123～146 页）。其中，"费尔巴哈与唯一者"这一节的副标题为"费尔巴哈的诸后果与它们反对批判和唯一者的斗争"，这一节以评施蒂纳和费尔巴哈之间的

---

① 由于鲍威尔的《费尔巴哈的特征》内容丰富，马克思感到仅以一篇短评回应鲍威尔太过草率。1845 年 11 月，莫泽斯·赫斯返回布鲁塞尔。他告诉马克思和恩格斯，出版商鲁道夫·雷姆佩尔和尤利乌斯·迈尔愿意资助出版一份由他们三人编辑的"季刊"。这一消息推动马克思和恩格斯认真对待路德维希·费尔巴哈和麦克斯·施蒂纳在《维干德季刊》上的争论以及布鲁诺·鲍威尔的文章。《德意志意识形态》的创作过程正式启动。参见聂锦芳:《批判与建构:〈德意志意识形态〉的文本学研究》，75～77 页。费尔巴哈、施蒂纳和鲍威尔文章分别为: Ludwig Feuerbach: "Über das Wesen des Christentums in Beziehung auf den Einzigen und sein Eigentum", in Wigands Vierteljahrsschrift, Bd. 2, Leipzig: Verlag von Otto Wigand, Juli 1845, S. 193-205; Max Stirner: "Rezensenten Stirners", in Wigands Vierteljahrsschrift, Bd. 3, Leipzig: Verlag von Otto Wigand, Oktober 1845, S. 147-194; Bruno Bauer: "Charakteristik Ludwig Feuerbachs", in Wigands Vierteljahrsschrift, Bd. 3, Leipzig: Verlag von Otto Wigand, Oktober 1845, S. 86-146.

思想的传承与决裂

争论开始（第 123～138 页），以论费尔巴哈的三位"教条主义伙伴"——恩格斯和马克思（第 138～143 页）以及赫斯（第 143～146 页）——结束。就整篇文章的布局而言，鲍威尔给予恩格斯和马克思的《神圣家族》的注意力非常有限。不过，在这有限的篇章里，鲍威尔既对"批判和批判家"做了正面辩护，又揭露了恩格斯和马克思的"教条主义"。大体上看，鲍威尔从以下三个方面回应了恩格斯和马克思。

一、批判和批判家工作的意义

鲍威尔批判《神圣家族》的段落是在评判施蒂纳和费尔巴哈的斗争之后写的。他总结这场斗争时说，费尔巴哈和施蒂纳的对立是"圣人和凡人"、"共产主义者和利己主义者"的对立，但是他们都是"教条主义者"。施蒂纳"抽象的利己主义"并没能摆脱"思想的痛苦"和"宗教的梦魇"，倒是费尔巴哈做出了一些进步。① 当然，鲍威尔指的是费尔巴哈在神学批判领域内做出了一些贡献。但是，他话锋一转，把矛头指向了恩格斯和马克思：

> 弗·恩格斯和卡·马克思所著的《神圣家族，或对批判的批判所做的批判。驳布鲁诺·鲍威尔及其伙伴》一书已经表明，在与批判斗争时，费尔巴哈必然变成什么，他的哲学能采取什么态度。它不允许也不能理解——一般而言，如果它想要反对批判家的话，这是第一位的而且也绝对是必须的——批判。②

鲍威尔详细介绍了马克思所不理解的批判有些什么样的特征、做了哪些工作。首先，批判是发展着的。自我意识发展成为普遍的自我意识，需要借助批判消除自我意识自身及其对象的实体性要素。在这个过程中，批判的作用是自我意识本身的自我教养。随着自我意识向着普遍的自我意识发展，批判所要克服的实体性要素也是不同的，批判必须保持自身的发展，才能推动自我意识的发展。因此，鲍威尔说批判是处在发展之中的批判。

其次，批判是反对超验东西的斗争，它最终证明这些东西都是自我意识的产物。超验的东西表现为自我意识无法通过知识把握的对象，对

---

① ② Bruno Bauer：" Charakteristik Ludwig Feuerbachs ", in *Wigands Vierteljahrsschrift*, Bd. 3, Leipzig：Verlag von Otto Wigand, Oktober 1845, S. 138.

第五章 最后的论辩：思辨哲学和历史唯物主义的决裂

于自我意识而言，它是信仰的对象。批判家对宗教的批判已经表明，信仰的对象是自我意识创造出来、但与自我意识相异化的东西。批判家证明了，所谓的超验的东西无非是自我意识本身的产物，在这种观点提出来以后，自我意识才能真正恢复自己的普遍性地位。批判消解超验东西的工作是普遍的自我意识形成过程中的必要环节。

第三，批判和批判家推动了历史的发展和进步，是创造性的和能动的本源。鲍威尔的历史概念起源于他对自我意识发展史的认识。在他看来，世界历史的意义无非在于自我意识的生成和发展，历史是自我意识不断实现自身普遍性的过程。在这个过程中，批判消灭了自身和对象中的实体性要素，同时消解了信仰中的超验之物，它推动着自我意识向前发展。因此，鲍威尔把批判视为创造历史的力量。在为自己做了辩护之后，鲍威尔说道：

> 如果遵守费尔巴哈教条的人想起来反对批判，他是不允许也不能知晓这一切的。他必然会歪曲批判，他必然会把批判变成结晶的形态，他必然会把它变成石块，把批判从流动的形式中拉出来，去除批判家的人性，把批判家抬举到实体的天空里，把批判变成蓝色的、变为天国，把批判家变成泡影和幻梦、变成神，因此，为了反对批判和批判家，他必然会在自己的脑袋中策划出一种批判，同时从自己的大脑中捏造出一个批判家，也就是说，他是在反对他自己的影子，与他自己的魂作战。①

鲍威尔指责自己的对手不理解自己，指责恩格斯和马克思没有看到批判是一个发展的过程，把批判变成了"结晶的形态"。这种错误尤其体现在恩格斯和马克思把《文学总汇报》视为"整个批判"上，他们这样一来就斩断了批判的发展。他说，恩格斯和马克思在断章取义时歪曲了批判家的本意，他们批判的只是自己脑袋中的批判，并没有抓住批判本身的要领。

二、重申《文学总汇报》的主旨

和为《犹太人问题》所做的辩护一样，鲍威尔再一次提出：《文学

---

① Bruno Bauer: "Charakteristik Ludwig Feuerbachs", in *Wigands Vierteljahrsschrift*, Bd. 3, Leipzig: Verlag von Otto Wigand, Oktober 1845, S. 139.

总汇报》是属于 1842 年的批判，其任务是解释并说明 1842 年的自由主义和激进主义。在鲍威尔看来，撇开自由主义和激进主义具体主张上的差异——前者主张的是单子化的个体自由，后者强调通过革命实现共产主义和社会主义——这两种主张有一个共同点，即对群众的过度信任。鲍威尔从自己的亲身经历中认识到群众对于进步事业的冷漠，他得出结论："群众是精神的敌人"。批判在《文学总汇报》中不仅已经表明了这一观点，而且证明那些反对批判的知识分子、亦即反对鲍威尔的知识分子也是群众。在批判做完了这一切之后，《文学总汇报》的任务就完成了，它这时"必然会消失"。

鲍威尔认为，《文学总汇报》中的批判只是批判的一个发展阶段。恩格斯和马克思的错误表现在：首先，他们只了解这一个阶段上的批判，错误地把它视为整个批判；其次，他们对这一个阶段上的批判的认识也是错误的。鲍威尔辩解道：

[纵然《文学总汇报》的批判会自行消失，]恩格斯和马克思还是把它称为整个批判、唯一的批判，从而斩断了批判的任何进步，使批判脱离其背景并替代了批判，把文学报变成一幅带有神圣光晕、适于"神圣家族"同时起源于"神圣家族"的漫画。他们由此给自己创造了一个势均力敌的敌人、一个教条主义者，同时和这个敌人对立起来，他们以教条主义的满腔盛怒和狂热反对这个敌人、与这个敌人战斗，他们试图遏制这个敌人，以使自己和自己的教条主义取代这个敌人，想把这个敌人从神圣的地位上拉下来，以使自己变得神圣。①

与恩格斯和马克思在《神圣家族》中批判鲍威尔是黑格尔主义的教条主义者一样，鲍威尔也批判恩格斯和马克思是费尔巴哈理论的教条主义者。他指责恩格斯和马克思之所以把他刻画成一个教条主义者，是为了用自己的教条反对他们所描绘的教条主义的鲍威尔。

三、马克思恩格斯的自相矛盾和教条主义

针对《神圣家族》在"序言"中把"思辨唯心主义"视为"现实的

---

① Bruno Bauer: "Charakteristik Ludwig Feuerbachs", in *Wigands Vierteljahrsschrift*, Bd. 3, Leipzig: Verlag von Otto Wigand, Oktober 1845, S. 140.

第五章 最后的论辩：思辨哲学和历史唯物主义的决裂

人道主义"最危险的敌人，鲍威尔说：恩格斯和马克思只是在不停地发出一些"噪音"，压根没有实际的内容。恩格斯和马克思为了找个敌人战斗，而给自己创造了一个敌人。然而，"他们唯独无法战胜自己的创造物。他们只能尽力用一些骂人的话把自己的创造物压制在战场上——除此以外，别无其他"①。

鲍威尔分别举了恩格斯和马克思的一个例子来说明恩格斯和马克思对自己对手的不尊重。他首先分析了恩格斯，针对埃德加·鲍威尔（Edgar Bauer）的说法："工人什么都没有创作"，恩格斯针锋相对地提出："批判什么都没有创作，工人才创作了一切"。鲍威尔指责恩格斯犯了自相矛盾的错误，他反问道："如果这个批判家'什么都没有创造'，他怎么会是'现实人道主义''最危险的'敌人？"②

针对埃德加·鲍威尔把爱情视为一个凶神，说它最终要控制人的一切。"对爱情的崇拜便是苦恼，这种崇拜的顶峰就是使自己成为牺牲品，就是自杀。"③ 马克思提出，埃德加尔否定了真实的爱，爱情第一次教人认识了对象世界，甚至把人也视为一个对象。马克思说，这一点是纯粹的批判所不能接受的。因此，埃德加尔把爱情变成神学的对象，用神学来批判爱情，而在神学中，神和魔鬼是没什么区别的。爱情就这样被变成了一个魔鬼。鲍威尔指出，马克思压根不想理解自己的对手在表达什么，只是因为对手触怒了他的教条——"费尔巴哈的爱的宗教"——他就对对手大打出手。马克思用一套骗局使我们相信批判家做了荒唐可笑的事情，最终的结果只能表明马克思自己是荒唐可笑的。他说，在"娱乐"了众人之后，马克思自己像个"小丑"一样留在"世界舞台"上。

布鲁诺·鲍威尔指出，马克思不仅不理解埃德加尔·鲍威尔，对待布鲁诺·鲍威尔也是简单粗暴。他说，马克思费尽心机想让人们相信：

> 布鲁诺·鲍威尔为了绞死犹太人，把犹太人变成神学家、把政治解放的问题变成人的解放的问题，为了否定黑格尔，把他变成辛利克斯先生，为了摆脱法国革命、共产主义、费尔巴哈，除了不停地叫喊："群众，群众，群众！群众，群众，群众！"没有做任何别

---

①② Bruno Bauer："Charakteristik Ludwig Feuerbachs", in *Wigands Vierteljahrsschrift*, Bd. 3, Leipzig: Verlag von Otto Wigand, Oktober 1845, S. 141.

③ Ibid., S. 141. 另参见《马克思恩格斯全集》，中文1版，第2卷，23页。

的事情，为了赞美精神，他把群众钉在了十字架上，而这个精神就是批判，绝对观念在夏洛腾堡的布鲁诺身上真正道成肉身！①

鲍威尔显然不承认马克思的这些指责。在鲍威尔看来，马克思只是在污蔑对手的名声，马克思只能通过这种把对手污名化的方式来阻止人们了解批判的真实含义。鲍威尔指出，批判作为自我意识教养自身的手段不仅创造了普遍的自我意识这个最终的产物，在创造出这个最终产物之前，不完善的、不够发达的自我意识同样是批判的产物。也就是说，批判把群众的局限性当作自己发展过程中的一个必然产物，而不是像马克思说的，批判把所有的局限性都加在群众头上，仿佛只有自己是纯粹的、绝对的。

鲍威尔说，在恩格斯和马克思捏造是非的做法面前，批判家只能"一声不吭"，批判也只有"服服帖帖"。但这并不是批判家的失败，而是恩格斯和马克思自编自演的"剧目"。恩格斯和马克思不仅没有胜利，反而把自己扮演成了"喜剧演员"，在哗众取宠。

第二节　基于历史唯物主义揭露思辨的矛盾

1845年10月，《维干德季刊》第3期出版，布鲁诺·鲍威尔言辞激烈的辩驳立即吸引了马克思的注意。他先是在1845年11月20日向《社会明镜》投了一份针锋相对的回答。在这个回复中，马克思指责鲍威尔抄袭了《威斯特伐里亚汽船》第206～214页上糟糕的书评，而没有阅读《神圣家族》，没有认真对待自己的对手。由于布鲁诺·鲍威尔的《费尔巴哈的特征》内容丰富，不仅有《神圣家族》的评论，而且对费尔巴哈、施蒂纳以及赫斯都做了批判，恩格斯和马克思感到有必要对这篇文章做一个彻底的分析，因此他们根据《费尔巴哈的特征》的篇章结构重新拟定了一份从头到尾的批判计划。这份批判最终由马克思独立完成，收入《德意志意识形态》第一卷第二章，定名为"圣布鲁诺"。在这份没有公开出版的稿件中，马克思除了揭露鲍威尔没有阅读《神圣

---

① Bruno Bauer: "Charakteristik Ludwig Feuerbachs", in *Wigands Vierteljahrsschrift*, Bd. 3, Leipzig: Verlag von Otto Wigand, Oktober 1845, S. 142.

第五章 最后的论辩：思辨哲学和历史唯物主义的决裂

家族》就妄下评论，还再次声明了《神圣家族》的批判对象，揭露了鲍威尔这个批判家再次弹起了在《神圣家族》中被批判过的老调。

一、揭露鲍威尔抄袭《威斯特伐里亚汽船》

马克思指责鲍威尔说，他作为一个理论家，在面对对手的批判时没有理性地和对手对话，而是不负责任地从第三者那里抄袭来几句书评，想以这种方式打发掉自己的对手。这种做法暴露了批判家并非像他自己所鼓吹的那样过去和现在都在努力"工作"，他整天说一些"创造历史"的大话，忙得连认真讨论问题的时间都没有了。

1845 年 5 月，《威斯特伐里亚汽船》（月刊）第 206～214 页，匿名发表了一篇《神圣家族》的书评。在马克思看来，这篇书评糟糕透了："威斯特伐里亚的评论员浮皮潦草地给他评论的书作了一个可笑的、直接同这本书相矛盾的概括。"① 不幸的是，鲍威尔却把它视为理解《神圣家族》的捷径："'勤劳的'批判家认为，不以**恩格斯和马克思**的著作，而以《威斯特伐里亚汽船》（5月号第 208 页及以下各页）所载的**对这本书的平庸而混乱的评论**作为他感叹和引证的对象才更符合他的**目的……**"② 马克思对比了三组材料，揭露鲍威尔压根没有阅读《神圣家族》，只是在简单地重复《威斯特伐里亚汽船》中的观点。

第一组材料是：鲍威尔在《维干德季刊》上写道，马克思想要使人们相信，"为了杀害犹太人，他（**布·鲍威尔**）把他们变成神学家，把政治解放的问题变成人类解放的问题，为了消灭**黑格尔**，他把黑格尔变成**辛利克斯……**"马克思说，这一整段都是"从《威斯特伐里亚汽船》上**逐字逐句**抄来的、在《神圣家族》中根本找不到的话"③。马克思指出，这段话一字不差地抄袭自《威斯特伐里亚汽船》第 212 页。但是，它与《神圣家族》本身的思想并不符合，而是"完全歪曲的、荒唐可笑的、纯粹臆想的概括"。然而，鲍威尔置原著于不顾，直接抄下了这一段话，把这些观点"**强加于原著**"④。

第二组材料是：鲍威尔说，《神圣家族》的作者批判鲍威尔把自己

---

① 《马克思恩格斯全集》，中文 1 版，第 42 卷，365 页。
② 同上书，364 页。
③ 同上书，365 页。
④ 同上书，366 页。

受群众性的局限束缚只是看做外观,而没有理解批判的必然结果;《神圣家族》的作者为了批判鲍威尔还愿意答复为什么必须由鲍威尔回答圣母玛利亚圣灵受孕。马克思指出,这是从《威斯特伐里亚汽船》第213页抄来的,《威斯特伐里亚汽船》的评论家把两段无关的话拼接在一起,鲍威尔不问事实就把这些话加上了引号,让读者信以为是《神圣家族》的原文。①

第三个材料是:鲍威尔说,《神圣家族》的作者看起来把批判家驳斥的哑口无言,事实上只不过是恩格斯和马克思表演的戏剧。马克思指出,这一表述同样抄袭自《威斯特伐里亚汽船》第213页。② 如果说在上一段抄袭中,鲍威尔还只是在歪曲《神圣家族》,他这时抄袭《威斯特伐里亚汽船》上评论家的话倒是想用它来审判恩格斯和马克思。

二、揭露批判家故伎重演

马克思在《社会明镜》上的评论指出,鲍威尔"宣称恩格斯和马克思对他不理解",其实并不是这两位作者不理解他的警句,而是他自己在"极其天真地重弹他那些自命不凡的早已变成毫无价值的空话的老调"③。在《德意志意识形态》"圣布鲁诺"一章中,马克思再次提及鲍威尔的"陈词滥调",并且更进一步分析了鲍威尔的批判的秘密。

马克思说,鲍威尔在批判《神圣家族》的作者时,不停地为批判鼓吹,宣扬批判取得了"无尽的斗争和胜利",说批判在不停地"破坏和建设",是"历史的唯一动力",并且言之凿凿地说"只有批判家才摧毁了整个宗教和具有各种表现的国家"等等诸如此类的"响亮的誓言"和"感人的表露"。其实,鲍威尔只不过在说一些大家都熟悉的思辨哲学的"陈词滥调"。鲍威尔的思辨哲学的"调子"首先体现在他对"批判"的理解上。为了给批判的伟大业绩歌功颂德,鲍威尔先是把"过去压抑'人类生活'的力量转变为'超验的'力量",接下来再把"这些超验的力量转变为'产生于精神的精神'",并把这个过程说成是批判得出的结果,如此一来,批判就成了"生产部门",成了推动世界历史进步的力量。这就是鲍威尔的"批判"的秘密。鲍威尔打着批判的大旗,却只顾

---

① 参见《马克思恩格斯全集》,中文1版,第42卷,366~367页。
② 参见上书,367页。
③ 同上书,364页。

第五章 最后的论辩：思辨哲学和历史唯物主义的决裂

着在思维领域中打转，没有对现实生活产生任何影响，他的批判其实"低于任何批判"。鲍威尔通过思维的绝技表演了以"自我意识为首的整个独立概念"的大游行，提出了批判创造世界、把实体纳入自我意识等一系列的"神话"。[1]

鲍威尔的思辨哲学还表现在他把"批判"和"批判家"分离开来，使之成为一个独立的主体。批判家和批判被鲍威尔视为"两个完全不同、彼此分立、独自活动的主体"。《神圣家族》所反对的正是"这种人格化了的批判，即作为主体的批判"。鲍威尔不仅宣扬批判和批判家创造了历史，而且提出批判和批判家的**力量就在他们的意识中**，他们能从自身之中"吸取力量"。马克思提出，"但遗憾的是，终究还没有证明，在其内部，即在'自身中'，在'批判中'有什么东西可资'吸取'"[2]。和批判是人的行为这一通常的看法相悖，鲍威尔还提出批判创造了人们。因为在鲍威尔看来，人的本质在于自由，只有在批判终结了信仰对人的自由形成的限制之后，人才获得了自己的本质，成为真正的人。

鲍威尔在《费尔巴哈的特征》中指责恩格斯和马克思把批判从流动的"液体"形态变成了"结晶态"，也就是说，鲍威尔指责恩格斯和马克思断绝了批判发展的可能性。马克思质问鲍威尔，是不是从"液体的形式"来阅读《文学总汇报》，《文学总汇报》上的错误就不是错误了呢？例如，马克思提到，恩格斯在《英国生活的迫切问题》一文中找出了28个历史错误，是不是从"液体的形式"来阅读这篇文章，它就没有这些错误了呢？再如，在"液体的形式"下，《巴黎的秘密》中的看门人、名士、浪漫女子、侯爵夫人、骗子、笨蛋只不过是一个"秘密"的不同显现，这种观点对于认识各种各样的"固体形式"下的"秘密"有什么帮助吗？在马克思看来，所谓的"液体的形式"不过是思辨唯心主义哲学的思维绝技罢了。

马克思对鲍威尔哲学的总体看法是："布鲁诺接受了**思辨**的矛盾"，即斯宾诺莎的实体和费希特的自我之间的矛盾，他把"这个矛盾的一部分同另一部分对立起来"[3]。

---

[1] 参见《马克思恩格斯全集》，中文1版，第3卷，105页。
[2] 同上书，106页。
[3] 同上书，93页。

一方面，现实的人以及他们对于从外表上看是独立在外而和他们对立的他们自己的社会关系的现实意识都非实有，实有的只是**自我意识**这种赤裸裸的抽象词句，正如现实的生产都非实有，实有的只是**这种自我意识的已经独立化的活动**一样；另一方面，现实的自然界和现实存在的社会关系都非实有，实有的只是这些关系的一切哲学范畴或名称归结而成的赤裸裸的哲学词句，即**实体**。①

之所以会出现这样的认识，是因为鲍威尔与其他哲学家犯了同样的错误，即："把思想、观念、现存世界在思想上的独立化了的表现当作这个现存世界的基础"，"使个人的现实关系依赖于对这些关系的哲学解释"。由此，鲍威尔就能"变各式各样的戏法，而对现实的人及其各种关系则一无所知"。在马克思看来，鲍威尔"并没有离开思辨的基地来解决思辨的矛盾"②。

三、在"历史唯物主义"的地基上

马克思之所以能够清晰地看到鲍威尔"没有离开思辨的基地来解决思辨的矛盾"，是因为他本人的哲学世界观已经和"思辨哲学"拉开了足够的距离。马克思此时已经站在了"历史唯物主义"的地基上，尽管"唯物史观"的主要观点是在稍后写出的"费尔巴哈"章中提出的，"圣布鲁诺"章对《费尔巴哈的特征》的评论表明他已经前进到"历史唯物主义"的立场上。马克思的这种立场首先表现在他对鲍威尔的一处评论中。鲍威尔在为思辨哲学做辩护的时候提出，《文学总汇报》的任务是反对1842年的自由主义和激进主义及其余音。马克思对此的评论是，1843—1844年出版的《文学总汇报》去反对1842的自由主义和激进主义及其余音，这是"和早已无声无臭的东西的'余音'作斗争"。这表明，鲍威尔只是在"无事张皇"。"然而，正是在这里德意志理论所固有的那种历史观又以它'最纯粹的'姿态表现了出来。"③ 简单地说，以鲍威尔为代表的"德意志理论"所具有的历史观就是唯心主义的历史观，在它的视野里，决定历史发展进程的是精神。鲍威尔对"自由主义"的看法就是这种历史观的具体表现：

---

① 《马克思恩格斯全集》，中文1版，第3卷，93页。
② 同上书，93、96页。
③ 同上书，109页。

第五章　最后的论辩：思辨哲学和历史唯物主义的决裂

在批判家看来，随着自由主义理论和激进主义理论的机关刊物"德国年鉴"和"莱茵报"的停刊，自由主义也就销声匿迹了。此后，剩下的似乎仅仅是"余音"了。其实，只有现在，当德国资产阶级感到因经济关系而引起的对政权的真正要求并力图实现这一要求的时候，自由主义才在德国获得了实际的存在，从而才有某种成功的机会。①

相比于《神圣家族》中提出"思想一旦离开利益就会出丑"，马克思此时已经开始自觉地透过经济关系分析思维观念的现实力量。由于和其他社会要素独立起来理解精神的发展，鲍威尔认为一种思想一旦缺少表达的手段就等于消灭了。与此种看法相对，马克思则提出思想的力量是由孕育了思想的社会关系尤其是其中的经济关系决定的，当一种经济关系蓬勃发展的时候，与这种经济关系相匹配的思想也会逐渐在社会上推广，甚至能够在政治制度中实现出来，以保证该种经济关系的进一步扩张。

马克思对费尔巴哈的评论也表明了他已经掌握了"历史唯物主义"的原则和方法。马克思提出，费尔巴哈解决思辨哲学的矛盾的尝试是"失败的"，费尔巴哈尝试着要跳出"意识形态"的范围，但是由于他"承认感性"的方法极其有限——即费尔巴哈只是通过感觉、直观来认识感性对象——他又落入了唯心主义的窠臼。针对鲍威尔批判费尔巴哈把理性、爱和意志视为"在个人之中并**统治着**个人"的东西，马克思指出，费尔巴哈的错误不在于他看到了这个"事实"，"而在于他以唯心主义的方式使之独立化了，没有把它看作是历史发展的一定的、暂时的阶段的产物"②。在马克思评论费尔巴哈的这段文字中，他既赞赏费尔巴哈摆脱思辨哲学的努力，又分析了他失败的缘由。马克思此时已经明确地把历史的原则引入对现实的人的生存境遇的考察，这预示着他在稍后写作的"费尔巴哈"章中更加详细地发挥"历史唯物主义"的相关思想。

鲍威尔、费尔巴哈和施蒂纳之间的论战，尤其是鲍威尔对马克思、恩格斯的反驳是马克思反思"现实的人道主义学说"的重要契机，推动

---

① 《马克思恩格斯全集》，中文1版，第3卷，109页。
② 同上书，97页。

他认真总结并明确表述"历史唯物主义"的基本原理。鲍威尔在《费尔巴哈的特征》中,把恩格斯和马克思视为费尔巴哈哲学的教条主义者,这促使恩格斯和马克思进一步思考、澄清他们和费尔巴哈的关系。面对费尔巴哈、施蒂纳、鲍威尔三个人以《维干德季刊》为营地召开的"乱哄哄"的"宗教会议",恩格斯和马克思联合莫泽斯·赫斯开始合作《德意志意识形态》,对"费尔巴哈、布鲁诺·鲍威尔和施蒂纳所代表的现代德国哲学以及各式各样先知所代表的德国社会主义"展开进一步的批判。"唯物史观"的基本原理最终在这场批判中得到了较为明确的表述。

综论 "犹太人问题"和马克思思想的变革

在前面的章节里，我们考证、梳理、辨析了马克思和鲍威尔在"犹太人问题"上论战的焦点问题，以此为基础，我们就能比较全面地把握马克思和鲍威尔论战的来龙去脉。不过，在做完这项工作之后，我们还有一个问题需要回答，即"犹太人问题"在什么意义上启发了马克思的哲学变革。在马克思早期的思想演变过程中，青年黑格尔派是一个非常重要的思想背景和参照系。从深受其影响、融入其间到发生歧见、反叛出来，直至与其进行彻底的思想剥离，马克思逐渐实现了其哲学思想的变革。在这一思想解构和转换的过程中，"犹太人问题"是一条导火索；正是在对这一复杂的社会历史事件的认识和评论中，马克思与他的思想先贤、青年黑格尔派的主将布鲁诺·鲍威尔首次展开了论争，在面对同一个重大问题时开始显现出理解世界的思想方式的差异。"犹太人问题"所引发的一系列论战在马克思思想转变中的意义在于：在马克思从"副本"批判转向"原本"批判的过程中，《论犹太人问题》是一个必要的过渡，它构成了马克思从政治批判向市民社会批判转变的拐点。我们知道，马克思本来是鲍威尔自我意识哲学和黑格尔的理性主义国家观的拥趸者，但是在《莱茵报》时期遭遇物质利益难题之后，马克思退回书房一方面研读黑格尔的《法哲学原理》，一方面研究欧美各国历史。马克思从这些研究中认识到：市民社会与政治国家的二元对立规定了现代人生存的基本境遇，在市民社会和政治国家的关系中，市民社会处于基础

_249

性的地位,它决定着政治国家。在获得这些知识之后,"犹太人问题"提供了一个契机,它让马克思得以思考这种生存境遇下的人的自由解放的问题。《论犹太人问题》承接了《黑格尔法哲学批判》所确立起来的政治国家和市民社会的二元对立的观点,并基于此区分开了"政治解放"和"人的解放",在分析"政治解放"的限度的过程中,马克思批判的重点从政治领域转向市民社会。而市民社会批判为马克思的思想发展开启了新的方向。正是"犹太人问题"引发的论战让马克思坚定了市民社会批判的道路,进而推动马克思走向政治经济学研究。也正是由于这个原因,马克思在《德法年鉴》之后开始钻研政治经济学,并写出了《1844年经济学哲学手稿》(以下简称《巴黎手稿》)。诚然,马克思从市民社会入手求解"犹太人问题"相比于鲍威尔从精神意识的教化出发能够提出更加具体、现实的出路,然而"犹太人问题"的复杂性就在于单纯依靠某一种视角并不能全面地认知、把握从而解决这一问题。"犹太人问题"这面棱镜所折射出的"七彩光谱"又为我们思考马克思哲学变革的意义和限度提供了切入点。

一、"犹太人问题":从"政治批判"到"市民社会批判"的转折点

1841年,德国国王弗里德里希·威尔海姆四世颁布《内阁敕令》,提议设立犹太人同业公会,这引发了社会上有关基督教国家能否解放犹太人的争论。正如我们在第二章已经指出的,这些论战甚至已经开始对基督教国家提出反思,但是就其主要特征来看,它们还是在围绕着犹太教和基督教的关系来讨论犹太人和基督教国家的关系。1842年8、9月份,马克思致信达哥贝尔特·奥本海姆,请他"把海尔梅斯所有**反对犹太人**的文章都寄来",表示要尽快写一篇文章,"即使不能彻底解决这后一个问题,也要把它纳入另一条轨道"①。在这里,值得我们注意的是:什么是马克思所说的"另一条轨道"?对于这一问题,我们可以从马克思1842年11月30日致卢格的信中发现一些端倪。他在这封信中指出,柏林"自由人"的作品:

> 不是从**自由的**、也就是独立的和深刻的内容上看待自由,而是从无拘无束的、长裤汉式的、且又随意的形式上看待自由。……我

---

① 《马克思恩格斯全集》,中文2版,第47卷,34页。

综论 "犹太人问题"和马克思思想的变革

还要求他们更多地在批判政治状况当中来批判宗教，而不是在宗教当中来批判政治状况，因为这样做才更符合报纸的本质和读者的教育水平，因为宗教本身是没有内容的，它的根源不是在天上，而是在人间，随着以宗教为**理论**的被歪曲了的现实的消失，宗教也将自行消灭。①

"在宗教当中来批判政治状况"，这正是反驳海尔梅斯的那些论者（以瑙威尔克先生最为典型）所采取的策略。在马克思看来，这样的做法并没有解决"犹太人问题"，因为宗教并不是"政治状况"的根基，虽然宗教信仰有助于维护封建王权，但是不合理性的"政治状况"却不是由宗教造成的；毋宁说，政治上的不公平加速了宗教信仰的传播和蔓延。因此，马克思主张以对政治状况的批判来批判宗教。

值得注意的是，马克思此时虽然提出了宗教的根源"不是在天上，而是在人间"，但是这里所说的"人间"的含义却并不是不言自明的。其含混之处表现在：例如，如果宗教是"天上"的，那么"政治状况"显然是属于"人间"的。但是，马克思此时所说的"政治状况"包含哪些内容呢？当然，我们可以说它包括"政治制度"，但是由法律规定的财产关系、市民地位属不属于"政治状况"呢？"政治制度"和"财产关系"是"天上"的，还是"人间"的？如果不回答这些问题，就算马克思提出"随着以宗教为理论的被歪曲了的现实的消失，宗教也将自行消灭"，马克思对"现实"的批判也只能流于以自由、理性为原则对"政治状况"做抽象的批判，这种批判依旧停留在"政治批判"的范围之内，并不能提出解决"宗教问题"的具体方案。正因如此，马克思最终放弃了写作文章批判海尔梅斯。马克思在《莱茵报》时期的报刊文章证明了这种推测并不是主观臆测的结果。

在《莱茵报》时期，马克思的政论文章表明，他的主要工作确实集中在政治批判领域，而他批判政治制度的立足点就是自由和理性。举例来说，马克思之所以为新闻出版自由辩护，反对书报检查制度，是因为在他看来，自由是"人的本质"，是"全部精神存在的类本质"，"对人来说，只有是自由的实现的东西，才是好的"②。基于自由是"新闻出

---

① 《马克思恩格斯全集》，中文 2 版，第 47 卷，42～43 页。
② 《马克思恩格斯全集》，中文 2 版，第 1 卷，171 页。

_251

版的类本质"这一判断，马克思提出："书报检查法只具有法律的**形式**。新闻出版法才是**真正的法律**。"① 为了证明书报检查法是违背自由的虚伪法律，马克思说：

> 新闻出版法根本不可能成为压制新闻出版自由的措施，不可能成为以惩罚相恫吓的一种预防罪行重犯的简单手段。……法律是肯定的、明确的、普遍的规范，在这些规范中自由获得了一种与个人无关的、理论的、不取决于个别人的任性的存在。法典就是人民自由的圣经。②

面对《科隆日报》在"第179号社论"对基督教国家所作的辩护，马克思指出：现代哲学认为"国家是一个庞大的机构，在这里，必须实现法律的、伦理的、政治的自由，同时，个别公民服从国家的法律也就是服从他自己的理性即人类理性的自然规律"③。在面对莱茵省的"林木盗窃法"时，马克思还提出"不应该同整个国家理性和国家伦理联系起来来解决每一个涉及物质的课题"④。这些论述表明，马克思在《莱茵报》时期主要关注的是国家制度，他此时主要是基于理性国家的观念来批判当下的政治制度。但是在这一时期的文章中，尤其是在《关于林木盗窃法的辩论》中，马克思已经注意到，"利益是没有记忆的，因为它只考虑自己。它所念念不忘的只是一件东西，即它最关心的东西——自己"⑤。在林木所有人的利益面前，莱茵省议会最终把"行政权、行政当局、被告的存在、国家观念、罪行本身和惩罚降低为**私人利益的物质手段**"⑥。这一事实对马克思的触动是巨大的，他开始认识到，自己信奉的理性主义世界观在涉及现实的"物质利益难题"时很难做出"有内容的判断"，理性主义的国家观在解决"现实"问题时显得有些"无能为力"⑦。也就是说，以理性、自由为原则并不能解决现实生活中人

---

① 《马克思恩格斯全集》，中文2版，第1卷，175页。
② 同上书，176页。
③ 同上书，228页。
④ 同上书，290页。
⑤ 同上书，270页。
⑥ 同上书，285页。
⑦ 吴晓明：《形而上学的没落：马克思与费尔巴哈关系的当代解读》，429页，北京，人民出版社，1994。

综论 "犹太人问题"和马克思思想的变革

所遭受的非理性和不自由的境遇。

在"物质利益难题"的逼迫下,马克思退回到书斋,研究黑格尔的《法哲学原理》。这一系列研究对于马克思思想发展的最大影响表现在:"现实"在1842年对马克思而言仍是作为一个整体因而也是一团混沌的"政治状况",在1843年被区分为"政治国家"和"市民社会"这两个对立的领域。借助于对黑格尔《法哲学原理》的研究,马克思认识到,这一对立构成了当代人生存所要面对的最大"现实";同时,借助于《克罗茨纳赫笔记》对欧美各国现代历史的清理,他又颠倒了黑格尔对这二者的关系的界定,提出"市民社会"相对于"政治国家"具有基础性的地位。在马克思从"副本"批判转向"原本"批判的过程中,《黑格尔法哲学批判》是一个转折点,因为马克思在这里确立起了政治国家和市民社会二元对立的基本认识,并且看到了市民社会具有相对于政治国家的基础性地位。但是,《黑格尔法哲学批判》并没有超出政治批判的范围。之所以说《黑格尔法哲学批判》并没有超出政治批判的范围,是因为马克思在《黑格尔法哲学批判》中继承了黑格尔的基本思路:把市民社会中人的原子化、孤立化视为异化的生存状态,把政治国家视为解决这种异化的支撑,只不过黑格尔把君主立宪制的国家视为能够解决这种异化的国家,而马克思则认为只有真正的民主制国家才能解决市民社会的冲突。马克思的批判虽然也指向了市民社会,但是他并没有从市民社会内部寻找解决问题的出路,而是把国家的转型视为解决市民社会矛盾的出路。

如果说《黑格尔法哲学批判》在马克思思想发展中的意义在于,它使得马克思区分开了"政治国家"和"市民社会"这一对对立的领域,那么《论犹太人问题》的意义则在于,它标志着马克思关注的焦点从国家转向了市民社会,从政治批判转向了市民社会批判。有了《黑格尔法哲学批判》作铺垫,马克思在《论犹太人问题》中思考"犹太人问题"的思想基础就奠立在了"政治国家"和"市民社会"的二元对立上。在《论犹太人问题》中,马克思指出,鲍威尔混淆了人的自我解放的不同阶段。他转而区分出了两种不同的解放:

> 只是探讨谁应当是解放者、谁应当得到解放,这无论如何是不够的。批判还应当做到第三点。它必须提出问题:这里指的是**哪一类解放**?人们所要求的解放的本质要有哪些条件?只有对**政治解放**

253

本身的批判，才是对犹太人问题的最终批判，也才能使这个问题真正变成"**当代的普遍问题**"。①

马克思能够在"政治解放"和"人的解放"之间做出区分，是因为他认识到，现代人的政治生活和市民生活之间出现了分裂，从政治生活与从市民生活中消灭宗教所达到的结果是不同的：从政治生活中消灭宗教达到的是"政治解放"，从市民生活中消灭宗教达到的是"人的解放"。随着政治解放的完成，宗教并没有被消灭，它只是从政治领域转移到市民社会中去了："政治国家的成员信奉宗教，是由于个人生活和类生活之间、市民社会生活和政治生活之间的二元性；他们信奉宗教是由于人把处于自己的现实个性彼岸的国家生活当做他的真实生活；他们信奉宗教是由于宗教在这里是市民社会的精神，是人与人分离和疏远的表现。"② 在市民社会中，人成为脱离共同体的个体，"类生活本身，即社会，显现为诸个体的外部框架，显现为他们原有的独立性的限制。把他们连接起来的唯一纽带是自然的必然性，是需要和私人利益，是对他们的财产和他们的利己的人身的保护"③。随着政治解放的完成，人的个体生活和类生活之间出现了断裂，在世俗生活中无法完成类生活的个体在宗教中寻找类生活的满足。政治解放的这种结果充分地显示出了它的局限性，突出了更进一步推进人的解放的必要性。马克思对"政治解放"的批判表明，只有更进一步对市民社会进行批判才能解决"政治解放"遗留下来的问题。为了进行有效的市民社会批判，马克思把在鲍威尔那里表现为一个"神学问题"的"犹太人问题"重新表述为一个"世俗问题"，从考察"安息日的犹太人"转向考察"日常的犹太人"。

现在我们来考察一下现实的世俗犹太人，但不是像鲍威尔那样，考察**安息日的犹太人**，而是考察**日常的犹太人**。

我们不是到犹太人的宗教里去寻找犹太人的秘密，而是到现实的犹太人里去寻找他的宗教的秘密。

犹太教的世俗基础是什么呢？**实际**需要，**自私自利**。

犹太人的世俗礼拜是什么呢？**经商牟利**。他们的世俗的神是什

---

① 《马克思恩格斯文集》，第1卷，25页。
② 同上书，36~37页。
③ 同上书，42页。

么呢？**金钱**。①

马克思此时对市民社会中的人的生存状况有了初步的把握：在市民社会中，"实际需要、利己主义"成了最高的原则，在这个原则的驱动下，每个人都为了自身利益的最大化而把别人降格为手段，从而使自己也降格成为手段，人服务的不再是自身的目的，而是在经商牟利中服务于金钱的增殖。经商牟利和金钱是现代市民社会中的异化的最高表现，要想从根本上解决"犹太人问题"必须消灭经商牟利和金钱。正是基于这种判断，马克思提出："社会一旦消除了犹太精神的**经验**本质，即经商牟利及其前提，犹太人就**不可能**存在，因为他的意识将不再有对象，因为犹太精神的主观基础即实际需要将会人化，因为人的个体感性存在和类存在的矛盾将被消除。"② 可见，在回答"犹太人问题"的过程中，马克思扭转了鲍威尔的宗教批判对该问题的提法，他把"犹太人问题"变成了"必须克服什么样的特殊**社会**要素才能废除犹太教的问题"③。借助于这个转换，马克思把"犹太人问题"变成一个社会问题，把鲍威尔的宗教批判转变为市民社会批判。而市民社会批判为马克思思想的发展打开了新的方向。

二、"市民社会批判"开启了马克思思想发展的新方向

在马克思从"副本"批判转向"原本"批判的过程中，《论犹太人问题》构成了重要的过渡环节，它正处在这一转向的转折点上，这一转折为马克思思想的发展开启了新的方向。因为为了批判市民社会，必须首先掌握市民社会的组织结构和运行原则，这只有通过对市民社会的深入解剖才能获得。鉴于市民社会在理论传统中作为经济社会的性质，解剖市民社会必须借助于政治经济学。可以说，市民社会批判构成了马克思政治经济学研究的切入点。在 1859 年《〈政治经济学批判〉序言》中，马克思回顾了自己"研究政治经济学的经过"。他说：

> 为了解决使我苦恼的疑问，我写的第一部著作是对黑格尔法哲学的批判性分析，这部著作的导言曾发表在 1844 年巴黎出版的

---

① 《马克思恩格斯文集》，第 1 卷，49 页。
② 同上书，55 页。
③ 同上书，49 页。

《德法年鉴》上。我的研究得出这样一个结果：法的关系正像国家的形式一样……它们根源于物质的生活关系，这种物质的生活关系的总和，黑格尔按照 18 世纪的英国人和法国人的先例，概括为"市民社会"，而对市民社会的解剖应该到政治经济学中去寻求。①

在《论犹太人问题》中，马克思就对市民社会做过批判性的分析。他指出，市民社会中的经商牟利现象和货币的存在是"人的自我异化的**最高实际表现**"②。经商牟利的现象之所以存在，是因为市民社会中人被孤立化、单子化了，每一个单个的人在自己的生产活动中只能创造出有限品类的产品，但是每一个人的需要都是丰富的，也就是说，一个人单靠自己的力量无法满足自己的需要，他必须与他人进行产品交换。这种交换现象最初表现为物物交换，但是在政治国家和市民社会相互分裂的时期，物物交换已经发展成为商品交换，这一质的转变为个人在交换活动谋取私利提供了便利。而个人之所以在交换活动中谋求私利，是因为"**实际需要、利己主义是市民社会的原则**"③，与此相应的是，人与人之间的类联系已经被彻底斩断，每一个人都沦为其他人谋求私人利益最大化的工具。同时，随着商品交换越来越频繁，货币这个交换的中介成为人人向往之神。只有具有了货币，人才能交换到自己生存的必需品；不仅如此，由于"金钱是人的劳动和人的存在的同人相异化的本质"④，一个人甚至可以因为金钱的多寡而变得高贵或低贱。在《论犹太人问题》中，马克思对市民社会的批判既指向其原则：实际需要和利己主义，又指向其现象：经商牟利和金钱。但是这些批判依旧是以人道主义为立足点的抽象批判，而马克思在《巴黎手稿》开始研究政治经济学也正是为了把这种批判推向深入、具体。

当然，马克思在转向市民社会批判之后之所以能够走向政治经济学的研究，这和黑格尔的"市民社会理论"有着深刻的政治经济学背景是密不可分的。在《法哲学原理》中，"家庭"、"市民社会"和"国家"被视为"伦理精神"发展的三个阶段。其中，"家庭"是"直接的或自然的伦理精神"，在家庭中，特殊性和普遍性处于"实体的统一性"之

---

① 《马克思恩格斯全集》，中文 2 版，第 31 卷，412 页。
② 《马克思恩格斯文集》，第 1 卷，49 页。
③④ 同上书，52 页。

综论 "犹太人问题"和马克思思想的变革

中;"市民社会"作为"家庭"的反题,是直接的伦理精神的分裂,亦即普遍性和特殊性发生分裂,个人成为原子化的特殊个体,但是这样的特殊个体无法满足自身普遍的需要,人与人又不得不联系在一起,但是这种联系是以保障特殊的私人利益为目的的,人与人在市民社会的联合仍然只具有"形式的普遍性";"国家"扬弃了"市民社会"中特殊性与普遍性的分裂,是伦理精神在更高层次上的回归。尽管在黑格尔的法哲学体系中,国家被视为家庭和市民社会的合题,国家能够制约并解决市民社会中的矛盾、冲突;但是马克思敏锐地注意到黑格尔著作深刻的地方恰恰在于,他把握住了市民社会和国家之间的二元对立。[①] 黑格尔的《法哲学原理》对马克思更大的启发意义在于,黑格尔揭示了市民社会的三个原理:"特殊性原理"、"普遍性的原理"即"需要的体系"以及"必然性与陶冶的原理",尤其是后两个原理与政治经济学的关联决定了马克思对市民社会的解剖需要借助于政治经济学。最早辨认出黑格尔的哲学和国民经济学[尤其是其代表人物亚当·斯密(Adam Smith)]之间存在密切联系的学者是卢卡奇(György Lukács)。他在《青年黑格尔》一书中提出,亚当·斯密的劳动概念对黑格尔产生了重要的影响,他甚至认为"黑格尔在经济学上是亚当·斯密的崇拜者"[②]。事实上,黑格尔对对市民社会的认识确实受到了亚当·斯密的深刻影响。这首先体现在,他们都把劳动和需要的满足理解为市民社会存续的基础:亚当·斯密抨击重商主义的财富观,认为劳动才是财富的源泉,人在劳动过程中把自己的体力和脑力凝结在劳动产品中,正是在劳动中创造出来的形形色色的产品满足了人的生存需要,进而支撑起整个社会的存在;黑格尔在《法哲学原理》中把劳动作为所有权的根据,认为劳动是人格从特殊性上升到普遍性的重要"陶冶"中介。其次,亚当·斯密和黑格尔都把劳动分工作为社会分化与整合的重要方式,在他们那里,劳动分工一方面造成劳动的精细化,从而带来社会的分化越来越彻底;另一方面,劳动分工固然带来了人与人之间的疏远,但是越是精细化的劳动越是需要个人之间的密切协作,在劳动分工中社会的有机团结进一步得到加强。如果忽略其中的哲学术语,黑格尔下面的话简直是斯密劳动分工

[①] 参见《马克思恩格斯全集》,中文2版,第3卷,94页。
[②] 卢卡奇:《青年黑格尔》,转引自韩立新:《从国家到市民社会:马克思思想的重要转变——以马克思〈黑格尔法哲学批判〉为研究中心》,载《河北学刊》,2009(01)。

理论的再现:"在劳动和满足需要的上述依赖性和相互关系中,主观的利己心转化为对其他一切人的需要得到满足是有帮助的东西,即通过普遍物而转化为特殊物的中介。这是一种辩证运动。其结果,每个人在为自己取得、生产和享受的同时,也正为了其他一切人的享受而生产和取得。"[1] 基于以上两点,市民社会在亚当·斯密和黑格尔那里都被理解为经济社会。

亚当·斯密和黑格尔的市民社会理论产生于现代政治国家和市民社会发生分裂的时期。在这个时代,传统市民社会中的政治要素作为普遍性的领域从社会中独立出去,市民社会被理解为基于劳动和劳动分工满足市民社会成员的"需要的体系"。尽管我们强调黑格尔的市民社会理论受到了斯密的重要影响,但是黑格尔对亚当·斯密所信奉的自由主义在根本上是排斥的,因此黑格尔并没有像斯密那样乐观地断定市民社会中每一个人最大化的个体自由能够促进社会福利的最大化。在对市民社会的认识上,黑格尔还接受了霍布斯流传下来的自然法传统。市民社会被理解为伦理生活的异化,在这个领域内,人与人之间的关系陷入狼对狼一样的敌对关系中,市民社会压根不具备解决这种冲突的力量,因此需要一个高于市民社会的政治国家来解决它的矛盾。可以说,黑格尔把市民社会判定为异化的伦理生活,这一判断影响着马克思后来对市民社会的批判;同时,正是因为黑格尔的市民社会理论有着深刻的政治经济学背景,马克思在转向市民社会批判之后,为了解剖市民社会必然会走向对政治经济学的研究。

市民社会批判不仅是马克思政治经济学研究的切入点,而且是马克思共产主义思想的生长点。马克思在批判市民社会时发现了私有财产是造成市民社会中人的生存处境处于异化之中的根源,消灭私有财产对人的奴役必须借助于积极扬弃私有财产的共产主义运动。在《德法年鉴》时期,马克思已经发现私有财产是人所遭遇的各种异化的总根源,并提出了消灭私有财产的主张。这一思想在《巴黎手稿》中更加明确了。在这里,马克思并没有像传统的国民经济学家那样把私有财产的存在看作既定的事实,而是加入历史的视角,揭示了私有财产是如何成为现代社会首要的统治力量的。马克思通过阅读古典政治经济学家的著述认识

---

[1] 黑格尔:《法哲学原理》,范扬、张企泰译,210页。

综论 "犹太人问题"和马克思思想的变革

到,"私有财产的统治一般是从土地占有开始的：土地占有是私有财产的基础"①。马克思不仅提到地产占有的原始形式——"**土地所有者的权利来源于掠夺**"②；而且指出封建的土地占有制是"**贵族**对领地的关系,这种关系给领主罩上浪漫主义的灵光"③。但是在历史的发展中,"地产这个私有财产的根源必然完全卷入私有财产的运动而成为商品；所有者的统治必然要失去一切政治色彩而表现为私有财产的、资本的单纯统治；所有者和劳动者之间的关系必然归结为剥削者和被剥削者的经济关系"④。按照马克思在《巴黎手稿》第三笔记本中的说法,这个时候私有财产关系完成了从"有产和无产的对立"到"劳动和资本的对立"的过渡。只有完成了这个转变之后,"有产和无产的对立"才是"从能动关系上"、"从内在关系上理解的对立",才是"作为矛盾来理解的对立"。私有财产关系在"劳动"和"资本"的矛盾关系中不再是有产和无产对立阶段的相互外在的简单对立的关系,因为劳动和资本的地位是由对方造成的：劳动者没有财产,必须靠出卖劳动力来挣取生活资料；资本家不必从事劳动,就可以从工人那里剥夺大量的产品；资本和劳动之间出现了剥削和被剥削的现象。私有财产关系的现代形式以资本和劳动的矛盾关系表现出来,这里矛盾的双方都对人造成了奴役。资本是私有财产的客体化的存在形式,它的主体本质是劳动,资本只是劳动的一种"存在形式"。马克思在《巴黎手稿》第一笔记本中已经指出,私有制之下的资本是剥削奴役人的力量。所以马克思说资本这种私有财产的存在形式是"'本身'应被消灭的"。另一方面,私有制下人的劳动是"划一的、分散的因而是不自由的劳动",它是"私有财产的有害性和它同人相异化的存在的根源"。这种劳动同样需要被扬弃。私有财产的两个环节——劳动这个主体环节和资本这个客体环节——都是需要被扬弃的。同时,资本和劳动的矛盾关系本身又孕育着矛盾的解决方案。因为正是随着人在私有财产的关系中异化为劳动者和资本家,扬弃私有财产的行动才找到了物质力量——无产阶级。而这种扬弃私有的运动就是共产主义。

---

① 《马克思恩格斯全集》,中文 2 版,第 3 卷,260 页。例如,威廉·配第就曾提出："劳动是财富之父,土地是财富之母。"
② 同上书,252 页。
③④ 同上书,261 页。

259

思想的传承与决裂

关于"共产主义"的基本内涵，《巴黎手稿》做出了七条论证。① 马克思指出，共产主义并不是把私有财产普遍化，这是粗陋的共产主义；共产主义也不仅仅是在政治领域消灭私有财产。如果说前者只是贪财欲的表现，还没有超出私有财产的局限；那么后一种共产主义虽然认识到把私有财产与政治权利挂钩是一种异化，但是由于它对私有财产只是表现出了排斥、消灭的态度，它依旧没有理解私有财产的积极本质。马克思指出，私有财产在本质上不过是客体化的劳动，即积累起来的工人的劳动。它是工人的对象化劳动的积极成果，只是在资本主义生产条件下被资本家剥夺去了而已。理解了这一点，就明白了扬弃私有财产并不是要消灭它的存在，而是要充分利用私有财产，为人性的充实与提高创造条件；改变私有财产的存在方式，使之成为工人劳动现实化的积极确证。正是基于私有财产是客体化的劳动这种理解，马克思才提出扬弃私有财产的共产主义运动是"通过人并且为了人而对人的本质的真正占有"。在进一步阐释这种共产主义的时候，马克思提出，扬弃私有财产的共产主义运动会带来"感性的解放"和"创造论"（宗教信仰）的终结。在这里，我们尤其感兴趣的是马克思的这个命题：扬弃私有财产的共产主义运动会消灭宗教。因为这个论断直接接续了《论犹太人问题》的议题。在《论犹太人问题》中，马克思提出随着私有财产被消灭，宗教存在的世俗基础被铲除了，宗教信仰被从市民社会中清除出去，而市民社会是宗教丧失政治属性之后的最后的避难所。但是在《论犹太人问题》中，马克思只是提出了消灭私有财产就将消灭宗教这个命题，他还没有对这个命题做出进一步的解释。马克思在《巴黎手稿》中有关扬弃私有财产的共产主义运动会带来"创造论"的消灭可以视为马克思思考这个问题的进一步延伸。在消灭宗教这个问题上，我们能够清晰地看到马克思的市民社会批判和共产主义思想之间的关联性。在《巴黎手稿》中，马克思首先分析了"创造论"存在的根源：

> 靠别人恩典为生的人，把自己看成一个从属的存在物。但是，如果我不仅靠别人维持我的生活，而且别人还**创造了**我的**生活**，别人还是我的生活的**泉源**，那么我就完全靠别人的恩典为生；如果我

---

① 参见李彬彬：《马克思共产主义思想的起源——〈巴黎手稿〉对共产主义的七条论证》，载《马克思主义与现实》，2013（03）。

综论 "犹太人问题"和马克思思想的变革

的生活不是我自己的创造，那么我的生活就必定在自身之外有这样一个根源。因此，**创造**是一个很难从人民意识中排除的观念。自然界的和人的通过自身的存在，对人民意识来说是**不能理解的**，因为这种存在是同实际生活的一切**明显的事实**相矛盾的。"①

诚然，随着市民社会和政治国家相互分离，人的独立性相对于宗法关系控制下的人来说有了很大的提高，但是人的这种独立性是在对他人和物的依赖性的基础上获得的。首先，市民社会中每一个人的独立性都依赖于他人的支持，因为只有在与他人结成社会关系时，个人的丰富的需要才能得到满足。更为重要的是，市民社会中的人的独立性是依赖于物的。随着私有财产关系的演变，"中世纪的俗语'没有无领主的土地'被现代俗语'金钱没有主人'所代替。后一俗语清楚地表明了死的物质对人的完全统治"②。所谓"死的物质"建立起了"对人的完全统治"有两个指向：第一，资本控制了工人，工人在竞争中丧失了生活资料和劳动资料，而沦为一种"**贫困的资本**"，"这种资本只要一瞬间不劳动便失去自己的利息，从而也失去自己的生存条件"③。也就是说，工人被捆绑在了资本增殖的马车上，他们无法控制自身的命运，要么饿死，要么乖乖地出卖自身的劳动力。第二，资本控制了资本家，表面上看起来是资本家在运作、操纵资本，但是在残酷的私有财产竞争中，资本家如果想要维持生意，不被其他资本家兼并，他们必须听从资本的命令，把钱投到效益最高的部门，按照市场的命令售卖购买商品。在《巴黎手稿》中，马克思对工人、土地所有者和资本家的生存境遇的分析表明，在以资本形态表现出来的私有财产的控制下，人的独立性只是一个幻象，他们的行动只不过是在服从私有财产增殖的命令。处于这种生存境遇下的人的整个生活都依赖于他人，依赖于物，他本人都不是通过自身而存在的，"自然界和人的通过自身的存在"对他而言更是"不能理解"的。这构成了"创造论"存在的根源。

为了说明人的生活是自己创造的，马克思求助于黑格尔的辩证法。他说："辩证法……的伟大之处首先在于，黑格尔把人的自我产生看作一个过程……他抓住了**劳动**的本质，把对象性的人、现实的因而是真正

---

① 《马克思恩格斯全集》，中文2版，第3卷，309页。
② 同上书，262页。
③ 同上书，281页。

思想的传承与决裂

的人理解为他**自己的劳动**的结果。"① 马克思此时认识到，人只有"确实显示出自己的全部**类力量**"，才能把自身实现为"现实的类存在物"，而这"又只有通过异化的形式"才有可能实现。② 马克思在这里所说的"异化"指的就是私有财产所造成的全面的异化。因为在私有制的前提下，私有财产的运动虽然造成了深重的异化，但是在这种异化的控制之下，不论工人还是资本家为了生存都不得不拼尽全力，它又为消灭这种异化积累了充分的物质条件和精神文化条件。

马克思的共产主义理论并没有停留于提出扬弃私有财产的主张。他还为扬弃私有财产的共产主义运动找到了物质力量，回答了工人在现代社会中的地位和革命性的问题。马克思从国民经济学家那里继承了一个基本结论，即"**劳动**是**财富**的惟一**本质**"③。尽管工人的劳动是财富增殖的唯一泉源，亦即整个社会运转的基石，但是工人在整个社会中却被压制在最底层，到了一旦不劳动就会丧失存在权利的地步。不仅如此，他们的劳动也是完全异化的劳动——劳动产品同人、劳动活动同人、人的本质同人、人同人之间出现了全面的异化。随着私有财产的关系克服了贫穷和富有的对立而演化为劳动和资本之间的矛盾，它就孕育了矛盾的解决。因为资本和劳动的矛盾关系意味着资本家的富有与工人的贫困是一体两面，而非漠不相关的，正是工人的劳动为资本家创造了财富。工人和资本家之间不平等的地位为扬弃私有财产的共产主义运动铺垫了条件，因为平等的思想在德国、法国、英国——虽然是以不同的表现形式——已经广泛地传播开来。"平等，作为共产主义的**基础**，是共产主义的**政治**的论据。"当然，马克思也认识到，"要扬弃私有财产的**思想**，有**思想上的**共产主义就完全够了。而要扬弃现实的私有财产，则必须有**现实的**共产主义行动"④。也就是说，单单有平等的思想对于消灭私有财产造成的不平等还远远不够，要消灭私有财产必须有工人阶级的革命行动。马克思之所以对工人阶级的革命行动充满信心，是因为他看到工人的联合行动所具有的力量："当法国社会主义工人联合起来的时候，人们就可以看出，这一实践运动取得了何等光辉的成果。……人与人之间的兄弟情谊在他们那里不是空话，而是真

---

① ② 《马克思恩格斯全集》，中文 2 版，第 3 卷，320 页。
③ 同上书，290 页。
④ 同上书，347 页。

情,并且他们那由于劳动而变得坚实的形象向我们放射出人类崇高精神之光。"①

马克思在《巴黎手稿》中开始通过政治经济学透视市民社会的组织原则和运行方式,这种做法正是延续了他在《论犹太人问题》中提出了消灭市民社会中的私有财产异化才能消灭宗教的观点。在《巴黎手稿》中,他通过对私有财产运动所造成的人的异化的生存境遇的分析,提出了积极扬弃私有财产的共产主义思想。正是在这一新的思想平台上,马克思在《神圣家族》中再次论及"犹太人问题"时才把讨论的焦点集中在消灭私有财产和货币制度上;另外,在《巴黎手稿》中,马克思接触到了"分工"对于塑造社会形态所具有的强大威力,正是在"分工"概念的引领下,马克思在《德意志意识形态》中描述了由分工形式的演变所造成的"所有制形式"的变迁,他"以分工和所有制这两个生产力和交往形式的表现形式的概念之间的关系为线索,厘清了从古代到资本主义社会形态的历史发展过程"②。以此为标志,马克思制定了唯物主义历史观的核心内容。

三、重新定位马克思和鲍威尔的思想关系

一般地,我们会说,马克思在《德法年鉴》时期从一个"唯心主义者"转变成了一个"唯物主义者",马克思的新哲学作为科学的世界观和方法论与作为资产阶级意识形态的唯心主义哲学在根本上是对立的。这种观点当然有其合理性,它看到了马克思的新哲学和旧哲学之间的差异。但是,过度地夸大它们之间的差异却又是危险的。诚如马克思所言,"任何极端**都是**它自己的另一极端。抽象唯灵论是**抽象唯物主义;抽象唯物主义**是物质的**抽象**唯灵论"③。马克思和作为其思想先贤的德国唯心主义哲学家之间的关系却并不是一个简单的对立就能概括的,同样的道理,马克思和鲍威尔的思想关系也不是唯物主义和唯心主义能够简单地说明的。如果马克思的"新唯物主义"和"唯心主义"断绝了任何关系,那么马克思在《神圣家族》中为什么还要

---

① 《马克思恩格斯全集》,中文2版,第3卷,348页。
② 孙伯鍨、张一兵、唐正东:《"历史之谜"的历史性剥离与马克思哲学的深层内涵》,载《南京大学学报(哲学·人文科学·社会科学)》,2000(01)。
③ 《马克思恩格斯全集》,中文2版,第3卷,111页。

思想的传承与决裂

提出"和**人道主义**相吻合的**唯物主义**"需要"为**思辨**本身的活动所完善化"①？马克思对待思辨哲学的这种态度表明，他的"新唯物主义"和"唯心主义"之间的关系是一个迫切需要重估的问题。

事实上，马克思对于从前的哲学向来都没有盲目地崇拜，也没有片面地批判。这种立场在马克思的思想历程当中屡见不鲜。以《论犹太人问题》为例，这是马克思首次和鲍威尔分庭抗礼的著述。在这里，鲍威尔的思辨哲学把"犹太人问题"还原为"宗教问题"的抽象做法受到了马克思的激烈批判，但就是在马克思最激烈地批判鲍威尔的时候，他也没有忘记肯定鲍威尔的宗教批判在德国是有一定意义的。此外，马克思还赞赏鲍威尔在回答"犹太人问题"时把一切都"做得大胆、尖锐、机智、透彻"。更为重要的是，在鲍威尔提到犹太人凭借金钱的势力可以控制整个帝国的命运时，马克思承认鲍威尔看到了一个普遍的现象：

> "例如在维也纳只不过是被人宽容的犹太人，凭自己的金钱势力决定着整个帝国的命运。在德国一个最小的邦中可能是毫无权利的犹太人，决定着欧洲的命运。各种同业公会和行会虽然不接纳犹太人，或者仍然不同情他们，工业的大胆精神却在嘲笑这些中世纪组织的固执。"（鲍威尔《犹太人问题》第114页）
>
> 这并不是个别的事实。犹太人用犹太人的方式解放了自己，不仅因为他掌握了金钱势力，而且因为**金钱**通过犹太人或者其他的人而成了世界势力，犹太人的实际精神成了基督教各国人民的实际精神。②

在这里，马克思和鲍威尔思想上的互补性表现得尤为明显。鲍威尔已经注意到，尽管基督教国家对犹太人施行压迫、排挤的政策，但是犹太人凭借自己手中的金钱成功地扭转了在市民社会中的不利地位，成为了帝国中最有权势的人。鲍威尔在《犹太人问题》中已经注意到，在现代社会，金钱才是决定人的地位和权力的现实力量，因为拥有了它，在政治生活中受排挤、受压迫的犹太人成为世俗生活中的真正握有权势的人；事实上，鲍威尔在文中甚至还提出，基督教国家之所以把犹太人视为异教徒，排挤、迫害以致驱逐他们，也是为了维护基督徒的同业公会

---

① 《马克思恩格斯文集》，第1卷，327页。
② 同上书，50页。

综论 "犹太人问题"和马克思思想的变革

的商业利益。鲍威尔虽然注意到金钱具有凌驾于信仰之上的力量，但是他并没有更进一步分析金钱的出现所造成的犹太人与基督徒之间关系的新变化，并没有进一步深究金钱在现代市民社会中的私人的生活中所扮演的重要角色，而是退回到宗教批判家的立场，认为解决犹太人和基督徒之间的对立还是要消灭他们的信仰。鲍威尔止步的地方恰恰是马克思开始的地方。在《论犹太人问题》中，金钱这个比信仰中的神在控制人上更加强有力的"世俗的神"构成了马克思把握、剖析市民社会中的异化的最重要的透镜。金钱被马克思界定为"人的劳动和人的存在的同人相异化的本质；这种异己的本质统治了人，而人则向它顶礼膜拜"①。随着市民社会中的人分解为独立的私人，人与人之间必须借助于交往和交换活动才能实现自身的独立性，金钱作为这个过程的中介决定着整个活动的成功与失败。由于金钱的多寡决定着个人的生活处境和社会地位，每一个人都把自己的全部身心奉献给挣钱的营生，并为此尔虞我诈，把别人降格为工具，也把自己降格为工具。金钱集中地显示了现代市民社会中人所遭受到的异化。鲍威尔已经发现但并未深入探讨的这个现象启发了马克思解决"犹太人问题"的思路。

马克思之所以吸收、借鉴以鲍威尔为代表的思辨唯心主义学说的积极成果，这和费尔巴哈的人道主义学说的缺陷同样也是密不可分的。正如我们前面已经提到的，在最初接触费尔巴哈的时候，马克思就发现他"强调自然过多而强调政治太少"②。在《〈黑格尔法哲学批判〉导言》中，马克思又指出"实践政治派"（即费尔巴哈）的错误并不在于提出了"消灭哲学"的主张，而在于没有认识到"不使哲学成为现实，就不能消灭哲学"。在当时的德国，使哲学的理念成为现实就必须诉诸政治上的行动，即诉诸无产阶级革命。可见，马克思对于费尔巴哈哲学这座"人道主义的唯物主义"的理论高峰并非全面迎合，而是对其在实践领域的冷漠表现出了明确的拒斥态度。这种态度在《神圣家族》中再次表现了出来，"**费尔巴哈**在**理论**领域体现了和**人道主义**相吻合的**唯物主义**，而法国和英国的**社会主义**和**共产主义**则在**实践**领域体现了这种和人道主义相吻合的唯物主义"③。如果说在《神圣家族》中马克思还认为费尔

---

① 《马克思恩格斯文集》，第1卷，52页。
② 《马克思恩格斯全集》，中文2版，第47卷，53页。
③ 《马克思恩格斯文集》，第1卷，327页。

巴哈哲学在理论领域做出了突破，那么随着马克思思想的发展，他最终在理论层面也和费尔巴哈哲学彻底分道扬镳，其标志是，他在《关于费尔巴哈的提纲》中提出费尔巴哈的唯物主义是有理论缺陷的："从前的一切唯物主义（包括费尔巴哈的唯物主义）的主要缺点是：对对象、现实、感性，只是从**客体**的或者**直观**的形式去理解，而不是把它们当做**感性的人的活动**，当做**实践**去理解，不是从主体方面去理解。"① 也就是说，费尔巴哈甚至在理论领域也没能体现和人道主义相吻合的唯物主义，因为费尔巴哈虽然把人作为"唯一的最高的对象"，但是他对人的理解依旧是很有局限的：

> 诚然，费尔巴哈与"纯粹的"唯物主义者相比有很大的优点：他承认人也是"感性对象"。但是，他把人只是看做是"感性对象"，而不是"感性活动"，因为他在这里也停留在理论领域，没有从人们现有的社会联系，从那些使人们成为现在这种样子的周围生活条件来观察人们——这一点且不说，他还从来没有看到现实存在着的、活动的人，而是停留于抽象的"人"，并且仅仅限于在感情范围内承认"现实的、单个的、肉体的人"，也就是说，除了爱与友情，而且是理想化了的爱与友情以外，他不知道"人与人之间"还有什么其他的"人的关系"。②

费尔巴哈的唯物主义之所以有这些不足，根源于他作为一个"旧唯物主义者"对直观的依赖："费尔巴哈对感性世界的'理解'一方面仅仅局限于对这一世界的单纯的直观，另一方面仅仅局限于单纯的感觉。"③ 由于倚重于直观的方法，费尔巴哈没有把周围的感性世界理解为人的感性活动的产物，没有理解为世界历史的产物："他没有看到，他周围的感性世界决不是某种开天辟地以来就直接存在的、始终如一的东西，而是工业和社会状况的产物，是历史的产物，是世世代代活动的结果，其中每一代都立足于前一代所奠定的基础上，继续发展前一代的工业和交往，并随着需要的改变而改变它们的社会制度。"④ 直观的方

---

① 《马克思恩格斯文集》，第1卷，499页。
② 同上书，530页。
③ 同上书，527～528页。
④ 同上书，528页。

综论 "犹太人问题"和马克思思想的变革

法所导致的直接结果就是，费尔巴哈的唯物主义和历史观是脱节的：费尔巴哈并没有把直观到的世界理解为历史的结果，因此面对世界中的不幸和苦难，他诉诸"类的平等化"之类的观念来理解历史的发展进程，这导致他在历史观上最终陷入唯心主义。如马克思所言，"当费尔巴哈是一个唯物主义者的时候，历史在他的视野之外；当他去探讨历史的时候，他不是一个唯物主义者。在他那里，唯物主义和历史是彼此完全脱离的"①。费尔巴哈的唯心主义历史观导致的结果是，他在异化的世界面前没有看到"改造工业和社会结构的必要性"，他的人道主义的唯物主义仅仅是理论范围内的人道主义，并不具有现实性的力量。

诚如马克思所言，"直观的唯物主义，即不是把感性理解为实践活动唯物主义，至多也只能达到对单个人和市民社会的直观"②。费尔巴哈作为一个人道主义的唯物主义者，人无疑是他的哲学的最高主题："哲学上最高的东西是人的本质"，"新哲学将人连同作为人的基础的自然当作唯一的，普遍的，最高的对象——因而也将人本学连同自然学当作普遍的科学"③。但是，费尔巴哈的唯物主义的最根本的认识论原则是直观，"这种直观介于仅仅看到'眼前'的东西的普通直观和看出事物的'真正本质'的高级的哲学直观之间"。就对人的理解而言，这种直观所直观到的人是感性的、个体化的人，人的本质就是把单个的人联系在一起的抽象——情感、意志和爱等类属性。"费尔巴哈设定的是'人'，而不是'现实的历史的人'。"④ "他还从来没有看到现实存在着的、活动的人，而是停留于抽象的'人'，并且仅仅限于在感情范围内承认'现实的、单个的、肉体的人'。"⑤ 直观的"旧唯物主义"对人的抽象理解和它所产生的社会语境是分不开的："旧唯物主义的立脚点是'**市民**'社会；新唯物主义的立脚点则是**人类**社会或社会化的人类。"⑥ 随着市民社会的产生而出现的是人的孤立化，在这个历史过程中，人变成抽象的存在物，社会关系不再成为他的本质规定性，因为对于他而

---

① 《马克思恩格斯文集》，第1卷，530页。
② 同上书，502页。
③ 费尔巴哈：《费尔巴哈哲学著作选集》，上卷，荣震华、李金山等译，184页。
④ 《马克思恩格斯文集》，第1卷，528页。
⑤ 同上书，530页。
⑥ 同上书，506页。

言,社会关系只是满足个人利益的工具。作为市民社会成员的人是"没有超出封闭于自身、封闭于自己的私人利益和自己的私人任意行为、脱离共同体的个体……类生活本身,即社会,显现为诸个体的外部框架"①。旧唯物主义之所以只能达到对单个人和市民社会的直观,是因为这种哲学并没有超出它所产生的时代,没有超出人生活于其中的市民社会,它的立脚点在于市民社会,只是对市民社会和单个人的生存状态的直观描述。可以说,马克思对市民社会的批判构成了对旧唯物主义的立脚点的批判,他的新哲学的改变世界的要求直接指向变革旧哲学赖以产生的社会基础,即消灭市民社会中人与人相互孤立的生存状态。

既然费尔巴哈哲学有这些局限,那么以鲍威尔为代表的思辨唯心主义学说为弥补这些局限提供什么思想资源了吗?这个问题的答案就包含在马克思的下述概括中:"和唯物主义相反,唯心主义却把**能动的**方面抽象地发展了,当然,唯心主义是不知道现实的、感性的活动本身的。"② 我们前面已经交代过,鲍威尔之所以对宗教信仰采取激烈的批判态度,是因为在他看来信仰压制了自我意识,神作为信仰的对象本来是自我意识的创造物,但是在信仰面前,自我意识却不敢承认自己创造了这个对象,反而卑微地拜倒在这个对象面前。要想打破宗教信仰对自我意识的压制,必须诉诸自我意识对宗教意识的批判,即在批判中表明自我意识是信仰对象的创造者,自我意识才是最崇高的主体。鲍威尔有关"无限的自我意识"的生成必须借助于意识自身对那些由它自己造成的桎梏进行批判从而从中摆脱出来的观点是从黑格尔那里继承下来的。黑格尔的《精神现象学》刻画的就是自然意识在对自己既有的知识立场的批判中生成为精神的过程。更为重要的是,马克思在阅读《精神现象学》的过程中还从中读出了如下要义:"黑格尔的《现象学》及其最后成果——辩证法,作为推动原则和创造原则的否定性——的伟大之处首先在于,黑格尔把人的自我产生看做一个过程,把对象化看做非对象化,看做外化和这种外化的扬弃;可见,他抓住了**劳动**的本质,把对象性的人、现实的因而是真正的人理解为人**自己的劳动**的结果。"③ 虽然黑格尔及其以鲍威尔为代表的门生把人抽象为"精神"、"自我意识"和

---

① 《马克思恩格斯文集》,第1卷,42页。
② 同上书,499页。
③ 同上书,205页。

综论 "犹太人问题"和马克思思想的变革

"人",但是这种抽象的叙述方式背后却掩藏着他们把人理解为自我生成的存在者的苦心,人不再仅仅是唯物主义者眼中的"感性的对象",而是具有能动性的主体。这恰恰是思辨唯心主义哲学优越于包括费尔巴哈在内的唯物主义者的地方,也正是由于黑格尔主义哲学具有这种优越性,马克思在《巴黎手稿》中阐述扬弃私有财产的共产主义运动是"通过人并且为了人而对人的本质的真正占有"时才再次回到"黑格尔的辩证法和整个哲学",在对它的批判中寻找论证共产主义运动的思想资源,而这一点是费尔巴哈哲学无法提供的。马克思的"新哲学"吸收了思辨唯心主义哲学的积极成果,是一种"为思辨本身的活动所完善"的唯物主义。它克服了直观唯物主义的缺陷,不再基于直观仅仅把人视为"感性的对象",而是充分吸收了唯心主义对主体的能动性的理解,把人理解为一个在劳动中自我生成的主体。对于马克思而言,黑格尔的精神现象学和鲍威尔的自我意识哲学都发展了这种把人理解为主体的思想方法。正是这种思想方法让马克思最终摆脱了包括费尔巴哈在内的旧唯物主义学说。

作为黑格尔的弟子,同时作为马克思的老师,鲍威尔是马克思了解思辨哲学的积极成果和消极局限必不可少的环节。在马克思的整个思想历程中,经过鲍威尔所的影响而被马克思所接受的思辨哲学的积极成果一直没有被马克思放弃。在青年时代,马克思在"犹太人问题"上虽然与鲍威尔进行了一系列论战,但是正如麦克莱伦所辨认出的,"马克思的意见远非与鲍威尔全然相反"[①]。马克思在这些文章中和鲍威尔的关系并非势同水火,他不仅在对犹太教和基督教的具体认识上受到了鲍威尔的影响,而且他提出实现"人的解放"以从根本上解决"犹太人问题"的观点也有鲍威尔的思想痕迹。此外,与我们通常所臆想的不同,马克思和鲍威尔在一系列激烈的论战中虽然走上了不同的理论道路,从而在之后的岁月里很少有重叠的思想议题和理论交锋,但是这并没有影响他们之间的私人友谊,他们的交往也并未就此终结,1855—1856年,鲍威尔旅居伦敦期间曾拜访过马克思

[①] 戴维·麦克莱伦:《青年黑格尔派与马克思》,78页。另一方面,科尔纽的概括——马克思"是从更一般的立场来批判鲍威尔的观点的,也就是说,他认为鲍威尔的整个哲学的和政治的立场都是成问题的"。——并不符合《论犹太人问题》的思想状况。参见奥古斯特·科尔纽:《马克思恩格斯传》,第1卷,刘丕坤等译,561页。

两三次。① 事实上，马克思和鲍威尔以及整个黑格尔主义哲学谱系的思想关系绝不是简单的"断裂"就能概括的，诚如麦克莱伦所言，"鲍威尔的影响并不是一掠而过，随后就完全丢开了。这种影响被马克思长久地吸收到他的思想方法中去"②。马克思青年时代从鲍威尔那里接受的教益在马克思一生的思想发展历程当中有着持久而深入的影响。

四、如何科学地评价犹太民族并解决其问题

正如本书前面已经交代的，鲍威尔是从自我意识的实现历程来看待宗教精神的，他按照犹太教和基督教与自我意识的关系提出：犹太教是基督教的准备，基督教是犹太教的完成，正如花瓣孕育出果实就会飘零一样，犹太教在基督教产生之后也丧失了存在的理由，从而他得出犹太教的存在是违反历史规律的。鲍威尔从精神的发展出发对犹太教做出了很多消极、负面的评价。例如，犹太教由于坚持历史上的戒律而没能在历史中做出革新，从而丧失了跟随历史一起发展的能力，是缺乏历史的宗教；犹太教的戒律信条局限于规范信徒在满足感性需要时的行为举止，这表明犹太教还没有摆脱自然的束缚，是一种没有精神的宗教；不仅如此，由于犹太教是一个只对犹太人开放的宗教，它还是一种狭隘的、排他性的宗教。由于信仰了这样一种宗教，犹太人的教养在历史中也没能取得进步，他们违反了历史的法则，甘愿历史的车轮从他们身上碾压过去；他们虚伪伪善，为了逃避戒律给生活带来的不便，就选择其他信仰的人在安息日为自己服务，并为享受到便利又没有违反戒律而沾沾自喜；他们排斥其他民族，视其他民族为上帝抛弃的人，不愿意参与到其他民族的事业中去，渐渐地形成了一个孤立的民族。鲍威尔基于对犹太教和犹太人的历史的分析，甚至提出：如果犹太人不放弃宗教信仰，基督教国家排挤、压迫犹太人恰恰是符合犹太人要求的做法。与鲍威尔鄙夷犹太人、犹太教的看法不同，马克思看到犹太人的宗教信仰在历史变迁中的适应能力，看到犹太人在沧海桑田的历史巨变中做出的改

---

① 参见兹维·罗森：《布鲁诺·鲍威尔和卡尔·马克思：鲍威尔对马克思思想的影响》，158 页。马克思在致恩格斯的信中也提到了他和鲍威尔的会面情况，尽管马克思对鲍威尔依旧苛刻，但是他们的交往并未因此而中断。参见《马克思恩格斯全集》，中文 1 版，第 28 卷，464~465 页，北京，人民出版社，1973；《马克思恩格斯全集》，中文 1 版，第 29 卷，15 页，北京，人民出版社，1972。

② 戴维·麦克莱伦：《青年黑格尔派与马克思》，83 页。

变,他指出,"犹太精神不是违反历史,而是通过历史保持下来的"。因为:

>犹太教之所以能保持与基督教**同时**存在,不仅因为它是对基督教的宗教批判,不仅因为它体现了对基督教的宗教起源的怀疑,而且因为犹太人的实际精神——犹太精神——在基督教社会本身中保持了自己的地位,甚至得到高度的发展。犹太人作为市民社会的特殊成员,只是市民社会的犹太精神的特殊表现。①

马克思看到,犹太人的宗教信仰并不是某种顽固的、缺乏历史发展能力的东西,而是具备适应历史变迁的能力。随着社会关系的改变,犹太人对宗教信条做出不同的阐释,从而赋予其新的生机。另一方面,与鲍威尔把宗教的存在视为自由的束缚、消灭宗教就实现了人的自由不同,马克思虽然认为宗教的存在对人的自由构成了束缚,但是他认为犹太教以及基督教在当今社会存在的根源在于异化了的市民社会要素——私有财产及其典型形态货币。正是由于人在私人生活中还受着非人关系的控制,他才需要超世俗的宗教力量作为慰藉。犹太人在基督教德意志国家受到宗教压迫虽然是一个宗教问题,但是要解决这个问题只能诉诸改变市民社会中世俗的人际关系。只有消灭了宗教存在的世俗基础,宗教才会被连根拔起。

诚然,相对于鲍威尔的宗教批判,马克思在世俗生活中寻找解决宗教问题的方法更加具体,也更切实可行,但是就算按照马克思的思路,我们依旧不知道:人所生活于其中的经济条件的改变在多大程度上会造成宗教信仰的改变?我们需要在多大程度上改变现代的经济生活才能消灭宗教?一个很明显的例子是,犹太人在18世纪与21世纪的经济境遇不可同日而语,他们在前一个时期生活在社会的夹缝中,大多数都属于社会的最底层,在后一个时期不仅建立了自己的国度,而且是这个世界上最成功的巨商富贾,但是不论世事如何变迁,他们对自己的信仰丝毫没有动摇的迹象,他们在前一个时期可以为了信仰跨国度流浪,在后一个时期可以为了信仰坚守寸土高墙。再如,基督教从成为罗马帝国的国教以来,在欧洲的土地上存在、延续了一千多年,历经"农业社会"、"工商业社会"到"信息社会"的多种经济模式。随着

---

① 《马克思恩格斯文集》,第1卷,51页。

思想的传承与决裂

"经济基础"的变更，宗教信仰虽然是"上层建筑"，其核心信条却并没有改变的迹象。不仅犹太教、基督教如此，佛教、伊斯兰教等其他宗教同样如此。这些事实告诉我们，宗教信仰相对于经济生活所具有的超稳定的结构，正是这种超稳定结构支撑着宗教走过了许多世纪的世俗生活变迁。这一事实提醒我们，"犹太人问题"本身是一个复杂的问题，它并不单纯地是一个宗教问题，也不仅仅是政治问题，社会问题同样不能全面地涵盖其内容。马克思的独特之处在于他从市民社会入手破解"犹太人问题"，但是他的这种方法也遮蔽了"犹太人问题"的其它维度。

在这一点上，鲍威尔的宗教批判虽然抽象，但正是因为他从具体的社会关系中抽象出来，才恰恰把握住了宗教问题的超越性。例如，鲍威尔在《犹太人问题》中也提到，"犹太人问题"不能单单用"宗教仇恨"来解释，因为甚至在中世纪，基督徒压制、迫害犹太人也是以同业公会的利益为出发点的，是利益在引导着基督徒压迫犹太人。但是，鲍威尔作为一个宗教批判家的独特之处就在于，他看到，"只有当精神的自然束缚还没有被打破的时候，特权才会是有效的，因此只有在宗教偏见占统治地位，而且特权是以处于统治地位的宗教前提为必要基础的地方，特权才是有效的"①。也就是说，人之所以会做出压迫他者的特权行为，是因为人的精神还没有摆脱宗教排他性的束缚，还没有获得普遍的人性。另一方面，鲍威尔看到，犹太人在一千多年的历史中能够保持自己的民族性不变，这完全是由于他们对自身宗教信仰的坚持与恪守，正是犹太人对自己宗教戒律的坚持才维持了这个民族的纯粹性。例如：鲍威尔提到，犹太人有很多戒律仅仅适用于在迦南地生活时期的犹太人，也就是说，只有在古代，在那个犹太人依旧享有民族自治的时期，犹太人才能真正遵守这些戒律，当犹太人被罗马人从家园中驱逐出去，他们事实上已经无法再真正遵照这些戒律生活。但是，犹太人依旧小心谨慎地控制自己的行为举止，不要触犯了那些古老的戒律诫命。事实上，正是犹太人至死不渝地坚守自己的宗教戒律，这才引发了欧洲的当权者对他们的戒备。例如，拿破仑虽然有着超乎常人的政治才能，他依旧不敢确定犹太人是不是有建立"国中之国"的企图。面对立法机构在这一问题

---

① Bruno Bauer, *Die Judenfrage*, Braunschweig: Druck und Verlag von Friedrich Otto, 1843, S. 95.

综论 "犹太人问题"和马克思思想的变革

上的质询,他只得恢复已经失传了一千多年的"犹太人大公会",当"犹太人大公会"拟出决议说犹太人视自己的出生地为祖国的时候,拿破仑才开始放心推行解放犹太人的政策。犹太人对自己宗教文化的坚持不仅体现在古代受苦难的时代,在当代获得民族自决权之后更是体现得淋漓尽致。由于欧洲强大的基督教文化传统,犹太人逐渐在民族融合的过程中丧失了自己古老的语言和文字:希伯来文。在历史上,希伯来语曾经构成了犹太人文化和文明的内核,犹太人的很多律法典籍都是用希伯来语记录传诵的。犹太人当然认识到了语言消失的严重后果,因为随着语言的消失,一个民族的身份认同将不复存在。因此随着1948年以色列建国,犹太人立即恢复了希伯来语作为官方语言的地位。经过几十年的努力,以色列已经建立起了200多家希伯来语出版社,讲希伯来语的人口达到了700万。而就在一百多年前,希伯来语已经从我们生活的这个星球上消失。所有这些都向我们表明,鲍威尔把"犹太人问题"和犹太人的民族性归结为宗教信仰并不是没有道理的。事实上,正是通过这种视角,我们才能观察到犹太人在经历物质生活的沧海桑田之后依旧维持其自身民族特性的支撑点。

"犹太人问题"更为重要的意义在于,马克思的"唯物史观"也是在这一系列的论战中发展出来的。"犹太人问题"本身的复杂性为我们反思"唯物史观"的有效性界域也提供了一个切入点。从政治批判转向市民社会批判之后,经济生活和财产关系在马克思把握社会历史发展进程时扮演的作用越来越重要,《论犹太人问题》虽然只是处于这一转变的拐点上的著述,马克思面对"犹太人问题"时已经表现出了从经济关系入手理解、解决社会历史问题的思想倾向。正是因为马克思从社会中的经济关系入手来把握历史的发展进程,人类社会历史的发展演变才会被理解为一条在生产力和生产关系的矛盾运动中向前发展的自然过程。诚如列宁所言,"只有把社会关系归结于生产关系,把生产关系归结于生产力的水平,才能有可靠的根据把社会形态的发展看作自然历史过程"[①]。问题恰恰在于,这种理解社会历史发展演变的方法有没有有效性的界域?为了回答这个问题,我们必须回到"唯物史观"创立的历史语境。马克思从政治批判转向市民社会批判之后,在解剖市民社会时发

---

① 《列宁全集》,中文2版,第1卷,110页,北京,人民出版社,1984。

现：生产、分工、交往等物质关系对于社会形态的演变和历史进程的发展具有决定性的作用，他这才拟定了"唯物史观"的基本原理。而马克思之所以能够从政治批判转向市民社会批判，是因为政治国家和市民社会相互分离并呈现出二元对立，这是他当时面对的基本格局。"唯物史观"并不是脱离历史的抽象思维建构，它只有在特定的历史阶段上才能被提出来。这段历史是由法国大革命开创的，只是自此以后，欧洲大陆上才出现了政治国家和市民社会相互对立的现象。值得注意的是，现代资本主义社会的整个社会组织都是在这个大语境中建立起来的。马克思指出，资本主义的所有制是一种"纯粹的私有制"，它的最高目标就在于财富的增殖，整个社会生活和"上层建筑"都是围绕着这个目的建立起来的，经济关系在资本主义社会中确实处于支配性的地位。"唯物史观"强调经济因素在历史发展中的突出地位，这和资本主义社会的现实状况是一致的，并且能够有效地预期资本主义社会的发展方向；另一方面，在用"从后思索"的方法考察资本主义的起源时，"唯物史观"同样能够厘清资本主义社会蓬勃发展所需要的经济条件是如何萌芽、发展并壮大的。这些可以视为"唯物史观"的特长。

"唯物史观"虽然能够说明资本主义社会的起源，但是这并不意味着它在理解前资本主义社会时没有遗漏。首先，在前资本主义社会中，不仅政治国家和市民社会没有出现分裂，经济的力量和非经济的社会因素往往也是糅合在一起的，结果是：很难独立地考察经济因素在这些社会中到底起到了什么样的作用；不仅如此，在这样的社会中，专制制度、血亲关系和宗法礼仪在规定社会的发展演变时往往具有比经济因素更加强大的力量。

马克思本人也注意到了这一点，他晚年在《历史学笔记》中重新思考欧洲历史的发展时就注意到宗教在西欧社会的发展中一直是一个非常重要的因素：它不仅规定了各个国家的王位继承，而且引发了无休止的宗教战争。另外，胡果诺教徒的遭遇更是表明了宗教信仰对于个人和社会发展的影响，胡果诺教徒是在宗教改革中新出现的加尔文派，他们受到了天主教徒的残酷打压，这两个教派之间爆发了长达30年的"胡果诺战争"，最后胡果诺教徒被迫背井离乡，走上颠沛流离的生活道路。其实，只要他们动动嘴，说出一句皈依天主教的话，他们就可以待在故乡，安享宁静的生活。但是，他们为了心中的信仰，却固执地选择了流浪的生活。面对这一事实，我们很难说，胡果诺教徒首先考虑的是经济生活上的便利。胡果诺教徒的遭遇只是宗教在欧洲社会具有突出地位的冰山一角，类似的例子不胜枚举。宗教在欧洲社会历史的发展演变中具有突出地位，这一事实至少表明，"唯物史观"在把握人类社会的发展演进时并不是唯一的方法。

五、"犹太人问题"：当代价值与现实意义

最后，不能不提的是："犹太人问题"并不是一个过去的问题。如果我们看到这个问题涉及的是传统与现代、民族性与世界性、观念变革和社会行动之间的复杂关系，那么这个问题依旧是我们这个时代的"普遍问题"，思考这个问题依旧具有强烈的现实意义。17世纪以来，欧洲现代化的历程狂飙突进。启蒙运动变革了社会观念，工业革命提高了社会生产力，欧洲人的生活方式和前途命运发生了翻天覆地的变化。这一历程是如此强劲，它汹涌澎湃、势如破竹，把整个地球上的民族都裹挟其中。由于现代化的历程是由基督教文化孕育的，面对来势汹汹的欧洲文明，不仅中国、印度这些东方的文明古国遭遇到了东方与西方、传统与现代的碰撞，在欧洲大陆生活的犹太人同样遭遇到了这一冲突与激荡。在欧洲现代化浪潮的冲击下，世界上的大多数民族都经历了对自身文化的痛苦反思，并开始积极重塑与现代文明相适应的生活方式和文化观念。相比之下，犹太民族是这些民族中的成功者。尽管犹太人一开始受到欧洲主流社会歧视排挤，但是他们积极改造自身的文化，使古老的传统焕发出现代的生机，成为现代世界一支举足轻重的力量。在应对传统与现代的关系时，犹太民族很好地利用了传统的文化资源，维系了本民族的身份统一性；另一方面又接纳了现代文明的积极成果，不仅融入其中而且为之贡献了新的内容。简要地回顾犹太民族应对传统与现代冲突的经历，对于我们这些依旧在传统和现代的冲突之间寻找出路的后发民族不失为一个参照和借鉴。

在应对传统与现代的冲突时，犹太人唯一的选择就是改革。门德尔松作为犹太启蒙运动的先锋曾就改革提出过两个总体构想：其一，"冲破隔都的禁锢，把犹太人改造成真正的欧洲人"；其二，"犹太人继续保持自己的民族特性"。"因此，在犹太人融身于欧洲文化时，他们必须学会如何生活于两个世界——世俗世界和犹太世界，也就是要肩负双重的

思想的传承与决裂

文化重任。"① 门德尔松的这个总体构想在后来的犹太人知识分子中间化作了实际行动。他的后继者在推行改革时首先要面对的就是自己的宗教。犹太人中先进的知识分子敏锐地洞察到犹太教是犹太人进入欧洲主流文明生活的最大障碍，因此他们提出了改革犹太教的主张。例如，犹太教改革的著名理论家候德海姆曾积极呼吁改革犹太教，他提出：人类的历史是不断前进的，在这个不断进步的历史过程中，后来者必定要超越前人。如果传统不再适应新的时代需要，就必须做出调整。犹太教在历史的大趋势面前也要服从时代的潮流不断做出调整。② 就这样，改革派以历史进步论为武器，对犹太教的传统做出了变革。传统犹太教相信，包括《托拉》、《圣经》和《塔木德》在内的犹太律法是永恒的，因而是不可更改的。与此不同，改革派则认为犹太教是活生生的发展着的信仰体系，它应该与时俱进，尤其是其中的礼仪、程序和习俗更应该应时而变。改革派看到犹太教的宗教仪式和语言成了犹太人和其他欧洲人之间的阻碍，他们就积极呼吁改变礼拜仪式必须使用希伯来语的犹太教正统传统，把礼拜用语改成了当地的语言。例如：在德国使用德语，在法国使用法语。此外，犹太改革派知识分子还积极宣扬现代的生活方式，减少和欧洲民族的隔阂。按照犹太人的传统习俗，他们有严格的装束习惯，例如在正式场合要佩戴白色的高领项圈，单是这一点就把他们和其他民族的人鲜明地区分开了。这种传统的服饰成了他们和欧洲民族之间的一道隔膜。经过犹太知识分子的宣传，越来越多的犹太人脱去了长袍，戴上了欧洲流行的三角帽。不仅如此，身处启蒙时代的犹太知识分子还敏锐地把握到，现代化的过程是一个政教分离的世俗化的过程，因此他们提出了发展世俗教育的主张。例如，当时著名的犹太知识分子莱温佐恩就积极为犹太人的世俗教育奔走宣传。他号召年轻人不仅要学习犹太人自己的宗教典籍，而且要关注、学习、掌握欧洲人的语言和当时正在迅猛发展的部门科学。一时间，符合时代发展潮流的新式犹太学堂在欧洲大陆迅速设立并发展壮大起来。

经过历史的检验，犹太人的改革是成功的，他们不仅融入了现代性的文明生活，而且保留了自己的文化传统。他们的语言就是这种成功的

---

① 大卫·鲁达夫斯基：《近现代犹太宗教活动：解放与调整的历史》，68页，济南，山东大学出版社，1996。

② 参见上书，182~183、191页。

一个体现。他们的母语希伯来语在100多年前由于欧洲的同化政策彻底消失了,在以色列建国之后,短短几十年的时间内这门语言迅速复兴,并能在大众中普及,这不可谓不是一件壮举。同时,犹太人对民族性的坚持并没有妨碍他们参与到具有世界历史意义的事业中,他们中间不仅出现了马克思和爱因斯坦等享誉全球的人物,而且在文学、艺术、科学、哲学等领域亦多有建树。犹太人的历史告诉我们,传统只有在不断的变革和重建中才能焕发出生机和活力,才能成为具有当代性的生活指南。但是,我们也看到,这只是问题的一个方面。且不说还有很多民族依旧在传统与现代的冲突、激荡中摸索方向,单是面对阿拉伯世界和以色列的流血对峙事件,我们都很难断言犹太人的宗教生活和世俗生活之间已经没有了紧张的对立。传统和现代的关系问题依旧是一个摆在各个民族面前的问题。正如马克思所告诫我们的,如果哲学把解决这些对立仅仅视为理论的任务,那么它将无法解决这个任务,这种对立的解决不只是"认识的任务",而且是"**现实生活的任务**"。"**只有**通过**实践**方式,只有借助于人的实践力量",才可能解决现实生活的对立。①

---

① 参见《马克思恩格斯文集》,第1卷,192页。

参考文献

中文文献

[1] 马克思恩格斯选集：第1卷. 北京：人民出版社，1995年第二版。

[2] 马克思恩格斯选集：第4卷. 北京：人民出版社，1995年第二版。

[3] 马克思恩格斯文集：第1卷. 北京：人民出版社，2009年第一版。

[4] 马克思恩格斯全集：第1卷. 北京：人民出版社，2002年第二版。

[5] 马克思恩格斯全集：第2卷. 北京：人民出版社，1957年第一版。

[6] 马克思恩格斯全集：第3卷. 北京：人民出版社，2002年第二版。

[7] 马克思恩格斯全集：第28卷. 北京：人民出版社，1973年第一版。

[8] 马克思恩格斯全集：第29卷. 北京：人民出版社，1972年第一版。

[9] 马克思恩格斯全集：第31卷. 北京：人民出版社，1998年第二版。

[10] 马克思恩格斯全集：第 40 卷. 北京：人民出版社，1982 年第一版。

[11] 马克思恩格斯全集：第 42 卷. 北京：人民出版社，1979 年第一版。

[12] 马克思恩格斯全集：第 47 卷. 北京：人民出版社，2004 年第二版。

[13] 列宁选集：第 1 卷. 北京：人民出版社，1995 年第二版。

[14] 列宁全集：第 26 卷. 北京：人民出版社，1988 年第二版。

[15] 列宁全集：第 55 卷. 北京：人民出版社，1990 年第二版。

[16] 黑格尔. 法哲学原理. 范扬，张企泰译. 北京：商务印书馆，1961。

[17] 黑格尔. 精神现象学. 贺麟，王玖兴译. 北京：商务印书馆，1979。

[18] 费尔巴哈. 费尔巴哈哲学著作选集：上卷. 荣震华，李金山等译. 北京：商务印书馆，1984。

[19] 费尔巴哈. 基督教的本质. 荣震华译. 北京：商务印书馆，1984。

[20]《赫斯精粹》及附录. 邓习议编译. 方向红校译. 南京：南京大学出版社，2010。

[21] 路易·阿尔都塞. 保卫马克思. 顾良译. 杜章智校. 北京：商务印书馆，1984。

[22] 汉娜·阿伦特. 极权主义的起源. 林骧华译. 北京：三联书店，2008。

[23] 阿巴·埃班. 犹太史. 北京：中国社会科学出版社，1986。

[24] 马克斯·霍克海默，西奥多·阿道尔诺. 启蒙辩证法：哲学断片. 渠敬东，曹卫东译. 上海：上海人民出版社，2006。

[25] 奥古斯特·科尔纽. 马克思恩格斯传：第 1 卷. 刘丕坤等译. 北京：三联书店，1965。

[26] 大卫·鲁达夫司基. 近现代犹太宗教运动：解放与调整的历史. 傅有德，李伟等译. 济南：山东大学出版社，1996。

[27] 兹维·罗森. 布罗诺·威尔和卡尔·马克思：鲍威尔对马克思思想的影响. 王谨等译. 北京：中国人民大学出版社，1984。

[28] 塞西尔·罗斯. 简明犹太民族史. 黄福武，王丽丽等译. 济南：山东大学出版社，1997。

[29] 卡尔·洛维特. 从黑格尔到尼采. 李秋零译. 北京：三联书店，2006。

[30] 弗兰茨·梅林. 马克思传. 樊集译. 持平校. 北京：人民出版社，1965。

[31] 戴维·麦克莱伦. 马克思传. 王珍译. 3版. 北京：中国人民大学出版社，2005。

[32] 戴维·麦克莱伦. 马克思主义以前的马克思. 李兴国等译. 北京：社会科学文献出版社，1992。

[33] 戴维·麦克莱伦. 青年黑格尔派与马克思. 夏威仪等译. 北京：商务印书馆，1982。

[34] 侯才. 青年黑格尔派和马克思早期思想的发展. 北京：中国社会科学出版社，1994。

[35] 聂锦芳. 批判与建构：〈德意志意识形态〉的文本学研究. 北京：人民出版社，2012。

[36] 吴晓明. 形而上学的没落：马克思和费尔巴哈关系的当代解读. 北京：人民出版社，2006。

[37] 布鲁诺·鲍威尔. 现代犹太人和基督徒获得自由的能力. 李彬彬译. 现代哲学，2013（06）。

[38] 广松涉. 早期马克思像的批判的再构成.《赫斯精粹》附录. 邓习议编译. 方向红校译. 南京：南京大学出版社，2010。

[39] 良知力. 赫斯是青年马克思思想发展的坐标轴吗——评广松涉的早期马克思像.《赫斯精粹》附录. 邓习议编译. 方向红校译. 南京：南京大学出版社，2010。

[40] 韩立新. 从国家到市民社会：马克思思想的重要转变——以马克思《黑格尔法哲学批判》为研究中心. 河北学刊，2009（01）。

[41] 聂锦芳. 再论"犹太人问题"——重提马克思早期思想演变中的一场"公案". 现代哲学，2013（06）。

[42] 孙伯鍨，张一兵，唐正东. "历史之谜"的历史性剥离与马克思哲学的深层内涵. 南京大学学报（哲学·人文科学·社会科学），2000（01）。

[43] 杨耕. 重新审视唯物主义的历史形态和历史唯物主义的理论空间——重读《神圣家族》. 学术研究, 2001 (01).

[44] 李彬彬. 马克思共产主义思想的起源——《巴黎手稿》对共产主义的七条论证. 马克思主义与现实, 2013 (03).

英文文献

[1] *Karl Marx: Early Writings*, Translated and edited by T. B. Bottomore, Forword by Erich Fromm, New York: Mcgraw-Hill, 1963.

[2] *A World without Jews*, edited and with an introduction by Dagobert D. Runes, Boston: Philosophical Library, 1959.

[3] *Magna Bibliotheca Anglo-Judaica*, *A Bibliographical Guide to Anglo-Jewish History*, New Edition, revised and enlarged by Cecil Roth, London, 1937.

[4] Albritton, Robert: *Dialectics and Deconstruction in Political Economy*, London: Palgrave Macmillan, 2001.

[5] Breckman, Warren: *Marx, The Young Hegelians, and the Origins of Radical Social Theory*, Cambridge: Cambridge University Press, 1999.

[6] Brudney, Daniel: *Marx's Attempt to Leave Philosophy*, Cambridge: Harvard University Press, MA, 1998.

[7] Carlebach, Julius: *Karl Marx and the Radical Critique of Judaism*, London: Routledge & Kegan Paul, 1978.

[8] Draper, Hal: *Karl Marx's Theory of Revolution*, Vol. 1: *State and Bureaucracy*, New York: Monthly Review Press, 1977.

[9] Leopold, David: *The Young Karl Marx: German Philosophy, Modern Politics, and Human Flourishing*, Cambridge: Cambridge University Press, 2007.

[10] Lewis, Bernard: *Semites and Anti-Semites: An Inquiry into Conflict and Prejudice*, New York: W. W. Norton & Company, 1999.

[11] Maccoby, Hyam: *Antisemitism and Modernity: Innovation and Continuity*, London: Routledge, 2006.

[12] McLellan, David: *Marx before Marxism*, Edinburgh:

Macmillan and Co. Ltd, 1970.

[13] McLellan, David: *The Young Hegelians and Karl Marx*, London: Papermac, 1969.

[14] Moggach, Douglas: *The Philosophy and Politics of Bruno Bauer*, Cambridge: Cambridge University Press, 2003.

[15] Roth, Cecil: *A History of the Jews in England*, Oxford: Oxford University Press, 1978.

[16] Robertson, Ritchie: *The "Jewish Question" in German Literature, 1749—1939: Emancipation and its Discontents*, Oxford: Oxford University Press, 1999.

[17] Avineri, Shlomo: "Marx and Jewish Emancipation", in *Journal of the History of Ideas*, No. 3, Vol. 25 (1964), pp. 445-450.

[18] Baronovitch, Laurence: "Two appendices to a doctoral dissertation: some light on the origin of Karl Marx' dissociation from Bruno Bauer and the Young Hegelians", in *The Philosophical Forum*, Nos. 2-4, Vol. 8 (1976—1977), pp. 219-240.

[19] Bauer, Bruno: "On the Principles of the Beautiful" (1829), in *The Philosophy and Politics of Bruno Bauer*, translated and publisched by Douglas Moggach, Cambridge: Cambridge University Press, 2003, pp. 188-212.

[20] Blanchard, William H. : "Karl Marx and the Jewish Question", in *Political Psychology*, No. 3, Vol. 5 (1984), pp. 365-374.

[21] Cooke, Michael: "Marx on the 'Jewish question': anti-Semitic or a cogent critique of liberalism", in *Links International Journal of Socialist Renewal*, July 2, 2013.

[22] Depew, David J. : "The Polis Transfigured: Aristotle's Politics and Marx's Critique of Hegel's 'Philosophy of Right'", in *Marx and Aristotle: Nineteenth-Century German Social Theory and Classical Antiquity*, ed. George E. McCarthy, Rowman & Littlefield Publishers, Inc. , 1992, pp. 37-74.

[23] Fischman, Dennis: "The Jewish Question about Marx", in *Polity*, No. 4, Vol. 21 (1989), pp. 755-775.

[24] Gordon, Frederick M.: "The Contradictory Nature of Feuerbachian Humanism", in *The Philosophical Forum*, Nos. 2-4, Vol. 8 (1976—1977), pp. 31-47.

[25] Hirsch, Helmut: "The Ugly Marx: An Analysis of an 'Outspoken Anti-Semite' ", in *The Philosophical Forum*, Nos. 2-4, Vol. 8 (1976—1977), pp. 150-162.

[26] Ingram, David B.: "Rights and Privileges: Marx and the Jewish Question", in *Studies in Soviet Thought*, Vol. 35 (1988), pp. 125-145.

[27] Katz, Jacob: "Emancipation and Jewish Studies", in *Commentary*, No. 4, Vol. 57 (1974), pp. 60-65.

[28] Katz, Jacob: "The Term 'Jewish Emancipation': Its Origin and Historical Impact", in *Studies in Nineteenth-Century Jewish Intellectual History*, ed. Alexander Altmann, Cambridge and Mass.: Harvard University Press, 1964, pp. 1-25.

[29] Leopold, David: "The Hegelian Antisemitism of Bruno Bauer", in *History of European Ideas*, 25 (1999), pp. 179-206.

[30] M., J.: "A World Without Jews", in *The Western Socialist*, No. 1, Vol. 27 (1960), pp. 5-7.

[31] Menzies, Ken: "Karl Marx and the Radical Critique of Judaism by Julius Carlebach", in *Sociological Analysis*, No. 2, Vol. 46 (1985), pp. 186-187.

[32] Orgel, Gary S.: "Julius Carlebach, Karl Marx and the Radical Critique of Judaism, London: Routledge and Kegan Paul, 1978.", in *Studies in Soviet Thought*, Vol. 21 (1980), pp. 239-251.

[33] Peled, Yoav: "From Theology to Sociology: Bruno Bauer and Karl Marx on the Question of Jewish Emancipation", in *History of Political Thought*, No. 3, Vol. XIII (1992), pp. 463-485.

[34] Rotenstreich, Nathan: "For and against Emancipation: the Bruno Bauer Controversy", in *Leo Baeck Institute Yearbook*, Vol. 4 (1959), pp. 3-36.

[35] Sass, Hans-Martin: "Bruno Bauer's Critical Theory", in *The*

Philosophical Forum, Nos. 2-4, Vol. 8 (1976—1977), pp. 93-103.

[36] Silberner, Edmund: "Was Marx an Anti-Semite?", in *Historia Judaica*, Vol. 11 (1949), pp. 3-52.

[37] Sorkin, David: "Emancipation and Assimilation: Two Concepts and Their Application to German-Jewish History", in *Leo Baeck Institute Yearbook*, 1990, pp. 17-33.

[38] Touty, Jacob: "'The Jewish Question': A Semantic Approach", in *Leo Baeck Institute Yearbook*, 1966, pp. 85-106.

德语文献

[1] MEGA², I/2, *Karl Marx Werke Artikel Entwürfe März 1843 bis August 1844*, *Apparat*, Berlin: Dietz Verlag, 1982.

[2] MEGA², III/1, *Karl Marx, Friedrich Engels, Briefwecksel, bis April 1846*, *Apparat*, Berlin: Dietz Verlag, 1975.

[3] MEGA², IV/2, *Karl Marx, Friedrich Engels, Exzerpte und Notizen, 1843 bis Januar 1845*, *Apparat*, Berlin: Dietz Verlag, 1981.

[4] G. F. Hegel: *Sämtliche Werke*, Bd. XI, "Berliner Schriften 1818—1831", hrsg. von Johannes Hoffmeister und Georg Lasson, Leipzig: Meiner Verlag, 1956.

[5] Bauer, Bruno: "Das Leben Jesus, kritisch bearbeitet von David Friedrich Strauss. Erst Band", in *Jahrbücher für wissenschaftliche Kritik*, No. 111, December 1835.

[6] Bauer, Bruno: *Kritik der Geschichte der Offenbarung. Die Religion des Alten Testamentes in der geschichtlichen Entwicklung ihrer Prinzipien dargestellt*, Berlin: Ferdinand Dümmler, 1838.

[7] Bauer, Bruno: *Herr Dr. Hengstenberg. Kritische Briefe über den Gegensatz des Gesetzes und des Evangelium*, Berlin: Ferdinand Dümmler, 1839.

[8] Bauer, Bruno: *Die Posaune des jüngsten Gerichts über Hegel den Atheisten und Antichristen. Ein Ultimatum*, Leipzig: Otto Wigand, 1841.

[9] Bauer, Bruno: *Kritik der evangelischen Geschichte der Syn-

optiker, Bd. 1, Leipzig: Otto Wigand, 1841.

[10] Bauer, Bruno: *Kritik der evangelischen Geschichte der Synoptiker*, Bd. 2, Leipzig: Otto Wigand, 1841.

[11] Bauer, Bruno: *Hegel's Lehre von der Religion und Kunst von dem Standpuncte des Glaubens aus beurtheilt*, Leipzig: Otto Wigand, 1842.

[12] Bauer, Bruno: *Kritik der evangelischen Geschichte der Synoptiker und des Johannes*, Bd. 3, Braunschweig: Friedrich Otto, 1842.

[13] Bauer, Bruno: "Das entdeckte Christentum", in *Das entdeckte Christentum im Vormärz*, hrsg. von Ernst Barnikol, Jena: Eugen Diederichs Verlag, 1927.

[14] Bauer, Bruno: "Die Judenfrage", in *Deutsche Jahrbücher für Wissenschaft und Kunst*, Vol. V, 1842, No. 274-282, S. 1093-1126.

[15] Bauer, Bruno: *Die Judenfrage*, Braunschweig: Druck und Verlag von Friedrich Otto, 1843.

[16] Bauer, Bruno: "Die Fähigkeit der heutigen Juden und Christen, frei zu werden", in *Einundzwanzig Bogen aus der Schweiz*, hrsg. von Georg Herwegh, 1843; Leipzig: Verlag Philipp Reclam jun, 1989.

[17] Bauer, Bruno: "Die neuesten Schriften über die Judenfrage", in *Allgemeine Literatur-Zeitung*, hrsg. von Bruno Bauer, Charlottenburg: Verlag von Egbert Bauer, Nr. 1, Dezember 1843, S. 1-17.

[18] Bauer, Bruno: "Die neuesten Schriften über die Judenfrage", in *Allgemeine Literatur-Zeitung*, hrsg. von Bruno Bauer, Charlottenburg: Verlag von Egbert Bauer, Nr. 4, März 1844. S. 10-19.

[19] Bauer, Bruno: "Was ist jetzt der Gegenstand der Kritik?", in *Allgemeine Literatur-Zeitung*, hrsg. von Bruno Bauer, Charlottenburg: Verlag von Egbert Bauer, Nr. 8, Juli 1844, S. 18-26.

[20] Bauer, Bruno: "Die Gattung und die Masse", in *Allgemeine Literatur-Zeitung*, hrsg. von Bruno Bauer, Charlottenburg: Verlag von Egbert Bauer, Nr. 10, September 1844, S. 42-48.

[21] Bauer, Bruno: "Charakteristik Ludwig Feuerbachs", in *Wigands Vierteljahrsschrift*, Bd. 3, Leipzig: Verlag von Otto Wigand, 1845, S. 86-146.

[22] Anonymous, "Die heilige Familie oder Kritik der kritischen Kritik. Gegen Br. Bauer und Consorten von F. Engels und K. Marx. Frankfurt 1845", in *Das Westphälische Dampfboot, Eine Monatsschrift*, redigiert von Otto Lüning, Glashütten im Taunus: Verlag Detlev Auvermann KG, 1845, S. 206-214.

[23] Bauer, Edgar: *Bruno Bauer und seine Gegner*, Berlin: Jonasverlagsbuchhandlung, 1842.

[24] Feuerbach, Ludwig: "Über》das *Wesen des Christentums*《 in Beziehung auf den 》*Einzigen und sein Eigentum*《", in *Wigands Vierteljahrsschrift*, Bd. 2, Leipzig: Verlag von Otto Wigand, Juli 1845, S. 193-205.

[25] Stirner Max: "Rezensenten Stirners", in *Wigands Vierteljahrsschrift*, Bd. 3, Leipzig: Verlag von Otto Wigand, Oktober 1845, S. 147-194.

[26] Stirner, Max: "Bruno Bauer", in *Wigands Conversations-Lexikon*, Leipzig: Otto Wigand, 1846.

[27] Arndt, Andreas: "Jenseits der Philosophie: Die Kritik an Bruno Bruno und Hegel (S. 78-100)", in *Karl Marx, Friedrich Engels: Die Deutsche Ideologie*, hrsg. von Harald Bluhm, Berlin: Akademie Verlag, 2010.

[28] Barnikol, Ernst: *Das entdeckte Christentum im Vormärz*, Jena: Eugen Diegerichs, 1927.

[29] Breuer, Mordechai und Michael Graetz: *Tradition und Aufklärung: 1600—1780*, München: C. H. Beck, 1996.

[30] Dohm, Christian Wilhelm: *Über die bürgerliche Verbesserung der Juden*, Berlin und Stettin: Friedrich Nicolai, 1781.

[31] Fischer, Horst: *Judentum, Staat und Heer in Preußen im frühen 19. Jahrhundert, zur Geschichte der staatlichen Judenpolitik*, Tübingen: J. C. B. Mohr, 1968.

[32] Friedländer, David: *Akten-Stücke: die Reform der Jüdischen Kolonieen in den preußischen Staaten betreffend*, Berlin: Voss, 1793; Berlin: Dokumenten-Verlag, 1953.

[33] Freund, Ismar: *Die Emanzipation der Juden in Preußen, unter besonderer Berücklichtigung des Gesetzes vom 11. März 1812. Ein Beitrag zur Rechtsgeschichte der Juden in Preußen*, Zweiter Band: Urkunden, Berlin: Verlag von M. Pappelauer, 1912.

[34] Goldschmidt, Werner: "Bruno Bauer als Gegenstand der Marx-Forschung", in *Jahrbuch des Institute für Marxist*, Studien und Forschung, 1987.

[35] Herzig, Arno: *Jüdische Geschichte in Deutschland. Von den Anfängen bis zur Gegenwart*, München: C. H. Beck, 1997.

[36] Hirsch, Helmut: "Karl Marx und die Bittschrift für die Gleichberechtigung der Juden", in *Archiv für Sozial Geschichte*, Bd. VIII, Hannover: Verlag für Literatur und Zeitgeschehen GmbH. , 1968.

[37] Hirsch, Helmut: *Marx und Moses: Karl Marx zur "Judenfrage" und zu Juden*, Frankfurt am Main: Lang, 1980.

[38] Hirsch, Samuel: *Das Judentum, der christliche Staat und die moderne Kritik. Briefe zur Beleuchtung der Judenfrage von Bruno Bauer*, Leipzig: Verlag von Heinrich Hunger, 1843.

[39] Horkheimer, Max und Theodor W. Adorno: *Dialektik der Aufklärung: Philosophische Fragmente*, Frankfurt am Main: Fischer Taschenbuch Verlag, 2006.

[40] Hundt, Martin: "Noch einmal zu den 'Deutsche-Französische Jahrbüchern'", in *Marx-Engels-Jahrbuch*, Berlin: Akademie Verlag, 2004, S. 118-141.

[41] Jost, J. M. : *Neuere Geschichte der Israeliten von 1815 bis 1845*, Erste Abteilung: Deutsche Staaten, Berlin: Schlesinger'sche Buch-und Musikhandlung, 1846.

[42] Klutentreter, Wilhelm: *Die Rheinische Zeitung von 1842/43, in der politischen und geistigen Bewegung des Vormärz*, 1. Teil, Dortmund: Druck und Verlag Fr. Wilh. Ruhfs, 1967.

[43] Lassen, Christian: *Indische Altertumskunde*, Bonn: Kittler Verlag, 1858.

[44] Mönke, Wolfgang: *Die heilige Familie: zur ersten Gemeinschaftsarbeit von Karl Marx und Friedrich Engels*, Berlin : Akademie-Verlag, 1972.

[45] Mönke, Wolfgang: *Neue Quellen zur Hess-Forschung*, Berlin: Akademie Verlag, 1964.

[46] Pepperle, Ingrid: *Junghegelianische Geschichtsphilosophie und Kunsttheorie*, Berlin :Akademie Verlag, 1978.

[47] Schweitze, Albert: *The Quest of the Historical Jesus. A Critical Study of its Progress from Reimarus to Wrede*, translated from German by W. Montgomery, A. &. C. Black, Ltd. , 1910.

[48] Silberner, Edmund: *Kommunisten zur Judenfrage: zur Geschichte von Theorie und Praxis des Kommunismus*, Opladen: Westdeutscher Verlag, 1983.

[49] Silberner, Edmund: *Moses Hess: Geschichte seines Lebens*, Leiden: Brill, 1966.

[50] Waser, Ruedi: *Autonomie des Selbstbewusstseins: eine Untersuchung zum Verhältnis von Bruno Bauer und Karl Marx (1835—1843)*, Tübingen: Francke, 1994.

[51] *Die hegelsche Linke: Texte aus den Werken von Heinrich Heine, Arnold Ruge* …, ausgewählt und eingeleitet von Karl Löwith, Stuttgart: Friedrich Frommann Verlag, 1988.

[52] *Allgemeine Zeitung des Judentums*, hrsg. von Ludwig Philippson, Nr. 14, 1842; Nr. 9, 1881; Nr. 30, 1882.

[53] *Literatur des Orients: Berichte, Studien und Kritiken für jüdische Geschichte und Literatur*, Heft 24, 11. Juni 1842; Nr. 17, 25. April 1843; Nr. 25, 20. Juni 1843, S. 385-388; Nr. 27, 4. Juli 1843.

[54] *Rheinische Zeitung für Politik, Handel und Gewerbe*, Unveränderter Nachdruck mit einer Einleitung und einer Bibliographie der Publikationen von Karl Marx in der Rheinische Zeitung, Dr. Inge Taubert unter Mitwirkung von Jörg Armer, Zentralantiquariat der

deutschen demokratischen Republik, Leipzig, 1974.

[55] *Zur Judenfrage in Deutschland*, *Vom Standpunkte Rechts und Gewissensfreiheit*, im Verein mit mehrern Gelehrten hrsg. von Dr. Wilhelm Freund, Zweite Lieferung, Berlin: Verlag von Zeit und Comp., 1843.

外国人名索引

阿诺德·卢格（Arnold Ruge） 10，79
埃德加尔·鲍威尔（Bauer Edgar） 56，241
爱尔维修（Helvégtius） 217，218
奥本海姆，达哥贝尔特（Dagobert Oppenheim） 46，130，158，171，250
笛卡儿，勒内（Rene，Descart） 217，218
费希特，约翰·哥特利布（Johann Gottlieb Fichte） 59，190，245
傅里叶，沙尔（Fourier） 218
黑格尔，弗里德里希（Friedrich Hegel） 1—5，8—13，15，50—54，56—58，60，62，65，67，72—90，92，127，131—133，137，146，154—156，160，162，174—176，178，179，184，185，189，190，219—221，225，226，228—231，233，237，240，241，243，249，250，253，256—258，261，265，268—270
霍布斯（Hobbes） 86，258
加布里尔·里瑟尔（Gabriel Riesser） 38，159，162，182，183，198，200，206，208
卡尔·海因利希·海尔梅斯（Karl Heinrich Hermes） 39
卡尔·瑙威尔克（Karl Nauwerck） 46，48
拉美特利（La Mettrie） 218

路德维希·菲利普逊（Ludwig Philippson） 3，38
路德维希·费尔巴哈（Ludwig Feuerbach） 11，237
洛克，约翰（John Lock） 24，86，217，218
莫泽斯·赫斯（Moses Hess） 4，17，46，47，237，248
拿破仑，波拿巴（Napoléon Bonaparte） 28-31，34，36
欧仁·苏（Eugéne Sue） 223
施里加（弗兰茨·齐赫林斯基）（Szeligar Franz Zychlinski） 223-226
斯宾诺莎，巴鲁赫（Baruch de Spinoza） 24，97，162，190，205，216，245
希特勒，阿道夫（Adolf Hitler） 16，164，165，168
亚当·斯密（Adam Smith） 257，258

书目、期刊索引

《1844年经济学哲学手稿》(《巴黎手稿》) 60，153，250，258，259，260，261，263，269

《被揭穿了的基督教》(《基督教的真相》)（Das entdeckte Christentum） 13，60，61，67，69，70，102，111，173，185，228

《德法年鉴》（Deutsche-Französische Jahrbücher） 10，60，92，132-134，150，175，178，181，183，187，205，212-214，250，256，258，263

《德意志意识形态》 2，8，11，77，89，155，171，237，242，244，248，263

《德意志科学和艺术年鉴》(《哈勒德意志科学和艺术年鉴》)（Deutsche Jahrbücher für Wissenschaft unb Kunst/Hällische Jahrbücher für Deutsche Wissenschaft und Kunst） 3，10，91，111，130，172，180，185

《法哲学原理》 81，82，84-86，88-90，146，249，253，256-258

《符类福音作者的福音故事批判》 56，60，228

《符类福音作者和约翰的福音故事批判》 60

《关于哲学改造的临时纲要》 79

《黑格尔法哲学批判》(及《〈黑格尔法哲学批判〉导言》) 4，9，13，15，67，73，77，79，81，83，84，92，131-133，137，174，175，179，220，250，253，257，265，280

书目、期刊索引

《论货币的本质》 5，129，177，178

《莱茵报》 13，39，45－49，73，80，90，94，130，132，158，161，171，178，185，247，249，251，252

《论犹太人问题》 2－10，13，14，46－50，80，89，92，93，129，131－135，137，142，147，157，159－163，165，166，169，171－180，182，183，203，205，212－215，249，250，253，255，259，260，263－265，269，273，302

《科隆日报》（Kölnische Zeitung） 38－41，46－48，129，161，171，252

《基督教的本质》 66，67，79，175，176，222

《精神现象学》 56，77，189，190，228，231，268，269

《神圣家族》 4，5，8，11，60，89，150，160，162，164，168，175，204－207，212－215，222，223，229，230，236－240，242－244，247，263，265

《天启故事批判》 54，60，69

《未来哲学原理》 79

《文学总汇报》（Allgemeine Literatur-Zeitung） 10，14，51，180－185，194，198，199，203－205，215，223，239，240，245，246

《维干德季刊》（Wigand's Vierteljahrsschrift） 11，237，242，243，248

《社会明镜》（Gesellschaftsspiegel） 11，12，242，244

《威斯特伐里亚汽船》（Das Westphälische Dampfboot） 11，12，236，242－244

《行动的哲学》 178，179

《约翰福音批判》 60

《犹太教总汇报》（Allgemeine Zeitung des Judentums） 39－41，171

主题索引

爱（爱的宗教） 10，25，26，29，37，41-43，54，62-64，72，94，99，100，103，122，176，206，214，217，218，223，241，247，266，267，277

本质 5，37，42，50，57-59，63，64，66-68，71，79，86，87，89，90，92，93，95，96，98-101，106-109，113，115，116，118-126，129，134，136-141，143，149-151，153，154，156，169，172，175-178，181，187，189，195，197，198，208，210，211，216，221，222，224，226，227，231，232，245，251-253，255，256，259-262，265，267-269

辩证法 79，168-171，231-233，261，268，269

抽象 50，51，67，73，76，81，82，85，87，89，92，128，130，135，150，152，156，165，172，173，177，179，215，221，222，224-227，231，232，235，238，246，251，256，263，264，266-269，272，274

对象 1，4，11，14，48，51，53，54，57，58，61，62，66，75，81，82，84-87，89，93，95，118，137，141，151，152，168，170，171，175，180，182-187，189-191，203，212，216，218，221，222，224，226，227，229-231，235，236，238，239，241，243，247，255，260，261，266-269

主题索引

法国大革命　16，28，30，31，34，60，73，87，188，189，191，234，274

反犹（反犹主义）　3-9，149，157，158，161-171，213

感性　66，115，118，119，155，217，218，221，222，226，228-231，233，247，255，260，266-270

革命　7，10，16，28，30，31，34，56，59，60，67，73，83，87，110，114，123，140，144，156-158，163，174，188，189，191，201，213，218，220，222，230，234，240，241，262，265，274，275

隔都　17-23，28，29，31，116，275

个人（或个体）　2，12，25，28，35，41，45，47，50，54，59，62，67，69，70，80-82，84，85，88-90，97，104-106，113，119，125，126，138，143，146，147，151-154，159，165，173，176，177，186，189，194，197，207，212，216，221，222，224，232，234，235，246-248，252，254-258，261，265，267，268，274

公民权　28，30，100，110，133，145

共产主义　5，6，155，159，213，216-218，220，230，234，235，238，240，241，258-260，262，263，265，269

共和主义　53，59，137

共同体　17，54，69，70，81，85，89，90，105，145，155，196，254，268

基督教　2，4，11，13，14，16-18，22-27，37，38，40-43，45，47-49，52，53，60，61，63，64，66-73，79，91-97，99-115，117-126，129，130，134-139，141-144，148-150，152，153，155，158，166，167，169，171-176，181-185，187，189，190，195-199，201-203，206-210，215，222，227，228，250，252，264，269-273，275

基督徒　4，6，10，13，14，18，20-23，25-27，29，32，33，35，36，40-45，47，48，51，73，91，93，94，96，98-101，104-119，121，123-129，135-137，139-141，147-150，153，155，157，161，163，165，166，171-173，180，181，185，187，195-200，202，203，207-211，215，227，228，232，264，265，272

交换　20，146，151，153，158，256，265

解放（政治解放，人的解放）　2—4，7，8，12—18，23，25—31，34—37，40，43，44，48，56，61，67，71，73，81，83，84，92—96，101—104，107—112，114—117，121，124—126，128，129，131，134—160，162，163，165—167，172—177，179，182，183，186，187，191，194—198，200—212，216，234，235，241，243，250，253，254，260，264，269，273，276

金钱（或货币）　8，32，124，127，128，146，147，150，151，153—155，219，255，256，261，264，265

劳动　138，146，151，153，154，169，170，177，231，256—263，265，268，269

类（类本质）　3，4，8，14，16，20，29，33，34，41，54，56，60，62，65，66，68，69，73，78，84，87—90，94，97，98，105，112，118，119，121—123，126，127，129，137—140，143—145，148，149，151，152，154，155，160，164，166，171，173，174，176，177，181，184，188，200，201，207，212，215，216，222，227，228，231—233，243，244，251—256，262，263，267，268，273，275，276

理论　1—3，8，12，13，40，49，52，59—61，71，73，74，77，78，80，83—86，88，97，107，110，114，117，124，126，128，135，137—139，148，152，154—157，159，164—167，172，176，180，184—188，190—196，201—203，205，206，208，211—213，216—221，229，231，232，240，243，246，247，251，252，255，256，258，262，265—267，269，276，277

历史　3，4，9，11，12，14，16，17，22—24，28，37，52—58，60，63，65—67，69，71，72，75，78—80，82—84，86，87，89，90，92，94，96—99，101，105，106，109，114，115，117，119，121，124—129，131，132，135，138，140，142，147，148，151，152，156，157，160，162，164—173，176，181—186，188，191—193，199—201，205—207，210，213，215，216，218，219，222，227—234，236，237，239，242—249，253，258，259，263，266，267，270—277

主题索引

利己主义　59，99，115，144，145，147，150，152，153，160，165，173，175-177，184，187-189，191，215，232，234，235，238，255，256

利益　13，21，32-34，67，73，84-86，88，97-99，112，113，120，127，145-147，151，152，165，170，177，185，186，196，218，233-235，247，249，252-257，265，268，272

逻辑　6，8，59，67，74，76，84，87-89，113，129，134，156，160，164，165，168，205，210，213，215，223，225，231

矛盾　4，40，43，47，55，64，70，76，82，86，88，91-94，100，103，104，110，111，116，125，135，137，143，144，146，155，165，170，178，187，188，195，196，200，203，206，209，211，212，240-243，245-247，253，255，257-259，261，262，273

能动性　53，218，230，269

批判（批判家）　1，3，4，6-9，11-15，24，42，46，49-56，58-62，64-67，69-85，88，91，92，95，96，101，103，104，107，108，110，111，114，118，121，123-126，129-140，147，148，150，151，154-156，162-164，168，171-194，197-212，214-217，219，220，222，223，225-233，235-245，247-258，260，264，265，268，269，271-274

启蒙　16，23，24，27，28，32，34，36，60，117，119-122，124，168-171，188-191，193，201，202，209，219，275，276

权利　2，9，14，16，17，20，21，23，26，28-30，32-38，40，43，53，92-94，99-101，108-111，115，116，124-126，128，135，136，138，140，141，143，145-147，150，151，159，187，195-198，207-209，211，259，260，262，264

群众　3，14，52，126，181-186，191-195，198，204，205，207，229，230，232-234，240-242，244

人道主义　11，12，180，181，203，205，216，218-220，223，229-231，241，247，256，264-267

人权　18，28，34，95，100，107，132，133，145，163，191，193，195，207，211

人性　13，21，48，71，93，96，102，110，115，119-121，123-

297

126，137，139，148，150，181，195－198，201，202，208，209，211，216，218，219，227，230，235，239，260，272

社会主义　5，157，159，161，166，216－220，230，240，248，262，265

神学　11，14，24，50，51，53－56，72，76，77，92，125，126，128，134－136，138－140，147－149，156，171－173，183，196，201，209，210，212，215－217，219，220，222，228，229，238，241，243，254

实践　12，13，48，74，77－80，83，110，114，128，135，138－140，147，152，170，175，178，194，196，202，203，211，215－222，231，234，235，262，265－267，277

实体　13，57－59，71，85，88，190，191，216，217，225－230，238，239，245，246，256

市民社会　8，13－15，17，27，42，43，51，53，67，73，74，77，81－83，86－92，97，114，126－128，131，132，137，142－147，149－155，157，160，162－164，172，173，176，177，179，181，189，191，199，211，213，223，230，232，234，235，249，250，253－258，260，261，263－265，267，268，271－274

市民生活　73，90，127，140，142－144，151，208，210，234，235，254

思辨（思辨哲学）　9，12，50，53－56，67，74，79，81，82，84，87，89，171，173，205，215，219－232，236，237，240，242，244－247，264，265，268，269

特权　18，21－23，32，33，36，45，48，52，53，59，62，72，73，90，92，93，100，103，106－113，115，116，120，122，123，125，127，135－137，139，141，145，147，195－197，202，203，209，211，216，272

同业公会　2，17，21，37，38，90，91，97，107－109，112，114，126－128，145，187，199，201，250，264，272

唯物主义　9，12，14，160，162，171，190，205，213，216－222，229，231，236，237，242，246－248，263－269

唯心主义　9，76，160，171，205，213，215，216，219，220，223，

229，230，232，240，245－247，263－265，267－269

无产阶级　67，83，140，157，181，192，220，230，234，235，259，265

无神论　60，146，159，198，207，208，221

信仰　4，6，13，14，18，23，24，26，32，39－41，43－45，48，50，53，54，57，58，60－62，64，66－71，92－94，96－101，103－108，110－112，114－124，126，127，130，134，136－139，141，143，144，146，147，150，152，158，159，162，164，165，169，172，175，181，183，184，189，190，197，198，200，202，206－211，228，239，245，251，260，265，268，270－274，276

需要　2，14，15，22－24，26，27，32，34，35，42，44，50，52，54，57，61，62，73，78，80，83－85，93，94，97，102，105，110，111，114，115，118－121，123，124，126，129，130，134，136，138，140，141，145－148，150－157，160，165，166，168，172，173，175，176，183，189，195，196，198，200，203，208，209，211，213－216，218－221，227，229，230，235，238，249，254－259，261，264，266，270，271，274，276

扬弃　67，100，147，231，235，257－260，262，263，268，269

异化　14，52，53，55，58，61，65－67，70，71，90，92，94，107，114，124，129，131，140，143－148，150，152－154，172，177，197，209，210，220，229，232，235，239，253，255，256，258－260，262，263，265，267，271

意识形态　2，4，8，11，67，77，89，94，155，157，168，169，171，237，242，244，247，248，263

犹太教　3，5－9，13，17，23，29－32，39－41，45，48，52，61，63－65，91－96，98－108，111，113－115，117－124，126，134，136，138－141，148－155，158－160，162，164，166－168，171－173，175，176，183，187，195－199，201，202，207－210，212，213，215，216，227，228，250，254，255，269－272，276

犹太精神　151－155，160，173，174，210，215，216，255，271

犹太人　1－52，60，61，64，73，76，77，80，89，91－121，123－142，147－151，153－155，157－183，186，187，194－216，227，

228，232，239，241，243，249-251，253-256，260，263-265，269-273，275-277

政治　2，4，8，13-15，17，22，24，28，30，31，41，49，51-53，59，60，72-74，77-81，83，84，86-88，90，92-96，102，108，110-113，116，125-128，131，134-153，155-157，159，162，163，165，167，169，172-177，179，181，184-188，191，196，198，199，201-213，216，218，220，222，223，228，234，235，241，243，247，249-265，269，272-274

政治国家　8，13-15，51，73，80，81，84，86-88，90，92，96，111，127，132，135-137，141-146，151，153，155，177，179，209，211，234，235，249，250，253，254，256，258，261，274

政治经济学　15，88，165，223，235，250，255-258，263

直观　221，222，230-232，247，266-269

主体　54，61，63，69，81，82，84-89，113，114，153，168，170，183，218，221，224，226-228，230-232，245，259，266，268，269

资本　6，7，157，160，165，168-171，219，235，259-263，274

自我意识　13，50-67，69-71，73，75，113，114，116，119，122-124，148，155，177，181，182，184，185，189-191，200，205，210，221，226-230，232，238，239，242，245，246，249，268-270

自由　1，3，4，8，10，13-15，18，21，24-26，28，31，34，35，42，43，45，48，50-52，55，56，59-62，64-78，81，82，84-91，93-95，98，101，103，105，110-119，121-126，128，129，131，137，139，140，144，145，147-149，151，153，155，158，167，175，176，179，180，183-191，193-196，202，203，208-211，215，216，225，227，228，232，240，245-247，250-253，258，259，271

宗教　2-4，6-8，11，13，14，20，22，24，26，29，30，32，39-43，47-73，90-96，98，100-107，110-129，131，134-144，146-156，158-160，162-164，166-169，171-173，175-178，181，183-185，187-189，195-203，206-212，215，216，220，226-228，237-239，241，244，248，251，254，255，260，263-265，268，270-277

后　记

　　本书是在我的博士论文的基础上修订出版的，主题是马克思和鲍威尔的思想关系。选择讨论马克思主义哲学史研究领域的这个老问题是诸多机缘巧合的结果。我的导师聂锦芳教授十多年来一直潜心于马克思主义文本学研究，初进师门，他就向我讲述了要出版一套马克思文本研究著作的规划。我当时选择的是基于《神圣家族》的文本学研究重新考察马克思恩格斯和青年黑格尔派的思想关系。我之所以申请国家留学基金委的资助到柏林洪堡大学学习，也是为了更好地研究这个课题。当我亲手触摸到洪堡大学图书馆里已经老旧发黄的青年黑格尔派的书刊之后，我就知道自己选对了地方。为了解决我头脑中那个更大的博士论文课题，我决定首先从马克思和鲍威尔的思想关系入手。当我搜集到他们1843—1845年间的著述时，一条新的思想线索赫然出现在我面前：（1）鲍威尔发表《犹太人问题》和《现代犹太人和基督徒获得自由的能力》；（2）马克思发表《论犹太人问题》；（3）鲍威尔在《文学总汇报》上发表三篇文章为自己辩护；（4）马克思在《神圣家族》中分三节质疑鲍威尔；（5）鲍威尔在《维干德季刊》指责马克思恩格斯；（6）马克思在《社会明镜》回应鲍威尔。那段时间，为了翻译这些文献，除了语言课和专业课之外，我都泡在图书馆里。当我把翻译出来的草稿发给聂老师之后，他敏锐地洞察到这些素材足够支撑起一篇博士论文了。接下来，我就投入到《马克思和鲍威尔的思想关系再研究——以"犹太人问题"为中心》的写作中了。这次出版,为了照顾丛书的体例,论文的标题有所调整。

我深知,这本书能够最终呈现在读者朋友面前,是受到很多人的思想馈赠和热情帮助的。首先,我衷心地感谢我的两位导师:张曙光教授和聂锦芳教授。他们分别在硕士和博士阶段指导我的学习,这是我一生的荣幸。两位恩师虽各有所长,但在这个物欲横流的时代,他们都保持了最为纯粹的学者形象,不论在学术造诣上,还是在人格魅力上,他们都让学生高山仰止。尤其是聂老师,他在我最迷茫的时候,为我规划了研究方向,如果说我博士四年的学习还有一点成绩的话,这些成绩都来自于他的引导、点拨。我初到柏林之际,他担心我不适应国外的生活,隔三差五通过电话、邮件询问我的生活和学习情况,这种联系慢慢成了一种习惯和机制。留德18个月,我们每个月保持两通电话,邮件往来更是频繁,很多看似不经意的交流往往都为我的论文写作提供了意想不到的思想资源。

本书研究的是马克思主义哲学史上的一个老问题,写作过程受到很多前辈直接或间接的影响。在这些前辈中间,我尤其要感谢北京师范大学和北京大学的各位老师,他们不仅在课堂上传授给我知识,而且总是或远或近地在论文的写作过程中给我指导。杨耕教授、侯才教授、魏小萍教授、丰子义教授、杨学功教授、孙熙国教授和仰海峰教授在论文的答辩环节给出了很多极富启发性的意见和建议,他们不仅直接影响了这本书的成书过程,更是我继续学习钻研的指路明灯。衷心感谢国家留学基金委对我的资助,感谢 Andreas Arndt 教授的谆谆教导,他有教无类的情怀给了我坚持研究这个课题的信心和勇气。衷心感谢支持、鼓励、帮助过我的老师、同学和朋友们。

我顺利完成学业,离不开家人的默默付出。感谢妹妹弟弟在我没有童话的童年留下的很多美好记忆;感谢父亲母亲,他们是家里的顶梁柱,也是为家庭操劳最多的人,他们的付出给我一路走来提供了最大的物质和精神支持。最让我不能忘怀的是我的奶奶,是她在苦难生活中积累下的美好人格。在经历多次的生离死别以后,她格外珍惜与子女的每一次相聚,多年以后,我依然记得,她驼着背站在村头目送我上学的场景。奶奶虽然目不识丁,但是她用为数不多的几个小故事建立了我对是非曲直的基本判断。

后 记

论文答辩时，杨耕教授曾打趣说，本书离成熟出版还差一项国家社科基金后期资助。限于我的学识和水平，本书无疑还有很多缺陷。正如几位答辩老师指出的，本书最大的缺点就是史料多于论证，素材多于观点。面对这个困扰着大多数初学者的问题，我只有继续努力，期待有一天能突破这个瓶颈。当然，作为本书的独立作者，我也对本书的观点负有独立的责任，对于书中纰漏，望学界同仁不吝赐教。

本书的出版还得到了中国人民大学出版社学术出版中心杨宗元主任的大力支持，责任编辑符爱霞、陈石军为本书的编辑出版付出了辛勤的劳动，在此一并谢过！

2015 年 1 月
于北京市海淀区大有庄

图书在版编目（CIP）数据

思想的传承与决裂：以"犹太人问题"为中心的考察/李彬彬著．—北京：中国人民大学出版社，2015.6
（马克思主义研究论库．第 1 辑）
ISBN 978-7-300-21156-5

Ⅰ.①思… Ⅱ.①李… Ⅲ.①马克思主义-犹太人-问题-研究 Ⅳ.①A811.64

中国版本图书馆 CIP 数据核字（2015）第 078440 号

马克思主义研究论库·第一辑
思想的传承与决裂
——以"犹太人问题"为中心的考察
李彬彬　著
Sixiang de Chuancheng yu Juelie

出版发行	中国人民大学出版社		
社　　址	北京中关村大街 31 号	邮政编码	100080
电　　话	010－62511242（总编室）	010－62511770（质管部）	
	010－82501766（邮购部）	010－62514148（门市部）	
	010－62515195（发行公司）	010－62515275（盗版举报）	
网　　址	http://www.crup.com.cn		
	http://www.ttrnet.com（人大教研网）		
经　　销	新华书店		
印　　刷	涿州市星河印刷有限公司		
规　　格	160 mm×235 mm　16 开本	版　次	2015 年 8 月第 1 版
印　　张	20.5 插页 3	印　次	2018 年 3 月第 2 次印刷
字　　数	316 000	定　价	78.00 元

版权所有　　侵权必究　　印装差错　　负责调换